Knaur

Über die Autoren:

Peter Kohl, geboren 1965 in Ludwigshafen, ist der jüngere Sohn von Hannelore und Helmut Kohl. Er hat am Massachusetts Institute of Technology (MIT) und an der Universität Wien Wirtschaftswissenschaften studiert und abgeschlossen. Seit 1993 ist er im Finanzbereich in London tätig, wo er mit seiner Frau Elif Sözen lebt.

Dona Kujacinski, geboren 1956 in Offenburg, hat als Journalistin für die Münchner »tz«, für »Bunte«, »Bild«, »Gala«, die Berliner »BZ« und »Welt am Sonntag« geschrieben. Sie führte unter anderem die letzten beiden Interviews mit Hannelore Kohl im März und Mai 2001. Dona Kujacinski lebt und arbeitet als freie Journalistin in Berlin.

Dona Kujacinski · Peter Kohl

HANNELORE KOHL
IHR LEBEN

Knaur

Besuchen Sie uns im Internet:
www.knaur-taschenbuch.de

Vollständige Taschenbuchausgabe 2003
Droemersche Verlagsanstalt Th. Knaur Nachf., München

Umschlaggestaltung: ZERO Werbeagentur, München
Umschlagabbildung: Paul Schirnhofer, Agentur FOCUS
Satz: Wilhelm Vornehm, München
Druck und Bindung: Clausen & Bosse, Leck
Printed in Germany
ISBN 3-426-77660-X

2 4 5 3 1

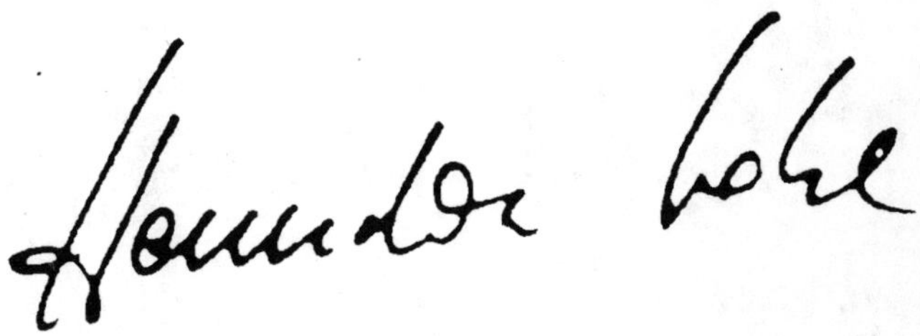

INHALT

WIE DIESES BUCH ENTSTAND

Liebe Leserin, lieber Leser,

bei unserem letzten Treffen habe ich Hannelore Kohl gefragt, wann sie ihre Memoiren schreibt. Mit einem kleinen Lächeln sagte sie: »Im Augenblick sind erst mal die meines Mannes dran. Das ist genug Arbeit. Meine haben noch Zeit. Aber wenn es so weit ist, informiere ich Sie.« Das war im März 2001.

* * *

Hannelore Kohl war für viele Menschen »eine Frau des öffentlichen Interesses«. Doch nur selten hat sie über ihr privates Leben, ihre Gefühle, Wünsche und Sorgen erzählt. Und wenn, war sie mit ihren Äußerungen äußerst sparsam. Sie blieb zurückhaltend. »Ich will kein gläserner Mensch sein«, hat sie mir einmal gesagt.

Dieses Buch wurde bald nach ihrem Tod geschrieben. Dadurch, dass die unmittelbaren Erfahrungen und Eindrücke einer großen Anzahl von Zeitzeugen, die Hannelore Kohl auch privat sehr gut kannten, in diesem Buch festgehalten sind, bekommt es, so hoffe ich, einen persönlichen Charakter.

Dieses Buch erzählt viele Geschichten aus ihrem Leben, ihrer Kindheit, ihrer Jugend und ihren Erfahrungen als Mutter sowie als Frau an der Seite eines der bedeutendsten deutschen Politiker nach dem zweiten Weltkrieg, Helmut Kohl, den sie dreiundfünfzig Jahre lang kannte und mit dem sie über einundvierzig Jahre verheiratet war. Manche dieser Geschichten sind zum Lachen, einige zum Weinen. Aber es gibt auch solche, die nachdenklich machen. Vor allem aber wird deutlich, so glaube ich, wie Hannelore Kohl ihr eigenes Leben gestaltet hat.

* * *

Ich habe Hannelore Kohl 1996 persönlich kennengelernt und seitdem eine Reihe von Interviews und Reportagen mit ihr geführt. Das letzte fand im Mai 2001 statt. Dieses Mal am Telefon. Für diese Interviews, die in großen deutschen Tageszeitungen und Illustrierten erschienen, habe ich exklusiv mit Hannelore Kohl lange persönliche Gespräche geführt, bei denen im Lauf der Zeit viele Stunden Tonbandmitschnitte zusammenkamen. Aus den Abschriften entstanden dann die von ihr autorisierten Interviews. Der weit überwiegende Teil dieser Dokumente wurde jedoch bisher noch nie veröffentlicht.

Hannelore Kohl im Gespräch mit Dona Kujacinski.

Als Journalistin war ich natürlich neugierig darauf, wie Hannelore Kohl wirklich ist. Nach vielen Unterhaltungen mit ihr habe ich mir ein besseres und viel persönlicheres Bild von ihr machen können. Neben meinem beruflichen Interesse empfand ich, je besser ich Hannelore Kohl kennenlernte, Sympathie und Hochachtung für diese außergewöhnliche Frau. Und mit der Zeit wurde auch ihr Vertrauen zu mir immer größer. Zwischen unseren offiziellen Gesprächsterminen haben wir uns ab und an auch privat getroffen und immer wieder ausführlich miteinander telefoniert. Das letzte Mal am ersten Juli 2001. Ihr Tod hat mich zutiefst bewegt.

* * *

Sehr bald nach ihrer Beisetzung trat ein renommierter deutscher Verlag mit der Frage an mich heran, ob ich bereit sei, ein Buch über Hannelore Kohl zu schreiben. Nach einiger Bedenkzeit entschloss ich mich, es unter zwei Voraussetzungen zu versuchen: Erstens muss die Familie Kohl damit einverstanden sein. Zweitens soll ein Teil des Erlöses aus dem Verkauf des Buches der Hannelore-Kohl-Stiftung zugutekommen. Damit erklärte sich der Verlag einverstanden.

Daraufhin setzte ich mich mit Peter Kohl in Verbindung, mit dem ich bereits vorher einmal Kontakt hatte, und unterbreitete ihm meinen Vorschlag.

Für die Familie Kohl war dies eine schwierige Zeit der Trauer. Dennoch erklärte sie sich bereit, mich bei diesem Buchprojekt zu unterstützen. Nach einem ersten persönlichen Treffen mit Peter und Walter Kohl und der Zustimmung durch ihren Vater wurde dieses Projekt Anfang August 2001 begonnen.

Natürlich wurde es jetzt notwendig, öffentlich zugängliche Dokumente zu überprüfen. Dabei half mir meine Freundin, die Journalistin Patricia Leßnerkraus. Sie stellte alles verfügbare Material zusammen und wertete es für das Buch aus.

Außerdem hat sie immer dafür gesorgt, dass ich einen kühlen Kopf behielt, wenn ich ihn zu verlieren drohte.

Von Anfang an war Peter Kohl in Bezug auf nicht öffentlich verfügbare Informationen über Hannelore Kohl mein wichtigster Ansprechpartner. Er hat sich um die Beantwortung jeder meiner vielen Fragen bemüht und dort, wo er es nicht selbst wusste, dafür gesorgt, dass jemand anderes es tat.

Aufgrund des langen und ereignisreichen Lebenswegs von Hannelore Kohl, unseres ehrgeizigen Zeitplans und der vielen Aspekte, die zu berücksichtigen waren, haben sich Peter Kohl und ich bald entschlossen, dieses Buch gemeinsam zu schreiben.

Gleich zu Anfang haben Peter Kohl und ich ein detailliertes und umfangreiches Exposé verfasst. Dadurch wurde es möglich, die einzelnen Zeitzeugen den richtigen Abschnitten im Leben von Hannelore Kohl zuzuordnen.

Mit allen Menschen zu sprechen, die Hannelore Kohl sehr gut kannten, wäre jedoch unmöglich gewesen. Diejenigen, die nicht gefragt wurden, bitte ich aus diesem Grund um Verständnis.

Innerhalb von zwei Wochen habe ich zweiundzwanzig Interviews geführt. Jedes dauerte mehrere Stunden.

Bei den Zeitzeugen, die sich mir für Interviews zur Verfügung gestellt haben, möchte ich mich auf diesem Weg für ihre Hilfe, ihre Geduld und ihre Unterstützung in dieser für sie emotional so schwierigen Zeit bedanken. Ohne sie alle, die Hannelore Kohl geschätzt und geachtet haben, wäre dieses Buch nicht möglich gewesen.

Dazu gehören Hannelores Freundinnen Rena Krebs, Annegret Helling, Ursula Schönig, Maria Fischer und Irene Ludwig. Die Dominikanerinnen Schwester Maria Crucis, Priorin des Ludwigshafener St.-Marien-Krankenhauses, und Schwester Basilia. Die Geistlichen Erich und Fritz Ramstetter, Hannelore Kohls Sekretärin Hannelore Moos. Der Geschäftsführer des Kuratoriums ZNS, Rolf Wiechers, und die Mitarbeiter ihres

Mannes, die Hannelore Kohl sehr nahe standen: Michael Roik, Dr. Walter Neuer, Professor Wolfgang Bergsdorf, Dr. Jürgen Hartmann und Eduard Ackermann.

Ein wichtiger Gesprächspartner war auch der Mediziner Professor Dr. med. Walter Möbius. Denn sehr bald nach Beginn der Arbeiten zu diesem Buch wurde klar, dass Peter Kohl und ich als medizinische Laien nicht qualifiziert waren, die Krankengeschichte von Hannelore Kohl zu beurteilen. Nachdem Peter Kohl die Krankenakte seiner Mutter von 1965 bis 2001 zugänglich machen konnte, konnte Professor Walter Möbius als ärztlicher Berater für dieses Buchprojekt gewonnen werden.

Mein besonderer Dank gilt Hilde und Eckhard Seeber, die mich nicht nur durch ihre Interviews unterstützt haben, sondern mir auch persönlich stets zur Seite standen.

Der wichtigste aller Zeitzeugen, neben den beiden Söhnen von Hannelore Kohl, ist jedoch ihr Mann, Dr. Helmut Kohl. Er hat mir in zwei langen Interviewsitzungen meine Fragen zu seiner Frau und ihrem gemeinsamen Leben beantwortet. Insgesamt haben wir über zwölf Stunden miteinander gesprochen. Ich danke Ihnen, Herr Dr. Kohl, für Ihr Vertrauen und Ihre Offenheit. Wie schwer Ihnen diese Gespräche gefallen sind, blieb mir nicht verborgen.

Auszüge aus den vielen Gesprächen, die Hannelore Kohl und ich miteinander geführt haben, haben Eingang in dieses Buch gefunden. Fast alle Äußerungen von Hannelore Kohl, die in diesem Buch zitiert sind, hat sie bei verschiedenen Gelegenheiten mir gegenüber gemacht.

Neben den Interviews, die ich selbst geführt habe, hat auch Peter Kohl einige Gespräche mit Freunden der Familie geführt. Darunter Professor Dr. med. Helmut Gillmann, Juliane Weber und Dr. Karl und Adele Sungler. Besonders für die Frühzeit, für die es keine nennenswerten öffentlichen Quellen gibt, hat Peter alle verfügbaren privaten Unterlagen über seine Mutter zusammengetragen und ausgewertet. Darunter befanden sich unter anderem persönliche Briefe, Zeugnisse und Arbeitszeugnisse sowie ein Tagebuch von Irene Renner, das sie über ihre Tochter Hannelore von der Geburt 1933 bis zu ihrer Hochzeit im Jahr 1960 geführt hat.

* * *

Meine Entscheidung, dieses Buch zu schreiben, traf ich deshalb, weil ich Hannelore Kohl nicht nur geschätzt, sondern für viele Dinge auch sehr bewundert habe.

Ich habe Hannelore Kohl niemals unfair erlebt. Sie war eine Frau, die sich immer für andere Menschen, deren Glück, Sorgen und Nöte interessiert hat. Nicht nur vordergründig. Das Schicksal anderer hat sie wirklich interessiert, berührt und herausgefordert. Sie konnte gut zuhören, war sehr mitfühlend und einfühlsam. Sie konnte Vertrauen gewinnen und Vertrauen schenken, wenn sie einen gut kannte. Sie liebte das Leben und das Lachen. Obwohl ihr Lebensweg nicht immer einfach war, hat sie ihren Humor nie verloren. Und sie hat die Hoffnung auf ein Leben in Gesundheit bis kurz vor ihrem Tod nicht aufgegeben.

Hannelore Kohl war eine große Persönlichkeit und ein herzensguter Mensch.

Berlin, im Dezember 2001 Dona Kujacinski

DANK

an Patricia Leßnerkraus

Bei der zügigen Erstellung dieses Buches war Patricia Leßnerkraus unerlässlich. Sie hat geholfen, den zeitgeschichtlichen Zusammenhang mit den wichtigsten Ereignissen für das Leben von Hannelore Kohl herzustellen. Darüber hinaus hat sie eine Unmenge von Zusammenhängen und Details überprüft und dokumentiert, einschließlich des sozialen Engagements von Hannelore Kohl im Rahmen des Kuratoriums ZNS und der Hannelore-Kohl-Stiftung.

Zusätzlich flossen ihre persönlichen Erfahrungen und Beobachtungen, die sie als langjährige politische Korrespondentin in Bonn mit Hannelore Kohl gemacht hat, in dieses Buch mit ein.

Patricia Leßnerkraus lebt und arbeitet heute als freie Journalistin in Fellbach bei Stuttgart.

an Professor Dr. med. Walter Möbius

Bei der Entstehung dieses Buches sind wir besonders auch Herrn Professor Dr. med. Walter Möbius, dem Chefarzt der Inneren Abteilung des Bonner Johanniter-Krankenhauses, zu großem Dank verpflichtet. Professor Möbius ist Facharzt für

Innere Medizin, Neurologie und Psychiatrie und kennt die Familie Kohl seit 1981. Er hat alle verfügbaren Krankenakten von Hannelore Kohl, auch aus früheren Jahren, durchgesehen und für dieses Buch ausgewertet. Ohne seinen Rat und seine vielen Bemühungen wäre eine korrekte Darstellung des Krankheitsverlaufs und der Auswirkungen der Lichtdermatose von Hannelore Kohl nicht möglich gewesen.

Dona Kujacinski Peter Kohl

AN UNSERE MUTTER

Nach der Beerdigung unserer Mutter am elften Juli 2001 haben wir, ihre beiden Kinder, uns vorgenommen, ihr Andenken zu wahren.

Ihr Tod war für unseren Vater, für unsere Familien und für uns eine schreckliche Erfahrung. Gemeinsam mit ihren Freunden und den vielen Menschen, die sie kannten und liebten, trauern wir um unsere Mutter, Hannelore Kohl.

Jeder, der einen ähnlichen Verlust erleben musste, weiß, wie tief diese Trauer geht. Doch jeder Mensch geht anders mit einer solchen Erfahrung um. Als Familie helfen wir uns, wenn immer möglich, gemeinsam diese Trauerarbeit zu leisten.

Anfang August 2001, in einer für uns sehr schwierigen Zeit, fand die Journalistin Dona Kujacinski den Mut, uns zu diesem Buch über unsere Mutter anzusprechen. Das Buch ist dann mit viel Herzblut und manchmal unter großen Schmerzen in Form einer gemeinsamen Rückbesinnung auf die Mutter, die Ehefrau und Freundin entstanden. Es gab einige Momente, in denen seine Fertigstellung mehr als unsicher erschien.

Besonders für mich, Peter, stellte das Mitschreiben an diesem Buch ein persönliches Wagnis und gleichzeitig aber auch den Versuch dar, mit dem Tod meiner Mutter fertig zu werden, sie auf meiner Reise nach innen wiederzufinden.

Wir hoffen, dass es uns gelungen ist, ein möglichst authentisches und nachvollziehbares Bild – so, wie sie war – von unserer Mutter zu zeichnen und dabei für Sie, verehrte Leserinnen und Leser, die Geschichte von Hannelore Kohl zu erzählen.

Peter Kohl
London, im Dezember 2001

Walter Kohl
Frankfurt, im Dezember 2001

KAPITEL 1

ABSCHIED

»Ich habe lange über diesen Schritt nachgedacht, glaube es mir. Es fällt mir sehr schwer, Dich nach über 41 Ehejahren zu verlassen, aber ein langes Siechtum in Dunkelheit will ich mir und Dir ersparen, zumal die Unheilbarkeit nun leider mehrfach bestätigt wurde.
Ich habe über viele Jahre um das Natürlichste von der Welt, um Licht und Sonne, gekämpft, leider vergebens. Es wird immer schlechter, und meine Kraft ist nun zu Ende. Viele Symptome des Abbaus und des Kraftverlustes habe ich bereits, man kann es auch Stoffwechselschädigungen nennen, wie könnte es auch anders sein nach jahrelangem Sonnen- und auch Lichtentzug. Meine Hoffnung auf Heilung ist nach diesen 8 Jahren verschwunden und nach Konsultation so vieler Fachleute, sie haben mir – je nach Temperament – durchaus auch brutal die Wahrheit gesagt. Es wäre eine Illusion zu glauben, dass doch noch ein Wunder geschieht. Ich bin jetzt 68 Jahre alt, ein Alter, das dem Leben seinen Platz eingeräumt hat.
Ich danke Dir für viel Hilfe, Zuspruch und Deine Versuche, mein Leben zu erleichtern. Zusammen mit Dir habe ich viele gute Jahre gehabt, und auch schlechte Zeiten haben wir durchgestanden. Ich danke Dir für

ein Leben mit Dir und an Deiner Seite – voller Ereignisse, Liebe, Glück und Zufriedenheit. Ich liebe Dich und bewundere Deine Kraft. Möge sie Dir erhalten bleiben. Du hast noch viel zu tun.«

Aus dem Abschiedsbrief an Helmut Kohl

Wann genau Hannelore Kohl zum ersten Mal darüber nachdachte, freiwillig in den Tod zu gehen – niemand weiß es. Auch der Moment der endgültigen Entscheidung wird für immer ihr Geheimnis bleiben. Bestimmt ist sie ihr nicht leicht gefallen. Vielleicht hat sie sich in dieser schweren Stunde aber auch befreit gefühlt.

Ihre Familie und ihre Freunde wussten um ihre zunehmend aussichtslose gesundheitliche Lage. Aber alle Versuche, sie zu heilen und ihre Lebensqualität wiederherzustellen, scheiterten. Dennoch hat niemand mit ihrem Suizid zu diesem Zeitpunkt gerechnet. Hannelore Kohl verbarg ihren Entschluss gut. Sie wollte sterben, und niemand sollte sie daran hindern.

* * *

Anfang Juli 2001. Draußen herrschen hochsommerliche Temperaturen, der Wetterbericht vermeldet für Ludwigshafen Höchstwerte von bis zu fünfunddreißig Grad. Das Haus in der Marbacher Straße 11 liegt still da. Drinnen ist es kalt, in den Zimmern, in denen sich Hannelore Kohl aufhält, läuft die Klimaanlage auf Hochtouren. Vor den Fenstern sind tagsüber die Rollläden heruntergelassen, die die Räume komplett abdunkeln. Die Lichtallergie, an der Hannelore Kohl leidet, verursacht ihr unerträgliche Schmerzen. Schon lange kann sie kein Tageslicht mehr, geschweige denn die Sonne ertragen. Am Tag ihrer einsamen Entscheidung müssen es bald fünfzehn Monate gewesen sein, seit sie die Sonne zum letzten Mal sah.

Im Frühling 2000 ist ihre Lichtallergie mit aller Gewalt ausgebrochen. Sicher spielen dabei auch psychosomatische

Gründe eine Rolle. Seitdem fühlt sich Hannelore Kohl zunehmend als Gefangene in ihrem eigenen Haus. Die Symptome dieser heimtückischen Allergie kommen und gehen in Wellen. Die Abstände zwischen den beschwerdefreien Phasen werden mit der Zeit immer kürzer. An den Tagen, an denen es ihr besser geht, erledigt Hannelore Kohl ihre Büroarbeit für das Kuratorium ZNS und die Hannelore-Kohl-Stiftung, empfängt zu Hause Freunde und Ärzte. An den schlechten Tagen ist sie zu nichts fähig. Sie leidet unter extremen Schmerzen an den Schleimhäuten und im Zahnfleisch. In den letzten Wochen ergreift zusätzlich noch ein starkes Brennen ihren ganzen Körper. Sie kann nur noch mit starken Schmerzmitteln existieren.

Dass sie während des Tages durch Rollläden gegen jedes von außen hereindringende Licht vollkommen abgeschirmt werden muss, bedrückt sie zutiefst. Im Haus müssen schwache Birnen in die Lampen geschraubt werden, da ihr auch grelles Kunstlicht Schmerzen bereitet. Hinzu kommt, dass sie manchmal unter Atemnot leidet und zunehmend auch auf bestimmte Lebensmittel und Kosmetika allergisch reagiert. Zum Schluss erträgt sie selbst Wärmestrahlung nicht mehr. Das bedeutet: kein Kerzenlicht, keine Heizung, keine warme Luft von außen. Selbst in die Nähe eines Fernsehbildschirms darf sie nicht mehr kommen. Den ganzen Sommer über läuft in den Zimmern, in denen sie sich aufhält, Tag und Nacht die Klimaanlage. Alle Pflanzen, die sie so sehr liebt, müssen wegen der ständigen Dunkelheit aus dem Haus entfernt werden.

* * *

Dass das Licht einmal ihr Feind werden sollte, daran hat Hannelore Kohl nicht einmal in ihren schlimmsten Albträumen gedacht. Und doch ist genau das geschehen. Im Februar 1993 erhält sie wegen einer Infektion ein Antibiotikum. Bei der Gabe übersieht der Arzt, dass das Präparat eine dem Penicillin ähnliche Substanz enthält. Dabei ist bereits seit den Sechzigerjahren bekannt, dass sie auf Penicillin allergisch reagiert. Nach der Einnahme zeigte ihre Haut eine heftige Rötung, es bildeten sich Quaddeln und Ödeme. Hinzu kamen Juckreiz und Atemnot. Um Schlimmeres zu vermeiden, hatte man deshalb peinlich genau darauf geachtet, dass sie nicht mehr mit dieser allergieauslösenden Substanz in Kontakt kam.

Die Folge dieser zweiten Gabe ist verheerend: Hannelore Kohl entwickelt ein Lyell-Syndrom, eine starke toxisch-allergische Reaktion, an der sie fast stirbt. Von nun an muss sie erst direktes und in den letzten Jahren auch indirektes Sonnenlicht meiden. Ab dem Frühling 2000 ist sie zu einem Leben im Dämmerlicht verurteilt.

Obwohl die Schmerzen und die eingeschränkten Lebensbedingungen für Hannelore Kohl in den letzten Jahren psychisch und physisch mehr als schwer zu meistern sind, lässt sie sich kaum etwas anmerken und gibt die Hoffnung auf Heilung zunächst nicht auf. Im Gegenteil. Diszipliniert, wie sie ist, klagt und jammert sie nicht, sondern versucht, das Beste aus ihrem Leben zu machen. Nur lachen hört man sie selten.

Wenn es ihr Gesundheitszustand erlaubt, folgt sie in den letzten Monaten ihres Leben fast immer einem festen Tagesablauf. Meist beginnt ihr Morgen mit einem leichten Gehtraining auf dem Laufband im Keller. Bevor sie zum Frühstück in die Bauernstube neben der Küche geht, kleidet sie sich sorgfältig an und schminkt sich. Auf ihre äußere Erscheinung legt sie trotz ihrer Krankheit großen Wert. In diesem Punkt nachlässig zu sein gestattet sie sich nie – bis auf die Tage, an denen es ihr besonders schlecht geht. Danach erledigt sie ihre Korrespondenz am Schreibtisch im Arbeitszimmer und führt Telefonate.

Darüber hinaus unterstützt sie ihren Mann bei der Erstellung seiner Bücher. Erst beschäftigt sie sich mit dem Ende des Jahres 2000 erscheinenden politischen »Tagebuch

1998–2000«, dann mit seinen Memoiren. Mehrmals in der Woche nimmt sie, wenn sie gesundheitlich dazu in der Lage ist, an den langen Sitzungen teil, in denen ihr Mann und seine Mitarbeiter an den Memoiren arbeiten. Mit großem Engagement ist sie bei der Sache. Selbst wenn es um die Besprechung von Details geht, ist sie dabei. Mit Rücksicht auf sie trifft man sich in einem gegen das Tageslicht abgedunkelten Raum im Keller des Hauses. Ihr Mann ist in dieser Zeit wann immer möglich bei ihr.

Fast täglich bekommt sie auch Besuch von dem einen oder anderen ihrer Freunde und Bekannten. Manche wohnen in der näheren Umgebung, andere reisen von weiter her an und bleiben ein paar Tage bei ihr. Hin und wieder spielt sie gern mit ihnen Karten oder geht nach Sonnenuntergang mit ihnen spazieren. Im letzten Jahr beschäftigt sie sich auch oft mit ihrem Computer und surft im Internet.

In den letzten Monaten ihres Lebens leidet sie immer stärker darunter, dass sie die Sonne nicht mehr sehen darf und zu Hause eingesperrt ist. Sie beginnt die Stunden zu zählen, bis es draußen vollkommen dunkel ist und sie endlich das Haus verlassen kann. Dann schwimmt sie entweder im Swimmingpool im Garten des Hauses oder unternimmt ausgedehnte Spaziergänge. Am liebsten ist sie im Oggersheimer Bruch oder in den Rheinauen unterwegs, manchmal geht sie auch in Heidelberg, Mannheim, Speyer oder Neustadt durch die nächtlichen Straßen spazieren. Nach solchen Ausflügen sitzt sie gern noch etwas auf der Terrasse und schaut in den Garten, den sie mit viel Liebe angelegt hat und in dem ein kleiner Springbrunnen plätschert und Bambus, Tannen und Büsche wachsen. Oft leisten ihr dabei ihr Mann oder andere Besucher Gesellschaft, manchmal auch ihre Söhne, wenn sie da sind. Wenn es sehr warm ist, hält sie es draußen jedoch nur kurz aus.

* * *

Im Mai 2001 zerbricht ihre Hoffnung auf Heilung endgültig. In diesem Monat bestätigen ihr die Ärzte, dass sie unheilbar krank ist. Angesichts dieser verheerenden Diagnose beschließt sie, sich das Leben zu nehmen.

Für immer in Dunkelheit, in Kälte und in einem Meer von Schmerzen zu leben – das war für sie ein unannehmbares Schicksal. Wie schwer es gewesen sein muss, die Vorbereitung dieses Schrittes vor ihrer Familie und ihren Freunden wochenlang geheim zu halten, ihn mit einer fast unheimlichen Präzision zu planen, ist unvorstellbar. In der Nacht vom vierten auf den fünften Juli 2001 schied sie freiwillig aus dem Leben. Sie hinterließ zwanzig Abschiedsbriefe.

KAPITEL 2

KINDHEIT

Sie kommt zwei Monate vor dem errechneten Termin zur Welt: Am siebten März 1933, um elf Uhr fünfzehn, wird Hannelore in der Bavarier-Klinik in der Münchener Straße 49 in Berlin-Schöneberg geboren. Mit dem Bus ist es nicht weit von der Wohnung der Eltern in der Kaiser-Wilhelm-Straße 153 in Lankwitz bis zur Klinik. So kann Wilhelm Renner seine Frau Irene, die er Anfang der Zwanzigerjahre in Berlin kennengelernt hat, und seine neugeborene Tochter oft besuchen. Anfangs machen sich die Eltern um Hannelore große Sorgen. Das Siebenmonatskind ist klein und zierlich. Doch rasch zeigt sich, welche Kraft und Energie in dem zarten Bündel steckt.

Wilhelm Renner stammt aus einer alten pfälzischen Bauernfamilie. Geboren wurde er am fünfzehnten Januar 1890 in Mutterstadt bei Ludwigshafen am Rhein. Sein Vater Johannes Renner hatte eine Vertretung für Landwirtschaftsmaschinen, später kam noch ein Fahrrad- und Motorradhandel hinzu. Wilhelm, der zunächst eine Mechanikerlehre machte, besuchte die »Ingenieurschule zu Mannheim«, die er 1908 als Elektroingenieur abschloss. Gerade mal zwanzig Jahre alt, ging er 1910 nach Berlin, um seine erste Arbeitsstelle als Konstruktionsingenieur bei der Julius Pintsch AG anzutreten. Während des ersten Weltkriegs arbeitete er als Ingenieur bei der Fliegertruppe, unter anderem in einer Entwicklungs-

und Erprobungsabteilung für Funk- und Funktelegraphiegeräte.

1926 wechselt Wilhelm Renner zum Ingenieurbüro Koch & Kienzle und setzt seine Karriere in der Leitung der Abteilung zur fertigungstechnischen und konstruktiven Beratung von Industriefirmen fort.

Hannelores Mutter, Irene Merling, kam am einunddreißigsten Dezember 1897 in Bremen zur Welt. Als gutsituierter Rechtsanwalt gehörte ihr Vater Dr. Emil Merling – und damit die ganze Familie – den großbürgerlichen Kreisen der Hansestadt an. Irene wuchs standesgemäß auf: Preußisch-streng erzogen, besuchte die sportliche Jugendliche eine Schule für höhere Töchter. Sie hat zwei Brüder. Der ältere stirbt als Soldat im ersten Weltkrieg an den Folgen der Ruhr. Der jüngere, Kurt, wird Rechtsanwalt und übernimmt die Praxis des früh verstorbenen Vaters. Außerdem gibt es Ilse, die ältere Schwester.

Irene und Ilse sind unternehmungslustiger als Kurt. Weil ihnen die Hansestadt Bremen zu eng wird, ziehen sie Anfang der Zwanzigerjahre nach Berlin. Dort macht Ilse unter dem Künstlernamen Ilse Marwenka als Bühnen- und Operettenschauspielerin Karriere. 1933 wandert sie mit ihrem jüdischen Freund, den sie später heiratet, nach Amerika aus. Auch am Broadway feiert sie große Erfolge, schließlich wird sie sogar in die »Theatre Hall of Fame« aufgenommen. Hochbetagt stirbt sie 1996 im Alter von hundertein Jahren und wird neben ihrem Mann, einem Offizier der US-Army, auf dem Friedhof von Arlington im US-Bundesstaat Virginia begraben.

Während ihre Schwester rasch zum Bühnenstar aufstieg, ging Irene als Ansagerin zum Berliner Rundfunk. Damit gehört sie zu den Pionieren einer aufregenden neuen Technik. Damals gingen gerade die ersten Sendungen auf Langwelle über den Äther. Als Irene im Februar 1929 Wilhelm Renner heiratet, gibt sie ihren Beruf auf.

Von ihren Eltern abgöttisch geliebt, hat Hannelore eine behütete Kindheit. Ganz besonders vernarrt in die Tochter ist der Vater. Er lässt ihr auch mehr durchgehen als die Mutter, die viel Wert auf gutes Benehmen und Umgangsformen legt und Hannelore streng, um nicht zu sagen autoritär erzieht.

Der Vater, Wilhelm Renner.

Sowohl Wilhelm als auch Irene Renner waren in einem protestantischen Elternhaus groß geworden. Doch während bei Vater Wilhelm in der Pfalz die kirchlichen Feste wie Taufe, Konfirmation, Trauung und Beerdigung eine große Rolle spielten, brachte Mutter Irene aus dem kühleren Bremen eine distanziertere Einstellung zur Religion mit. So wird auch Hannelore nicht tiefgläubig erzogen.

Kurz vor Weihnachten 1933 zieht Familie Renner nach Leipzig um. Der Vater hat eine gut bezahlte Stellung als Betriebsdirektor und Leiter der Konstruktions- und Entwicklungsabteilung bei der Metallwarenfabrik Hugo Schneider AG angenommen. »Püppi«, wie Hannelore liebevoll genannt wird, wohnt mit ihren Eltern im ersten Stock eines eleganten freistehenden Hauses in der Montbéstraße 41 mit vier Meter hohen Räumen und einem langen Flur, in dem sie später mit ihren Freundinnen gern Rollschuh läuft, wenn sie allein zu Hause ist. Nach vorne, zur Straße hinaus, liegen das Herrenzimmer, das Esszimmer und ein Damenzimmer mit Glasveranda. Das Eltern- und das Kinderschlafzimmer, das schmale und karg möblierte Mädchenzimmer für die Hausangestellte, die große

Küche mit dem Balkon, das Bad und die separate Toilette gehen nach hinten zur Gartenseite hinaus. Eine Wohnung, wie sie für das Bildungsbürgertum damals typisch ist. Im Garten, zu dem auch ein gepflasterter Hof gehört, liegen die Garagen und die Hausmeisterwohnung. Mitten im Garten steht eine hohe Trauerweide, an deren Ästen eine riesige Schaukel befestigt ist. Im Schutz ihres Blätterdachs steht der Sandkasten, in dem die Kinder mit ihren Förmchen Kuchen aus Sand backen.

Die Mutter, Irene Renner, im November 1940.

In dieser Umgebung wird Hannelore Renner groß. Sie hat eine unbeschwerte und sorgenfreie Kindheit. In einem Tagebuch hält ihre Mutter fast jeden Schritt der Tochter fest. In ihrer kleinen, energischen Handschrift notiert sie in knappen Zeilen die wichtigsten Ereignisse der Kindheit. Am ersten Januar 1934 schreibt Irene Renner: »Püppi macht bitte, bitte.« Am einundzwanzigsten Januar hält sie fest: »Püppi steht ohne Anfassen.« Am ersten Februar: »Erster Zahn.« Durch diese stichwortartigen Notizen entsteht nach und nach eine Chronik der jungen Familie. So wird verzeichnet, dass die kleine Hannelore am vierten November 1934 mit der Mutter den Zirkus Krone besucht, dass sie am ersten März 1935 an Keuchhusten erkrankt oder am vierzehnten Juni 1940 Masern bekommt. Am dritten Mai 1935 kommt sie in den Kindergarten, am neunten Oktober hat sie ihre erste Turnstunde bei Fräulein Zeise. Danach darf sie zum zweiten Mal in den Zirkus. Der Tagebucheintrag über den Besuch beim

Zirkus Busch lautet: »Musik und Tiere finden großes Interesse. Clowns erregen Trauer.«

In dieser Zeit spielt Hannelore schon eifrig mit ihrer Sandkastenfreundin Rena, die eineinhalb Jahre älter ist und mit ihren Eltern und der großen Schwester Eva im Hochparterre der Montbéstraße wohnt. Die Mädchen sind so eng miteinander befreundet, dass Rena Hannelores Mutter »Tante Reni« nennt.

»Püppi«, erinnert sich Rena, »war ein bildhübsches Kind mit roten Backen und blonden Locken. Und sie war ein bisschen verwöhnt. Sie hatte immer die schöneren Sachen. Zum Beispiel Rollschuhe mit extrabreiten Rollen und angepassten weißen Schnürstiefeln. Unsere mussten wir mit einem Schlüssel an die Stiefel schrauben. Bei den Schlittschuhen war es genauso. Trotzdem gab es keine Eifersucht. Höchstens mal bei meiner Schwester, die dies aber nur ihrem Tagebuch anvertraute.«

Ihre erste Kinderparty erlebt Hannelore im Oktober 1935 bei einer Feier in der Montbéstraße. Kein halbes Jahr später, am siebten März 1936, gibt sie selbst eine große Gesellschaft: »Püppi« wird drei. Rena erzählt: »Die Kindergeburtstage waren immer top organisiert. Es gab liebevoll gedeckte Tafeln, an denen zwischen zwölf und vierzehn Kinder Platz hatten. Es wurden Fotos gemacht, es gab Gespensterspiele, Verstecken, Topfschlagen. Die Feste dauerten immer bis in den späten Abend.«

Eine Woche nach ihrem dritten Geburtstag darf Hannelore sich zum ersten Mal eine leichte Welle in die Haare machen lassen. Mit einer Brennschere onduliert Irene Renner ihrer Tochter seitlich die Haare.

Leidenschaftlich gern spielen Hannelore und Rena Verkleiden. Wenn die Mütter außer Haus sind, werden ihre Kleiderschränke und Schmuckschatullen geplündert. Abendkleider, Ansteckblumen und Bernsteinketten gibt es genug. Rena sieht die Szene noch heute vor sich: »Sehr beliebt waren die roten

Kindergeburtstag 1937; *1. v. l.:* Hannelore Renner.

und grünen Satinpumps von Tante Reni, mit denen wir am liebsten durch die langen Flure stöckelten.«

»Unsere Mütter konnten sich ganz auf die Gestaltung des gesellschaftlichen Lebens konzentrieren«, erzählt Rena. »Sie gingen mit dem Stadtkoffer einkaufen, bereiteten Abendeinladungen vor, gaben Damenkränzchen, organisierten Familientreffen, besuchten Theatervorstellungen und erteilten den Haushaltshilfen Anweisungen.«

Zum Personal in der Montbéstraße gehören eine Waschfrau, eine Bügelfrau, die immerhin schon eine Mangel zur Verfügung hat, und eine Möbelfrau für den Großputz. Beim Großreinemachen wird damals das ganze Haus auf den Kopf gestellt. Und weil beim Osterputz auch immer das Parkett abgezogen wird, bekommt die Möbelfrau dann zusätzlich noch Hilfskräfte.

Zwar sind die Mütter viel unterwegs, aber für die Kinder ist natürlich auch dann gesorgt, wenn sie ihren gesellschaftlichen Verpflichtungen nachgehen. In beiden Familien gibt es Kindermädchen, die von Hannelore und Rena heiß und innig geliebt werden.

Bei einer Feier im Kindergarten wird am achten März 1937 das Märchen von Hänsel und Gretel aufgeführt. Hannelore, die gerade vier Jahre alt geworden ist, ist Hänsel, Rena die Gretel. Für Hannelore ist dieser Auftritt eine Premiere, entsprechend groß ist das Lampenfieber. Aber die Aufführung wird ein voller Erfolg, und alle Beteiligten haben einen Riesenspaß. »Danach«, erzählt Rena, »haben wir das zu Hause gerne gespielt. Es waren immer Inszenierungen vor Publikum mit einem Groschen Eintritt, bei denen Tante Reni oft Theaterchefin war und aus abgelegten Kleidern die Kostüme basteln ließ.« Mit in der Schauspieltruppe sind auch Renas Schwester Eva und »Wölfchen«, der Sohn des Hausmeisterehepaars, das im Hinterhof über den Garagen wohnt. »Alle Aufführungen wurden von unseren stolzen Eltern im Bild festgehalten«, berichtet Rena.

Die beiden Mädchen sind unzertrennlich. Sie gehen in denselben Kindergarten, fahren auf dem gepflasterten Hof zuerst Dreirad, dann Tretroller, dann Holländer und später Rollschuh. Sie erzählen sich ihre kleinen und großen Sorgen, denken sich gemeinsam Streiche aus und lachen sich halb tot, wenn jemand darauf reinfällt.

Hannelore *(2. v. l.)* als Hänsel (März 1937).

Hannelore ist ein fröhliches Kind, das Zöpfe mit Schleifen trägt und kein Problem damit hat, die Spielsachen mit Rena zu teilen. Und mit Spielsachen wird sie von ihrem Vater, der die angebetete Tochter gern verwöhnt, geradezu überschüttet. Einmal bekommt sie von ihm ein Kletterhäuschen mit Einlegebrettern geschenkt, in dem man wunderbar Vater-Mutter-Kind spielen kann. Ein anderes Mal hat er »an einem Weihnachtsfest nach seinen Entwürfen für Hannelore ein wunderschönes riesengroßes Puppenhaus mit angeschlossener Puppenschule bauen lassen«, erinnert sich Rena. »Drin saßen sechzig Biegepuppen.« Die größte Überraschung aber erwartete Hannelore an einem anderen Weihnachtsfest: Wilhelm Renner hat ins Herrenzimmer ein Kinderhaus bauen lassen, komplett möbliert bis hin zu Blumenkästen an den Fenstern und mit einer Tür, durch die man aufrecht ins Haus hineingehen kann. Hannelore und Rena waren begeistert: »Wir konnten drinnen wohnen und mit unseren Puppen spielen. Es war einfach wunderbar.«

Hoch im Kurs bei Hannelores Eltern stehen auch sportliche Aktivitäten. Schon früh führen sie ihre »Püppi« an alle möglichen Sportarten heran und nutzen Weihnachten und Geburtstage, um ihr Schlittschuhe, ein Fahrrad oder Skier zu schenken. Stolz notiert die Mutter Hannelores erste Schritte in jeder neuen Sportart und welche Fortschritte sie darin macht. So steht in ihrem Tagebuch unter dem neunzehnten April 1937: »Hannelore lernt schwimmen, vier Jahre sechs Wochen alt.« Und 1940 schreibt sie: »Einundzwanzigster März: erster Radfahrversuch. Zweiundzwanzigster März: zwölf Kilometer Rad gefahren mit Mutti und Vati. Dreiundzwanzigster März: Auf- und Absteigen gelernt. Im April: Hannelore radelt dreißig Kilometer am Nachmittag.« Im Sommer 1940, am zehnten Juni, macht sie ihren Freischwimmer, ein Jahr später, am neunzehnten Juni 1941, erhält sie für fünfundvierzig Minuten Brustschwimmen das zweite und dritte Schwimmabzeichen.

Mit dem Vater im Skiurlaub 1938.

Hannelore nutzt begeistert die Möglichkeiten, die ihr die Eltern bieten. Schon am dreiundzwanzigsten Januar 1937 steht sie das erste Mal auf Skiern, und bereits am neunundzwanzigsten Dezember 1937 lernt sie Schlittschuhlaufen. Rena teilt diese Leidenschaft. In den Wintern, die in Leipzig oft sehr kalt sind, gehen die Freundinnen häufig Schlittschuhlaufen oder zum Rodeln in den Rosenthal-Park am Ende der Montbéstraße.

Aber die Eltern fördern nicht nur Hannelores sportliche Begabung. Ihnen liegt die umfassende Ausbildung ihrer Tochter am Herzen. Vater Wilhelm träumt sogar davon, dass »Püppi« einmal in seine Fußstapfen tritt und Ingenieur wird wie er. Ihre Mutter legt mehr Wert auf die musische Erziehung. Da sie selbst mehrere Instrumente spielt, ist ihr besonders eine gute musikalische Ausbildung wichtig. So hat Hannelore am neunten November 1938 ihren ersten Ziehharmonikaunterricht bei Lehrer Kraft in Leipzig. Rena erzählt: »Tante Reni spielte Akkordeon und Klavier. Ich erinnere mich, dass auf dem Flügel im Damenzimmer das in

Kupfer geschmolzene erste Paar Kinderschuhe von Hannelore stand.«

Schon früh nehmen Wilhelm und Irene Renner ihre Tochter auch auf Reisen durch Deutschland mit. Das erste Mal ist Hannelore von Juni bis August 1937 dabei. Mit den Eltern besucht sie die Familie der Mutter in Bremen, von da aus geht es weiter nach Wangerooge, Aurich, Hamburg und in ein Ostseebad. Und je älter Hannelore wird, umso mehr wird sie auch zu Theateraufführungen und Konzerten mitgenommen. Kurz vor ihrem siebten Geburtstag, am vierten März 1940, besucht sie mit ihren Eltern in München eine Aufführung der »Fledermaus«.

Diese umfassende Ausbildung von Körper und Geist entspricht ganz dem Ideal der Zeit. Hinzu kommt etwas, das man als »Charakterstärke« bezeichnen kann und das besonders Mutter Irene wichtig ist: Selbstbeherrschung soll »Püppi« lernen. Jede Form von Wehleidigkeit ist verpönt. Auch in diesem Punkt erweist sich Hannelore als gelehrig. Sie ist ein tapferes Kind und jammert selten, wenn sie krank ist. Als sie im Oktober 1937 wegen Verdacht auf Nabelbruch zum Arzt muss, der sanft ihren Nabel eindrückt, gibt sie nicht etwa einen Schmerzenslaut von sich, sondern sagt lediglich verschämt: »Aber Herr Doktor, wenn ich das mal bei Ihnen machen würde!«

Bei der Untersuchung wird zwar kein Bruch festgestellt, aber Hannelore hat immer wieder Bauchschmerzen. Am sechzehnten Juni 1938 kommt sie schließlich zu einer Blinddarmoperation ins Krankenhaus.

Auch wenn sie hinfällt, weint Hannelore kaum – selbst dann nicht, als sich die Stürze häufen, wie zum Beispiel im März 1938, als sie Rollschuhfahren lernt. Die Disziplin, Schmerzen nicht zu zeigen, hat ihr die Mutter beigebracht. Weil sie sich selbst keine Schwäche erlaubt, verlangt sie das auch von der Tochter und ihren Freundinnen. Irene Renner ist streng, und die Kinder haben großen Respekt vor ihr.

Der Vater ist ganz anders. Wilhelm Renner ist nicht nur liebevoll und nachgiebig, er ist auch eine strahlende Persönlichkeit und ein gutaussehender Mann. Rena ist von ihm beeindruckt und erzählt: »Wenn er mit dem Chauffeur oder allein im offenen Sportwagen in den Hof einfuhr, war das schon was.« Manchmal setzt er sich seine Tochter auf den Schoß und fährt mit ihr eine kurze Runde im Hof.

»Püppi« mit Dackel Dorli im September 1942.

Als Ingenieur verfolgt Wilhelm Renner alle neuen technischen Entwicklungen mit Begeisterung und probiert Neues gerne selbst aus. Er verfügt nicht nur über handwerkliches Talent, er ist auch ein erfindungsreicher Tüftler und selbst äußerst innovativ. Den Wohnwagen »Rheinpfalz«, mit dem er und seine Familie am fünfzehnten April 1938 zum ersten Mal über Land fahren, hat er selbst ausgebaut. Das fahrende Haus verfügt sogar über einen Kühlschrank mit Gasbetrieb.

An oberster Stelle aber steht für ihn die Tochter. Sooft es die Zeit des vielbeschäftigten Mannes zulässt, unternimmt er längere Ausflüge mit ihr. Einmal, kurz nach der Einschulung, spendiert er ihr als Belohnung für ihre guten Leistungen in der Schule sogar einen Rundflug über Leipzig. Nur zur Jagd, auf die er an den Wochenenden mit seinem Dackel Dorli, der von Hannelore heiß und innig geliebt wird, gerne geht, darf Hannelore nicht mit.

Am dreißigsten August 1938 meldet ihre Mutter sie für Ostern 1939 in der 32. Volksschule an. Ins Tagebuch schreibt sie über diesen Tag: »Als der Schulleiter fragte: ›Was ist denn deine Lieblingsspeise?‹ sagte Hannelore: ›Suppe mit Fadennudeln.‹ Worauf der Schulleiter meinte: ›Du hast deine Aufnahmeprüfung so wunderbar bestanden, lass dir von deiner Mutter heute mittag gleich eine Fadennudelsuppe kochen.‹« Keine Frage, dass zu Hause schon eine dampfende Suppe auf sie wartete.

Die Schule beginnt für Hannelore am zwölften April 1939. Rena, die Ältere, geht da bereits in die zweite Klasse und hat unter ihren Schulkameradinnen neue Freundinnen gewonnen. Mit Hannelore verbringt sie nun nicht mehr so viel Zeit wie früher, aber morgens gehen beide oft gemeinsam zum Unterricht und trödeln dabei ganz gewaltig, weil sie sich so viel zu erzählen haben.

1939 ist ein schöner Sommer. Die Mädchen gehen Schwimmen, laufen Rollschuh und spielen im Garten. In den Ferien fährt Hannelore mit ihren Eltern nach Hahnenklee in den Harz und verlebt unbeschwerte Tage.

Mit dem Angriff auf Polen fängt am ersten September der zweite Weltkrieg an. Noch ist der Krieg nur ein fernes Donnergrollen. Das Leben der Sechsjährigen berührt er zunächst nicht. Für Hannelore spielt es eine viel größere Rolle, dass sie an Silvester 1939 zum ersten Mal aufbleiben darf, um das Feuerwerk zu sehen.

Ende August besuchen Hannelore und ihre Mutter Freunde in Berlin. Dort erlebt Hannelore während eines drohenden Angriffs durch die Royal Air Force ihren ersten Fliegeralarm. Gleichzeitig tobt die Luftschlacht um England.

Von nun an wird ihr Leben anders. Der Krieg hält langsam Einzug in ihr behütetes Dasein. Hannelore ist sieben Jahre alt. Von den schrecklichen Dingen, die in Deutschland und den besetzten Gebieten stattfinden, während sie zur Schule geht, spielt und lernt, ahnt sie nichts. Wie soll ein kleines Kind auch wissen, was der Krieg bedeutet, der in Deutschland noch mit Siegesfeiern bejubelt wird? Wie soll es verstehen, dass immer weniger jüdische Menschen in den Straßen und Häusern der Stadt zu sehen sind? Woran soll es erkennen, dass sich die »Endlösung der Judenfrage« bereits anzubahnen beginnt?

Mit der Zeit muss sie jedoch hautnah miterleben, dass in Leipzig nachts immer wieder die Sirenen heulen. Meist um Mitternacht. Die Kinder, von den Eltern beschützt und gegen die Gefahren der Außenwelt abgeschottet, erfahren das anfangs noch nicht als bedrohlich. Noch fallen keine Bomben, noch werden keine zivilen Ziele angegriffen, noch sind die Wohnviertel sicher. Rena erinnert sich: »Für uns war das zunächst weniger dramatisch. Wichtig war nur: Fällt die Schule am nächsten Tag aus oder nicht? Wenn es losging, sind wir runter in den 1939 erbauten Luftschutzkeller, wo es ›Übernanderbetten‹ gab. Hannelore und ich lagen meist oben und freuten uns, dass wir uns auch nachts treffen konnten. Wir spielten mit unseren Kuscheltieren, blätterten Bücher mit Einklebebildern von Tieren und Sportlern durch.«

Im September 1940 erreicht die Luftschlacht um England ihren Höhepunkt. Zur Vergeltung führt die britische Luftwaffe vereinzelte Nachtangriffe auf Deutschland durch. Wie in vielen deutschen Städten müssen auch in Leipzig die Menschen immer wieder in die Schutzräume. Am einundzwanzigsten Dezember 1940 trägt Irene Renner den siebenundzwanzigsten Fliegeralarm in ihr Tagebuch ein. Doch bei weitem nicht auf jeden Alarm folgt ein Angriff. Immer wenn sich ein Fliegerverband einer Region nähert, wird in allen größeren Städten der Umgebung Alarm ausgelöst. Das bedeutet jedoch nicht, dass in all diesen Städten dann auch tatsächlich Bomben fallen. Wenn die Verbände in der Ferne vorbeiziehen, gibt es Entwarnung.

Im Jahr 1941 heulen die Sirenen immer öfter. Am fünfzehnten Mai werden in Deutschland die Fleischrationen gekürzt. Auch andere Lebensmittel werden knapp, es gibt sie nur noch auf Marken. Rena berichtet, wie sie sich einschränken mussten: »Die Butter wurde rar, die Leberwurst war aus Hefepaste, der Napfkuchen aus geriebenen Möhren, der Spinat aus Brennnesseln.« Hannelores Eltern versuchen dennoch, die Normalität des Alltags so weit wie möglich aufrechtzuerhalten und ihre Tochter so gut wie möglich zu behüten. Sie darf in die Oper, sieht »Hänsel und Gretel«, was sie wunderbar findet, und bekommt Klavierunterricht.

Mit der »Operation Barbarossa« beginnt der Überfall der Wehrmacht auf die Sowjetunion im Juni 1941. Ab September müssen die Juden den gelben Stern tragen, auch in Leipzig. Am siebten November verzeichnet Irene Renner den fünfundvierzigsten Fliegeralarm.

Nach dem Angriff Japans auf Pearl Harbor am siebten Dezember 1941 befinden sich die Vereinigten Staaten und Japan im Krieg. Am elften Dezember 1941 erklären auch Deutschland und Italien, die Verbündeten Japans, den USA den Krieg. Anfang 1942 wird bei der Wannseekonferenz in Berlin die »Endlösung der Judenfrage« beschlossen.

Im Jahr 1942 beginnen die großangelegten Flächenbombardements auf deutsche Großstädte, mit denen die Alliierten die deutsche Bevölkerung auch psychologisch treffen wollen. Im März sterben dreihundertzwanzig Menschen beim Angriff britischer Flugzeuge auf Lübeck. Im Lauf des Jahres werden auch Stuttgart, Köln, Bremen, Duisburg, Hamburg, Nürnberg, Berlin, Leipzig, Stettin, Königsberg und Danzig bombardiert.

Im Sommer 1942 reist Hannelore an den Mondsee im Salzkammergut. Ein letztes Mal verbringt sie trotz des Krieges vergleichsweise unbeschwerte Ferien.

Zurück in Leipzig, versuchen die Renners weiterhin, ihr Leben so normal wie möglich zu gestalten. Noch fallen keine Bomben auf die Stadt. Dann kommt der September. Ein Monat, der das Leben in der Montbéstraße furchtbar verändern wird. Der Tod bricht zwar noch nicht aus der Luft über sie herein, doch er zeigt sich in der Gestalt einer teuflischen Seuche: Die

Kinderlähmung grassiert in Leipzig. Wegen der Epidemie werden alle Schulen geschlossen. Damals gab es noch keine Schluckimpfung. Viele Kinder werden krank, manche überleben nicht. Innerhalb von nur drei Tagen stirbt Eva, Renas Schwester, an Atemlähmung, ihre Eltern hatten nicht einmal Zeit, sie ins Krankenhaus zu schaffen. Hannelore darf die Wohnung nicht mehr verlassen. Am achtzehnten September erhält sie in einer Klinik Blut von ihrer Mutter in der Annahme, so könnte sie vor dem Ausbruch der gefährlichsten Form dieser Erkrankung geschützt werden. »In dieser Zeit bekam unsere Kindheit erstmals einen Riss«, sagt Rena heute.

Hannelore (7 Jahre alt) mit ihrer Mutter, 1940.

Nach dem Tod von Eva wird es still in der Montbéstraße. Man hört die Kinder kaum noch lachen.

Im Februar 1943 verkündet Goebbels im Berliner Sportpalast den »totalen Krieg«. In diesem Monat ist die 6. Armee in Stalingrad untergegangen. Der Ring um Deutschland und seine Verbündeten beginnt sich zu schließen. Die Versorgungslage wird immer schlechter, die deutsche Bevölkerung muss weitere Lebensmittelrationierungen hinnehmen. Am einunddreißigsten Mai 1943 wird die Fleischration pro Kopf und Woche um hundert Gramm gekürzt.

Im Juni 1943 besteht Hannelore die Aufnahmeprüfung für die Gaudig-Mädchenoberschule, die für ihren reformpädagogischen Ansatz bekannt ist. Bevor sie am elften August in diese Höhere Mädchenschule eintritt, reist sie mit ihren

Eltern für drei Tage nach Mutterstadt, um die Großeltern zu besuchen. Ihr nächster Besuch findet unter drastisch veränderten Umständen statt.

Am zwanzigsten Oktober 1943 verzeichnet Irene Renner in ihrem Tagebuch den ersten schweren Angriff auf Leipzig. In der Nacht vom dritten auf den vierten Dezember fällt dann ein Bombenteppich auf die Stadt. Leipzig brennt. Rena erinnert sich: »Nach der Entwarnung sind wir rausgerannt. Überall, wo wir hinguckten, standen Häuser in Flammen. Über Leipzig tobte ein wahnsinniger Feuersturm. Die Menschen bildeten Eimerketten, versuchten verzweifelt, ihre brennenden Häuser zu löschen. Meine Kakteensammlung lag zerbrochen am Boden.« In dieser Nacht verliert auch Dackel Dorli sein Leben. Hannelore weint bitterlich und ist tagelang nicht zu beruhigen.

Nach dem Feuersturm vom vierten Dezember haben sowohl Wilhelm Renner als auch Renas Vater Angst, dass die Stadt nicht mehr sicher ist. Die Familienväter beschließen, ihre Frauen und ihre Töchter so schnell wie möglich aus der Stadt zu bringen.

Zwei Tage nach dem Bombenangriff werden die Freundinnen für Jahre getrennt: Rena geht mit ihrer Mutter zu einer Patentante in den Schwarzwald, während Hannelore und Irene Renner nach Grimma, dreißig Kilometer südöstlich von Leipzig, evakuiert werden. Vater Wilhelm bleibt in Leipzig, weil er wegen seiner Funktion als Leiter der Konstruktions- und Entwicklungsabteilung als »uk«, also unabkömmlich, eingestuft ist.

Wie für so viele andere Menschen in dieser Zeit beginnt jetzt auch für Hannelore eine schreckliche Odyssee. Sie verliert ihre Heimat, und sie verliert vor allem die Sicherheit und Geborgenheit eines behüteten Zuhauses. Von nun an ist sie für Jahre fremd in der Fremde, eine bestenfalls geduldete Bombenvertriebene. Dieses Schicksal teilt sie mit Millionen anderer Menschen. Vielen Flüchtlingen ergeht es sogar noch schlimmer, denn sie verlieren das Kind, die Frau, den Mann. Das unermessliche Leid, das die Deutschen über die Welt gebracht haben, schlägt auf sie zurück. Auch wenn Hannelore im Vergleich zu vielen tausend unvorstellbaren Schicksalen zu den Glücklicheren gehört, die relativ unbeschadet davonkommen, trägt sie dennoch ein lebenslanges Trauma davon.

Von Grimma aus, wo Hannelore und ihre Mutter bei einer fremden Familie untergebracht sind, fahren sie am dreizehnten Februar 1944 in die fünfunddreißig Kilometer entfernte Kreisstadt Döbeln, die gut fünfundzwanzigtausend Einwohner hat und etwa auf halber Strecke zwischen Leipzig und Dresden liegt. Hier wird Hannelore auf dem humanistischen Gymnasium angemeldet, einer reinen Jungenschule. Irene ist nicht bereit, sich von den Umständen kleinkriegen zu lassen. Mit aller Härte widersteht sie dem Einfluss des Krieges. Das Leben geht schließlich weiter, also auch Hannelores Ausbildung. Drei Tage dauert die Fahrt hin und zurück.

Am einundzwanzigsten Februar kehren sie nach Döbeln zurück. Fürs Erste beziehen sie eine provisorische Unterkunft, damit Hannelore am vierundzwanzigsten Februar zu ihrem ersten Schultag ins Gymnasium gehen kann. Außer ihr gibt es dort nur zwei Mädchen in der Klasse. Jahre später erinnert sich Hannelore Kohl, »dass es nicht einfach war, sich durchsetzen. Doch wir haben es geschafft.«

Nach ein paar Tagen kommen die zwei bei der Familie Wolf in der Zwingerstraße 11 unter. Kurz darauf wird Irene Renner kriegsdienstverpflichtet und muss als ungelernte Hilfskraft im Vierer- und Sechserakkord am Band arbeiten. Für eine Frau ihrer Herkunft, die körperliches Arbeiten nicht gewöhnt ist, bedeutet das einen radikalen Bruch mit dem bisherigen Leben. Beseelt von dem Willen, sich nicht unterkriegen zu lassen, rettet sich Irene Renner in ihre eiserne Disziplin. Hannelore hilft in der Werkskantine mit und kommt auf diese Weise zu einem Mittag- oder Abendessen.

Langsam wird es immer schwieriger, in der Familie die Verbindung aufrechtzuerhalten. Irene und Hannelore haben Angst um den Vater und versuchen, ihn so oft wie möglich zu besuchen. Mutter und Tochter pendeln zwischen Döbeln, Grimma, Dresden und Leipzig hin und her. Es sind Fahrten voller Angst. Ein letztes Mal wird es ihnen Anfang 1945 gelingen, zu Wilhelm Renner nach Leipzig zu fahren. Danach reißt der Kontakt vorübergehend völlig ab.

Mitte 1944 nimmt der Krieg eine entscheidende Wende: Am sechsten Juni 1944 landen die Alliierten in der Normandie. Das Attentat auf Adolf Hitler am zwanzigsten Juli 1944 scheitert. Im November 1944 wird die Brotration in Deutschland auf zweitausendzweihundertfünfundzwanzig Gramm pro Woche gesenkt. In vielen Teilen des Landes müssen die Menschen hungern.

Am dreiundzwanzigsten November 1944 wird Hannelore mit ihrer Mutter wieder einmal umquartiert. Ihre neue Unterkunft wird ihnen bei der Familie Herbert Münch in der Nordendstraße in Döbeln zugewiesen. Pünktlich zum Jahresende verzeichnet Irene Renner am einunddreißigsten Dezember den hundertdreiundsechzigsten Fliegeralarm in ihrem Tagebuch.

Am dritten Februar 1945 werfen die Alliierten über Berlin dreitausend Tonnen Sprengbomben ab. Hannelores Geburtsstadt steht in Flammen. Zweiundzwanzigtausend Menschen sterben.

Am achten Februar fahren Mutter und Tochter mit einem Auto für einen Tag von Döbeln nach Dresden, um Freunde zu besuchen. Hinterher wissen sie, was für ein Glück es war, dass sie diese Reise nicht später unternommen haben. So entgehen sie dem Inferno, das fünf Tage später der alliierte Luftangriff auf die Stadt entfacht. Bis zu fünfhunderttausend Flüchtlinge sollen zu diesem Zeitpunkt in Dresden sein. Mindestens sechzigtausend Menschen kommen um.

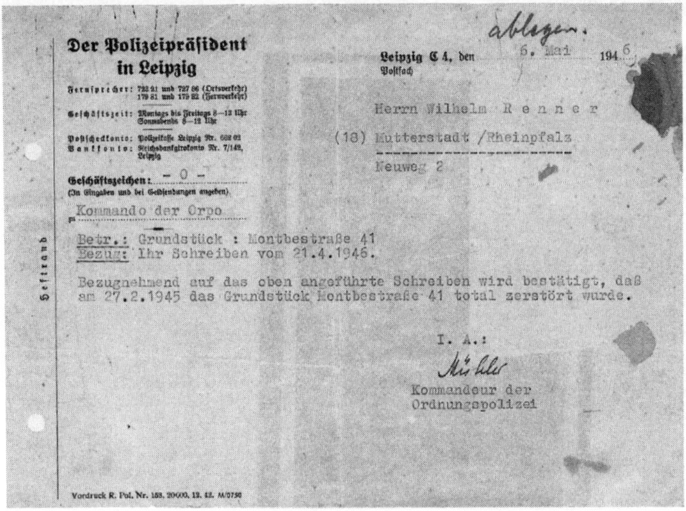
ablegen.

Der Polizeipräsident
in Leipzig

Fernsprecher: 728 21 und 727 86 (Ortsverkehr)
179 81 und 179 82 (Fernverkehr)

Geschäftszeit: Montags bis Freitags 8–13 Uhr
Sonnabends 8–12 Uhr

Postscheckkonto: Polizeikasse Leipzig Nr. 682 02
Bankkonto: Reichsbankgirokonto Nr. 7/149, Leipzig

Geschäftszeichen: – 0 –
(In Eingaben und bei Geldsendungen angeben)

zu Kommando der Orpo

Leipzig C 4, den 6. Mai 1946
Postfach

Herrn Wilhelm Renner

(18) Mutterstadt /Rheinpfalz

Neuweg 2

Betr.: Grundstück : Montbestraße 41
Bezug: Ihr Schreiben vom 21.4.1946.

Bezugnehmend auf das oben angeführte Schreiben wird bestätigt, daß am 27.2.1945 das Grundstück Montbestraße 41 total zerstört wurde.

I. A.:
Mühler
Kommandeur der
Ordnungspolizei

Heftrand

Vordruck R. Pol. Nr. 153. 20000. 12. 42. M/0750

Bestätigung der Ordnungspolizei Leipzig, dass das Haus Montbéstraße 41 am 27. Februar 1945 zerstört wurde.

Am siebenundzwanzigsten Februar brennt es nach einem Luftangriff erneut in Leipzig. Diesmal erreicht das Feuer auch das Haus Nummer 41 in der Montbéstraße. Hannelore Renner hat endgültig kein Zuhause mehr. Alles ist verbrannt. Ihre Spielsachen, ihre Kleider, ihre Erinnerungen an eine glückliche und sorgenfreie Kindheit.

Zwei Monate später vermerkt Irene Renner in Döbeln den zweihundertsechsundsiebzigsten Fliegeralarm in ihrem Tagebuch. Es ist der letzte in einer langen Reihe. Zu dieser Zeit ist die Reichshauptstadt Berlin bereits von der Roten Armee eingeschlossen. Die Amerikaner stehen in Sachsen und Thüringen. Alle Konzentrationslager auf deutschem Boden werden von den Alliierten befreit. Nach der Kapitulation am siebten Mai werden die Kampfhandlungen eingestellt.

Bereits seit Februar 1945 kann die Deutsche Reichsbahn den zivilen Zugverkehr kaum noch aufrechterhalten. Auf den Straßen bilden sich lange Flüchtlingstrecks. Die meisten

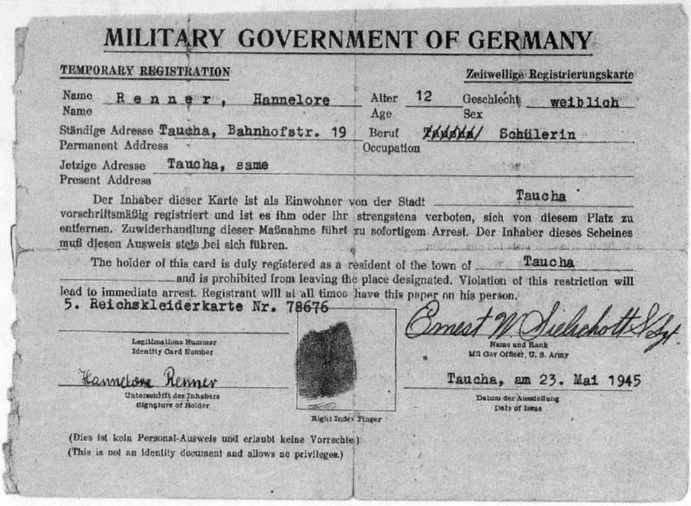

MILITARY GOVERNMENT OF GERMANY

TEMPORARY REGISTRATION — Zeitweilige Registrierungskarte

Name / Name: Renner, Hannelore — Alter / Age: 12 — Geschlecht / Sex: weiblich

Ständige Adresse / Permanent Address: Taucha, Bahnhofstr. 19 — Beruf / Occupation: [illegible]/ Schülerin

Jetzige Adresse / Present Address: Taucha, same

Der Inhaber dieser Karte ist als Einwohner von der Stadt Taucha vorschriftsmäßig registriert und ist es ihm oder ihr strengstens verboten, sich von diesem Platz zu entfernen. Zuwiderhandlung dieser Maßnahme führt zu sofortigem Arrest. Der Inhaber dieses Scheines muß diesen Ausweis stets bei sich führen.

The holder of this card is duly registered as a resident of the town of Taucha and is prohibited from leaving the place designated. Violation of this restriction will lead to immediate arrest. Registrant will at all times have this paper on his person.

5. Reichskleiderkarte Nr. 78676

Legitimations Nummer / Identity Card Number

Hannelore Renner

Unterschrift des Inhabers / Signature of Holder

Right Index Finger

Name and Rank / Mil Gov Officer, U. S. Army

Taucha, am 23. Mai 1945

Datum der Ausstellung / Date of Issue

(Dies ist kein Personal-Ausweis und erlaubt keine Vorrechte.)
(This is not an identity document and allows no privileges.)

»Zeitweilige Registrierungskarte« von Hannelore Renner, ausgestellt durch die amerikanische Militärregierung im Mai 1945 in Taucha.

Menschen fliehen zu Fuß oder allenfalls mit einem Pferdegespann.

Hannelore ist zwölf Jahre alt, als ihre Mutter die Flucht aus Mitteldeutschland beschließt. Am fünften Mai packen sie ihre Habseligkeiten auf einen Handkarren und machen sich in Richtung Leipzig zu Fuß auf den Weg. Es herrschen chaotische Zustände. Die Straßen sind verstopft mit Wehrmachtssoldaten und den vielen Flüchtlingen. Selbst für kurze Entfernungen benötigt man ein Vielfaches der üblichen Zeit. Den Gesichtern vieler Menschen sieht man an, dass sie unter Schock stehen. Hannelore geht es nicht anders. Der Anblick von Verwundeten und Toten, den sie als Kind erlebt, wird sie zeit ihres Lebens verfolgen. Diese Erfahrung hat sie nie vergessen.

In der Nacht vom achtzehnten auf den neunzehnten Mai durchwaten Hannelore und ihre Mutter an einer seichten Stelle den Fluss Mulde. Hungrig und zu Tode erschöpft, erreichen sie Taucha im Kreis Leipzig. Hier melden sie sich beim US-Military Government of Germany, um eine »Zeitweilige Registrierungskarte« zu erhalten. Irene Renner hofft, als registrierter Flüchtling an Lebensmittelzuteilungen heranzukommen.

In den Wirren der letzten Kriegswochen war es der Familie unmöglich, miteinander in Verbindung zu bleiben. Von Taucha aus bemüht sich Irene Renner jetzt, Kontakt zu ihrem Mann zu bekommen. Wider Erwarten gelingt es ihr. Ende Mai trifft auch Wilhelm Renner in Taucha ein. Mit viel Glück und Organisationstalent schafft er es, ein Auto und Benzin aufzutreiben. Am dritten Juli fährt die Familie in Richtung Mutterstadt los, solange das Benzin reicht. Danach müssen sie wieder zu Fuß weiter. Wie alle, die in diesen Tagen und Wochen auf der Flucht sind, sind auch sie gezwungen, manchmal weite Umwege in Kauf zu nehmen. Außerdem müssen sie mit jeder sich bietenden Unterkunft zum Übernachten vorlieb nehmen. Hannelore schläft in Scheunen, Kirchen oder unter freiem Himmel und muss um Lebensmittel betteln.

Im Chaos der Flucht stürzt Hannelore eines Tages und zieht sich Absplitterungen an einem Brustwirbel zu. Diese Verletzung an der Wirbelsäule wird ihr viele Jahrzehnte lang schwer zu schaffen machen. Immer wieder hat sie periodisch auftretende und sehr schmerzhafte Episoden, bei denen kurzfristig auf die Nervenwurzel Druck ausgeübt wird. Ihr Leben lang kann sie die Wirbelsäule nicht voll belasten, vor allem muss sie es vermeiden, schwer zu tragen.

Am zehnten Juli 1945 kommt die Familie in Mutterstadt an. Hannelore hat nicht nur ihre Heimat, sondern auch ihre Kindheit verloren.

KAPITEL 3

JUGEND

Auf ihrem Weg nach Mutterstadt ziehen die Renners vorbei an zerbombten Häusern und heimatlos gewordenen Menschen. Bevor sie ihr Ziel schließlich erreichen, müssen sie Ludwigshafen durchqueren. Die Stadt liegt weitgehend in Trümmern. Achtzig Prozent der Innenstadt sind zerstört. Die Heimat des Vaters ist seit April 1945 Teil der französischen Besatzungszone.

Am zweiundzwanzigsten März 1945 waren Ludwigshafen sowie der gesamte Landkreis von der 7. US-Armee unter General George S. Patton erobert worden. Gemäß den alliierten Vereinbarungen zogen sich die Amerikaner im April auf das rechte Rheinufer bis Mannheim zurück und überließen damit den Franzosen unter General Pierre Koenig unter anderem auch Mutterstadt und Ludwigshafen als Besatzungszone.

Den Rhein zu überqueren ist schwer. Erst am vierundzwanzigsten März haben deutsche Truppenteile den letzten pfälzischen Brückenkopf geräumt und sind über den Rhein ans badische Ufer übergesetzt. Die Brücken bei Ludwigshafen, Speyer und Germersheim sind durch deutsche Pioniere gesprengt worden. In Ludwigshafen errichten die Amerikaner an der Stelle behelfsmäßig eine Pontonbrücke, wo sich heute die Konrad-Adenauer-Brücke befindet.

Nach vielen Umwegen erreichen Wilhelm, Irene und

Ludwigshafen Ende 1945, im Hintergrund die gesprengte Rheinbrücke und die von den Amerikanern errichtete Notbrücke.

Hannelore Renner diesen einzigen funktionstüchtigen Übergang. Hier müssen sie die Grenze zwischen amerikanischer und französischer Besatzungszone passieren, was nicht ohne Schwierigkeiten vonstatten geht. Am zehnten Juli 1945 erreicht die Familie endlich Mutterstadt. Der Ort ist kaum zerstört. Dann der Schock: Eins der wenigen Gebäude, die den Krieg nicht überdauert haben, ist das Elternhaus von Wilhelm Renner. Hannelore sieht ihren Vater zum ersten Mal weinen.

Wieder hat die Familie ein Zuhause verloren. Bei Verwandten, die einen Bauernhof besitzen, finden sie Unterschlupf. Sie dürfen in der Waschküche im Hof des Anwesens wohnen. Den armseligen, knapp zwölf Quadratmeter großen Raum teilt die Mutter mit Decken in ein Schlafzimmer und einen Wohnraum. Von den Verwandten bekommen sie Stuhl, Tisch und Bett. Das Essen wird auf einem windigen Gaskocher zubereitet. Waschen müssen sie sich im Hof, wo sich auch das Toilettenhäuschen mit der Handpumpe befindet. Es ist eine entbehrungsreiche Zeit.

Hannelore leidet sehr. Spätestens seit ihren Erfahrungen in Döbeln ist sie nicht mehr das wohlbehütete kleine Mädchen aus gutem Haus – jetzt ist sie ein von manchen in der Verwandtschaft ihres Vaters bloß geduldetes Kind: noch ein hungriges Maul, das gestopft werden muss. Wie bei vielen Kindern damals haben Evakuierung und Flucht auch bei der zwölfjährigen Hannelore schwere körperliche und seelische Schäden hinterlassen. Der Rücken macht ihr zu schaffen, sie ist unterernährt.

Hannelore ist sehr still in dieser Zeit. Wenn sie spricht, dann nur sehr zögerlich. Weil sie stark sächselt, wird sie von den Pfälzern oft ausgelacht und gehänselt. Dabei können diese auch kein Hochdeutsch sprechen. Freunde hat sie in den ersten Monaten in Mutterstadt kaum. Und die Verwandtschaft ihres Vaters hat in dieser Zeit selbst mit vielen kleinen und großen Problemen zu kämpfen. Tante Katchen, die jüngste Schwester von Wilhelm Renner, die mit einem Fahrlehrer verheiratet ist, liebt ihre Nichte. Doch auch Tante Katchen vermag sie nicht zu trösten. Hannelore kann sich kaum noch vorstellen, dass sie je wieder glückliche und unbeschwerte Zeiten erleben könnte. Das vertraute Leipzig erscheint ihr im Vergleich zu dem von Bauern und Fabrikarbeitern geprägten Mutterstadt als Inbild einer verlorenen großstädtischen Welt.

Irene Renner leidet unter den eingeschränkten Verhältnissen. Die Achtundvierzigjährige kann mit der neuen Situation kaum umgehen und empfindet den Verlust des komfortablen und sorgenfreien Lebensstils von früher noch stärker als ihre Tochter. Zu den manchmal etwas derben Pfälzern findet sie zunächst nur schwer Kontakt. Für Monate verstummt sogar ihr sonst so akkurat geführtes Tagebuch. Sie zieht sich zurück und beschränkt ihre Aktivitäten auf das Überlebensnotwendige.

Hannelores Vater dagegen nimmt nach dem anfänglichen Schock das Schicksal in beide Hände. Wilhelm Renner ist ganz Tatmensch und Optimist. Weil er in dieser Zeit keine

Anstellung als Ingenieur findet, verdingt er sich als Gelegenheitsarbeiter. Dass er »diesen Beruf« bis Mitte 1951 ausüben wird, ahnt er nicht. Er repariert Nähmaschinen, Fahrräder, Küchengeräte und, soweit es sie noch gibt, Landwirtschaftsmaschinen. Als Lohn erhält er Lebensmittel, die jetzt wichtiger sind als Geld. Wie in vielen deutschen Städten ist der Hunger auch in Ludwigshafen in der ersten Nachkriegszeit die schlimmste Geißel.

Die Franzosen unter General Koenig führen in ihrer Besatzungszone ein vergleichsweise hartes Regiment. Dafür gibt es eine Reihe von Gründen. Zur Schmach der Niederlage gegen die Deutschen kommt die Erfahrung der vier Jahre dauernden deutschen Besetzung mit all ihrer Brutalität und ihren Greueln. Frankreichs Wirtschaft ist zerstört, die Versorgungslage zum Teil so katastrophal, dass viele Lebensmittel und Produkte des täglichen Bedarfs auch noch Jahre nach dem Krieg rationiert werden müssen.

Die Franzosen wollen den Deutschen in ihrem Einflussbereich keinen besseren Lebensstandard gestatten, als es der eigenen Bevölkerung zu Hause möglich ist. Hinzu kommt, dass so kurz nach dem Krieg ein uns heute völlig fremder Geist des Revanchismus herrscht, der sich auf das tägliche Leben in der französischen Besatzungszone mit großer Härte auswirkt. Die Bevölkerung in der Pfalz hat zum Beispiel auch Einheiten der französisch-marokkanischen Kolonialkavallerie, die so genannten Spahis, fürchten gelernt, die nach dem langen Kriegseinsatz einen Hang zur Brutalität an den Tag legen.

Wirtschaftlich zieht Paris die französische Besatzungszone zur Erfüllung von Reparationszahlungen heran. Noch bis Anfang der Fünfzigerjahre lässt die französische Regierung zu diesem Zweck Wirtschaftsbetriebe in ihrer Zone demontieren. Erst der Kalte Krieg führt zu einer Abkehr von dieser Politik. Dass die Beziehungen zwischen den beiden Ländern jemals vom Geist der Aussöhnung geprägt sein könnten, ist in den Jahren der französischen Besatzung kaum vorstellbar.

Aus diesen Gründen ist die Versorgungslage in der französischen Besatzungszone meist schlechter als die in der amerikanischen oder britischen Zone. Manche Menschen wollen sogar wissen, dass die Versorgung in der sowjetischen Besatzungszone manchmal besser gewesen sei als in der französischen. Besonders hart trifft es die Flüchtlinge. Die französische Militärverwaltung legt ein Maximalkontingent von rund hunderttausend Flüchtlingen fest. Alle Vertriebenen, die nicht zu diesem Kontingent gehören, haben erhebliche Schwierigkeiten, offizielle Lebensmittelkarten zu erhalten.

Knappheit und Not führen dazu, dass vielerorts in Deutschland auf dem Schwarzmarkt blühende Geschäfte gemacht werden. Verzweifelt fahren viele Menschen aufs Land und betteln in den Dörfern um Lebensmittel. »Hamsterfahrten« nennt man das damals in Deutschland. Die Pfälzer sagen »Äppleexpress«, »Nikotinbahn«, »Kartoffelzug« oder »Vitaminexpress« dazu. Eine Zeitlang gehören weder Wilhelm Renner noch Irene oder Hannelore zu den offiziell registrierten Flüchtlingen. Man fährt oft aufs Land, um das Nötigste zu besorgen.

In der Zeit vor der Währungsreform erhält Wilhelm Renner für seine Arbeit meist Kartoffeln, die für alle die Ernährungsgrundlage bilden. Ab und zu gibt es auch Obst, ein paar Steckzwiebeln oder Steckrüben. Mit viel Glück bekommt man einen Topf Wurstsuppe mit ein bisschen Speck. Das sind Festtage für die Familie. Die Verwandtschaft versucht zu helfen, so gut es geht, und steuert manchmal ein paar Nahrungsmittel bei. Trotzdem hungert Hannelore oft und magert immer mehr ab.

Am sechsten und neunten August 1945 werden die Atombomben über Hiroshima und Nagasaki abgeworfen. Mit der Kapitulation von Japan kommt der zweite Weltkrieg zu seinem Ende. Die Welt und auch ganz Deutschland ist im Bann der »Bombe«, man ist zugleich schockiert und fasziniert. Als im September 1945 die ersten Prozesse wegen der in den

Konzentrationslagern begangenen Verbrechen eröffnet werden, beginnt damit auch die schonungslose Aufklärung über das Ausmaß der Untaten.

Im Oktober 1945 wird Hannelore Renner in die städtische Mädchenoberrealschule Ludwigshafen eingeschult. Bei der Anmeldung ihrer Tochter stößt Irene Renner auf Schwierigkeiten. Sie soll die Zeugnisse von Hannelores bisheriger Schule, dem Jungengymnasium in Döbeln, vorweisen. Diese jedoch sind, wie fast alle Dokumente, im Chaos der Flucht abhanden gekommen. In ihrer Not verspricht die Mutter, die Zeugnisse aus Döbeln zu besorgen und nachzureichen. Da Hannelore einen guten Eindruck macht, will man ihr eine Chance geben und stuft sie in die Klasse 3A ein – eine Klasse höher als in ihrer alten Schule in Döbeln.

Wochen später trifft wider Erwarten Hannelores Abgangszeugnis aus Döbeln ein, auf dem ihr ehemaliger Lehrer Finsterbusch »natürlich« vermutet, dass sie in die Klasse 3 zu versetzen sei. Damit erspart sie sich ein Jahr ihrer Schulzeit.

Hannelore ist die Jüngste in der Klasse und hat ganz hinten ihren Platz. Vorne sitzt Annegret, ein Mädchen mit Rattenschwänzen, das knapp zwei Jahre älter ist als sie. Auf den ersten Blick sind sich die beiden sympathisch. Annegret erzählt: »Hannelore war ein ausgesprochen hübsches Kind, obwohl sie extrem dünn war. An ihre dicken blonden Zöpfe kann ich mich noch genau erinnern.«

Bis auf Annegret kann zunächst kaum eine von den rund dreißig Schülerinnen in der 3A Hannelore leiden. Sie ist der einzige Flüchtling in der Klasse, sie sächselt und ist noch dazu hübsch und intelligent. »Sie lernte leicht, war ungeheuer fleißig und diszipliniert«, erklärt Annegret. Das schafft keine Sympathien.

Hannelore lässt sich zwar nichts anmerken, doch der Schein trügt: Sie leidet unter ihrer anfänglichen Außenseiterrolle. Hinter ihrer zurückhaltenden und bescheidenen Art

»verbarg sich«, so Annegret, »eine hoch sensible Seele. Anfangs hat sie auch wenig gelacht.«

Später gewinnt sie noch andere Freundinnen, aber anfangs versucht vor allem Annegret, sie zu unterstützen, wo es geht. Sie lädt die Schulkameradin zu sich nach Hause in die Hohenzollernstraße in Ludwigshafen-Friesenheim ein und spricht mit ihr Pfälzisch. Wie eine Fremdsprache lernt Hannelore den Dialekt. Annegrets Eltern – der Vater ist Chemiker, die Mutter Hausfrau – nehmen die Freundin ihrer Tochter nicht nur freundlich auf, bei ihnen findet sie auch ein Stück Heimat wieder. Denn beide stammen aus Dresden und sprechen Sächsisch, die Sprache ihrer Kindheit. Außerdem gibt es hier noch einen Mitbewohner, den Hannelore ganz besonders liebt: einen Dackel.

Mit den ersten Minusgraden kündigt sich der Winter 1945/46 an. Für die Bevölkerung ein Drama. Es gibt kaum Holz zum Heizen, von Kohle ganz zu schweigen. Die Pfalz friert, und in der Tageszeitung »Rheinpfalz«, deren erste Ausgabe am neunundzwanzigsten September 1945 erschienen ist, häufen sich die Horrormeldungen. Annegret erinnert sich: »Weil die Schule noch nicht zentral beheizt werden konnte, mussten wir Holzscheite, oder was es auch immer zum Verbrennen gab, mitbringen. In jedem Klassenzimmer stand ein Ofen, dessen Rohr nach draußen ging.« Die Mädchen frieren oft schrecklich, müssen im Mantel die Schulbank drücken und beim Schreiben selbstgestrickte Handschuhe tragen.

Auch an allem anderen fehlt es, besonders an Unterrichtsmitteln. Die alten Schulbücher aus dem Dritten Reich sind eingezogen worden. Für die Mädchen und ihre Lehrer werden von der französischen Militärregierung neue Lesebücher für den Deutschunterricht verordnet.

Im Mathematikunterricht gibt es die wenigsten Bücher. Die Lehrer schreiben an die Tafel, was gerade an Stoff durchgenommen werden soll. Hannelore mag das Fach sehr – und

Die 8. Klasse der »Städtischen Mädchenoberrealschule Ludwigshafen« mit Professor Eberhard, genannt »Keske«, im Sommer 1949. (1. Reihe, 4. v. l.: Hannelore Renner)

den Mathematiklehrer, Herrn Knaus, auch. Aber nicht nur sie schwärmt für ihn. »Weil er blendend aussah und so charmant war«, erzählt Annegret, »haben wir ihn alle angehimmelt.« Lehrer Knaus ist Junggeselle, das beflügelt die romantische Phantasie der Mädchen.

Hannelores Lieblingsfächer sind die Fremdsprachen. Schon bald spricht sie leidlich Französisch. Den Französischlehrer nennen die Mädchen liebevoll »Keske«, weil er sie zum Überprüfen von Vokabeln immer wieder »Qu'est-ce que c'est?« (Was ist das?) fragt.

Der Weg zur Schule ist beschwerlich. Täglich muss die Zwölfjährige mit der Schmalspurbahn von Mutterstadt nach Ludwigshafen fahren. Wenn alles gut geht, dauert der Schulweg fast vier Stunden pro Tag. Weil das »Bähnle« so viel Krach macht und Funken versprüht, nennen es die Schüler den »Feurigen Elias«.

Da die letzte Bahn von Ludwigshafen zurück nach Mutterstadt ziemlich früh geht, kann sich Hannelore fast nie mit

Annegret oder ihren anderen Freundinnen treffen. Manchmal tut sie es doch, dann muss sie über Nacht bei Annegrets Eltern bleiben. Für die Mädchen sind das jedesmal wunderbare Stunden. Am Nachmittag erledigen sie zusammen erst die Hausaufgaben, dann machen sie Handarbeiten oder spielen Mensch-ärgere-dich-nicht. Im Winter gehen sie an schönen Tagen mit dem Dackel durch Ludwigshafen spazieren, bei schlechtem Wetter ist die Nachmittagsvorstellung im Kino eine willkommene Abwechslung. Einmal sehen sie die Theodor-Storm-Verfilmung »Immensee« mit Kristina Söderbaum. Der Eintritt kostet nur Pfennige, die sie von ihrem Taschengeld bezahlen. Eine ganze Mark im Monat bekommen sie von ihren Eltern.

Am siebten März 1946 wird Hannelore dreizehn Jahre alt. Obwohl fast nichts zu essen da ist, hat es Mutter Irene geschafft, einen Rührkuchen zu backen. »Das war ein Ereignis«, erinnert sich Annegret. »Ich sehe uns beide heute noch in der Waschküche am Küchentisch vor dem Kuchen sitzen, auf dem eine Kerze brannte.«

Irene Renner macht einen tiefen Eindruck auf Annegret: »Hannelores Mutter besaß so etwas Vornehmes und war immer reserviert. Sie war nicht sehr groß und hatte eine schlanke, drahtige Figur.« Annegret hat großen Respekt vor ihr. Vater Wilhelm mag sie lieber. Ihn bewundert sie. Für Annegret steht fest: »Obwohl sie von beiden geliebt wurde, war Hannelore mehr Vaters Tochter. Sie waren einander sehr verbunden, und ich erinnere mich, dass er ihr immer gesagt hat: ›Was du nicht kannst, kannst du lernen.‹ So hat er zum Beispiel dafür gesorgt, dass sie früh Schreibmaschine schreiben konnte. Stenografie wurde in der Schule unterrichtet.«

In der Schule benimmt sich Hannelore unauffällig. Sie ist eine gute und friedfertige Kameradin, ist nicht aufmüpfig oder dominant. Von den Mitschülerinnen wird sie liebevoll »Lörchen« genannt. »Wir hatten auch nie Krach«, sagt Annegret.

Am siebzehnten April 1946 ist das Kurzschuljahr zu Ende. Es gibt Zeugnisse, und die beiden Freundinnen rücken in die 4A auf. In der neuen Klasse sind sie Banknachbarinnen.

In diesem Jahr beginnt auf den Schulhöfen die »Quäkerspeisung«. Amerikanische Mennoniten haben in Neustadt an der Weinstraße ihr Pfälzer Hauptquartier aufgeschlagen und speisen in dieser Zeit allein in Ludwigshafen viermal pro Woche achttausend Kinder. Die Schülerinnen aus der Mädchenoberrealschule bekommen den süßen Brei aus Milchpulver und Haferflocken immer in der großen Pause zwischen zehn und elf Uhr. »Obwohl er pappig schmeckte, haben wir ihn verschlungen«, erzählt Annegret. »Unser Hunger war einfach zu groß.« Hannelore, die wie manche anderen Kinder auch stark unterernährt ist, erhält anfangs zwei Portionen.

Als endlich der Frühling 1946 Einzug hält, bekommen die Kinder von den Eltern uralte klapprige Fahrräder geschenkt. Hannelores Rad stammt von einem Schrotthaufen, und der Vater muss es immer wieder reparieren. Sobald es warm genug ist, fahren sie mit den Rädern an den Willersinn-Weiher zum Schwimmen, einen der Ludwigshafener Kies-Baggerseen. Hier gibt es eine Badeanstalt, die auch noch heute in Betrieb ist.

Am achtzehnten Juni 1946 können Hannelore und ihre Eltern endlich aus der armseligen Waschküche der Verwandten ausziehen. Im Neuweg 2 in Mutterstadt erhalten sie eine ausgebaute Parterrewohnung: zwei Zimmer, Küche, Bad und Balkon. Weil die Renners kaum Möbel besitzen, steuern Annegrets Eltern ein paar Sessel zur Gemütlichkeit bei. Andere Freunde stellen sonstiges Mobiliar zur Verfügung. Gegenseitige Hilfe ist in dieser Zeit selbstverständlich. Trotzdem ist die Wohnung nur spärlich möbliert. Hannelore ist erleichtert. Für sie stellt diese neue Wohnung einen neuen Anfang dar. Jetzt ist sie nicht mehr bloß die geduldete Verwandte aus Leipzig.

Die großen Ferien verbringt Hannelore mit Freundinnen beim Schwimmen und bei Fahrradausflügen in die Umgebung. Für ein paar Tage reist sie mit ihren Eltern zu Onkel Kurt nach Bremen.

In diesem Sommer treffen im Neuweg mehrere Kisten ein. Es sind wahre Schatzkisten, randvoll mit Porzellan, Gläsern und Leinensachen, die Irene Renner kurz vor der Evakuierung retten und einlagern konnte. Wie Kostbarkeiten werden sie gehütet, und sie behalten ihren Wert viele Jahrzehnte lang. Einige dieser Erinnerungsstücke aus Leipzig ziehen später bei jedem Umzug von Haushalt zu Haushalt weiter, zuletzt sogar nach Berlin, als Hannelore Kohl dort 1999 die neue Wohnung einrichtet.

Als die Schule im Herbst 1946 wieder beginnt, eröffnet die Direktion den Mädchen, dass das vom Krieg beschädigte Schulgebäude wieder instandgesetzt wird. Und weil es zu wenig Hilfskräfte gibt, sollen die Schülerinnen mithelfen. Ihre Arbeit besteht in erster Linie darin, Backsteine heranzuschleppen. Hannelore Kohl erinnert sich später, »dass mir das wegen meiner Rückenverletzung sehr schwer fiel. Ich habe mich davor gedrückt, indem ich manchmal für die anderen die Hausaufgaben machte.«

Auch wenn sie sich wegen ihres Rückens in Acht nehmen muss, ist die Dreizehnjährige doch weiterhin sehr sportlich. Wenn es warm genug ist, fährt sie mit dem Rad in die Schule.

Politisch ist 1946 auch in der Pfalz das Jahr des Neubeginns: Die französische Militärregierung ordnet die Gründung des Landes Rheinland-Pfalz an. Die erste Kommunalwahl findet mit mehr als neunzig Prozent Wahlbeteiligung statt, was die »Rheinpfalz« als »Bekenntnis zur Demokratie« wertet. Wilhelm Boden von der CDU bildet die vorläufige Landesregierung, und der Südwestfunk nimmt unter anderem mit dem Radiosender Kaiserslautern seinen Betrieb auf.

Dann kommt der bitterkalte Winter 1946/47. Es wird so eisig, dass der Rhein an einigen Stellen zufriert. Kälter war es nur in dem Jahrhundertwinter von 1929/30. Bei der schlechten Ernährungslage und den sibirischen Temperaturen leiden die Menschen in der Pfalz entsetzlich. Es gibt kaum warme Kleidung und immer noch nicht genügend Holz oder Kohle. Viele Menschen »organisieren« deshalb alles, was irgendwie als Brennmaterial dienen kann, oder fällen heimlich Bäume. Die Temperaturen fallen bis auf minus dreißig Grad. »Mir ist es bis heute noch ein Rätsel, wie wir diese Zeit überlebt haben«, sagt Annegret. »Hunger und Kälte sind eine Kombination, die kaum auszuhalten ist.«

Nicht alle überleben diesen Winter, viele Menschen sind durch Unterernährung und Erkrankung geschwächt und sterben, vor allem an Lungenentzündung. Die Mädchen in der Schule frieren schrecklich, und viele werden krank. Auch Hannelore wird von Grippe, Husten und Bronchitis geplagt.

Anfang 1947 beginnt Irene Renner langsam wieder mit ihren Tagebucheintragungen. Am siebzehnten Februar 1947 vermerkt sie Hannelores ersten Maskenball, am dreißigsten März ihre Konfirmation.

Endlich lässt der Frost nach, das Frühjahr kommt, das Schlimmste ist überstanden. In der Schule jedoch sind die Mädchen äußerst betrübt. Der Grund dafür ist der attraktive Mathematiklehrer, der es tatsächlich gewagt hat, sich zu verloben. Die Glückliche ist eine Mathematikerin. Die Mädchen fallen aus allen Wolken und sprechen tagelang von nichts anderem mehr.

Hannelore ist vierzehn Jahre alt, als sie feststellt, dass die Zeit für eine Veränderung reif ist. Schließlich wird sie langsam erwachsen, und das soll sich auch optisch bemerkbar machen. Im April 1947 lässt sie sich beim Friseur ihre dicken Zöpfe abschneiden. Sie trägt jetzt einen Bubikopf, der von allen bewundert wird. Hannelore, die sich ihrer Attraktivität durchaus bewusst ist, genießt das sehr.

In dieser Zeit sind die Besuche im Friseursalon für Damen nie ganz einfach. Weil es zum Beispiel an fließend Kalt- und vor allem Warmwasser mangelt, bringt man heißes Wasser in einem Topf oder einer Milchkanne mit. Meistens wäscht man sich die Haare jedoch einfach vorher zu Hause.

Im Mai 1947 geht ein frischer demokratischer Wind durch das Land. Zum ersten Mal nach der NS-Diktatur finden freie und geheime Wahlen statt. Bei diesen Landtagswahlen wird die CDU stärkste Partei. Damit wird Peter Altmeier – nach dem von den Franzosen eingesetzten Wilhelm Boden – der zweite Ministerpräsident von Rheinland-Pfalz – und der erste frei gewählte. Während der siebenundfünfzigjährige CDU-Politiker sich anfangs noch auf ein Allparteienkabinett aus CDU, SPD, FDP und KPD stützt, das dann in eine Koalition mit der SPD übergeht, genügt ihm ab 1951 die FDP als Koalitionspartner. Zweiundzwanzig Jahre lang, bis 1969, wird er im Amt bleiben.

Alle damals neu gegründeten Bundesländer stehen unter der Kontrolle der jeweiligen Besatzungsmacht. In Rheinland-Pfalz bestimmen bis zur Gründung der Bundesrepublik 1949 weiterhin die Franzosen das Geschehen.

Die Versorgungslage bleibt schlecht. 1948 demonstrieren zwanzigtausend Ludwigshafener auf dem Goerdelerplatz gegen die Ernährungssituation. Daraufhin werden die Lebensmittelzuteilungen auf täglich tausendachthundertfünfzehn Kalorien erhöht. Es gibt dreihundert Gramm Brot, zwanzig Gramm Fett, sechsundzwanzig Gramm Fleisch und fünfunddreißig Gramm Zucker pro Kopf.

Kaum beginnen die Erinnerungen an Krieg und Tod etwas zu verblassen, kaum treten Hunger und Not der ersten Nachkriegszeit ein wenig in den Hintergrund, schon bricht ein neues Unglück über die Menschen in Ludwigshafen herein. Am achtundzwanzigsten Juli erbebt die Stadt unter der Wucht einer gewaltigen Detonation. Ein Kesselwagen voller

Dimethyläther war von der Sonne zu stark erhitzt worden und ist explodiert. Durch die Explosion werden Teile des Werksgeländes der BASF zerstört, des Hauptarbeitgebers der Stadt. Zweihundertsieben Menschen sterben, es gibt dreitausendachthundert Verletzte.

Seit der Währungsreform am zwanzigsten Juni 1948 hat fast über Nacht der Tauschhandel aufgehört. Im Gegensatz zur alten Reichsmark haben die Menschen Vertrauen in das neue Geld.

Hannelore beginnt Nachhilfestunden in Englisch und Französisch zu geben, um mit der neuen Währung ihr Taschengeld aufzubessern. Das ist nicht immer einfach, denn einige der Kinder, mit denen sie es zu tun hat, können recht widerborstig sein. Doch Hannelore lässt sich nichts gefallen und lernt schnell, sich durchzusetzen. Manchmal tippt sie auf der Schreibmaschine auch Arbeiten für den Vater. Mit dem Geld, das sie sich dabei verdient, will sie im Herbst die Tanzstunden bezahlen.

Eines schönen Abends geht Hannelore in Begleitung von Freundinnen ins Wirtshaus »Zum Weinberg« in Friesenheim, wo ein Treffen mit Schülern des Jungengymnasiums an der Leuschnerstraße in Ludwigshafen stattfindet. Sie ist gerade mal fünfzehn Jahre alt. Später erinnert sie sich, dass sie damals ein Kleid aus Fahnenresten trug. Irgendwann an diesem Abend fällt plötzlich für einige Minuten der Strom aus. Als das Licht wieder angeht, fehlen Weinflaschen auf dem Tisch, die Mitschüler eigens zu diesem Anlass organisiert haben. Auf dem Höhepunkt der lautstarken Debatte, die daraufhin entbrennt, mischt sich ein junger Mann vom Nebentisch mit einer frechen Bemerkung ein. In die Stille der daraufhin entstehenden Gesprächspause hinein fragt Hannelore ihre Freundinnen: »Was ist denn das für ein unverschämter Kerl?«

Es ist der achtzehnjährige Helmut Kohl, ein Unterprimaner aus dem Gymnasium an der Leuschnerstraße, dem heutigen Max-Planck-Gymnasium. Dass dieser »unverschämte Kerl« einmal ihre große Liebe werden wird, kann sich die junge Hannelore in diesem Moment nicht einmal im Traum vorstellen.

Helmut Kohl wohnt bei seinen Eltern im Ludwigshafener Stadtteil Friesenheim. Er ist der Jüngste in der Familie. Seine Schwester Hildegard ist acht Jahre älter. Sein großer Bruder Walter war bei den Fallschirmjägern und fiel 1944 als neunzehnjähriger Offiziersanwärter. Vater Hans Kohl, der aus einer Bauernfamilie im Unterfränkischen stammt, ist Finanzbeamter. Mutter Cäcilie, eine geborene Schnur, wuchs in einem bürgerlich wohlanständigen Haus auf. Ihre Familie ist in Friesenheim hoch angesehen. Cäcilies Vater Josef Schnur war ein legendärer Schulleiter in Friesenheim – praktizierender Katholik und zugleich ein Idealist ohne konfessionelle Scheuklappen. In diesem Geist wird Helmut Kohl katholisch erzogen.

Hannelore und Helmut begegnen sich wieder, als sie beide ab Herbst 1948 zur Tanzstunde in die Tanzschule »Hammer« gehen. In einer Zeit, als die Schulen streng nach Geschlechtern getrennt sind, ist die Tanzstunde einer der wenigen unverfänglichen Orte, an denen sich Jungen und Mädchen treffen können. Die Freundschaft zwischen Hannelore und Helmut wird enger. Helmut Kohl wird Hannelores Tanzstundenherr. Sie lernen Walzer rechts herum, links herum, Tango und Foxtrott. Hannelore tanzt leidenschaftlich gern.

Eines Tages schweben sie zu den Klängen von Glenn Millers »In the Mood« über das Parkett. Helmut Kohl erinnert sich später: »Bei diesem Lied hat es zwischen uns gefunkt. Hannelore war ein hochattraktives Mädchen, alles hat mir gut an ihr gefallen. Und sie war sehr kess.« Sie erzählt 1984 dem damaligen Biografen ihres Mannes, Heribert Schwan, »dass

Die Tanzschule »Hammer« im September 1948 (*1. Reihe, 5. v. r.:* Hannelore Renner; *letzte Reihe, 3. v. l.:* Helmut Kohl).

es Liebe auf den zweiten Blick war«, und gefragt, was sie zuerst an ihrem Mann angezogen hat, sagt sie bei einer anderen Gelegenheit: »Seine Augen.«

Kurze Zeit nach dieser Tanzstunde stellt er sie seinen Eltern vor. »Beide«, erinnert sich Helmut Kohl, »nahmen sie mit offenen Armen auf. Dass sie Protestantin war, war nie ein Problem.«

In diesem Sommer und in den folgenden Jahren bis zum Abitur genießen Hannelore Renner und Helmut Kohl ein unbekümmertes Pennälerdasein. Es ist eine unbeschwerte Zeit, in der viel herumgealbert wird und in der Hannelore richtig aufblüht.

Zwar erlauben ihnen die Lebensumstände keine großen Sprünge, dennoch unternehmen sie sonntags Wanderungen oder fahren mit ihren alten Fahrrädern zum Schwimmen an den Rhein, der damals noch sehr sauber ist. Über diese Zeit erzählt Helmut Kohl: »Meine Frau war schon immer eine richtige Wasserratte. Sie konnte stundenlang im Wasser bleiben. Unsere Badetouren endeten regelmäßig damit, dass eines unserer Räder einen Platten hatte, wir absteigen und schieben mussten. Daheim wurden die Reifen dann geflickt.«

Allein sind sie bei diesen Ausflügen selten, denn Helmut zieht eine ganze »Korona« von Freunden hinter sich her, deren »Leitwolf« er ist. Hannelore wird gleich in diese Gruppe aufgenommen und von allen respektiert. Das stärkt natürlich ihr Selbstbewusstsein und schmeichelt ihr insgeheim auch. Sie nutzt ihre Position in der Clique aber nicht aus. Weil sie ein attraktives Mädchen ist, bleibt es nicht aus, dass ihr die anderen Jungs schöne Augen machen. Sie glauben, der Helmut sieht es nicht. Aber dem entgeht so leicht nichts. »Einerseits war ich stolz darauf, dass Hannelore so gut ankam«, sagt er, »andererseits störte es mich.«

Zu der Zeit, als Hannelore und Helmut einander kennenlernen, beschäftigt er sich bereits intensiv mit Politik. Mitte 1947 gründet Helmut Kohl mit Gleichgesinnten die Junge Union (JU) Ludwigshafen und übernimmt den Vorsitz der JU-Ortsgruppe Friesenheim. 1948 wird er stellvertretender JU-Kreisvorsitzender, anschließend wählt man ihn zum Delegierten. Als Abgesandter des Kreisverbands kann er somit als stimmberechtigtes Mitglied an Parteiveranstaltungen der Landes-CDU teilnehmen. Zunächst ist er vor allem mit Plakatekleben und mit dem Verteilen von Flugblättern beschäftigt.

Obwohl Hannelore von der politischen Tätigkeit ihres Freundes weiß und sie akzeptiert, ist sie ihr dennoch erst mal suspekt. »Ihr damals geringes politisches Verständnis hing mit ihrem Elternhaus zusammen«, erläutert Helmut Kohl. »Ihre Eltern haben diesen ›Scheich‹, den ihre Tochter nach Hause brachte, akzeptiert und gemocht. Trotzdem war ich, insbesondere für meinen Schwiegervater, wegen meines politischen Engagements auch ein unverständlicher Mensch. Vater Wilhelm hat sich für Politik nicht interessiert, und darüber zu reden wäre ihm nie in den Sinn gekommen. Das hat meine Frau anfangs natürlich geprägt.«

Aber es gibt ja nicht nur die Politik. »Helle«, wie er von seinen Schulkameraden und Freunden genannt wird, ist auch ein geschäftstüchtiger junger Mann, der neben der Schule arbeiten geht. Er jobbt im Baugewerbe, ist Verkaufsfahrer bei einer Getränkegroßhandlung, Tankstellenwart und Gelegenheitsarbeiter in einer Miederwarenfabrik. Nebenbei entwickelt er immer neue Ideen, um Geld zu verdienen. Gemeinsam mit einem Freund wendet er sich dem Geschäft mit den Flusskrebsen zu, die er in den Altrheinarmen fängt und dann an das Kasino der BASF verkauft. Hannelore ist beeindruckt von seinem Elan.

Wenn sie nicht mit Helmut unterwegs ist, verbringt Hannelore die Zeit mit ihren Freundinnen oder mit dem Vater. Wilhelm Renner nimmt seine Tochter gern auf Ausflüge mit. Unternehmungslustig wie eh und je hat er sich ein altes Motorrad organisiert und es selbst wieder hergerichtet. Am zweiundzwanzigsten Mai 1949 weiht er die Maschine mit Hannelore auf einer Jungfernfahrt nach Schifferstadt in der Nähe von Speyer ein.

Ihre Freundinnen und sie leisten sich manchmal von dem schmalen Taschengeld eine Kinokarte, gehen ins Theater oder besuchen Konzertveranstaltungen, die bei schönem Wetter im Freien, bei schlechtem in einem alten Kinosaal stattfinden. Hannelore hört gern Klavierkonzerte von Chopin. Immer öfter schließt sich ihnen nun auch Ursula an, die zu Ostern 1949 in die Klasse gekommen ist.

Hannelore besucht in dieser Zeit häufig Annegret zu Hause in der Hohenzollernstraße. Der Grund dafür ist simpel: Helmut wohnt schräg gegenüber. »Einmal«, erzählt Annegret, »brachte er morgens vor der Schule einen großen Fliederstrauß bei uns vorbei, den ich ihr mitnehmen sollte. Hannelores Freude darüber war riesengroß.«

Gern gehen die jungen Mädchen auch zu Tanzveranstaltungen. Ein großes Thema ist in diesem Zusammenhang zweifellos die Frage: Was ziehe ich an? Ein schwieriges Unterfangen: Wer kein Geld hat, kann sich keine schicken Kleider leisten. Die Renners haben damals keins, also wird improvisiert. Alles, was nicht niet- und nagelfest ist, muss herhalten. Gardinen, Leintücher, Uniformen und Decken werden zur Garderobe umfunktioniert. Fehlt ein Stoff in der benötigten Farbe, wird eingefärbt. Als 1949 die langen Kleider in Mode kommen, behelfen sich die Mädchen, indem sie die Säume ihrer durchscheinenden alten Fähnchen bis zum Gehtnichtmehr herauslassen. Wenn das immer noch nicht ausreicht, wird unten einfach ein anderes Stück Stoff angesetzt.

Zu den Tanzveranstaltungen geht Hannelore ausschließlich mit Helmut. Mal holt er sie zu Hause ab, mal bei Annegret, bei der sich einmal ein kleines Drama ereignet. Als ihr Hannelore, kurz bevor Helmut klingelt, stolz ihre brandneuen Nylonstrümpfe präsentiert, »springt«, so Annegret, »mein Dackel an ihr hoch und zerfetzt das hauchdünne Gewebe. Obwohl sie den Tränen nahe war, hat sie das Malheur mit einer ungeheuren Haltung getragen.« Nylonstrümpfe sind in dieser Zeit eine absolute Rarität und sündhaft teuer. An diesem Abend geht Hannelore ohne Strümpfe zum Tanz.

Im Sommer 1949 reist Hannelore mit ihren Eltern zu Verwandten der Mutter nach Aurich und zu Irene Renners Bruder Kurt nach Bremen. Sonst besteht zu ihm nur loser Kontakt, der sich in erster Linie auf das Schreiben von Briefen beschränkt. Besuche in Bremen sind selten. Zu Irene Renners Schwester Ilse, die seit Anfang der Zwanzigerjahre in Amerika lebt und mit einem jüdischen Ehemann verheiratet ist, ist der Kontakt kriegsbedingt abgebrochen.

Als Hannelore aus Bremen zurückkehrt, beginnt der Wahlkampf zur ersten Bundestagswahl im August 1949. Für ihren damals neunzehnjährigen Freund Helmut Kohl ist dies eine aufregende Zeit. Beim Wahlkampfauftakt der CDU im Heidelberger Schloss lernt er Gustav Heinemann kennen, der damals noch CDU-Mitglied und der designierte Bundesinnenminister ist. Hier erlebt Helmut Kohl zum ersten Mal Politgrößen wie Jakob Kaiser, Mitbegründer der CDU und designierter Bundesminister für Gesamtdeutsche Fragen, Karl Arnold, Ministerpräsident von Nordrhein-Westfalen, und Konrad Adenauer, der später, nach der am vierzehnten August stattfindenden Bundestagswahl, zum ersten Bundeskanzler der Bundesrepublik Deutschland gewählt wird.

Einige Tage vor der Bundestagswahl hält Helmut Kohl zusammen mit einem älteren Parteifreund in einem Saal in Mutterstadt seine erste Wahlkampfrede. Weder Hannelore noch ihre Mutter sind gekommen. »Hannelore«, so Helmut Kohl, »war in diesen ersten Jahren generell fast nie bei politischen Veranstaltungen dabei, weil es sie wenig interessiert und begeistert hat. Nur an den Wochenenden ist sie manchmal mitgefahren.«

Hannelore ist gerade siebzehn geworden, als sie Anfang 1950 mit einer Ausnahmegenehmigung beginnen darf, ihren Führerschein Klasse drei zu machen. Ihr Fahrlehrer ist Onkel Becker, der Mann von Tante Katchen, den damals alle »Rambo« nennen.

»Meine Frau«, erinnert sich Helmut Kohl, »war eine glänzende und begeisterte Autofahrerin. Da war sie ganz Vaters Tochter. Ihre Mutter, die auch einen Führerschein besaß, war viel zu ängstlich, um zu fahren. Hannelore fuhr flott und sicher. Als sie viel später mal in einen Unfall verwickelt wurde, hat sie das sehr persönlich genommen. Das ging gegen ihre Ehre. In Bezug auf meine Fahrkünste war sie übrigens eine Dauerkritikerin.«

Am achten Juni 1950 macht Helmut Kohl sein Abitur. In der Zeit der Prüfungsvorbereitungen merkt er, dass seine Freundin sehr streng sein kann. Der Primaner ist nämlich

Hannelore im Alter von 16 Jahren: Weihnachten 1949.

furchtbar schlecht im Fach Mathematik. Hannelore, die auch in Bezug auf seine schulischen Leistungen sehr ehrgeizig ist, treibt ihn immer wieder an, etwas für dieses Fach zu tun. Vor dem Tag X haben beide große Befürchtungen, aber Helmut paukt dennoch nicht für dieses Fach. Stattdessen entwickelt er eine stoische Haltung gegenüber seinen bescheidenen mathematischen Fähigkeiten und lässt sich nicht aus der Ruhe bringen.

Den Grund dafür erklärt er so: »Wir haben damals noch das französische Zentralabitur nach dem Zwanzig-Punkte-System gemacht. Dieses Abi hatte einen Vorteil, und das ist der entscheidende Punkt: Mit einem ›Sehr gut‹ in einem Hauptfach konnte man ein ›Ungenügend‹ rauswerfen. Diese Rechnung habe ich gemacht, und sie ging auf. Das ›Sehr gut‹ hatte ich in Deutsch, das ›Ungenügend‹ in Mathematik. Das hat sie überhaupt nicht gemocht. Das fand sie unmöglich. Aber es war so.«

Nach dem Abitur beginnt Helmut Kohl zum Wintersemester 1950/51 sogleich sein Studium in Geschichte, Rechts- und Staatswissenschaften an der Johann-Wolfgang-Goethe-Universität in Frankfurt. Morgens nimmt er den Zug um sechs Uhr elf, abends spätestens den um zwanzig Uhr dreißig zurück. Nie bleibt er über Nacht in Frankfurt, da er kein Geld hat, sich eine Studentenbude zu leisten.

Gelegentlich begleitet ihn Hannelore, denn durch einen Zufall hat sie herausgefunden, dass ihre Sandkastenfreundin Rena jetzt mit ihren Eltern in Frankfurt lebt. Rena erinnert sich an die Überraschung, als »das Hannelörchen plötzlich vor unserer Tür stand. Wir waren von ihrer Erscheinung sehr beeindruckt. Sie wirkte sehr selbstsicher und sah mit ihrer blonden Mähne sehr gut aus.« Die Freundinnen knüpfen rasch an alte Leipziger Zeiten an. Ein Thema jedoch spart Hannelore in allen Gesprächen immer aus: ihre Flucht. Jahrzehntelang spricht sie weder mit Rena noch mit einer anderen Freundin über diese Erfahrung.

Eine Zeitlang bekommt Rena noch ein paarmal Besuch von Hannelore, die sich jedesmal im Gästebuch von Renas Eltern einträgt. Wegen ihrer unterschiedlichen Lebenswege und Prägungen wird die Freundschaft jedoch nicht mehr so tief wie in Leipzig. Rena erklärt: »Ich kämpfte mit den Folgen einer überstrengen katholischen Internatserziehung, die drei Jahre dauerte. Hannelore erschien mir dagegen viel weltoffener und erwachsener.« Ende 1950 verlieren sie erneut den Kontakt. Es sollen Jahre vergehen, bis die Freundinnen sich wiederfinden.

Im November 1950 ereilt Hannelore eine Nachricht, die sie stark beunruhigt: Sie soll nicht zum Abitur im April 1951 zugelassen werden, weil sie jetzt, zum Zeitpunkt der Anmeldung zur Prüfung, noch keine achtzehn ist. Ursula, die den gleichen Bescheid bekommt, erinnert sich: »Zunächst saßen wir nur da und haben geschluckt. Dann wurden wir zum Direktor, dem ›Papa Braun‹, bestellt, der sehr menschlich war und fragte, ob es uns etwas ausmachen würde, das Abi ein Jahr später zu machen.«

Natürlich macht es ihnen etwas aus. Erstens fühlen sie sich gedemütigt, zweitens sind sie gute Schülerinnen, und drittens wäre es, gerade für Hannelores Eltern, eine große finanzielle Belastung, die Tochter noch ein weiteres Jahr in die Schule zu schicken. »Hannelore hat das sehr getroffen. Sie hasste Ungerechtigkeiten«, sagt Ursula.

Doch glücklicherweise haben »Papa Braun« und das Lehrerkollegium ein Einsehen. Sie schreiben an das Ministerium und bekommen daraufhin tatsächlich einen positiven Bescheid. Im Dezember 1950 werden Hannelore und Ursula zum französischen Zentralabitur zugelassen.

Im Unterschied zu vielen ihrer Mitschülerinnen ist Hannelore überhaupt nicht nervös. »In den drei Nächten vor dem Abitur«, erzählt sie einmal, »habe ich wie ein Stein geschlafen. Alle anderen saßen da und haben wie verrückt gelernt.

Schon damals wusste ich, dass Schlaf für mich das beste Regenerierungsmittel ist.« So geht sie gut ausgeruht in die Prüfungen.

Das Abitur ihrer Tochter ist Irene Renner einen ausführlichen Tagebucheintrag wert. Hier hält sie unter anderem fest, dass Hannelore sich bei der schriftlichen Prüfung als Deutschaufsatz für das zweite von den vier zur Auswahl stehenden Themen entscheidet. Es lautet: »Wie kann der jugendliche Mensch für das politische Leben gewonnen und für die späteren politischen Aufgaben vorbereitet werden?« Ein wenig mag sie bei dieser Entscheidung Helmut Kohls politisches Engagement vor Augen gehabt haben.

Problemlos besteht Hannelore am einundzwanzigsten Juni 1951 das Abitur. Den erfolgreichen Abschluss feiert sie gemeinsam mit ihrem Freund, den Schulkameradinnen und deren Freunden. Der große Abschlussball am neunundzwanzigsten Juni, den Hannelore mit organisieren hilft, findet im »Turmrestaurant« im Ebertpark in Ludwigshafen statt. Auf den Einladungskarten steht als Motto: »Was man nicht weiß, das eben braucht man, und was man weiß, kann man nicht brauchen.«

Hannelore genießt ihre Freiheit nach dem Ende der Schulzeit. Die ersten Wochen verbringt sie mit Helmut. Gemeinsam unternehmen sie in diesem Sommer eine Radtour in das Elsass und in den Schwarzwald. Sie besuchen Straßburg, Colmar, Hornberg, Offenburg, Baden-Baden, Karlsruhe. Und auch Speyer, wo er ihr zum ersten Mal ausführlich den Dom zeigt. Nachts quartieren sie sich in Jugendherbergen ein.

Der Ausflug ins Elsass ist Hannelores erste Begegnung mit Frankreich. Da sie in der Schule sehr gut Französisch gelernt hat, hat sie keine Schwierigkeiten, sich zu verständigen, und stellt auch sehr schnell fest, dass sie dieses Land und seine Lebensart sehr mag. Ihr Leben lang wird die Zuneigung für Frankreich erhalten bleiben.

In diesen Ferien ist Hannelore wunschlos glücklich. Das Leben ist unbeschwert, keine Sorgen verdüstern die Zukunft. Hannelore und Helmut sind sehr verliebt.

KAPITEL 4

DIE JUNGE HANNELORE RENNER

Die kommenden Jahre sollen in die Geschichte der Bundesrepublik als »das Wirtschaftswunder« eingehen. Endlich erhält auch Hannelores Vater wieder eine feste Anstellung. Zum ersten Mai 1950 wird er zum Direktor und Mitglied der Geschäftsleitung bei der Herrenwäschefabrik Mey & Edlich in Ulm ernannt, die zu diesem Zeitpunkt unter dem Namen »Mey & Edlich, Betriebsstätten West« firmiert. Wie bei vielen Unternehmen in der Nachkriegszeit liegt das Stammhaus nun in der sowjetischen Besatzungszone und später in der DDR. Nach Kriegsende versucht man, zunächst von Ulm aus, das Unternehmen mit der im Westen noch vorhandenen Substanz wieder aufzubauen. Wilhelm Renner soll dabei mithelfen. Sein Verantwortungsbereich umfasst »alle technischen Angelegenheiten der Fabrikation, aber auch die technischen Beratungen in allen Handels- und Export-Angelegenheiten der Firma«.

Für Hannelores Eltern bedeutet Wilhelm Renners neue Position, dass sie nach Ulm umziehen müssen. Sie beginnen sofort damit, eine Wohnung zu suchen und die Übersiedlung zu planen.

In derselben Zeit tritt Helmut Kohl seinen ersten festen Semesterferienjob an. Bei der BASF in Ludwigshafen arbeitet er im Baubetrieb als Steinschleifer. An diesem Platz verdient er sich in den nächsten Jahren während der Semesterferien sein Studium. Einen Teil des Geldes investiert er auch in den Kauf einer uralten Lambretta, die immerhin eine Höchstgeschwindigkeit von fünfzig Stundenkilometern erreicht. Mit dem Motorroller fährt er seit seinem Wechsel aus Frankfurt täglich zur Universität nach Heidelberg. So stolz Helmut Kohl auf den Roller ist, so wenig mag Hannelore den fahrbaren Untersatz: »Meine Frau hat diesen Roller überhaupt nicht geschätzt und fuhr auch nicht gerne mit.«

In diesem Sommer plant auch Hannelore ihre Zukunft. Sie möchte studieren, weiß aber noch nicht, was. Hin- und hergerissen zwischen Naturwissenschaften und Sprachen, fällt ihr die Entscheidung schwer. Den Ausschlag geben schließlich ganz pragmatische Gründe: Weil der Vater gerade erst seine neue Stellung angetreten hat und finanziell noch keine großen Sprünge machen kann, entscheidet sie sich für das günstigere und kürzere Fremdsprachenstudium. Am ersten Oktober 1951 meldet sie sich in Germersheim am Auslands- und Dolmetscherinstitut der Mainzer Johannes-Gutenberg-Universität an. Sie wählt im Hauptfach Französisch, belegt in den Nebenfächern Englisch und Spanisch.

Am fünften November ist Semesterbeginn, und Hannelore zieht in eine kleine und billige Studentenbude. Zum ersten Mal lebt sie von ihren Eltern getrennt. Auch Helmut, der im Wintersemester 1951/52 die Universität gewechselt hat und jetzt in Heidelberg Geschichte, Rechts- und Staatswissenschaften studiert, sieht sie seltener.

Hannelore genießt ihre Selbständigkeit. Sie lernt fleißig, geht, soweit das ihre bescheidenen Mittel zulassen, gern mit Kommilitoninnen aus und schreibt viele Briefe an die Eltern und an Helmut. Ein Telefon kann sich in den Fünfzigerjahren noch kaum jemand leisten, da bleibt nur der Griff zu Papier und Füllfederhalter. Der fleißigere Briefeschreiber ist jedoch Helmut Kohl, dessen Schreibfreudigkeit im Freundeskreis geradezu Legende ist. Hannelore bewahrt alle seine Briefe in einer Schublade ihrer Kommode auf.

»Es stimmt, dass ich ihr öfter geschrieben habe«, sagt Helmut Kohl heute. »Aber das habe ich auch schon während der Schulzeit getan. Doch die Mär von zweitausend Liebesbriefen ist Unsinn.«

Anfang 1952 wird Hannelores Wunsch, einmal für längere Zeit nach Frankreich zu fahren, immer größer. Auch ihrem Studium kann das ja nur zugute kommen. Weil das Geld knapp ist und sie sich einen längeren Aufenthalt aus dem Ersparten nicht leisten kann, verbindet Hannelore das Angenehme mit dem Nützlichen. Sie bewirbt sich bei verschiedenen Familien als Au-pair-Mädchen und kommt schließlich bei der Familie Jannin in Paris unter. Monsieur Jannin ist ein gutverdienender Generalvertreter bei einer Versicherungsgesellschaft, Madame Jannin ist Hausfrau. Das Ehepaar hat eine Tochter, die Nicole heißt.

Am vierzehnten März packt Hannelore ihren Koffer. Mit dem, was an Kleidung dort hineinpasst, muss sie die nächsten drei Monate auskommen. Ein wenig bang ist ihr schon vor dem Abenteuer, und so reist sie mit etwas gemischten Gefühlen in die französische Hauptstadt.

In dieser Zeit ist ein Aufenthalt einer jungen Deutschen in Frankreich keine Selbstverständlichkeit. So kurz nach dem Ende des zweiten Weltkriegs herrschen in Frankreich noch große Ressentiments gegenüber Deutschland und den Deutschen. Außerdem ist es zu dieser Zeit nicht üblich, als Au-pair ins Ausland zu gehen. Doch Hannelore entspricht so gar nicht dem Bild vom »hässlichen Deutschen«. Weil sie die Landessprache beinahe fließend spricht und noch dazu attraktiv und unkompliziert ist, hat sie in Paris wegen ihrer Herkunft wenig Probleme.

Bei den Jannins ist es Hannelores Aufgabe, sich nach der Schule um Nicole zu kümmern und ihre Hausaufgaben zu überwachen. Manchmal sind auch Nicoles Freundinnen dabei. Bei diesen »Nachhilfestunden« muss sie den Kindern alles auf Französisch erklären. Auf diese Weise bringt Hannelore sich selbst die französische Grammatik nahezu perfekt bei.

Der Umgang mit der kleinen Nicole ist zunächst schwierig. Sie ist ein wildes, verwöhntes und manchmal extrem ungezogenes Kind. Oft muss sie gezwungen werden, ihre Hausaufgaben zu erledigen. Doch Hannelore weiß sich durchzusetzen. Wie man mit störrischen Kindern umgeht, hat sie schon bei den Nachhilfestunden in Ludwigshafen gelernt, die strenge Schule ihrer Mutter tut ein Übriges.

Im Haus der Jannins bewohnt sie ein kleines, schlicht eingerichtetes Zimmer. Abends, wenn sie sich auf die Aufgaben des nächsten Tages vorbereitet oder Briefe nach Hause schreibt, hört sie aus einer der gegenüberliegenden Wohnungen oft Klaviermusik. »Dort«, erinnert sich Hannelore Kohl später, »wohnte ein junger Musikstudent, den ich kannte und der sich auf eine Tournee vorbereitete. Seine Klavierübungen machte er immer abends um die gleiche Zeit. Weil ich fast jedes Mal zuhörte, bekam ich alsbald mit, dass er regelmäßig an einer bestimmen Stelle der Polonaise Opus 40 Nummer 1 in A-Dur von Frédéric Chopin hängen blieb. Ich erinnere mich, dass ich diesem Lauf entgegenfieberte und betete, dass er doch bitte klappen möge. Eines Tages war es soweit. Für mich gehörte dieses Klavierspiel zu den schönsten Feierabendmomenten. Ich habe die Polonaise mindestens fünfzigmal gehört. Mit dem Pianisten verband mich das Schicksal, einfach durchzukommen.«

Wenn Hannelore frei hat, durchstreift sie die engen Gassen von Paris oder spaziert über die Prachtboulevards der Metropole. Sie schlendert an der Seine entlang, besucht den Louvre, sitzt auf einer Bank in den Tuilerien oder schaut den Malern im Künstlerviertel Montmartre bei der Arbeit zu. Manchmal leistet sie sich in einem der Cafés auf den Champs-Elysées ein Croissant und einen Café au lait und beobachtet dabei die Menschen, die an ihr vorbeiflanieren.

Zweimal kommt Helmut sie für kurze Zeit besuchen. Beim ersten Mal reist er allein nach Paris, beim zweiten Mal ist er mit Mitgliedern der Jungen Union an der Seine. Über den ersten Besuch erzählt er: »Ich bin per Autostopp gefahren und habe in Paris in einer kirchlichen Einrichtung geschlafen. Weil ich pro Woche nur zehn Mark zur Verfügung hatte, habe ich mich von Pommes frites ernährt. In Hannelores Freizeit sind wir dann durch die Stadt gestromert.«

Von seinem zweiten Besuch bleibt Hannelore eine Episode ganz besonders in Erinnerung: »Wir haben ein Komplott geschmiedet. Helmut bot seinen Kumpels, die mich nicht kannten, die Wette an, dass es ihm innerhalb von zwanzig Minuten gelingt, eine Französin dazu zu bringen, mit ihm Arm in Arm ein Lokal zu verlassen. Die Wette galt, und nachdem er sich am Stichtag in dem Lokal lange genug umgeschaut hatte, deutete er auf eine junge Frau und sagte: ›Die nehme ich, die gefällt mir.‹ Die Französin war natürlich ich, und Helmut war der bewunderte Held. Wir haben uns ausgeschüttet vor Lachen.«

Ende Mai 1952 fährt das Ehepaar Jannin im Urlaub nach Friedrichshafen und nimmt Hannelore an den Bodensee mit. Außer Nicole sind noch andere Familien mit Kindern dabei, und Hannelore muss sich um die wilde Horde kümmern. Bei einer Busfahrt kommt es zum Eklat. Die Kinder schreien auf Französisch laut durcheinander und benehmen sich so unmöglich, dass sich die anderen Fahrgäste empören. Im Glauben, die Franzosen verstünden kein Deutsch, beschweren sie sich lauthals und schimpfen, ohne ein Blatt vor den Mund zu nehmen, über die ungezogenen Kinder und ihre Gouvernante – »Typisch Franzosen« ist noch das Mildeste, was da zu hören ist. Nachdem Hannelore ihre Zöglinge in den Griff bekommen hat, dreht sie sich zu den Fahrgästen um, sieht sie streng an und sagt ruhig und gelassen: »An Ihrer Stelle würde ich mich schämen.« Plötzlich ist es ganz still im Bus.

Am fünften Juni ist die Reise zu Ende. Hannelore kehrt mit den Jannins nach Paris zurück und fährt von dort aus wieder nach Hause. Ihre Zeit als Au-pair-Mädchen ist vorbei.

Den Beginn der Sommersemesterferien verbringt sie bei den Eltern in Ulm. Wilhelm vermittelt seiner Tochter einen Ferienjob bei Mey & Edlich. Vom zehnten Juli 1952 an arbeitet sie für sechs Wochen als kaufmännische Volontärin. Ihr Lohn beträgt hundertzweiundneunzig Mark im Monat. Anschließend kehrt sie in ihre Studentenbude nach Germersheim zurück.

Für die Eltern steht Ende August wieder ein Umzug an, denn der Firmensitz von Mey & Edlich wird nach Stuttgart-Leinfelden verlegt. Irene und Wilhelm Renner beziehen eine kleine Zweizimmerwohnung in der Mörikestraße. Das finanzielle Polster, das Wilhelm sich in den vergangenen Monaten zugelegt hat, macht es möglich, dass sie sich hier gemütlich einrichten können. Sogar ein Auto gibt es schon, mit dem Hannelore gerne fährt, wenn sie bei den Eltern ist. Ganz langsam geht es bergauf. Mutter Irene kann wieder einigermaßen zivilisiert leben, Vater Wilhelm hat eine interessante Arbeit, die ihn ausfüllt, und die Tochter studiert. Für die damalige Zeit ist das fast schon ein Bilderbuchleben.

Gerade hat das Leben angefangen, sich Hannelore von seiner freundlichen Seite zu zeigen, da bricht ihr erneut der Boden unter den Füßen weg: Wilhelm Renner hat einen Herzinfarkt, an dem er am achtzehnten September 1952 stirbt. Hannelore, die die Nachricht in Germersheim erhält, reist sofort nach Hause. Sie kommt gerade noch rechtzeitig, um ihrem Vater Lebewohl zu sagen. Der Tod des Vaters ist ein furchtbarer Verlust für sie. Hannelore hat die, neben ihrer Mutter, wichtigste Bezugsperson verloren. »Noch auf dem Totenbett sagte er zu mir: Sag nie, dass du etwas nicht kannst. Sag, dass du es noch nicht kannst.«

Erneut zerbricht ihre Hoffnung auf ein glücklicheres und

besseres Leben. Wieder hat sie keine Perspektive mehr, denn die Ersparnisse des Vaters reichen nicht aus, um ihr Studium zu finanzieren und gleichzeitig die materielle Sicherheit ihrer Mutter zu gewährleisten. Sie muss sich völlig neu orientieren, die erträumte Universitätsausbildung kann sie nicht weiterverfolgen. Weder kann sie aus eigener Kraft die Studiengebühren für die Hochschule aufbringen, noch besteht Aussicht auf ein Stipendium, und BaFöG gibt es damals noch nicht. Rasche und einschneidende Entscheidungen sind notwendig, um die drohende wirtschaftliche Not abzuwenden. Praktisch über Nacht muss Hannelore völlig erwachsen werden.

Mit eiserner Disziplin nimmt sie die neuen Herausforderungen an. Weil die vierundfünfzigjährige Mutter keinen Beruf hat und wegen des schweren Schicksalsschlags zunächst auch gar nicht in der Lage ist, sich eine Stellung zu suchen, gibt Hannelore ihr Studium auf und beginnt zu arbeiten. Das Auto des Vaters verkauft sie.

Ihre Freundinnen Annegret und Ursula erinnern sich: »Für ihre Mutter war es ein schreckliches Gefühl, von der Tochter abhängig zu sein. Hannelore selbst hat nicht gejammert. Im Gegenteil. Obwohl ihr eigener Schmerz unendlich groß war, hat sie ihre Mutter getröstet und ihrer beider Schicksal in die Hände genommen. Natürlich hätte sie in Germersheim gern ihr Abschlussexamen gemacht. Aber aufgrund der Umstände hat sie sich eben gesagt: Meine Situation ist nun so, ich muss da jetzt durch, es hilft nichts. Das war typisch für sie.«

Doch nicht nur ihre Freundinnen stehen ihr zur Seite. Auch Helmut Kohl und sein Vater Hans, der die außergewöhnliche Haltung und die innere Stärke der jungen Frau bewundert, unterstützen sie mit Rat und Tat.

»Mein Mann«, erzählte Hannelore einmal bei einem Interview, »war zu dieser Zeit für mich wie ein Fels in der Brandung. Und das ist er immer geblieben. Für mich ist es sehr

Hans Kohl, der künftige Schwiegervater.

wichtig, sich aufeinander verlassen zu können. Uns verbindet auch ein ähnliches Schicksal. Beide mussten wir im Krieg viel Leid erleben. Sein Bruder Walter ist gefallen, ich habe alles verloren und war auf der Flucht.«

Ende Oktober 1952 nimmt Hannelore eine Stelle im Stuttgarter Druckhaus Robert Kohlhammer an, wo sie unter anderem mit Korrekturlesen und mit dem Redigieren von Manuskripten beschäftigt ist. Dann macht sie einen Intensivkurs, um sich praktische Grundlagen fürs Berufsleben anzueignen und ihre Aussichten auf eine qualifizierte und besser bezahlte Stellung zu verbessern: Zum Beginn des Jahres 1953 besucht sie einen Stenografiekurs in Stuttgart. Innerhalb kurzer Zeit lernt sie in vier Sprachen zu stenografieren und steigert ihre Geschwindigkeit in Deutsch von hundertdreißig auf hundertachtzig Silben pro Minute. Beim Maschineschreiben erreicht sie auf den mechanischen Geräten eine Geschwindigkeit von zweihundertfünfzig Anschlägen pro Minute.

Im Frühjahr zieht Hannelore mit ihrer Mutter zurück nach Ludwigshafen. In der Achenbachstraße 24 finden sie eine hübsche Wohnung. Und sie ist auch wieder in der Nähe von Helmut Kohl, der nach wie vor jeden Abend von Heidelberg nach Hause fährt.

Am achtzehnten April 1953 hält er bei ihrer Mutter um ihre Hand an, auf den Tag genau sieben Monate nach dem Tod von

Wilhelm Renner. Obwohl Hannelore »Ja« sagt, vergehen bis zur Hochzeit noch über sieben Jahre. Helmut Kohl will seiner zukünftigen Frau ein gesichertes Einkommen bieten. Doch dafür muss er erst sein Studium beenden und eine feste Anstellung finden. Hannelore ist ganz seiner Meinung. Nach all den Ungewissheiten und Rückschlägen der letzten Jahre ist die Sicherung der wirtschaftlichen Existenzgrundlage für sie von entscheidender Bedeutung.

Am fünfzehnten Juni 1953 nimmt sie für ein Anfangsgehalt von zweihundertfünfzig Mark monatlich eine Stellung als kaufmännische Angestellte bei der BASF an.

Irene Renner ist dem Beispiel ihrer Tochter gefolgt und hat sich ebenfalls die Grundkenntnisse für eine Bürotätigkeit angeeignet. Fast zur selben Zeit wie Hannelore beginnt auch sie zu arbeiten. Bei der Chemiefirma Grünzweig & Hartmann in Ludwigshafen hat sie eine Stelle als Sekretärin gefunden. Für Irene Renner ist das der Beginn einer glücklicheren Zeit. Sie hat eine berufliche Aufgabe, ist zurück in der gewohnten Ludwigshafener Umgebung und schafft sich nach und nach einen großen Freundes- und Bekanntenkreis. Bis zu ihrer Pensionierung 1962 ist sie als Sekretärin bei Grünzweig & Hartmann tätig.

Auch Hannelore gewinnt dem Leben wieder gute Seiten ab. Die Tätigkeit bei der BASF bringt ihr Bestätigung, und sie hat Freude am Umgang mit Menschen. An den Wochenenden begleitet sie Helmut, der inzwischen bereits Mitglied des Geschäftsführenden Vorstands der Pfälzer CDU ist, manchmal zu politischen Veranstaltungen oder Tagungen.

In den insgesamt sieben Jahren, die sie bei der BASF arbeitet, macht Hannelore im Rahmen ihrer Möglichkeiten Karriere. Anfangs arbeitet sie als fremdsprachliche Stenotypistin in der »Gruppe Vorderer Orient«, die zur »Abteilung Verkauf, Export und Farben« gehört. In ihrem Arbeitszeugnis aus dieser Zeit steht, welche Aufgaben sie zu erledigen hatte: Sie schrieb »kaufmännische und technische Korrespon-

Irene Renner an ihrem Arbeitsplatz bei der Chemiefirma Grünzweig & Hartmann.

denz in deutscher, englischer und französischer Sprache. Außerdem errechnete sie Überpreise und führte eine Kartei. Von Anfang 1955 bis September 1957 arbeitete sie in der Gruppe Afrika. Auch hier erledigte sie deutsche, englische, französische und außerdem italienische Korrespondenz nach Diktat sowie nach dem Tonbandgerät. Dabei hatte sie teilweise schwierige technische Texte zu übertragen.«

Zunächst sitzt Hannelore mit mehreren Kolleginnen in einem engen Büro, was die Arbeit nicht gerade erleichtert. Immer wieder wird die Konzentration auf die anspruchsvollen Texte gestört. Trotzdem herrscht ein gutes Klima unter den Damen.

Als im September 1956 Maria Fischer, eine neue Kollegin, bei der BASF als Übersetzerin anfängt, kümmert sich Hannelore ein wenig um die Neue. Die Kollegin schildert die Atmosphäre ihrer ersten Arbeitstage: »Hannelore war sehr zuvorkommend und hilfsbereit. Ich erinnere mich, dass sie mich in der Anfangszeit sehr dabei unterstützt hat, mich zurechtzufinden.«

Hannelore ist bei allen sehr beliebt, nur ganz wenige Kolleginnen mögen sie nicht so sehr. »Weil sie so apart war«, sagt Maria, »hatte sie natürlich eine Menge Verehrer. Ein freier Mitarbeiter, der heute im Ausland lebt und zu dem ich noch Kontakt habe, hat mich immer wieder nach ihr gefragt und gesagt, dass sie eine richtige Dame gewesen sei.«

Hannelore in ihrem Büro bei der BASF.

Maria und die zwölf Jahre jüngere Hannelore freunden sich immer mehr an und gehen abends oft gemeinsam aus. Sie sprechen über ihre Kollegen, über die Arbeit, und manchmal erzählt Hannelore von Helmut, mit dessen politischer Karriere es aufwärts geht. Seit 1954 ist er stellvertretender Vorsitzender der Jungen Union Rheinland-Pfalz, ab 1955 auch Mitglied des Landesvorstands der rheinland-pfälzischen CDU. Zusätzlich zu diesen Aktivitäten und neben seinem Studium nimmt er 1956 eine Stelle als Wissenschaftlicher Mitarbeiter des Politischen Seminars am Alfred-Weber-Institut in Heidelberg an, die er eineinhalb Jahre bis zu seiner Promotion behält. Hundertfünfzig Mark im Monat bekommt er dafür.

Zunehmend begleitet Hannelore jetzt Helmut Kohls politisches Engagement. So ist sie zum Beispiel bei ihm, als er 1957 zu einer Wahlkampfveranstaltung nach Heppenheim an der Bergstraße aufbricht. Sie fahren mit seinem alten Roller hin, der unterwegs kaputtgeht. Ihrer Kollegin Maria erzählt Hannelore hinterher, dass es nicht ganz einfach war, die Lambretta wieder flott zu kriegen. Danach nehmen sie für solche Reisen meistens den VW Käfer der CDU-Kreisgeschäftsstelle Ludwigshafen. Oft sitzt Hannelore am Steuer.

Die beengte Arbeitssituation bei der BASF, die Maria, Hannelore und den anderen Kolleginnen so zu schaffen macht, soll bald ein Ende haben. Seit einiger Zeit wird bereits ein neues Verwaltungshochhaus gebaut, und um die Jahreswende 1956/57 ist es so weit: Schritt für Schritt zieht die Abteilung in das Hochhaus um, sehr zur Erleichterung ihrer Kolleginnen. Das große Gemeinschaftsbüro, in das ständig jemand hereinkommt, tauscht Hannelore jetzt gegen ein schönes helles Büro, das sie sich mit einer Kollegin teilt.

Als sie im Oktober 1957 zur ersten Sekretärin des Gruppenführers aufsteigt, erfordert ihre Tätigkeit immer mehr Selbständigkeit. Sie ist die engste Mitarbeiterin ihres Chefs und hat jetzt nicht nur die üblichen Büroarbeiten zu erledigen. Vielmehr bereitet sie die zahlreichen Überseereisen ihres Vorgesetzten vor, überwacht seine Termine, führt Umsatzstatistiken, fasst auch eigenständig Briefe in Deutsch, Englisch und Französisch ab und kümmert sich verstärkt um die Betreuung der Kunden aus dem In- und Ausland, die ihre ausgezeichneten Umgangsformen sehr schätzen.

Als Assistentin des Gruppenführers muss sie hart arbeiten und viele Überstunden machen. »Sie war nicht nur gewissenhaft, zuverlässig und sprachbegabt«, berichtet Maria, »sie konnte auch hervorragend organisieren. Ihr Chef schätzte sie als kluge Beraterin, weil sie eine gute Menschenkenntnis besaß und imstande war, die Leute, die für sie arbeiteten, für die Aufgaben zu interessieren und zu motivieren. Das war teilweise nicht ganz einfach, weil sie oft als Prellbock zwischen ihrem Vorgesetzten und den Kollegen stand. Doch auch diese Aufgabe hat sie geschickt gemeistert. Hannelore konnte perfekt vermitteln und war dabei niemals von oben herab, intrigant oder arrogant, sondern immer fröhlich.«

Mit Arbeitskollegen vor dem Rohbau des neuen BASF-Hochhauses.

Ende Juni 1958 beendet der Dr. phil. Helmut Kohl das Studium bei seinem Doktorvater Professor Walter Peter Fuchs. »Die politische Entwicklung in der Pfalz und das Wiedererstehen der Parteien nach 1945« ist das Thema seiner Dissertation. Hannelore tippt die verschiedenen Entwürfe der Doktorarbeit für ihn auf der Schreibmaschine ihres Vaters. Über Hannelores Engagement bei seiner Promotion sagt Helmut Kohl: »Ihre Kenntnisse, die sie sich beim Druckhaus Kohlhammer im Korrigieren angeeignet hat, kamen uns dabei zugute, und sie hat dies auch mit viel Leidenschaft gemacht.«

Zur Erholung nach dem Prüfungsstress machen Hannelore und Helmut in Österreich Urlaub. In Linz verloben sie sich und tauschen, wie es üblich ist, die Ringe aus. Das geschieht ganz ohne Feier. Von Linz aus fahren die frisch Verlobten dann einfach ins Blaue hinein. Irgendwann kommen sie ins Burgenland. In Frauenkirchen beim Neusiedlersee mieten sie sich in einer Pension ein, wo »das Zimmer fünf Mark pro Nacht kostet«, wie sich Helmut Kohl erinnert. »In meiner Zeit als Bundeskanzler waren wir noch zweimal in Frauenkirchen.« Nach ein paar Tagen fahren sie weiter nach Wien.

Als Hannelore und Helmut sich verloben, steht für ihn bereits fest, dass er sich im Mai 1959 als Kandidat für den Mainzer Landtag aufstellen lassen wird. Das Ziel, Landtagsabgeordneter zu werden, hat er bereits seit längerem. »Für mich«, erklärt Helmut Kohl, »stand das 1955 schon fest. Obwohl mir die zweihundert Mark, die man damals als Abgeordneter bekam, gutgetan hätten, habe ich es dennoch erst einmal gelassen, weil ich ohne Beruf kein Mandat haben wollte. In dieser Beziehung war ich sehr konservativ. Diese Einstellung teilte auch meine Frau. Wir hatten bei allem, was wir in unserer gemeinsamen Zeit taten, fast immer eine große Übereinstimmung.«

Nachdem er sein Studium abgeschlossen hat, wird Helmut Kohl deshalb 1958 zunächst Direktionsassistent bei der Eisengießerei Mock in Ludwigshafen. 1959 wechselt er als Referent zum Verband der Chemischen Industrie in Rheinland-Pfalz, daneben wird er zum Vorsitzenden des CDU-Kreisverbands Ludwigshafen gewählt.

Dass sich beruflich alles nach Wunsch entwickelt, stärkt das Selbstbewusstsein enorm. Die Erfahrung des Krieges und der ersten Nachkriegsjahre hatte den Menschen zuletzt drastisch vor Augen geführt, wie brüchig jede scheinbare Gewissheit ist. Nun aber wächst das Vertrauen wieder, das Leben in die eigenen Hände nehmen und es gestalten zu können. So fassen die jungen Leute einen kühnen Plan: Helmut Kohl und Hannelore Renner, die nach wie vor mit ihrer Mutter in der Achenbachstraße lebt, beschließen zu bauen. Sie setzen auf Zukunft.

»Zunächst hielten wir das für eine Schnapsidee, weil wir nur ein paar tausend Mark besaßen«, erinnert sich Helmut Kohl. »Als wir aber feststellten, dass wir auf die Flüchtlingsausweise C, die meine Frau und meine Schwiegermutter besaßen, rund dreißigtausend Mark zu einem Prozent geliehen bekommen, haben wir es gewagt. Mit einem befreundeten Architekten, der Junggeselle war, planten wir dann unser erstes Haus in der Tiroler Straße 41 in Ludwigshafen-Gartenstadt.«

Als es an die konkrete Planung des Hauses geht, ist Hannelore in ihrem Element. Im Gegensatz zu ihrem Verlobten, der keine Pläne lesen kann und sich nur am Modell orientiert, interessiert sie sich für jedes noch so kleine Detail und stürzt sich mit Freude und aller Kraft in die Konzeption der Baupläne. Oft hat sie die Unterlagen sogar im Büro dabei und zeigt sie stolz ihrer Freundin Maria.

Immer wieder trifft sie sich mit dem Architekten und versucht, aus den knappen finanziellen Mitteln das Beste zu machen. Nach langen Diskussionen kommt sie zusammen mit Helmut auf eine Bausumme von fünfundfünfzigtausend Mark. Jeder Posten ist mehrmals durchgerechnet. Doch nach einer feuchtfröhlichen Nacht mit dem Architekten ist der ganze strenge Finanzplan hinfällig. Helmut Kohl gesteht: »Als wir mit ihm in seiner Zeichenbude einen draufmachten, haben wir unter anderem festgestellt, dass es idiotisch ist, keine Zentralheizung einzubauen. Am nächsten Morgen lag die Bausumme dann bei über hunderttausend Mark. Gott sei Dank haben wir einen Banker gefunden, der uns auf unsere blauen Augen das Geld geliehen hat.«

Während Hannelore sich um den Hausbau kümmert, zieht Helmut Kohl am achtzehnten Mai 1959 tatsächlich in den Mainzer Landtag ein. Mit neunundzwanzig ist er der jüngste Abgeordnete des Hauses. Vor sechs Jahren hatte er um Hannelores Hand angehalten. Nun sind die Bedingungen erfüllt, die die beiden damals vor eine Hochzeit gesetzt hatten: Helmuts berufliche Position ist gefestigt, er hat ein gesichertes Einkommen, die Zukunft ist überschaubarer geworden.

Am siebenundzwanzigsten Juni 1960, einem Samstag, heiraten sie. Hannelore trägt ein weißes Kleid mit Schleier, Helmut einen schwarzen Anzug mit einer Nelke im Knopfloch. Hannelore ist zwar evangelisch, doch die Hochzeit in der Pfarrkirche St. Josef in Ludwigshafen findet nach katholischem Ritus statt. Die Trauung führt Pfarrer Ruprecht Ripp, ein Freund der beiden, durch.

Zur Hochzeitsfeier bitten Hannelore und Helmut Kohl in die Mannheimer »Theaterklause«. Weil sich die frisch Vermählten ein größeres Fest nicht leisten können, gehen die Einladungen nur an fünfundzwanzig enge Freunde und Verwandte. Gemeinsam feiern sie ausgelassen bis tief in den Abend, es wird viel getanzt und gelacht. Im Namen von Hannelores Kollegen bei der BASF schenkt Maria dem Brautpaar ein Silberbesteck inklusive Suppenkelle. »Das hat sich Hannelore zur Hochzeit gewünscht«, erzählt sie. »Es liegt heute noch in der Küchenschublade.«

Am 27. Juni 1960 feiern Hannelore und Helmut Kohl Hochzeit.

Am meisten freuen sich Irene Renner und Hans und Cäcilie Kohl über die Heirat ihrer Kinder. Hannelore hat zu ihren Schwiegereltern mittlerweile ein sehr herzliches und inniges Verhältnis. Für Helmut Kohls Eltern ist sie wie eine zweite Tochter. Mehr noch als seine Frau liebt Hans Kohl die Schwiegertochter. Hannelore ist ihm ebenfalls besonders zugetan, denn nach dem Tod von Wilhelm Renner ist er für sie eine Art Ersatzvater.

Die Schwiegereltern: Cäcilie und Hans Kohl am Tag der Trauung.

»Mein Vater«, erzählt Helmut Kohl, »hat Hannelore sofort sehr gemocht. Später hat er sie sehr geliebt. Er hielt sie nicht nur für eine gutaussehende Frau, er mochte auch ihr preußisches Pflichtbewusstsein, auf das er selbst großen Wert legte. Und dann hat er bewundert, dass sie großartig repräsentieren und zwei Fremdsprachen fließend sprechen konnte und dass sie dennoch eine gute Hausfrau war und gut kochen konnte.«

Cäcilie Kohl braucht ein bisschen länger, um sich mit der Schwiegertochter anzufreunden. »Meiner Mutter«, erinnert sich der Sohn, »war Hannelore am Anfang sogar etwas unheimlich. Als überzeugte Hausfrau hat sie stark bezweifelt, dass aus ihr mal eine gute Hausfrau und Mutter wird. Später hat sie ihre Meinung dann grundlegend geändert. Sie hat vor allem ihre Hingabe bei der Erziehung unserer Kinder bewundert.«

Am Tag nach der Hochzeit fährt das Ehepaar Kohl in seinem Peugeot nach Italien in die Flitterwochen. Die Reise geht über Salzburg und Rom und dann weiter ins Blaue hinein bis Positano. Es ist brüllend heiß, und die beiden sind froh, als sie in einer Pension für drei Wochen ein kleines und günstiges Zimmer mit Küche finden. Die Küche ist wichtig für die Flitterwöchner, denn deren Mittel sind begrenzt, es wäre viel zu teuer, jeden Tag essen zu gehen. »Weil es uns auch auf unserer Hochzeitsreise wichtig war, preiswert zu leben, haben wir uns abends oft einen Fisch gekocht«, berichtet Helmut Kohl. Auf dem Balkon ihres Zimmers genießen sie unter südlichem Himmel die selbst zubereiteten Mahlzeiten. Tagsüber erkunden sie die Umgebung, gehen schwimmen oder liegen einfach nur faul am Strand und genießen das Leben.

Weil auch die schönsten Flitterwochen einmal zu Ende gehen, kehren die beiden am dreiundzwanzigsten Juli nach Hause zurück. Unvermutet findet ihre Hochzeitsreise hier einen tragischen Abschluss: Ihr Freund, der Pfarrer Ruprecht Ripp, ist am Mittwoch nach der Trauung beim Bergsteigen ums Leben gekommen.

Für Irene Renner ist ihre Tochter mit der Heirat endgültig erwachsen geworden. Sie weiß Hannelore in guten Händen, und so beendet sie das Tagebuch, das sie vom Tag der Geburt an geführt hat. Den letzten Eintrag macht sie am dreiundzwanzigsten Juli 1960. Mit ihrer kleinen, akkuraten Handschrift schreibt sie: »Rückkehr von der Hochzeitsreise.«

KAPITEL 5

EHEFRAU UND MUTTER

Nach ihren Flitterwochen ist das Haus in der Tiroler Straße 41 bezugsfertig. Mit Begeisterung stürzt sich Hannelore Kohl in eine neue Aufgabe. Zum ersten Mal richtet sie ein eigenes Heim ein. Sie sucht eine Couchgarnitur aus, Gardinen, Küchenmöbel, Schränke, Kommoden, Betten, Teppiche und Sessel. Es ist eine Menge anzuschaffen, und das Geld ist knapp, darum achtet sie besonders akribisch auf die Preise. Ihr Mann, der viel unterwegs ist, lässt ihr freie Hand. Viele Jahre später hat sie gesagt: »Ich war mir immer sicher, dass mein Mann unser Geld bei mir in guten Händen weiß.«

Hannelore kümmert sich nicht nur um die Inneneinrichtung, sie überwacht auch etliche Außenarbeiten am Haus. Die Fassade muss noch verputzt werden, und was einmal der Vorgarten werden soll, ist eine mit Baudielen übersäte Wildnis. Auf der Veranda fehlt der Steinboden, und die Garage für den Peugeot 404 befindet sich noch im Rohbau. Ihr entgeht nichts, sie besitzt einen untrüglichen und sicheren Blick für Details. Kein noch so kleiner Baufehler bleibt ihr lange verborgen. Immer wieder diskutiert sie mit dem Bauleiter und den Arbeitern, welche Fortschritte der Bau macht. Diese leiden einerseits zwar ein wenig unter ihrem Perfektionismus, aber andererseits bewundert und respektiert man sie dafür. Hannelore ist nonstop im Einsatz, und wo sie kann, packt sie

Mit Schäferhund »Igo« 1963.

selbst mit an. Sie streicht den kompletten Gartenzaun – erst mit einem Rostschutzmittel, dann mit einem dunklen Lack. Dann kommt das Garagentor dran.

Mit dem jungen Ehepaar ist auch Hannelores Mutter in das neue Haus gezogen. In einer Einliegerwohnung im oberen Stock hat Irene Renner nun ihr eigenes Reich.

Vor ihrer Hochzeit hat sich Hannelore dafür entschieden, ihre Stellung bei der BASF aufzukündigen, wo sie gute Aufstiegschancen hatte und zuletzt immerhin sechshundertsechzehn Mark monatlich verdiente. Für die damalige Zeit ist das ein ganz normaler Schritt, der auch ihrem Selbstverständnis entspricht. Hinzu kommt eine weitere wichtige Überlegung: Wenn sie ihre Zeit nutzt, um sich persönlich um alle Baumaßnahmen zu kümmern, spart ihnen das viel mehr Geld, als sie in der gleichen Zeit bei der BASF je verdienen könnte.

Kaum sind die letzten Arbeiten am Bau beendet, bringt Helmut Kohl einen neuen Mitbewohner mit: Schäferhund Igo, ein bestens abgerichteter Polizeihund. Obwohl Hannelore, die wie ihr Mann ein großer Tiernarr ist, lieber einen kleineren Hund gehabt hätte, ist es Liebe auf den ersten Blick. »Igo«, erinnert sich Helmut Kohl, »war von Anfang an ihr absoluter Diener. Er liebte meine Frau abgöttisch, mich hat er gemocht und respektiert. Ich werde nie das Bild vergessen, wenn dieses Riesenvieh beim Bügeln zu ihren Füßen lag. Da nützte es auch nichts, wenn sie sagte: ›Lass mich in Frieden.‹ Dann hat er erst recht seinen dicken Kopf auf ihre Füße gelegt.«

Weil Igo so groß ist und weil er eigentlich auch das Haus bewachen soll, wird ein Hundezwinger gebaut. Die Arbeit hätte man sich sparen können. Igo geht nie in seinen Zwinger. Maria, die ihre frühere Kollegin manchmal besuchen kommt, erzählt: »Igo war immer im Haus. Er ließ einen rein, aber meistens nicht mehr raus. Aber er war dabei nie böse. Hannelore musste ihn dann eben immer wegziehen.«

In der Nacht vom zwölften auf den dreizehnten August 1961 beginnen Angehörige der Nationalen Volksarmee der DDR, die Ost-West-Sektorengrenze in Berlin zu schließen. Wenige Tage später fangen sie mit dem Bau einer Mauer quer durch die ganze Stadt an. In den folgenden Jahren entsteht nicht nur in Berlin eine nur unter Lebensgefahr zu überwindende Grenze zwischen den beiden deutschen Staaten. Wie die meisten Deutschen ist Hannelore fassungslos. Sie ahnt, dass ein Besuch in der alten Heimat auf absehbare Zeit undenkbar ist. Am Ende wird es fünfzehn Jahre dauern, bis sie Leipzig wiedersieht.

Die Kohls führen ein offenes Haus. Dauernd klingelt das Telefon, dauernd kommen Leute vorbei. Hannelore, die sehr stolz auf ihr neues Heim ist, wird nicht müde, es immer wieder vorzuführen und jedes Detail zu erklären, das sie mitgestaltet hat.

Unter den Besuchern sind viele Parteifreunde von Helmut Kohl, der zusätzlich zu seiner Arbeit beim Verband der Chemischen Industrie und dem Mandat als Landtagsabgeordneter jetzt auch Vorsitzender der CDU-Stadtratsfraktion in Ludwigshafen und außerdem seit Oktober 1961 Vize der Landtagsfraktion ist. Dass er seinen Posten beim Chemieverband nicht zugunsten seines politischen Engagements aufgibt, ist für Hannelore selbstverständlich. Das entspricht ihrer Vorstellung von solider Lebensführung. Darin ist sie sich mit ihrem Mann einig.

Hannelore, die sich früher eher nur am Rande mit Politik beschäftigt hat, ist nun völlig in den politischen Alltag ihres Mannes eingebunden. Dadurch erlebt sie hautnah den Beginn vieler politischer Karrieren mit, die sich dann in Rheinland-Pfalz und in einigen Fällen später auch auf Bundesebene weiterentwickelt haben.

Oft empfängt und bewirtet Hannelore Kohl in ihrem gemütlichen Zuhause die Gäste ihres Mannes. Sie ist eine perfekte und charmante Zuhörerin, Gesprächspartnerin und Gastgeberin, dennoch wird die Politik nicht zu einer Leidenschaft von ihr. Sie sieht in solchen Aufgaben mehr eine Pflichterfüllung.

»Meine Frau«, sagt Helmut Kohl, »hatte zur Politik immer eine Distanz, weil sie der Meinung war, dass dort viel zu viel geschwätzt, aber zu wenig sachgerecht gearbeitet wird. Dieser Überzeugung war sie übrigens ihr Leben lang.«

Häufig sind die Brüder Fritz und Erich Ramstetter, zwei katholische Geistliche, zu Gast in der Tiroler Straße. Nach dem Tod von Pfarrer Ruprecht Ripp hat Erich Ramstetter 1960 dessen Nachfolge in St. Josef, der Heimatgemeinde von Helmut Kohl, angetreten. Sein Bruder Fritz ist Religionslehrer und in der Erwachsenenbildung tätig. Als Pfarrer hält er Gottesdienste in pfälzischen Gemeinden. Hannelore Kohl lernen sie als eine glückliche, zufriedene und ausgeglichene Frau »mit einem stark ausgeprägten Selbstwertgefühl und Selbstbewusstsein« kennen.

Religion ist in der ersten Zeit ihrer Bekanntschaft mit Hannelore selten Gegenstand ihrer Gespräche. Fritz Ramstetter meint: »Obwohl die absolute Gläubigkeit der Familie Kohl für sie bestimmt eine Überraschung war und auch ihre Neugierde geweckt hat, war dieses Thema in unseren Unterhaltungen eine Leertaste, was sicher mit ihrem Elternhaus zusammenhing.« Sie sprechen miteinander über andere Dinge. So lässt Hannelore anklingen, dass sie Spaß daran gehabt hätte, ihre berufliche Laufbahn weiterzuverfolgen.

Doch das ist ein geheimer Wunsch, den sie sogar sich selbst gegenüber nur selten eingesteht. Sie ist ganz mit ihren aktuellen Aufgaben ausgelastet: als Frau des Politikers Helmut Kohl, als Bauleiterin und später auch als Mutter von zwei Söhnen.

Eine willkommene Abwechslung vom politischen Alltag sind die Besuche ihrer Freundinnen und Bekannten, darunter auch ihre ehemalige Arbeitskollegin Maria und die Schulkameradinnen Annegret und Ursula. Es sind fröhliche Treffen, bei denen viel gelacht und geredet wird.

Als sie eines Nachmittags bei Kaffee und Kuchen in der Tiroler Straße beisammensitzen, beschließen sie, künftig Klassentreffen zu veranstalten. Das erste findet 1961 zum zehnjährigen Abiturjubiläum statt. »Die Organisatorin war immer Hannelore«, erzählt Ursula. »Ich werde nie vergessen, dass bei dem einzigen Treffen, das ich organisiert habe, nur sechs unserer Klassenkameradinnen erschienen sind. Hannelore hat sich sehr darüber amüsiert, aber die Planung dann doch lieber wieder selbst übernommen. Bis zum Schluss hat sie das mit Liebe getan. Sie hat stets Einladungen mit Anfahrtskizzen verschickt und die Tischdekoration selbst gemacht oder zumindest überwacht. Als Treffpunkte hat sie immer Wirtshäuser oder Restaurants in der näheren Umgebung von Ludwigshafen gewählt. Später, als ihr Mann Bundeskanzler war, hat sie uns auch mal in den Kanzlerbungalow nach Bonn eingeladen. Unser letztes Klassentreffen mit ihr war am vierten März 2001 in Mannheim.«

In den nächsten zwei Jahren verläuft ihr Leben in ruhigen Bahnen. Hannelore genießt eine sorgenfreie Zeit. Sie freut sich, als ihr Mann Mitte des Jahres 1962 einen eigenen Fahrer bekommt. Er heißt Eckhard Seeber, war früher Stabsunteroffizier und Fallschirmjäger. Sein Handwerk als Fahrer hat er bei einem General gelernt. Alle nennen ihn so liebevoll wie respektvoll einfach »Ecki«. Bis heute, fast vierzig Jahre

Das Haus der Familie Kohl in der Tiroler Str. 41.

später, ist er ein treuer Gefährte von Helmut Kohl. Ecki Seeber ist ein sehr freundlicher und ruhiger Mann mit verstecktem Humor und unendlichem Fleiß.

Für Konfliktstoff sorgt hin und wieder das Zusammenleben mit ihrer Mutter. Zwanzig Jahre lang wird Irene Renner mit Hannelore und Helmut Kohl unter einem Dach leben. Das führt manchmal natürlich auch zu Spannungen, zumal Hannelores Mutter eine starke Persönlichkeit ist und ihre eigenen Vorstellungen vom Zusammenleben hat. Natürlich spielt auch der Generationsunterschied eine Rolle.

Immer wieder fallen im Haus in der Tiroler Straße kleine und größere Reparaturen an, die Hannelore oft selbst erledigt, soweit das ihr Rücken zulässt. Einfach sind diese Arbeiten nicht. Hannelore ist zwar handwerklich geschickt, muss aber häufig auch erst ihre Erfahrungen machen. Wenn dabei mal etwas extrem danebengeht, kann sie in der Erfindung von Kraftausdrücken sehr kreativ sein – nicht nur auf Deutsch.

Im März 1963 rutscht die CDU bei den Landtagswahlen in Rheinland-Pfalz auf 44,4 Prozent ab und verliert die absolute Mehrheit der Mandate. »In diesem Wahlkampf«, erinnert sich Helmut Kohl, »hat sie mich wochenlang nicht nur mit der Installation einer Sickergrube geplagt, sie wollte auch, dass ich eine Kartoffelkiste anschaffe. Aber ich sagte: ›Die kaufen wir nicht, die baue ich selber.‹ Am Tag nach der verlorenen Wahl war ich dann so wütend, dass ich die Holzkiste an einem Tag zusammengehämmert habe. Die Kiste steht heute noch im Keller.«

Einige Monate vor der Wahl, Anfang November 1962, hatte die jetzt Neunundzwanzigjährige festgestellt, dass sie schwanger ist. Hannelore und Helmut Kohl und der Rest der Familie sind überglücklich.

Die Geburt selbst verläuft ohne Komplikationen und am sechzehnten Juli 1963 erblickt Walter das Licht der Welt. Ihren ersten Sohn nennen Hannelore und Helmut nach dem im zweiten Weltkrieg gefallenen Bruder von Helmut Kohl. Schon nach ein paar Tagen wird Hannelore aus der Klinik entlassen und erholt sich zu Hause schnell von den Strapazen der Geburt.

Die Schwangerschaft war für ihre Wirbelsäule sehr belastend. Gegen Ende der Schwangerschaft kann sie sich im täglichen Leben nur noch äußerst vorsichtig bewegen. Seitdem sie sich auf der Flucht diese Verletzung an der Wirbelsäule zugezogen hat, kommt es immer wieder zu Schmerzattacken und Muskelverkrampfungen. Wenn sie sich zum Beispiel bei ihren Bauaktivitäten überanstrengt und dann die Schmerzen zu groß werden, bekommt Hannelore kaum noch Luft und kann nur noch ganz schnell und flach atmen. Sie hyperventiliert dann.

Gut zwei Monate vor Walters Geburt ist Helmut Kohl zum Vorsitzenden der CDU-Landtagsfraktion gewählt worden. Alles deutet darauf hin, dass er dafür bestimmt zu sein scheint, eines Tages die Nachfolge von Ministerpräsident Peter Altmeier anzutreten. Seine Frau sieht diese Entwicklung nicht ohne Skepsis. »Sie war«, so Helmut Kohl, »bei der Übernahme von Ämtern durch mich immer äußerst zurückhaltend und nicht der Typ Frau, die ihrem Mann am Morgen sagt: ›Aufstehen, Karriere machen!‹ Um das mal prinzipiell zu sagen.«

Aber noch liegt für Hannelore Kohl die Ministerpräsidentenzeit in weiter Ferne. Walter ist ein lebhaftes Baby, und sie hat mit ihm alle Hände voll zu tun. Hannelore ist nicht nur eine liebevolle, sondern auch eine umsichtige Mutter, die immer für ihr Kind da ist. Wie alle jungen Mütter muss sie nachts aufstehen, wenn ihr Kind schreit. Sie tröstet es, als es die ersten Zähne bekommt, und freut sich mit ihrem Mann, als es die ersten Schritte tut. Wenn sie Walter zum Einkaufen mitnimmt, ist meist auch Igo dabei, der die beiden keine Minute aus den Augen lässt.

Igo wacht immer über die Familie. Fritz Ramstetter erinnert sich an den Schäferhund: »Er ist ständig um sie herumgekreist und hat aufgepasst. Zurückblickend kann man sagen, dass er für die Kohls ein richtiges Therapeutikum war. Igo war ihnen ein treuer Freund, ein zuverlässiger Beschützer und liebte sie bedingungslos.«

Der jüngere Sohn Peter wird am achtundzwanzigsten August 1965 geboren. Schon am Tag seiner Geburt bekommt er hohen Besuch. Bei einer Veranstaltung in der Ludwigshafener Ebert-Halle erzählt der stolze Papa Bundeskanzler Ludwig Erhard, dass er gerade zum zweiten Mal Vater geworden ist. Der ist davon so begeistert, dass er Helmut Kohl in die Klinik begleitet. Hannelore ist sehr geschmeichelt. Sein Porträtfoto, das ihr Ludwig Erhard widmet, hat Peter heute noch. Darauf steht: »Für Frau Hannelore Kohl und ihrem Sohne Peter, am achtundzwanzigsten August 1965«.

»Ihre Mutterrolle«, erinnert sich Erich Ramstetter, »hat sie voll und ganz angenommen. Obwohl sie selbst keine religiös fundierte Erziehung hatte, legte sie von Anfang an großen Wert darauf, dass ihre Söhne im katholischen Glauben erzogen werden. Walter wie auch Peter habe ich auf ihren Wunsch getauft und später auf die Erstkommunion vorbereitet.«

Abends betet sie mit ihren Kindern, und oft geht sie mit der ganzen Familie zum Gottesdienst in eine katholische Kirche. Schließlich haben sie und ihr Mann sich bei der Hochzeit versprochen, dass die Kinder einmal im katholischen Glauben erzogen werden. »Als die Buben dann in die Schule kamen und im Religionsunterricht in Diskussionen gerieten und zu

Hause viele Fragen stellten«, erzählt Helmut Kohl, »hat sie sie jedoch zur Klärung zu mir geschickt. Allerdings war sie immer dabei.«

Kurz nach Peters Geburt steht mehr oder weniger fest, dass Helmut Kohl der nächste Ministerpräsident von Rheinland-Pfalz werden soll, wenn der inzwischen bereits sechsundsiebzig Jahre alte Peter Altmeier nicht mehr kandidiert. Nur der Zeitpunkt für den Generationswechsel an der Spitze des Landes ist noch offen – fast vier Jahre soll es dauern, bis es schließlich so weit ist.

Zunächst wird Helmut Kohl am sechsten März 1966, einen Tag vor Hannelores dreiunddreißigstem Geburtstag, Landesvorsitzender der CDU Rheinland-Pfalz und damit kraft Amtes auch Mitglied des CDU-Bundesvorstands.

In diesen Jahren ist Hannelore mit zwei kleinen Kindern, die sie meistens alleine betreut, voll beschäftigt. Sie tritt deshalb selten in der Öffentlichkeit in Erscheinung. Auch hat ihr Mann damals erst wenige offizielle Termine. Bei wichtigen Anlässen, wie den Parteitagen, ist sie selbstverständlich dabei. Manchmal kommt sie auch mit nach Bonn. So nimmt sie zum Beispiel an den Geburtstagsfeierlichkeiten für Ex-Bundeskanzler Konrad Adenauer teil, der am fünften Januar 1966 neunzig Jahre alt wird. Beim Zapfenstreich im Bonner Hofgarten steht sie auf dem großen Balkon an seiner Seite. Amüsiert erzählt Helmut Kohl: »Der Alte hatte immer was übrig für hübsche Frauen und hat sie extra zu sich hergeholt.«

Bis Mai 1969, als Helmut Kohl schließlich Ministerpräsident wird, führen die Kohls ein ziemlich normales Familienleben. Am Wochenende unternehmen sie mit ihrem Peugeot Ausflüge in den Pfälzer Wald, oder sie besuchen Oma und Opa Kohl, die ihre Enkelkinder genauso abgöttisch lieben wie die Oma Renner. Oft sind sie aber auch einfach zu Hause. Bei schönem Wetter verbringt der Vater am Wochenende viel Zeit mit den Kindern und Igo im Garten, wenn das Wetter schlecht ist, spielen sie drinnen mit dem Legobaukasten. Und wie so viele Väter, die beruflich stark beansprucht und deswegen seltener zu Hause sind, ist auch Helmut der Nachgiebigere. Mutter Hannelore sieht meist stillschweigend darüber hinweg.

Besonders schön ist damals im Hause Kohl die Weihnachtszeit. Sie beginnt in den ersten Jahren mit dem voller Bangen erwarteten Besuch des heiligen Nikolaus. Dieser Nikolaus wird zuvor von Hannelore auf seinen Besuch und seine mahnende Ansprache vorbereitet. Alle Taten und Untaten, alles, was die Kinder im vergangenen Jahr getan und gelassen haben, steht peinlich genau auf einem Zettel, der in einem großen Telefonbuch liegt, welches mit Goldpapier eingeschlagen ist. Zur Steigerung des Effekts wird Mehl zwischen die Seiten gestreut. Beim Zusammenschlagen des Buches staubt es dann ordentlich. Erst nach einigen Jahren merken die Kinder, wer dieser Nikolaus eigentlich ist: Ecki Seeber!

1967 fahren Hannelore und Helmut Kohl zum ersten Mal seit der Geburt der Kinder wieder in Urlaub. Damit sich Hannelore besser erholen kann, werden Walter und Peter für die Dauer der Ferien bei einem befreundeten Ehepaar in Sonthofen im Allgäu untergebracht. Ihre Eltern reisen unterdessen nach Österreich, der Millstätter See in Kärnten ist das Ziel.

Hannelore ist von dieser Idee anfänglich nicht sonderlich begeistert. Sie liebt das Meer und sieht wenig Sinn darin, erst die Berge hinauf und dann wieder herunter steigen zu müssen. Aber auch später kann sie ihren Mann nicht zu einem gemeinsamen Strandurlaub überreden. Während er in den Bergen unterwegs ist, schwimmt sie lange im See oder genießt auf einem Liegestuhl die Sonne. So wird es trotz ihrer Abneigung gegen die Berge doch noch ein traumhafter Urlaub für sie.

Ganz allmählich verändert sich das Leben der Familie. Weil sich diese Entwicklung in kleinen Schritten vollzieht, ist die

Veränderung erst kaum merklich. So gewöhnt sich Hannelore daran, dass ihr Leben immer mehr von der Politik bestimmt wird. Aber noch ist es nicht so weit. Noch können die Söhne Walter und Peter ohne Zwänge von außen aufwachsen.

Sobald Peter laufen kann, beginnen die Brüder miteinander zu spielen. Mit kleinen Plastikfiguren stellen sie quer durch den ganzen Flur Unmengen von Schlachten nach. Der aufregendste Spielplatz ist jedoch das Brachgrundstück nebenan. »Das war«, erzählt Walter, »unser Dschungel. Dort haben wir mit Freunden aus der Nachbarschaft Burgen gebaut, Fußball oder Verstecken gespielt. Ein sehr interessantes Versteck waren die Brombeerhecken, in die wir Löcher geschnitten oder die wir einfach aufgerissen haben. Dabei zerfetzten wir uns natürlich öfters die Kleidung, was unsere Mutter nicht gerade begeistert hat. Zum Schluss durften wir in unserem Dschungel nur noch in Lederhosen spielen.«

Dass sie beim Spielen nicht über die Stränge schlagen, dafür sorgt die Mutter. Wenn es sein muss, kann Hannelore sehr streng sein. Walter erzählt: »Meine Mutter besaß eine große Autorität. Im Gegensatz zu meinem Vater, der eher mal den leichteren Weg gegangen ist, setzte sie klare Maßstäbe. Voraussetzung dafür war ihre eigene Erziehung. Die *Do's and Don'ts* unserer Erziehung wurden von ihr klar und deutlich artikuliert.«

Die Regeln, die Hannelore aufstellt, sind einfach und unmissverständlich. So dürfen Walter und Peter andere Menschen nicht verletzen. Sie dürfen nicht lügen, gehässig oder unfair sein. Unachtsamkeit oder Fahrlässigkeit sind keine Entschuldigung. Beiden wird beispielsweise früh beigebracht, dass sie nicht in Steckdosen fassen dürfen, denn Strom ist gefährlich. Und es ist ihnen verboten, auf das Dach des Hundezwingers zu klettern, weil man von dort herunterfallen und sich wehtun kann. Eisern achtet Hannelore darauf, dass solche Verbote nicht übertreten werden. Nachsichtiger ist sie in Bezug auf das tägliche Heckmeck. Wenn mal ein Ball durch

Schneevergnügen mit den Kindern im Garten (1970).

die Scheibe fliegt oder die Klamotten zerrissen sind, dann ist das eben so.

Die Brüder lieben ihre heile Welt. »Gogo«, wie Walter und Peter ihre Oma Irene liebevoll nennen, bringt ihnen früh das Tischtennisspielen bei, das eine Leidenschaft von ihr ist. Der treueste und gutmütigste Spielkamerad ist jedoch Igo, der sich von den Jungs fast alles gefallen lässt. Er gestattet ihnen sogar, ihm das Fressen aus dem Maul zu holen, ihn am Fell zu ziehen oder zu kneifen.

Für Igo ist die Familie sein Rudel. Die Kinder sind die Welpen, Hannelore ist das Alphatier, Helmut Kohl ist Alpha zwei. »An meine Eltern, meinen Bruder oder mich hätte er nie jemanden herangelassen«, sagt Peter. »Er hätte uns bis zum Letzten verteidigt. Nachts ist er von Tür zu Tür gelaufen und hat gehorcht, ob alle noch atmen.«

Eine ganz besondere Rolle erfüllt Igo bei Peter: Der Schäferhund bringt ihm das Laufen bei. »Ich konnte mich immer an seinem Fell hochziehen und wurde von ihm dabei gleichzeitig auch noch halb nach vorne getragen.«

Im Sommer 1968 fahren die Eltern wieder allein nach Kärnten. Diesmal geht es an den Ossiacher See, wo sie in einer hübschen kleinen Pension direkt am Wasser wohnen. Ganz in der Nähe gibt es ein Boot zum Wasserskifahren und einen Tennisplatz.

In derselben Pension sind auch Irene und Hans Ludwig abgestiegen, ein Ehepaar aus Nordrhein-Westfalen, mit dem sie sich anfreunden. Als Irene und Hans erfahren, dass Helmut Kohl als der kommende Mann in Rheinland-Pfalz gilt, kommt bei den

In den Ferien am Ossiacher See freunden sich Hannelore und Helmut Kohl mit Irene und Hans Ludwig an (1968).

beiden Frauen das Gespräch irgendwann auch auf die Politik, und die fünfunddreißigjährige Hannelore sagt zu Irene: »Wahrscheinlich wird mein Mann Ministerpräsident. Dann wäre ich Landesmutter. Stellen Sie sich das mal vor!«

Vor der Abreise tauscht man die Telefonnummern aus. Hannelore hält den Kontakt zu Irene aufrecht, so dass aus der netten Urlaubsbekanntschaft eine lebenslange Freundschaft entsteht.

Als Walter vier Jahre alt ist und in den Kindergarten geht, beschließt seine Mutter, ihm das Schwimmen beizubringen. Seinen Frei- und Fahrtenschwimmer macht er mit sechs, noch bevor er in die Schule kommt. »Das«, erzählt er, »war für mich ein großer Triumph, weil ich bei meinen Mitschülern gleich mit zwei Abzeichen auf der Badehose angeben konnte. Meine Mutter war eine prima Lehrerin und hat, als mein Bruder in dieses Alter kam, auch ihm das Schwimmen beigebracht.«

Knapp ein Jahr später, am siebenundzwanzigsten April 1968, wird Helmut Kohl als Landesvorsitzender der CDU Rheinland-Pfalz im Amt bestätigt.

Im gleichen Jahr stellt ein Arzt bei einer Untersuchung eine bakterielle Infektion bei Hannelore Kohl fest, gegen die er Penicillin verschreibt. Nichts Ungewöhnliches. Doch völlig unerwartet entwickelt Hannelore eine starke allergische Hautreaktion auf das Medikament. Es bilden sich Quaddeln und Ödeme, eine heftige Rötung tritt auf, hinzu kommen ein starker Juckreiz und Atemnot. Ab diesem Zeitpunkt wird in jedem Jahr auf ihrem Krankenblatt in Großbuchstaben und in Rot vermerkt: »Achtung, Penicillinallergie!«

Hannelore ist wochenlang krank, und die ganze Familie und die Freunde machen sich große Sorgen. Es ist still im Haus, die Kinder gehen auf Zehenspitzen durch die Räume. Als sie sich endlich wieder erholt hat, atmen alle auf.

Zu dieser Zeit lernt sie durch ihren Mann eine Frau kennen, die ihr viele Jahre später in einer lebensgefährlichen

Situation zur Seite stehen wird: Schwester Maria Crucis, eine Dominikanerin, die Priorin im Ludwigshafener St.-Marien-Krankenhaus ist. Hannelore, die sich sehr für das Leben im Orden interessiert, kommt gerne bei den Dominikanerinnen auf Besuch, meistens zwischen Weihnachten und Neujahr, zusammen mit ihrem Mann. Manchmal feiern sie auch im Wohnheim der Schwestern gemeinsam Fasching.

»Sie hat sich bei uns sehr wohl gefühlt, immer viele Fragen über unser Wirken gestellt und war überhaupt nicht so unnahbar, wie viele Menschen dachten. Ich habe Frau Kohl als eine hingebungsvolle Frau und Mutter kennengelernt, der die Familie über alles ging«, sagt Maria Crucis. »Dafür habe ich sie bewundert. Sie hat viel Wert darauf gelegt, dass ihre Söhne zu normalen Menschen heranwachsen. Meines Erachtens war sie auch eine tief gläubige Frau, die dies aber nie nach außen getragen hat.«

KAPITEL 6

ZWISCHEN LUDWIGSHAFEN UND MAINZ

Am neunzehnten Mai 1969 wählt der Mainzer Landtag Helmut Kohl mit siebenundfünfzig von sechsundneunzig abgegebenen Stimmen zum neuen Ministerpräsidenten von Rheinland-Pfalz. Sechs Wochen vorher ist er gerade neununddreißig geworden. Damit ist er der jüngste Landeschef der Bundesrepublik Deutschland, und seine Frau ist mit sechsunddreißig Jahren die jüngste »Landesmutter«. Nach zehn Jahren gibt Helmut Kohl nun seine Stellung beim Chemieverband auf.

Wie später noch einige Male in seiner politischen Laufbahn zieht eine kleine Gruppe enger Mitarbeiter aus seinem Fraktionsvorsitzendenbüro in die Staatskanzlei mit um. Mit dabei sind natürlich auch Ecki Seeber und Juliane Weber. Sie kam bereits 1964 als Büroleiterin zu Helmut Kohl in die Mainzer Landtagsfraktion. Nun ist sie die Büroleiterin des neuen Ministerpräsidenten.

Als die ersten Fotos von der neuen rheinland-pfälzischen First Lady durch die Presse gehen, wird Hannelore von einer alten Freundin wiedergefunden. Rena sitzt gerade beim Friseur in Wiesbaden unter der Trockenhaube und blättert in einer Illustrierten, als sie plötzlich ein Gesicht anlächelt, das sie kennt. Sie liest die Bildunterschrift, und dort steht: Hannelore Kohl, Gattin des Ministerpräsidenten von Rheinland-Pfalz.

Rena kann es kaum glauben: »Nachdem ich mir das Foto lange genug angeguckt hatte, war ich mir sicher, dass sie es ist. Obwohl ich noch einige andere Dinge zu erledigen hatte, ging ich nach dem Friseur sofort nach Hause und habe angefangen rumzutelefonieren. Zuerst ließ ich mir von der Auskunft die Telefonnummer der Staatskanzlei in Mainz geben. Dann rief ich dort an und fragte: ›Können Sie mich bitte mit Frau Kohl verbinden?‹ Die Antwort: ›Nein, das können wir nicht.‹ Ich: ›Wieso denn nicht?‹ Darauf die Telefonistin: ›Wer sind Sie denn?‹ Meine Antwort: ›Ich bin eine Kindheitsfreundin.‹ Die Telefonistin: ›Ich darf die Privatnummer nicht herausgeben.‹ Darauf ich: ›Können Sie mir dann wenigsten sagen, ob Frau Kohl aus Leipzig stammt und eine geborene Renner ist?‹ Daraufhin wurde ich irgendwohin verbunden und irgendjemand sagte: ›Ja.‹ Ich insistierte weiter, bekam schließlich die Telefonnummer und hatte am gleichen Tag noch Tante Reni am Telefon, die nur sagte: ›Wo kommst du denn her? Da wird sich die Hannelore aber freuen!‹ Unmittelbar darauf bin ich nach Ludwigshafen gefahren, und wir haben uns nach neunzehn Jahren wiedergesehen.«

Von da an verlieren sich Hannelore und Rena, die mittlerweile verheiratet ist und vier Töchter hat, nicht mehr aus den Augen. Zwar können sie sich nur selten treffen, aber sie telefonieren oft. Hauptgesprächsthema sind dann die Kinder. »Es waren klassische Frauengespräche«, erinnert sich die Freundin. »Wir tauschten unsere Sorgen aus, diskutierten, wie wir unsere Kinder erziehen sollen, was man sich bieten lassen darf und was nicht, in welche Schule sie gehen sollen und wie man ihnen Fremdsprachen beibringt. Schon damals hat Hannelore gesagt, dass ein Schüleraustausch dafür gut wäre. Sie hat mich oft beraten und auch kritische Fragen gestellt. Für mich war sie die sorgfältigste Mutter, die man sich vorstellen kann.«

Für das Ehepaar Kohl beginnt mit dem Amtsantritt in Mainz ein völlig neuer Lebensabschnitt. Auch Hannelore Kohl wird nun, ob sie das möchte oder nicht, wie eine Persönlichkeit des öffentlichen Lebens behandelt. Die Kinder, damals sechs und vier Jahre alt, merken altersbedingt davon zunächst wenig. Doch plötzlich interessieren sich die Menschen und vor allem manche Journalisten für die ganze Familie. Prinzipiell ist Publicity einer politischen Karriere zwar förderlich, aber wo es um die Privatsphäre seiner Familie geht, stößt sie auch für Helmut Kohl an ihre Grenzen.

Hannelore ist nun in eine vollkommen neue Rolle geworfen, mit der sie sich erst nach und nach anfreundet. Als Erstes muss sie den Umgang mit Journalisten lernen und dass man bei ihnen ständig auf der Hut sein muss. Anfangs hat sie noch die naive Vorstellung, dass alle Journalisten ihren Wunsch nach Trennung des privaten Lebens vom öffentlichen Leben respektieren würden, doch dann merkt sie sehr schnell, dass das nicht so einfach möglich ist. Sehr früh fasst sie daher eine Grundsatzentscheidung, an die sie sich ihr ganzes weiteres Leben halten wird: Sie beantwortet grundsätzlich keine Fragen nach Walter oder Peter, es sei denn, es gibt einen lebenswichtigen Grund dafür. Fotos von den Kindern gibt es nur äußerst selten.

Sosehr das öffentliche Interesse an Hannelore Kohl auch zugenommen hat, hält sie doch an manchen Gepflogenheiten fest. Nach wie vor lässt sie sich bei dem gleichen Friseursalon in der Gartenstadt frisieren, einem als früheres Arbeiterviertel bekannten Stadtteil in Ludwigshafen. Neben ihr sitzen ganz normale Frauen unter der Haube. Meist sind es Hausfrauen, die sich freuen, wenn die Frau des Ministerpräsidenten abends mit derselben Frisur im Fernsehen zu sehen ist.

Mit dem neuen Amt ihres Mannes kommen ab 1969 auch auf Hannelore Kohl zusätzliche Pflichten hinzu, die vor dem Privatleben nicht Halt machen. Ab einer gewissen Stufe ist Politik kein Job, der sich von neun bis fünf erledigen lässt, die Grenzen zwischen Amtsträger und Privatmensch verwischen.

Der Aufbau und die Pflege von persönlichen Beziehungen, oft über Jahrzehnte hinweg, ist für Helmut Kohl die vielleicht wichtigste Grundlage seiner politischen Aktivität. Wann immer möglich, sucht er den menschlichen Kontakt mit seinem Gesprächspartner und versucht dadurch Vertrauen zu schaffen. So bleibt es nicht aus, dass immer wieder Besucher zu den Kohls nach Hause gebeten werden.

Für repräsentative Aufgaben, Einladungen und Empfänge ist das Haus in der Tiroler Straße jedoch schlecht geeignet, es ist zu klein. Aus diesem Grund und auch weil die Kinder größer werden, beschließt man, erneut zu bauen. In der Marbacher Straße 11 in Ludwigshafen-Oggersheim wird ein geeignetes Grundstück gefunden, und Hannelore, deren Leidenschaft das Bauen ist, stürzt sich mit Feuereifer auf das neue Projekt. Die reichlichen Erfahrungen, die sie beim Bau des Hauses in der Tiroler Straße gesammelt hat, sind ihr jetzt in jeder Phase von Planung und Durchführung von Nutzen. Bei allem, was den Bau betrifft, ist sie fast allgegenwärtig und verfolgt genau, welche Fortschritte der Hausbau macht – »zum Schrecken und zum Respekt der Bauleute«, wie Helmut Kohl erzählt.

Ein wichtiger Punkt bei der Planung des Bungalows ist für Hannelore die Anordnung der Räume, die »separate Abläufe« zulassen soll, wie sie es nennt, ohne dass man sich dabei gegenseitig stört. Also entwirft sie mit dem Architekten drei voneinander abtrennbare Bereiche: Im ersten Stock wird der Privattrakt mit den Schlafzimmern für Eltern und Kinder untergebracht. Im Hochparterre bekommt Oma »Gogo« wieder eine Einliegerwohnung mit Schlafzimmer, kleinem Salon, Kochnische und Bad. Daneben befindet sich ein eigenes Treppenhaus mit separatem Eingang, so dass Irene Renner jetzt ungestört ihr eigenes Leben führen und doch, wenn sie möchte, am Leben der übrigen Familie teilnehmen kann. Im Parterre liegen das gemütliche Bauernzimmer, die quadratische Küche und das Esszimmer, das in ein langgezogenes

Wohnzimmer mit anschließender Bibliothek übergeht, die dem Ehepaar auch als Arbeitszimmer dient. Dazwischen befinden sich große tapezierte Schiebetüren, die bei Bedarf als Trennelemente fungieren. Damit bietet das Erdgeschoss genügend Raum, um auch einmal einen größeren Empfang zu geben. Im Keller schließlich steht in einem eigenem Raum Irene Renners Tischtennisplatte. Und im Garten lässt Hannelore, nach Prüfung des Budgets, einen Swimmingpool installieren.

In der Planungsphase muss Hannelore zu ihrem Leidwesen noch einen weiteren Aspekt berücksichtigen: »die Objektsicherungsmaßnahmen«, wie das im Amtsdeutsch heißt. Seit Helmut Kohl zum Ministerpräsidenten und im Herbst 1969 auch zum stellvertretenden Bundesvorsitzenden der CDU gewählt worden ist, gibt es vor dem Haus in der Tiroler Straße erste Sicherungsmaßnahmen. Man stellt der Familie einen Wohnwagen mit zwei Polizisten vor die Tür.

In dieser Zeit finden bereits erste terroristische Anschläge in Deutschland statt. Noch sind es Bombenanschläge auf Kaufhäuser, aber für manche Beobachter ist damals schon absehbar, dass die Gewalt gegen Sachen einmal in Gewalt gegen Menschen eskalieren wird.

Nach Einschätzung der Polizei und damaliger Wahrnehmung gelten Helmut Kohl und seine Familie als gefährdet. Diese Gefährdung ergibt sich nicht nur aus der Bedrohung durch den beginnenden Terrorismus, sondern auch aus den Belästigungen durch unerwünschte Besucher. Der Zeitpunkt dieser »Besuche« wird oft so gewählt, dass Hannelore mit ihrer Mutter und den Kindern alleine zu Hause ist.

Schräg vor dem neuen Haus wird deshalb ein Wachhäuschen gebaut, in dem die zur Bewachung abgestellten Polizeibeamten untergebracht sind. Peter freundet sich mit einigen von ihnen an. »Diese Männer«, erzählt er, »waren meine Spielkameraden, wenn ich sonst nichts zu tun hatte. Viele von ihnen waren selbst Väter oder Großväter. Mit ihnen habe ich geredet, und sie haben mir manchmal spannende Geschichten aus ihrem Polizeialltag erzählt.«

Im August 1969 kommt Walter mit sechs Jahren in die Grundschule. Nach dem Mittagessen zu Hause muss er sofort mit seinen Schularbeiten beginnen und das Ergebnis dann der Mutter zeigen. »Die Hausaufgaben«, erzählt Helmut Kohl, »hat sie bis zum Erbrechen kontrolliert, wobei Peter in diesem Punkt weniger rebelliert hat als sein Bruder. Sie hat auch alle Mogeleien entdeckt und konnte im Ernstfall sehr streng werden. Und sie war immer der Meinung, dass auch die Kinder ihre Pflichten erfüllen müssen, und hatte wenig Verständnis dafür, wenn sie geschlampt haben. Meine Frau war eine absolute und hingebungsvolle Mutter. In jeder Beziehung, in Liebe und in Leid. Was sie sagte, galt. Bei einem Vater, der so viel weg ist, war das manchmal nicht ganz einfach. Die Erziehung der Buben lag fast ganz allein in ihren Händen.«

Bei der Erziehung ihrer Kinder legt Hannelore auch großen Wert darauf, dass sie nicht verwöhnt werden. Das gilt besonders in Bezug auf ihrer Meinung nach unnötiges Spielzeug. Der Vater ist da anders. Wenn er von einer Auslandsreise zurückkommt, bringt er schon mal eine Eskimotrommel aus Kanada mit, die er von einem der Einheimischen bekommen hat. Die Jungen finden das super, und als er aus Indonesien »irgend so ein Menschenfresserschwert mitbrachte, an dem in Wahrheit Tierzähne angebracht waren«, entzünden sich die wildesten Phantasien daran.

In Bezug aufs Fernsehen sind die Eltern einer Meinung: Das dürfen Walter und Peter nur selten. Und wenn, sollen die Sendungen sinnvoll sein, damit die Jungen etwas lernen. Peter sagt: »Wir sind früh in einem geistig anregenden Haushalt aufgewachsen. Mein Vater, der im Herzen immer Historiker war, hat uns zum Beispiel auf dem Gebiet Geschichte bei fast jedem gemeinsamen Mittagessen gedrillt. Er wollte, dass wir gewisse Grundkenntnisse zu diesem Thema haben, wobei er den Umfang dieser Grundkenntnisse bestimmt hat.«

Ihren Vater sehen Walter und Peter jetzt seltener. Und wenn es ihm gelingt, während der Woche in Ludwigshafen zu sein, bringt ihn sein Fahrer Ecki Seeber meist erst so spät abends von Mainz nach Hause, dass die Jungs in der Regel schon im Bett sind.

Aber an den Wochenenden liebt es Helmut Kohl, mit der Familie in den Pfälzer Wald zu fahren und dort ausgedehnte Wanderungen zu unternehmen, bei denen er das Tempo vorgibt. Seine kleinen Söhne begeistert das in den ersten Jahren gar nicht.

In der Tiroler Straße ist damals bei den Brüdern Kohl die Aktion »Feinde bekämpfen« sehr beliebt. Die »Feinde« sind die Kinder vom Block am anderen Ende der Straße, und gegen die ziehen die Kohl-Jungen gemeinsam mit ihren Freunden zu Felde. Einer ihrer Spielkameraden wird von der »Blockbande« immerzu gehänselt, und weil er alleine gegen die gegnerische Bande nichts ausrichten kann, beschließen Walter und Peter, ihn zu rächen.

Ihr größter Trumpf dabei ist Igo: Mit dem Schäferhund sind sie und ihre Freunde praktisch unangreifbar und können problemlos in das Territorium der »Blockbande« eindringen. Ihr Freund ist gerächt.

Auf Igo können sie sich verlassen, denn er ist bestens ausgebildet. Ein befreundeter Hundezüchter, der ihn immer wieder trainiert, hat den Hund eines Tages ohne Wissen der Familie bei einem Wettbewerb angemeldet, bei dem Igo dann den ersten Preis in der Kategorie »Polizeihunde« gewinnt. Stifter des Preises und Schirmherr der Veranstaltung ist ironischerweise sein nichtsahnendes Herrchen, der Ministerpräsident.

Noch lange nachdem Igo 1972 an Krebs gestorben ist, wird diese Geschichte über seinen »Sieg wider Willen« in der Familie immer wieder erzählt. Alle Familienmitglieder, besonders aber Hannelore, haben unter dem Verlust von Igo sehr gelitten. Danach gab es nur noch Katzen in der Familie Kohl.

Das Haus in der Marbacher Straße ist im September 1971 bezugsfertig. Hannelore beginnt den Bungalow gemütlich einzurichten und den Garten mit Bambus, verschiedenen Baumarten, darunter Douglas-Fichten und kalifornische Redoaks, und mit vielen Büschen und Blumen, insbesondere Rhododendren und Tulpen, zu gestalten. In der Mitte lässt sie eine Rasenfläche anlegen.

In den folgenden drei Jahrzehnten hat sie ihren Garten immer wieder, je nach Jahreszeit, neu gestaltet und verschönert. Wenn später dann einer ihrer Söhne nach Monaten im Ausland wieder nach Hause kam, führte einer der ersten Wege immer in den Garten, wo sie stolz »ihre Neuerungen« präsentiert hat.

Als die Familie schon ein paar Wochen in der Marbacher Straße wohnt, findet Walter vor der Haustür ein kleines schwarzgrau getigertes Katzenbaby, das so schrecklich maunzt, dass er es mit hineinnimmt und ihm etwas Milch zu trinken gibt. Der Katze gefällt das so gut, dass sie bleibt. Die Familie hat ihre erste »Mieze Kohl«, die mit ihrem Verhalten oft für Heiterkeit sorgt.

Seit Helmut Kohl das Amt des Ministerpräsidenten übernommen hat, wird auch von Hannelore mehr und mehr erwartet, dass sie Repräsentationsverpflichtungen wahrnimmt. Wie selbstverständlich betrachten wir in Deutschland heutzutage die Frau eines Regierungschefs quasi als dessen erste Mitarbeiterin. Es wird stillschweigend vorausgesetzt, dass die »First Lady« für die Belange des Landes unentgeltlich und jederzeit zur Verfügung steht. Das war nicht immer so. Hannelore Kohl hat diese Rolle für sich in Rheinland-Pfalz bewusst gewählt und sie sehr ernst genommen.

Dreiundzwanzig Jahre lang hatte der bisherige Ministerpräsident Peter Altmeier das Land regiert. Als Helmut Kohl das Amt von seinem neunundsiebzigjährigen Vorgänger übernimmt, geht, wie in vielen anderen Dingen, auch in Bezug auf die Rolle der Ehefrau des Regierungschefs ein frischer Wind durch die Mainzer Staatskanzlei.

Ein Treffen mit der Literatur: Begegnung mit dem Schriftsteller Carl Zuckmayer im Mai 1970.

Für den Bereich »Protokoll« hat sich Helmut Kohl gleich nach seinem Amtsantritt im Mai 1969 eigens einen Mitarbeiter in die Staatskanzlei geholt: Jürgen Hartmann. Er erinnert sich schmunzelnd daran, welche Begründung Helmut Kohl einmal für seine Einstellung genannt hat: »Weil der Hartmann nicht nur eine Diplomatenausbildung hat, sondern auch mit Messer und Gabel essen kann und Fremdsprachen beherrscht.« Jürgen Hartmann und Hannelore Kohl verstehen sich auf Anhieb sehr gut.

»Hannelore Kohl«, erzählt Jürgen Hartmann, »war das genaue Gegenteil von Frau Altmeier, die die klassische Landesmutter war und ihren Mann höchstens mal zum Neujahrsempfang oder zu dem einen oder anderen Sonntagstermin begleitet hat. Sie war eine zurückhaltende Dame mit Hut und Pelzmäntelchen und sah ihre Aufgabe darin, ihrem Mann den Haushalt zu führen, die Krawatten auszusuchen und ihm das Abendessen zu bereiten. ›Karrierebegleitend‹ nannte man das. Frau Kohl war mit Sicherheit mehr. Sie hatte ihren eigenen Job, erledigte ihre Petitionsbriefe und stand oft an der Seite ihres Mannes. Das war neu. Dieses öffentliche Miteinander haben die Kohls genauso eingeführt wie meine Funktion.

Denn vor mir hat es in Rheinland-Pfalz noch nie einen Protokollchef gegeben, und meine erste Aufgabe war es, überhaupt ein Protokoll für Rheinland-Pfalz zu entwickeln.«

Jürgen Hartmann stellt schnell fest, dass Hannelore Kohl mehr Verständnis für seine Belange mitbringt als viele andere in Mainz, einschließlich ihres Mannes. »Das lag daran, dass wir ein wenig weltgewandter waren und Fremdsprachen konnten. In Englisch und Französisch machte uns so schnell keiner was vor. Bei ihm gab es da anfangs große Unsicherheiten, die sie ihm gegenüber auch ein bisschen ausgespielt hat. Nicht gerade zu seinem Wohlgefallen.«

Einen ganz besonders guten und herzlichen Kontakt findet Hannelore Kohl zu den amerikanischen und französischen Soldaten und deren Familien, die in Rheinland-Pfalz stationiert sind. Jürgen Hartmann erinnert sich: »Bei Neujahrsempfängen in der Staatskanzlei sind die mit ihren Problemen eher zu Frau Kohl als zu ihrem Mann gegangen. Die erste Adresse der Verbindungsoffiziere der amerikanischen und französischen Streitkräfte war Madame. Das Verhältnis war sehr offen, weil die Soldaten von ihr als Bürger des Landes betrachtet wurden und sie ihre Sprache sprach.«

Im Oktober 1971 sind Helmut und Hannelore Kohl zum ersten Mal Gastgeber für wichtige ausländische Staatsgäste. Kaiser Hirohito und Kaiserin Nagako von Japan sind zu einem Staatsbesuch in der Bundesrepublik und kommen bei dieser Gelegenheit auch nach Rheinland-Pfalz. Hannelore Kohl bereitet sich gründlich auf den Besuch dieser Staatsgäste vor. So lässt sie sich vom Protokollchef ihres Mannes zum Beispiel über die Vorlieben und Abneigungen des Kaiserpaars sowie über das Begrüßungszeremoniell informieren. Dabei erfährt sie, dass ein Hofknicks unüblich ist und dass man den Hoheiten keinesfalls zuerst die Hand reichen darf. Meistens wird man an ihnen vorbeigeführt und muss dann warten, ob der Kaiser oder die Kaiserin auf einen zugehen und ein Gespräch beginnen.

Der japanische Kaiser Hirohito und Kaiserin Nagako bei der Begrüßung durch den rheinland-pfälzischen Ministerpräsidenten und seine Frau (Oktober 1971).

Die Kohls treffen das Kaiserehepaar in Bingen am Rhein. Auf dem Schiff »Loreley« unternehmen sie mit Hirohito und Nagako eine Rheinfahrt. Wie viele Japaner liebt der Kaiser Lieder, besonders aus der deutschen Romantik. Eines seiner Lieblingsstücke ist das Lied von der Loreley. Endlich hat er bei diesem Besuch Gelegenheit, den Ort kennenzulernen, an dem der Sage nach der betörende Gesang dieses schönen Mädchens den Rheinschiffern zum Verderben wurde. Hannelore ist sehr angetan davon, dass der Kaiser jede Burg kennt und die Kaiserin dazu sogar ein kleines Gedicht verfasst hat.

Helmut Kohl schenkt den Majestäten eine Jugendstilvase des französischen Glaskünstlers Emile Gallé. Dann legt das Schiff in Koblenz an, wo sie von Peter Altmeier und seiner Frau empfangen werden.

»Mit dem Protokoll«, berichtet Jürgen Hartmann, »hatte Hannelore Kohl nie Schwierigkeiten. Ihre Gastgeberrolle hat sie perfekt und souverän gespielt und dabei auch nie Unsicherheiten gezeigt. Und sie hat sich immer exakt an den Zeitplan gehalten. Das heißt, wenn ein Ereignis lief und die Autos standen zur Abfahrt bereit, war es ihr nicht gestattet zu sagen: Jetzt will ich aber noch fünf Minuten länger bleiben. Wenn gefahren wurde, wurde gefahren. Frau Kohl war immer pünktlich. Nur in einem Punkt war sie unnachgiebig: Sie hat ihre Kinder, im Gegensatz zu anderen Politpersönlichkeiten, nie zu offiziellen Veranstaltungen mitgebracht. Und wenn sich ein Termin ihres Mannes nicht mit dem Tagesablauf ihrer Kinder vereinbaren ließ, hat sie lieber darauf verzichtet.«

1972 bekommt das Ehepaar Kohl offiziellen Besuch aus Frankreich, über den sich Hannelore freut. Jean-Pierre Moatti, der Präfekt der Region Burgund, und seine Frau Isabelle reisen zu den deutsch-französischen Freundschaftstagen aus Dijon an. Mainz und Dijon sind Partnerstädte. Die Ehepaare, die sich bereits anlässlich der Freundschaftstage im September 1970 auf dem Hambacher Schloss in der Nähe von Neustadt an der Weinstraße kennengelernt haben, unternehmen eine gemeinsame Rheinfahrt. Mit dabei ist auch der französische Botschafter und spätere Außenminister Jean Sauvagnargues.

Jürgen Hartmann erzählt: »Der Moatti galt als schwierig. Dass das Verhältnis beim zweiten Treffen in der Pfalz bereits sehr locker war, lag sicher daran, dass sich die beiden Frauen so gut verstanden.« Für Hannelore Kohl ist der Besuch der Moattis keine Pflichtübung, sondern ein Vergnügen. Gegenüber Isabelle Moatti empfindet sie eine Freundschaft, die durch viele Jahre hinweg bis zum Ende fortbestehen wird. Eine Sprachbarriere gibt es nicht zwischen den beiden Frauen. Isabelle Moatti spricht seit ihrer Kindheit in Leipzig perfekt Deutsch.

Für Hannelore sind die ersten Jahre als Gattin des Ministerpräsidenten eine schöne und erfolgreiche Zeit. Walter und Peter entwickeln sich ohne größere Probleme, und sie hat endlich auch eine Art Beruf. Außerdem liebt sie Mainz, diese überschaubare und doch weltoffene, tolerante und fröhliche Stadt.

Fritz Ramstetter erinnert sich: »Sie hat nicht nur viel geleistet, sie hat ihre Rolle auch sehr genossen und wusste, dass sie sie gut spielen kann. Die ›First Lady‹ war in ihrer Vorstellung eine Kompensation zu ihrem eigenen beruflichen Lebensweg, der sich durch die politische Karriere ihres Mannes nicht verwirklichen ließ, was sich übrigens als Defizit in ihrem Bewusstsein festgesetzt hat. Aber das hinderte sie nicht daran, immer wieder von ihrer eigenen Karriere zu träumen.«

Immer häufiger begleitet Hannelore ihren Mann jetzt zu offiziellen Anlässen, und sie stellt fest, dass es ihr gar nicht so schlecht gefällt, im Rampenlicht zu stehen. »Den ›Ministerpräsidenten‹«, sagt ihr Ehemann, »hat sie schon sehr genossen. Das hat sie bis zu ihrem Tod gesagt. Hinzu kam, dass Rheinland-Pfalz für sie überschaubar war.«

1969 fahren Hannelore und Helmut Kohl zum ersten Mal an den Wolfgangsee im österreichischen Salzkammergut. Hier wohnen sie in einem kleinen, schönen Hotel in St. Wolfgang direkt am See. Dort treffen sie auch Irene mit ihrem Mann, die das Ehepaar Kohl zwei Jahre zuvor beim Urlaub am Ossiacher See kennengelernt hatte.

Mit Irene, die unter anderem als Model arbeitet, spricht Hannelore oft über Mode, und hin und wieder treffen sich die Freundinnen auch zum Shoppen. »Für sie«, erklärt Irene, »war es in erster Linie wichtig, klassische Sachen zu kaufen, die sie morgens anziehen und bis in die Nacht tragen konnte.« Eine solche Einkaufstour ist kein Vergnügen, meist hetzen die beiden durch die Geschäfte. Hannelore ist es unangenehm, wenn die Leute sie erkennen und fragen: »Sie sind doch Frau Kohl?« Wenn sie angesprochen wird, erwidert sie meistens: »Das bin ich nicht, ich werde nur oft mit ihr verwechselt.« Weil sie sich solchen Situationen nur höchst ungern aussetzt, geht sie auch nicht gerne essen, »obwohl ich manchmal das

Ein Abend zu zweit, 1972.

Gefühl hatte«, so Irene, »dass sie das, und somit auch ihr freies Leben, vermisst hat«.

Sein neues Amt als Ministerpräsident bringt es für Helmut Kohl mit sich, dass ein kleiner Stab von Mitarbeitern in seinem »Urlaub« am Wolfgangsee zeitweise mit dabei sein muss. Darunter ist auch Juliane Weber, die mit ihrem Mann gekommen ist. Ein paar Stunden pro Tag muss sich Helmut Kohl selbst hier um seine Amtsangelegenheiten kümmern.

In diesem Urlaub machen Hannelore und Helmut Kohl die Bekanntschaft eines jungen Arztehepaars. Dr. Karl und Adele Sungler kommen aus Salzburg und verbringen im Sommer immer viel Zeit in St. Wolfgang, dem Geburtsort der beiden. Im Lauf der Jahre entwickelt sich eine enge Freundschaft zwischen den Familien Sungler und Kohl, die bis heute andauert.

Seit diesem Sommer verbringt das Ehepaar Kohl bis zum Jahr 2000 jeden Sommer am Wolfgangsee. In den ersten beiden Jahren fahren sie nach St. Wolfgang, danach mieten sie immer wieder ein Haus direkt am See in St. Gilgen. Auch die beiden Söhne sind ab 1970 in den Sommerferien fast jedes Jahr am Wolfgangsee mit dabei.

Als Peter 1972 das Schulalter erreicht, entschließt sich Hannelore, mit ihren Kindern während der Osterferien eine Reise ins Ausland zu machen. Schon seit einigen Jahren und noch viele Jahrzehnte lang zieht es ihr Mann vor, zur Fastenkur nach Montafon und später nach Bad Hofgastein zu fahren, wo er eine Mayr-Kur macht. Hannelore Kohl freut sich, Juliane Weber als Reisebegleiterin zu gewinnen. Diese ist nicht nur die wichtigste Mitarbeiterin ihres Mannes, sondern auch eine fröhliche Urlaubsgefährtin.

Juliane Weber berichtet über diese gemeinsamen Reisen: »Gerne denke ich immer wieder an die Zeit zurück, als wir – Hannelore Kohl, ihre Söhne Walter und Peter und ich – einmal im Jahr eine Reise machten. Später sind wir dann zu zweit gefahren. Von 1972 an, also noch in der Mainzer Zeit, sind wir, bis ihr Mann Bundeskanzler wurde, praktisch jedes Jahr zusammen in den Osterferien verreist. Obwohl es auch damals mehr als genug Probleme in Deutschland gab, herrschte auf unseren Reisen ins Ausland immer eine gewisse ›Leichtigkeit des Seins‹. Ich habe alle unsere Urlaube als eine vergnügte und sorgenfreie Zeit in Erinnerung. Hannelore war ein lebensfroher und vollkommen unkomplizierter Mensch. Sie hat sich und viele Dinge viel weniger ernst genommen, als man glaubt. Während ich es im Urlaub auch mal etwas ruhiger angehen lassen wollte, war sie meistens voller Energie und Tatendrang. Wenn sie einmal in einem Reiseführer ein interessantes Exkursionsziel entdeckt hatte, ließ sie nicht locker, bis ein entsprechender Ausflug organisiert war. Sie konnte ziemlich gut und unorthodox organisieren. Egal, wo sie war auf der Welt, wenn sie wollte, fand sie sehr schnell Zugang zu den Menschen.«

»Nach dem Beginn der Amtszeit ihres Mannes als Bundeskanzler haben sich dann nicht nur ihre Rahmenbedingungen drastisch verändert. Im Vergleich zu früher hatte sie jetzt einfach viel weniger Zeit, privat zu verreisen. Ein wichtiger Grund dafür war, dass sie in den ersten Jahren viel mit ihrem

Mann offiziell ins Ausland gereist ist. Bei den meisten dieser offiziellen Reisen war ich mit dabei. In dieser neuen Besetzung hatten wir wieder viele gemeinsame interessante und auch lustige Momente, aber es war eben nicht dasselbe, sondern ein Teil der Arbeit«, sagt Juliane Weber bedauernd. Die erste Reise, die die beiden Frauen gemeinsam mit Walter und Peter unternehmen, geht in das tunesische Djerba. In späteren Jahren besuchen sie unter anderem Marokko, Spanien, Ägypten, Mexiko, Sri Lanka und Barbados.

Besonders genießt Hannelore an diesen Urlauben, dass sie sich im Ausland unbehelligt bewegen kann, während sie in Deutschland immer sehr schnell als die Ehefrau von Helmut Kohl erkannt wird. Sie wählt bewusst Reiseziele aus, wo es nur wenige oder gar keine Deutschen gibt und wo sie ihre Fremdsprachen praktizieren kann.

Für die Söhne sind die gemeinsamen Urlaube eine herrliche und aufregende Zeit. Hannelore sorgt dafür, dass sie nicht nur den Strand, sondern auch Land und Leute kennenlernen. »Weil unsere Mutter viele Ausflüge organisiert hat«, erzählt Peter, »haben wir diese Ferien immer als ein großes Abenteuer empfunden. Wir waren in der Wüste, haben Oasen gesehen und unter freiem Himmel geschlafen. Wir hatten viel Spaß, lernten neue Leute kennen, und meine Mutter hat uns die Wichtigkeit von Fremdsprachen und des Verständnisses für andere Kulturen vorexerziert.«

Später einmal unternimmt Hannelore zusammen mit ihrer Freundin Adele eine Reise nach Tunesien. Ein wichtiger Zweck der Reise ist der Einkauf von handgeknüpften Teppichen bei einem Teppichgroßhändler. Indem sie die Bestellungen von verschiedenen Freundinnen bündelt und für alle dann vor Ort die Ware aussucht, holt sie einen ordentlichen Nachlass heraus. Sie erweist sich dabei als zähe Verhandlungspartnerin und genießt es geradezu, den Preis für jeden einzelnen Teppich bis zur »Schmerzgrenze« herunterzuhandeln.

Zur Überprüfung des Impfstatus konsultiert sie vor Reisen

nach Übersee regelmäßig Professor Dr. Helmut Gillmann. Der Internist und Kardiologe ist klinischer Direktor der Städtischen Krankenanstalten Ludwigshafen, wie das heutige Klinikum der Stadt Ludwigshafen am Rhein damals hieß. Später begleitet er das Ehepaar Kohl bei vielen ihrer offiziellen Reisen als Arzt. Er ist ein hervorragender Mediziner und bis heute ein treuer Freund der Familie.

Im Jahr 1972 fährt Hannelores Mutter, Irene Renner, zum ersten Mal nach New York, um dort ihre ältere Schwester Ilse nach vierundvierzig Jahren wiederzusehen. Ilse war vor dem zweiten Weltkrieg mit ihrem jüdischen Ehemann nach Amerika ausgewandert.

Im Sommer darauf kommt Ilse nach Deutschland. »Meine Frau«, so Helmut Kohl, »hat die Hände über dem Kopf zusammengeschlagen, als sie die beiden alten Damen in der brüllenden Mittagshitze Pingpong spielen sah.«

Irene Renner ist damals vierundsiebzig, ihre Schwester zwei Jahre älter, aber beide sind körperlich und geistig sehr beweglich. Peter, der als Jüngster ein besonders inniges Verhältnis zu »Gogo« hat, berichtet von ihrer sagenhaften Power und Disziplin: »Sie hatte die Konstitution einer Langstreckenläuferin und war bis ins hohe Alter durch ihr regelmäßiges Tischtennisspielen mädchenhaft agil geblieben. Sie saß immer aufrecht bei Tisch und hat sich bis kurz vor ihrem Tod 1980 beim Sitzen fast nie angelehnt.«

Überschattet werden diese glücklichen Jahre durch den Terrorismus. Zwischen 1968 und 1970 hat sich aus Teilen der Außerparlamentarischen Opposition (APO) die so genannte Rote Armee Fraktion (RAF) entwickelt, damals besser bekannt unter dem Namen »Baader-Meinhof-Bande«. In den folgenden zwei Jahrzehnten kommt es zu einer langen Serie von terroristischen Anschlägen und Gewaltakten, die fast immer nur auf einen kleinen Personenkreis abzielen. Es handelt sich dabei um Spitzenvertreter aus Politik, Justiz und Wirtschaft, alles in allem vielleicht um zweihundertfünfzig Personen. Von diesem Kreis der potentiell Gefährdeten machen die »Hauptziele« der Terroristen wiederum nur einen Bruchteil aus, so dass es im Verhältnis zur Gesamtbevölkerung äußerst wenige Menschen sind, die ernsthaft um ihr Leben fürchten müssen. So gesehen ist die Bedrohung durch den Terrorismus ein Einzelphänomen, mit dem man sich in der Bevölkerung je nach Temperament und Einstellung identifiziert oder nicht.

Für die Opfer der RAF und ihre Familien spielen solche Berechnungen allerdings keine Rolle. Was sie empfinden, ist für Außenstehende nicht nachzuvollziehen. Den Schmerz der Angehörigen stillt auch kein Staatsakt, wenn die Toten unter öffentlicher Anteilnahme zu Grabe getragen werden. Je mehr jemand selbst zum Kreis der Gefährdeten gerechnet werden muss und je näher jemand den von den Attentaten Betroffenen steht, umso beängstigender wird er die Situation erfahren.

Auf die Familie Kohl trifft beides zu. Nicht nur, dass Helmut Kohl als Ministerpräsident und stellvertretender Vorsitzender beziehungsweise, ab 1973, als Bundesvorsitzender der CDU als potentielle Zielscheibe eines Attentats gelten muss, zwischen einigen der Opfer und dem Ehepaar Kohl besteht auch eine persönliche, zum Teil freundschaftliche Beziehung.

So sickert der Terrorismus Anfang der Siebzigerjahre wie ein schleichendes Gift in das Leben der Familie Kohl ein. Im selben Maße, in dem die Sicherungsmaßnahmen verschärft werden, nimmt bei Hannelore Kohl und ihren Söhnen das Gefühl zu, belagert zu werden. Für Hannelore ist der Terrorismus wie ein Albtraum, als müsste sie gewisse schreckliche Kriegserlebnisse noch einmal durchleben. Fritz Ramstetter beschreibt, wie sich die Traumata ihres Lebens aufaddieren: »Bei all den Erfolgen und erfreulichen Ereignissen war ihr Leben immer begleitet von dramatischen Verlusterlebnissen. Damit meine ich die Flucht nach Westen und den Tod des

Vaters, wozu sich in den Siebzigerjahren angesichts der Bedrohung durch den Terrorismus auch noch die Angst um ihre Söhne und den Ehemann gesellte. Die ständigen Drohungen beunruhigten sie sehr. Das hat sie auch zum Ausdruck gebracht. Obwohl ich oft zu ihr sagte, dass man sein Schicksal annehmen muss, hat sie doch immer gelitten. Dieser Faden zieht sich durch ihr ganzes Leben.«

Hannelore Kohl hat Angst. Nicht um sich selbst, sondern um ihre Familie. Eine Angst, die ihr viele Jahre nicht mehr von der Seite weichen soll.

Fritz Ramstetter versucht ihre Seelenlage wie folgt zu beschreiben: »In ihr lebten die Schlüsselerlebnisse der Flucht und der Heimatlosigkeit wieder auf. Das ist ein traumatischer Prozess, der lange im Unterbewusstsein schlummert und bei bestimmten Bedrohungssituationen wieder auftaucht. Jetzt hatte sie das Gefühl, schutzlos einer Situation ausgeliefert zu sein, in ihrem Bewusstsein, sprich: im Hinblick auf die Kinder und ihren Mann, revitalisiert. Sie befand sich in einer sehr hilflosen Lage, weil sie eben nicht wusste, wie sie ihre Familie schützen kann. Das hat sich erschwerend auf ihr Leben ausgewirkt.«

Als zusätzliche Belastung erweist sich, dass viele Menschen keinen Unterschied machen zwischen dem Ministerpräsidenten und seiner Familie. Ihren Unmut darüber, was der Ministerpräsident gerade tut oder lässt, übertragen sie einfach auf dessen Frau oder Kinder. Zwar wagen es nur wenige, Hannelore Kohl direkt anzugreifen. Es ist leichter, den Zorn über den Vater an seinen minderjährigen Söhnen auszulassen.

Walter berichtet von folgender Episode: Er ist zwölf Jahre alt und spielt, wie viele Jungen in seinem Alter, leidenschaftlich gern Fußball. Deshalb möchte er sich bei einem örtlichen Verein zum Training anmelden. »Rheinland-Pfalz befand sich damals mitten in der Verwaltungsreform«, erzählt er, »bei der es unter anderem auch darum ging, in der Nähe des Vereinsgeländes eine Entlastungs- und Umgehungsstraße zu bauen.

Dafür mussten von verschiedenen Anrainern Teile des Geländes abgegeben werden, und der Verein gehörte auch dazu. Doch die wollten nicht. Und weil mein Vater als Ministerpräsident der Verantwortliche war, ließen sie ihre Wut an mir aus. Konkret bedeutete dies keine Aufnahme in den Verein. Ich wurde von den älteren Jugendlichen und von einigen angetrunkenen Erwachsenen mit Fußtritten aus dem Vereinslokal gejagt.«

In einen Sportverein geht er trotzdem, allerdings nicht in einen Fußball-, sondern in einen Judoclub – ein Erfolg für beide Seiten, denn Walter wird in seiner Altersklasse dritter Pfalzmeister.

Als der Polizei im Juni 1972 ein entscheidender Schlag gegen den harten Kern der RAF gelingt, geht ein Aufatmen durchs Land. Nach einer wilden Schießerei in Frankfurt werden am zweiten Juni die Terroristen Andreas Baader, Holger Meins und Jan-Carl Raspe festgenommen. Wenige Tage später wird in Hamburg Gudrun Ensslin gefasst, und am fünfzehnten Juni geht den Sicherheitskräften Ulrike Meinhof in Hannover ins Netz. Doch anzunehmen, mit der Verhaftung aller führenden Kräfte der RAF sei der Spuk vorbei, ist ein Irrglaube. Der Terror geht weiter.

Am zwölften Juni 1973 wird Helmut Kohl mit fünfhundertzwanzig von sechshundert abgegebenen Stimmen zum neuen Bundesvorsitzenden der CDU gewählt. Nachdem er im ersten Anlauf am vierten Oktober 1971 gegen Rainer Barzel eine Niederlage erlitten hatte, ist dieses Ergebnis für ihn eine große Genugtuung.

Die Sicherheitsmaßnahmen werden daraufhin eher noch verschärft. Längst wird nicht nur das Wohnhaus rund um die Uhr bewacht, seit 1972 sind auch Vorkehrungen getroffen worden, um die Kinder auf ihren regelmäßigen Wegen zu schützen. Dazu haben sich Hannelore und Helmut Kohl in langen Gesprächen und mühsamer Abwägung des Für und Wider entschlossen.

Walter und Peter sind von Anfang an dagegen, weil sie es als Beaufsichtigung empfinden und eine massive Einschränkung ihrer Bewegungsfreiheit befürchten, wenn sie von Sicherheitsbeamten begleitet werden. Außerdem haben sie instinktiv Angst davor, wie andere Kinder und Erwachsene auf die Anwesenheit von schwerbewaffneten Polizeibeamten in Zivil oder, schlimmer noch, in Uniform reagieren. Leider sollten sich ihre Befürchtungen voll und ganz bestätigen.

Peter berichtet von einer Geschichte aus dem Jahr 1973: Er ist damals acht Jahre alt und gerade Mitglied eines Tennisclubs geworden. Eines Nachmittags achtet er über dem Tennisspiel nicht auf die Zeit, und plötzlich ist die mit der Polizei zum Abholen verabredete Uhrzeit schon um eine Viertelstunde überzogen. Auf Grund einer aktuellen Drohung sind die Beamten an diesem Tag besonders wachsam und stürmen gleich mit der Maschinenpistole im Anschlag auf den Tennisplatz. Peter erzählt: »Um den Platz herum sahen das mehr als fünfzig Leute, die mich meist schockiert anstarrten. Es herrschte eine Grabesstille. Ich habe mich so geschämt, dass ich danach zehn Jahre lang keinen Tennisplatz in Deutschland betreten habe.«

Hannelore empfindet die Situation ihrer Kinder als nahezu unerträglich. »Für meine Frau«, sagt Helmut Kohl, »waren die Angriffe auf unsere Söhne ein Albtraum, und sie litt entsetzlich darunter.«

Peter hat das Glück, in der damals neu gegründeten Freien Waldorfschule Mannheim Lehrer zu finden, die für die schwierige Lage Verständnis haben, in der er sich wegen der Position seines Vaters und der Personenschutzmaßnahmen befindet.

Eigentlich sollte der Personenschutz für Walter und Peter anfangs nur für einen begrenzten Zeitraum eingerichtet werden. Doch unter dem Druck der Ereignisse wird er dann immer wieder verlängert, zuletzt bis zum sechzehnten Lebensjahr. Mit sechzehn Jahren pochen dann beide Kinder auf ihr Recht und lehnen weitere Polizeimaßnahmen kategorisch ab.

Peter erinnert sich: »Das Ganze war für unsere Mutter eine Situation, in der sie nur verlieren konnte. Einerseits muss sie zu unserem Schutz Personenschutzmaßnahmen durchsetzen, über die wir uns lautstark beschwerten, andererseits muss sie mit deren negativen Nebenwirkungen leben. Die Angst um ihre eigene Person war für sie jedoch nie ein Thema. Meine Mutter besaß großen physischen Mut.«

Wenn Hannelore in dieser Zeit mit ihrer Freundin Rena telefoniert, kommen die Gespräche irgendwann immer auf ihre Sorge um die Kinder: »Ihre Gedanken kreisten ständig darum, wie man die beiden vor Bedrohungen und Zudringlichkeiten schützen kann. Dass Walter und Peter ein möglichst sorgenfreies Leben führen können, darum hat sie wie eine Löwin gekämpft. Das hat sie viel Energie und Anstrengung gekostet. Gelungen ist es leider nicht immer. Als sie mir einmal erzählte, dass sie im Briefkasten Morddrohungen für ihre Söhne gefunden hat, war ich sprachlos. Wenn unsere Gespräche auf das Thema Terrorismus kamen und ich ihr einen Rat gab, beendete sie sie oft mit dem Satz: ›Diesen Rat kann ich nicht annehmen. Das ist etwas, was du nicht verstehen kannst. In diesem Punkt ist mein Leben eben völlig anders.‹«

Was ihre eigene Sicherheit angeht, ist Hannelore ziemlich fatalistisch. Den Personenschutz für sich selbst handhabt sie wesentlich legerer. Zu öffentlichen Veranstaltungen lässt sie sich meist nur dann von Sicherheitsbeamten begleiten, wenn ihre Teilnahme vorher bekannt gegeben worden ist. »Man muss eben lernen, mit der Angst umzugehen«, sagt sie einmal. »Man muss ein gesundes Gottvertrauen haben. Das ganze Thema Sicherheit ist auch viel komplexer, als viele denken. Man muss es gelebt haben, um es zu verstehen.«

Die Drohungen nehmen kein Ende. Im Lauf der Jahre gibt es zahlreiche kriminalpolizeiliche Erkenntnisse über Bedrohungen, die sich vor allem gegen Helmut Kohl selbst richten, gelegentlich aber auch gegen Familienmitglieder. Diese Erkenntnisse werden ihm von der Polizei mitgeteilt und er steht dann vor dem Dilemma, wie er damit im Gespräch mit seiner Frau oder seinen Söhnen umgehen soll.

»Unsere Mutter war zu dieser Zeit sehr dagegen, dass wir uns rumtrieben, und wollte immer genau wissen, wo wir sind«, erzählt Walter. »Aus diesem Grund habe ich mich dann auch selten sehr weit von der Marbacher Straße weg bewegt. Meistens spielte ich mit meinen drei, vier übriggebliebenen Freunden im Garten oder auf einem leeren Nachbargrundstück, wo wir mit altem Bauholz und ausrangierten Büromöbeln der Polizei uns einen kleinen Abenteuerspielplatz gebaut haben.«

Einer der Höhepunkte des Jahres 1974 ist der Besuch von Bundespräsident Gustav Heinemann und seiner Frau Hilde in Rheinland-Pfalz am zweiten Mai. Das Programm für den SPD-Politiker ist entsprechend hochkarätig. Es gibt einen Empfang in der »Steipe«, einem gotischen Lokal in Trier. Dort bekommt Gustav Heinemann sein Gastgeschenk: eine Kiste Wein, deren Jahrgänge die wichtigsten Stationen im Leben des Bundespräsidenten kennzeichnen. Das bewegt ihn so, dass er Helmut Kohl in seiner Rede derart rühmt, dass SPD-Oppositionsführer Wilhelm Dröscher am Ende die Veranstaltung voller Zorn verlässt.

»Das hat Frau Kohl sehr gefallen«, erzählt Jürgen Hartmann. »Und als wir am nächsten Tag eine Schifffahrt auf der Mosel machten, riefen am Ufer irgendwann Mitglieder eines SPD-Ortsverbands: ›Gustav, Gustav!‹ Ein Mitarbeiter Heinemanns machte sie darauf aufmerksam, aber sie erwiderte bloß: ›Die können hier alles rufen, solange sie Helmut wählen.‹«

Schon im August 1969 waren der Bundespräsident Gustav Heinemann und seine Frau Hilde zu einem Besuch nach Mainz gekommen.

Genau das tun die Menschen dann auch: Bei der Landtagswahl am neunten März 1975 erreicht die CDU mit 53,9 Prozent ihr bis heute bestes Wahlergebnis in Rheinland-Pfalz und zum zweiten Mal nach 1971 die absolute Mehrheit der Stimmen.

Im September 1974 reist das Ehepaar Kohl mit einer kleinen Delegation, darunter auch Juliane Weber, zu einem Besuch in die Volksrepublik China. Helmut Kohl, der als Vorsitzender der CDU von der chinesischen Regierung offiziell eingeladen worden ist, trifft dort alle wichtigen Mitglieder von Partei und Regierung, unter anderem auch den neuen starken Mann Chinas, Deng Xiaoping.

Kurz vorher hatte die Bundesrepublik Deutschland begonnen, mit der Volksrepublik China diplomatische Beziehungen aufzubauen. Helmut Kohl sieht die langfristige Bedeutung Chinas als eines der wichtigsten Länder der Erde, gleichzeitig helfen ihm dieser und ähnliche Besuche, sein außenpolitisches Profil in Deutschland zu schärfen. Für Hannelore ist dies die erste Reise nach Asien und nach China, auf die noch viele weitere folgen sollen.

Das China von damals ist mit dem Land heute nicht zu vergleichen. Die Menschen tragen Einheitstracht, den so genannten Mao-Anzug, in Grau, Schwarz oder Dunkelbraun. Bunte Kleidung gibt es fast nicht.

Hannelore sticht in der Menge der einfachen Chinesen gleich doppelt hervor. Zum einen durch ihre Kleidung, zum anderen durch ihre helle Hautfarbe und die blonden Haare. Man ist damals noch nicht den Anblick westlicher Frauen gewohnt. Bei den einfachen Menschen in China reichen die Reaktionen auf die fremde Besucherin deshalb von Bewunderung bis Gelächter.

In Deutschland kommt es nach einer Zeit relativer Ruhe wieder zu Terroranschlägen, blutiger als zuvor. Am elften November 1974 wird der Berliner Kammergerichtspräsident Günter von Drenkmann in seiner Wohnung von Mitgliedern der RAF erschossen. Er ist das erste prominente Opfer der Terroristen. Vierundzwanzig Stunden vorher war der zum harten Kern der Baader-Meinhof-Gruppe gezählte Holger Meins im Hungerkoma gestorben. Er hatte in der rheinland-pfälzischen Vollzugsanstalt Wittlich in Untersuchungshaft gesessen und war in Hungerstreik getreten, um die Zusammenlegung mit den anderen Angehörigen der RAF zu erzwingen. Obwohl Hannelore Kohl Günter von Drenkmann nicht persönlich kennt, ist sie entsetzt über die zunehmende Gewaltbereitschaft und die Sinnlosigkeit dieser Tat. Doch die Eskalation geht weiter.

Am siebenundzwanzigsten Februar 1975 hebt Hannelore nichts Böses ahnend den Hörer ab, als das Telefon klingelt. Ihr Mann überbringt ihr eine schlimme Nachricht: Der Berliner CDU-Vorsitzende und Kandidat für das Amt des Regierenden Bürgermeisters, Peter Lorenz, ein Freund des Ehepaares, ist auf dem Weg in sein Büro von Mitgliedern der Terrorgruppe »Bewegung zweiter Juni« entführt worden. Für Hannelore ist das ein furchtbarer Schock. »Wir waren«, erzählt Helmut Kohl, »mit dem Ehepaar Lorenz sehr eng befreundet und waren oft zusammen in Berlin. Der Peter mochte meine Frau ganz besonders gern.«

Während der Zeit der Entführung von Peter Lorenz telefoniert Hannelore einige Male mit seiner Frau und versucht ihr Mut zu machen. Diese Gespräche sind sehr schwierig, denn in dieser Lage sind Gefühle schwer in Worte zu fassen.

Bei den Gesprächen über die Freilassung von Peter Lorenz arbeitet Helmut Kohl eng mit Berlins Regierendem Bürgermeister Klaus Schütz zusammen. Die beiden Männer sind sich darin einig, nachzugeben und, wenn irgend möglich, die Forderungen der Entführer zu erfüllen, um das Leben von Peter Lorenz zu retten.

Mit der Entführung wollen die Terroristen sechs inhaftierte Gesinnungsgenossen freipressen, außerdem fordern sie die Bereitstellung einer Boeing 707 mit Besatzung. Der Bonner Krisenstab unter Bundeskanzler Helmut Schmidt, dem auch Helmut Kohl und Klaus Schütz angehören, willigt in die Bedingungen ein, und Peter Lorenz wird nach einer Woche Gefangenschaft am fünften März freigelassen. Vorher haben sich fünf der sechs auf freien Fuß gesetzten Terroristen in den Jemen ausfliegen lassen. Mit an Bord der Lufthansa-Boeing war Pastor Heinrich Albertz, der damit eine weitere Forderung der Entführer erfüllte. Nur Horst Mahler, der als sechster hätte mitfliegen sollen, distanzierte sich von der Gewaltaktion und zog es vor, weiter in Haft zu bleiben.

»Während der Freilassungsverhandlungen und danach«,

erinnert sich Helmut Kohl, »hatten wir natürlich Diskussionen, ob es prinzipiell sinnvoll ist, bei Entführungen nachzugeben oder nicht. Und ich sagte meiner Frau, wenn ich entführt werde, darf man unter keinen Umständen nachgeben. Diese Meinung hat sie zwar respektiert, aber nicht akzeptiert. Für uns beide war das eine sehr schwierige Zeit, weil sie, ohne viel darüber zu sagen, von diesen Erfahrungen zutiefst betroffen war und sich ständig damit beschäftigt hat. Das dumme Gerede mancher Leute war eine zusätzliche Belastung. Meine Frau wurde zum Beispiel gefragt: ›Frau Kohl, haben Sie keine Angst, dass Ihrem Mann auch bald was passiert?‹ Und mein Sohn Peter musste sich von der Metzgersfrau anhören: ›Hast du keine Angst, dass dein Vater auch totgeschossen wird?‹ Weil der dann heulend nach Hause gekommen ist, hat sie das natürlich mitbekommen und sich furchtbar darüber aufgeregt.«

Zweieinhalb Monate nach der Freilassung von Peter Lorenz beginnt am einundzwanzigsten Mai 1975 der Prozess gegen Andreas Baader, Ulrike Meinhof, Jan-Carl Raspe und Gudrun Ensslin, die vier inhaftierten Mitglieder der Baader-Meinhof-Gruppe. Das Verfahren findet im Hochsicherheitstrakt des Gefängnisses Stuttgart-Stammheim statt, der eigens für Terroristen gebaut wurde. Trotz der strengen Sicherheitsvorkehrungen schaffen es die Inhaftierten, miteinander Kontakt aufzunehmen, und ihre Anwälte werden wegen des Vorwurfs der Komplizenschaft bei Prozessbeginn ausgeschlossen. Die nachrückenden Anwälte legen es daraufhin auf eine Verschleppung des Verfahrens an und lehnen die Richter und Staatsanwälte wegen Befangenheit ab. Am neunten Mai 1976 begeht Ulrike Meinhof in ihrer Zelle Selbstmord. Im April 1977 verurteilt das Gericht Baader, Raspe und Ensslin schließlich zu lebenslanger Haft. Aber der Terror durch die RAF geht weiter; Entführungen und Morde prägen das Jahr 1977.

Fast ein Vierteljahrhundert später, im Jahr 2001, bekommt Peter Kohl einen ungefähren Eindruck von dem Ausmaß, das die terroristische Bedrohung in jenen Jahren hatte. Als er in die Stasiunterlagen über seinen Vater Einsicht nimmt, findet er darin rund vierzig Seiten, die sich über einen Zeitraum von etwa fünfzehn Jahren nur mit Drohungen und geplanten Anschlägen auf die Familie Kohl befassen. Es handelt sich um Zusammenfassungen der Stasiabhörprotokolle von Telefonanschlüssen bei der Personenschutzgruppe Meckenheim, einer Dienststelle des Bundeskriminalamts. Diese Personenschutzgruppe Meckenheim stellt unter anderem auch die Sicherheitsbeamten für das Ehepaar Kohl.

Am neunzehnten Juni 1975 wird Helmut Kohl als Kanzlerkandidat der CDU/CSU bestätigt. Er will in die Hauptstadt nach Bonn, wenn nicht als Bundeskanzler, dann eben als Oppositionsführer.

Hannelore ist davon überhaupt nicht begeistert. Sie weiß, dass der Sprung aus dem überschaubaren Rahmen in Rheinland-Pfalz auf das mitunter feindselige Bonner Parkett erhebliche Folgen für das Familienleben haben kann. Gegen diesen Schritt spricht aus Hannlores Sicht auch, dass weder für sie noch für ihren Mann ein Umzug der gesamten Familie nach Bonn in Frage kommt, denn beide wollen auf gar keinen Fall, dass die Kinder die Schule wechseln müssen.

Ein schwerer Schicksalsschlag trifft die Familie am zwanzigsten Oktober 1975. Helmut Kohls Vater Hans stirbt mit achtundachtzig Jahren. Dass seine Schwiegertochter in dieser Stunde bei ihm ist, hat er sich immer gewünscht. Hans Kohl hat Hannelore verehrt und geliebt. Und sie war ihm herzlich verbunden.

Peter Kohl erinnert sich: »Meine Großeltern wohnten ungefähr zehn Autominuten von uns entfernt. Und weil sich meine Mutter immer, besonders in den letzten Jahren, um das Wohlergehen meiner Großeltern sorgte, ist sie zwei-, dreimal in der Woche dort vorbeigefahren, um nach dem Rechten zu schauen. Sie hatte Angst davor, dass ihren Schwiegereltern, die damals schon weit über achtzig waren, etwas passieren könnte und man sie nicht rechtzeitig finden würde. Deshalb hat sie auch oft angerufen und andere Leute vorbeigeschickt. Als das Haus der Schwiegereltern renoviert werden musste, hat sie sich auch darum gekümmert. So ergab es sich, dass sie im Moment des Todes meines Großvaters bei ihm war. Da meine Großmutter in jener Nacht nach dem Tod ihres Mannes nicht allein bleiben wollte, hat meine Mutter sie mit zu uns nach Hause gebracht. Ich erinnere mich an ihre Worte: ›Der Opa ist tot, und die Oma übernachtet heute bei uns.‹«

Hans Kohl hat sich immer für das politische Wirken seines Sohnes engagiert. Den Wahlkampf und den Ausgang der Bundestagswahl 1976 kann er leider nicht mehr erleben.

Im Frühjahr 1976 fährt die Familie Kohl zu einem privaten Besuch in die DDR. Nachdem Helmut Kohl am Ostberliner Übergang Bahnhof Friedrichstraße schon einmal die Einreise verweigert wurde, ist es der Familie jetzt endlich gestattet, in die DDR zu reisen. Die Staatssicherheit ist auf Schritt und Tritt dabei, ein ausführlicher Einsatzbefehl befindet sich in den Stasiakten.

Hannelore sieht dieser Reise mit besonderer Erwartung entgegen, denn für sie wird dies ein Ausflug in die eigene Vergangenheit. In acht Städten wollen sie Station machen: in Weimar, Erfurt, Dresden, Gera, Jena, Gotha und Hohenkirchen sowie in Leipzig, der Stadt ihrer Kindheit. Auch über Ohrdruf, wo Ecki Seeber geboren wurde, wollen sie fahren. Beim Übergang Herleshausen überqueren sie die innerdeutsche Grenze. Am Steuer sitzt Ecki Seeber, neben ihm Helmut Kohl, hinten die Mutter mit ihren Söhnen.

Kaum sind sie in der DDR, heften sich gleich mehrere Zivilfahrzeuge der Staatssicherheit an ihre Fersen. Für die Jungs, damals elf und dreizehn Jahre alt, beginnt ein aufregendes Räuber-und-Gendarm-Spiel, von dem Peter erzählt: »Wir waren die Räuber, die Gendarmen waren die Stasi. Während der ganzen Reise haben wir oft zum Rückfenster rausgeschaut und auf der Hutablage auf einem Block die Autonummern der inoffiziellen Verfolger notiert, die an uns klebten. Dann haben wir eine Strichliste geführt, wie oft wir welches Auto am gleichen Tag schon mal gesehen haben.«

Auf der Wartburg, ihrer ersten Station, bekommt die Familie eine Privatführerin, die sie auch im Namen des örtlichen Kollektivs begrüßt und gleich zu Anfang auf die Bedeutung der Wartburg für die Partei hinweist. Zu Beginn ihres Vortrags lässt sie die Kinder die Höhe des Bergfrieds, des höchsten Punkts der Burg, schätzen. »Dreißig Meter und fünfzig Zentimeter«, antworten beide wie aus der Pistole geschossen, denn sie sind von ihrer Mutter gründlich auf diese Reise vorbereitet worden. Das bringt die Führerin etwas aus dem Konzept.

Wenn sie sich auf der Weiterfahrt manchmal verfahren, fährt die Stasi immer stur hinterher. Ecki Seeber ist darüber so erbost, dass er einmal mit Absicht in eine enge Sackgasse hineinfährt. Als dann alle irgendwie wieder rückwärts rausmüssen, bricht unter den Stasileuten sichtlich Hektik aus. Peter und Walter finden das prima. Erst winken sie nur, dann steigen sie aus und feixen die Autos an, die ihnen den Weg versperren. Die Mutter ruft sie zur Räson.

In Weimar gehen sie im »Hotel Elephant« Abendessen und beobachten dabei ein Pärchen, das sich reichlich seltsam benimmt. Einerseits sind sich die beiden scheinbaren Geliebten sehr nah, andererseits sehr fern. Hannelore bestellt eine Flasche Wein und schickt ihren Sohn Walter damit zu dem »Liebespaar«. Bevor er losläuft, sagt sie ihm: »Richte denen einen schönen Gruß von mir aus, sie sollen sich nicht so abmühen und wir würden sie gerne zu dieser Flasche einladen.« Den beiden Stasimitarbeitern ist das hochnotpeinlich.

Als die Kohls danach noch in das Tanzlokal im Keller des »Hotel Elephant« gehen wollen, gibt es ein Problem. Einerseits soll der Eindruck vermieden werden, in der DDR könne man nicht tun, was man will, andererseits soll der prominente Besuch möglichst keinen Kontakt mit der Bevölkerung bekommen. Aber ausgerechnet an diesem Abend findet in diesem Tanzlokal ein Gesellschaftsabend für junge Leute statt. Vor die Alternative gestellt, den Kohls den Zutritt zu untersagen, lässt der Wirt in seiner Not lieber das ganze Lokal räumen. Mutterseelenallein sitzt die Familie dann bei Bier und Cola in dem riesigen leeren Raum.

Letzte Station der Reise ist Leipzig. Für Hannelore werden die ersten Stunden des Wiedersehens mit der Stadt ihrer Kindheit zu einer aufwühlenden Erfahrung. Nichts ist mehr so, wie es war. Einige Straßen tragen andere Namen, die Fassaden der Häuser sind grau und wirken zerfallen. Ein trauriges Bild. Sie zeigt ihrer Familie die Wege, die sie als Kind oft gegangen ist, und die Stelle, wo in der Montbéstraße das im Krieg zerstörte Elternhaus stand. Im Hinterhof steht noch das Haus, in dem früher das Hausmeisterehepaar lebte.

Auch die Gaudig-Mädchenoberschule, die nach dem Mauerbau in Lumumba-Schule umbenannt wurde, zeigt sie ihren Söhnen. Neuer Namensgeber ist der 1961 ermordete sozialistische Politiker Patrice Hemery Lumumba, ein Kämpfer für die Unabhängigkeit des ehemaligen Belgisch-Kongo, des heutigen Zaire. Der Name ist Programm: Nun gehen auf diese Schule, die ein Fremdspracheninstitut ist, auch Studenten aus befreundeten sozialistischen Staaten, darunter viele aus afrikanischen Ländern.

Sie wollen gerade gehen, da kommt die Hausmeisterin über den Schulhof gelaufen. Als sie die fremden Menschen sieht, reagiert sie zunächst bösartig, aber als das Wort »Gaudig-Schule« fällt, wird sie sehr nett, und es stellt sich heraus, dass sie bereits Mitte der Dreißigerjahre dort Hausmeisterin war.

Auf der Rückreise nach Westdeutschland halten sie noch kurz am Fluss Mulde, in der Nähe der Stelle, an der Hannelore mit ihrer Mutter damals ans andere Ufer gewatet ist.

Die Kohls mit Peter *(l.)* und Walter *(r.)* vor dem alten Rathaus in Leipzig, Oktober 1976.

»Obwohl diese Reise auch lustige Momente hatte«, sagt Walter, »war sie für meine Mutter dennoch eine schlimme Erfahrung. In diesen Tagen musste sie schmerzlich feststellen, dass es die Heimat ihrer Kindheit nicht mehr gab und auch nie mehr geben wird. Für meine Mutter war die Flucht eine der wichtigsten Lebenserfahrungen, fast so wichtig wie die Geburt ihrer Kinder. Die Flucht war für sie nicht nur eine Orgie der Gewalt, der Zerstörung und des Absturzes aus Sicherheit, Geborgenheit und Berechenbarkeit, sie war prägend für ihre Überlebensmechanismen. Dort hat sie sich die Instrumente zurechtgelegt, mit denen sie spätere Krisen bewältigt hat: das Abschalten von Schmerz, das Ausschalten von Emotionen und die totale Konzentration auf ganz wenige Punkte. All das hat sie an Peter und mich weitergegeben.«

Im Juli 1976 geht es wie jedes Jahr nach St. Gilgen an den Wolfgangsee. Am Urlaubsort bekommt Helmut Kohl Besuch von Redakteuren des »Spiegel«, die mit dem Kanzlerkandidaten der CDU/CSU ein Interview machen wollen und die ganze Familie zum Abendessen in den »Gasthof Fürberger« einladen.

In Begleitung der Redakteure befindet sich eine Frau, die den Kindern wegen ihres Gehabes merkwürdig vorkommt. Im Gasthof nehmen die Eltern mit den Journalisten an einem Tisch in der Ecke Platz, während die Buben, elf und dreizehn Jahre alt, mit der seltsamen Frau etwas weiter weg sitzen.

»Dann«, erzählt Walter, »hat sie angefangen, uns honigsüß auszufragen. Sie wollte zum Beispiel wissen, ob sich unsere Eltern oft streiten und wer denn alles im Urlaub zu Besuch kommt. Mein Bruder und ich gaben keine Antwort, sondern guckten uns nur an nach dem Motto: Die Tante ist böse. Meine Mutter hat sich über die Hinterhältigkeit, mit der man sich an ihre Kinder herangemacht hat, sehr geärgert. Diese Verhaltensweise passte nicht mit ihren Vorstellungen von Werten in der Erziehung zusammen. Diese Werte waren die klassisch preußischen: Ehrlichkeit und Aufrichtigkeit, Zuverlässigkeit und Klarheit sowie Respekt und Achtung anderer.«

Nach der politischen Sommerpause erlebt Hannelore ihren ersten Bundestagswahlkampf an der Seite ihres Mannes. »Meine Frau hat damals sehr mitgekämpft«, erzählt Helmut Kohl. »Sie war bei jeder Veranstaltung dabei und hat sich sehr um die Journalisten gekümmert. Das wollte sie selbst so. Dass die Frau des Kanzlerkandidaten ihren Mann überallhin begleitete, gab es übrigens vorher nicht. Auch das haben wir eingeführt.«

Ein wichtiger Mitarbeiter ihres Mannes, Wolfgang Bergsdorf, der als Pressesprecher der rheinland-pfälzischen Landesvertretung in Bonn zu Helmut Kohl gekommen ist, beschreibt, wie Hannelore Kohl in dieser Zeit auf ihn wirkte: »Sie war eine sehr elegante Erscheinung und eine glänzende Gastgeberin, die sich sehr um die Gäste ihres Mannes gekümmert hat. Nicht weil sie es musste, sondern weil es ihr Freude machte. Natürlich kannte sie die meisten Leute, mit denen Helmut Kohl zu tun hatte, und sie besaß auch eine gute Menschenkenntnis, von der er sicher auch profitiert hat. Unter ihrem Einfluss hat er gelegentlich auch sein psychologisches Urteil über Menschen korrigiert, zum Positiven wie zum Negativen. Besonders deutlich wurde das oft nach den Wochenenden. Wenn ein Sachverhalt am Freitag so aussah und am Montag anders, hatten die beiden bestimmt miteinander gesprochen. Frau Kohl war ja politisch sehr interessiert, und ich hatte nie den Eindruck, dass sie in seinem Schatten stand.«

»Frau Kohl war eine absolut eigenständige Persönlichkeit«, sagt Wolfgang Bergsdorf weiter, »die einige Vorzüge gegenüber ihrem Mann hatte: Sie konnte wahnsinnig gut formulieren und beherrschte Fremdsprachen. Dass sie das besser konnte als er, hat ihn schon demotiviert. Trotzdem war er klug genug, um zu wissen, dass dies für ihn auch von Vorteil sein kann. Wenn an den Wochenenden in Oggersheim Besuch aus dem Ausland kam, hat in dem einen oder anderen Fall Frau Kohl übersetzt. Und er hat sie auch allein mit ausländischen Politikern sprechen lassen, weil ihm klar war, dass er durch seine Frau eine positive Beziehung zu anderen Menschen aufbauen konnte.«

Während ihrer Mainzer Zeit gelingt es Hannelore Kohl, eine neue, eigene Rolle in Rheinland-Pfalz zu definieren. Damit schafft sie sich zugleich eine Aufgabe, die sie ehrenamtlich ausfüllt und die für sie vor allem ideellen Wert hat. Trotzdem kommt sie immer mehr einer beruflichen Tätigkeit gleich, und das ist ihr wichtig.

Weil Helmut Kohls Verpflichtungen so zahlreich sind, dass er oft nicht weiß, wie er alle Termine unter einen Hut bekommen soll, bittet er manchmal seine Frau, ihn bei Veranstaltungen zu vertreten. So entdeckt Hannelore, dass sie es auch genießen kann, einmal ohne ihren Mann aufzutreten. Die Menschen konzentrieren sich ganz auf sie und sprechen mit ihr über die unterschiedlichsten Probleme: In einer Stadt wird eine neue Schule benötigt, woanders fehlt ein Kindergarten, und im nächsten Ort beklagt sich der Leiter eines Altenheims, wie knapp das Pflegepersonal ist. Hannelore Kohl hört sich jede Bitte aufmerksam an und leitet die Sorgen und Wünsche an die entsprechenden Stellen weiter.

»Hannelore Kohl besaß eine hohe intellektuelle Begabung, eine schnelle Auffassungsgabe und eine außerordentliche Sensibilität für Situationen, Atmosphäre und nicht zuletzt für Menschen. Dies befähigte sie, Menschen schnell einzuschätzen und sich auf ihr Gegenüber einzustellen. Als Frau von großer Emotionalität konnte sie spontan von großer Herzlichkeit, Mitgefühl und Hilfsbereitschaft sein. Gleichzeitig konnte sie in einer anderen Situation aber auch sehr bestimmend und abweisend sein. Sie war in ihrem Ehrgefühl leicht verletzbar, auch wenn sie sich nach außen sehr diszipliniert zeigte. Sie wusste um ihre Talente und Faszinationskraft auf Menschen. Dabei kamen ihr ihre große Sprachbegabung und ihr Gefühl für die Macht des Wortes zugute«, berichtet Fritz Ramstetter.

In der Öffentlichkeit wird Hannelore Kohl nun immer mehr wahrgenommen. Vermehrt wenden sich Bürger mit persönlichen Anliegen an sie. Daraus entsteht mit den Jahren ein gut organisiertes »Petitionswesen«. Am Anfang jedoch, in den ersten zwei Jahren der Ministerpräsidentenzeit, verfügt Hannelore Kohl weder über die notwendige Erfahrung noch über die Kontakte oder den administrativen Apparat, um den Betroffenen wirklich helfen zu können. In dieser Situation wendet sie sich dann an das Büro ihres Mannes, genauer: an Juliane Weber. Aus dieser häufigen Zusammenarbeit ist im Lauf der Zeit eine enge Freundschaft zwischen den beiden Frauen entstanden.

Eine Petition ist für viele Menschen oft die letzte Möglichkeit, ihre Sorgen und Nöte deutlich zu machen und in einer Notlage Hilfe zu bekommen. Nach diesem Strohhalm greifen die meisten aber erst dann, nachdem sie bei dem Versuch, ein bestimmtes Problem zu lösen, viele Instanzen durchlaufen haben und dabei gescheitert sind. In dutzenden von Fällen wird Hannelore Kohl zum Rettungsanker in einer völlig ausweglosen Situation. Auf sie setzen viele Menschen ihre letzte Hoffnung.

Der Kontakt zu Hannelore Kohl kommt meist durch einen Brief zustande, mit dem sich ein Bürger oder eine Bürgerin an die Ehefrau des Ministerpräsidenten und später des Bundeskanzlers wendet. Manche machen auch einen Termin mit ihr aus und besuchen sie zu Hause. Sie nimmt dann die Details des jeweiligen Falls auf, manchmal bespricht sie den Fall mit den Betroffenen in einem persönlichen Gespräch. Nach einer ersten Beurteilung prüft sie, ob sie sich prinzipiell in der Lage sieht zu helfen und ob Aussicht auf Erfolg besteht. Danach wird der Fall meist mit Juliane Weber erörtert. In der Beurteilung der Sachlage und der menschlichen Dimension des Problems sind sie sich fast immer einig. Anschließend wird der Vorgang an die zuständigen Stellen weitergeleitet. Manchmal haben diese Stellen bereits negativ entschieden. In Härtefällen wird dann um eine neuerliche Prüfung gebeten. Oft geht es einfach nur darum, einem berechtigten Anliegen Gehör zu verschaffen und die notwendigen Entscheidungen rechtzeitig herbeizuführen, damit den Menschen geholfen werden kann.

Hannelore hilft, wo sie kann. So unterstützt sie unter anderem Rumänienaussiedler bei der Beschaffung von Arbeitsplätzen und Wohnungen und sorgt dafür, dass deren Kinder in eine geeignete Schule gehen können. Weil sie weiß, was es bedeutet, ein Flüchtling zu sein, gehen ihr diese Schicksale besonders nah.

Der Umgang mit hilfesuchenden Menschen einerseits und amtlichen Stellen andererseits erfordert viel Fingerspitzengefühl, ein hohes Maß an Sensibilität und eine Menge Durchsetzungsvermögen. Bei dieser schwierigen Aufgabe erweist sich Hannelore Kohl nicht nur als gute Zuhörerin. Sie versteht es auch, blitzschnell die Lage zu analysieren, und meist findet sie eine Lösung. In einfacheren Fällen setzt sie selbst ein Schreiben auf. Häufig tut nämlich schon ein Brief, verfasst und unterschrieben von der Frau des Ministerpräsidenten, seine Wirkung. Sind die Probleme komplizierter, wird sie nach Rücksprache mit Juliane Weber von einem Mitarbeiter in der jeweiligen Fachabteilung der Staatskanzlei unterstützt.

Manchmal stehen die Menschen auch unangemeldet vor Hannelores Haustür. Einmal zum Beispiel läutet es gegen zwanzig Uhr an der Tür. Als Walter öffnet, steht vor ihm eine alte Frau, die so nuschelt, dass er kein Wort versteht. Also holt er seine Mutter, die die alte Dame hereinbittet und ihr als Erstes etwas zu essen gibt, weil sie Hunger hat.

»Dann hat sie uns erzählt, dass sie aus Koblenz kommt und für die Fahrt zu uns ihre letzten Pfennige für den Lokalzug zusammengekratzt hat. Vom Bahnhof bis in die Marbacher Straße ist sie zu Fuß gegangen. Als die alte Dame gegessen hatte, begann sie, verzweifelt von ihrem katastrophalen Rentenproblem zu erzählen«, berichtet Walter Kohl. »Meine Mutter, die alles aufschrieb, sagte mir, dass ich dabeibleiben soll, damit ich etwas lerne.«

Das Gespräch dauert ziemlich lange, und weil kein Zug mehr nach Koblenz fährt, bringt Hannelore die alte Dame auf ihre Kosten in einer kleinen Pension unter. Wieder zu Hause angekommen, erklärt sie ihrem Sohn, wie wichtig es ist, Menschen zu helfen und selbst Verantwortung zu übernehmen, wenn man stark ist.

»Diese Unterhaltung«, sagt Walter, »hat sich tief in mein Gedächtnis eingebrannt. Seitdem habe ich nie mehr vergessen, wie wichtig es ist, Verantwortung zu übernehmen. Meine Mutter hat das meinem Bruder und mir ihr ganzes Leben lang vorgelebt.«

»Für sie war Verantwortung der zentrale Werte- und Erziehungsgrundsatz. In diesem Punkt war sie gnadenlos konsequent. Nicht nur uns gegenüber, diesbezüglich war sie auch sehr unbequem für die Bürokratie. Vorgetragen hat sie ihre Bitten immer mit einer Mischung aus weiblichem Charme und geistiger Schärfe, für die sie sowohl geschätzt als auch gefürchtet wurde. In der Sache war sie jedoch immer knochenhart. Mein Vater hat das alles oft überhaupt nicht mitbekommen. Das war für meine Mutter auch nicht so wichtig. Sie hat das auch für sich selbst getan und dadurch für sich eine ganz eigene Dimension der Verantwortung und des Agierens geschaffen.«

Seit ihr Mann Regierungschef von Rheinland-Pfalz ist, wird Hannelore Kohl auch von den Leitern karitativer Einrichtungen angesprochen, die sie für ihre Projekte gewinnen möchten. Sie interessiert sich besonders für das Walter-Poppelreuther-Haus in Vallendar bei Koblenz, ein Kurzentrum, das sich anfangs in erster Linie um Hirnbeschädigte aus dem zweiten Weltkrieg gekümmert hat. Im Lauf der Zeit wird diese Einrichtung für eine andere Patientengruppe immer wichtiger: junge Menschen, die sich schwere Hirnverletzungen bei Verkehrsunfällen, in der Freizeit, beim Sport und bei spielerischen Aktivitäten oder am Arbeitsplatz zugezogen haben.

Das Schicksal dieser Menschen geht Hannelore nah, hier sieht sie eine soziale Aufgabe, mit der sie sich identifizieren kann. Nicht genug damit, dass die oft jungen Patienten schwer behindert sind, sie werden auch gesellschaftlich gemieden, bestenfalls übersieht man sie geflissentlich – das Thema Hirnverletzung ist in den Siebzigerjahren ein Tabu.

Hannelore Kohl wird die Schirmherrin des Walter-Poppelreuther-Hauses. Aber sie gibt nicht nur ihren guten Namen dafür her – ihr Einsatz geht weit über die Schirmherrschaft hinaus. Ihr Ziel ist es, das Projekt in der Öffentlichkeit bekannt zu machen. Also besucht sie immer wieder die Klinik, richtet Weihnachtsfeiern aus und gewinnt mit Dr. Bernd Ahrens einen befreundeten Arzt als medizinischen Berater, der als Chefarzt der berufsgenossenschaftlichen Unfallklinik in Ludwigshafen-Oggersheim reichlich Erfahrung mit jungen Unfallopfern gesammelt hat. Von ihm lernt sie viel über die täglichen Sorgen dieser Patienten und über die Probleme, die sich gerade an der Schnittstelle zwischen Unfallmedizin und Rehabilitation ergeben.

Ihr größtes Anliegen ist es, dass aus der Kurklinik ein Rehazentrum wird. Systematisch weist sie deshalb bei jeder sich bietenden Gelegenheit, in Gesprächen und Diskussionen, darauf hin, dass die Zahl der Kriegsverletzten immer mehr abnimmt, die der jungen Hirnbeschädigten aber ständig steigt. Ihre Hartnäckigkeit bei der Unterstützung junger Hirnbeschädigter hat Erfolg. Heute ist das Walter-Poppelreuther-Haus ein Rehazentrum, und ein Haus der neurologischen Klinik ist nach ihr benannt, das »Haus Hannelore«. Mit ihrem Engagement für das Walter-Poppelreuther-Haus legt sie den Grundstein für das Kuratorium ZNS, das sie 1983 gründen wird.

Die Bundestagswahl am dritten Oktober 1976 bringt nicht das gewünschte Ergebnis. Die CDU verfehlt mit 48,6 Prozent oder um dreihundertfünfzigtausend Stimmen knapp die erforderliche absolute Mehrheit, die Koalition aus SPD und FDP kann trotz kräftiger Stimmverluste weiterregieren. Helmut Kohl hält sein Versprechen und geht trotz der verlorenen Wahl nach Bonn. Am zweiten Dezember tritt er offiziell vom Amt des Ministerpräsidenten zurück.

Vorher war es im November 1976 noch zu einem Kräftemessen mit dem bayerischen Ministerpräsidenten und CSU-Vorsitzenden Franz Josef Strauß gekommen. Strauß hatte im bayerischen Wildbad Kreuth angekündigt, die CSU bundesweit zu etablieren. Helmut Kohl konterte mit der Drohung, in diesem Fall die Aktivitäten der CDU auf Bayern auszuweiten.

Am Ende bleibt alles, wie es war. »Hannelore«, sagt Helmut Kohl, »hat das, was zwischen mir und dem Franz Josef

Strauß lief, überhaupt nicht nachvollziehen können. Sie hat sich ungeheuer darüber aufgeregt, weil das ihrem Harmoniebedürfnis in keinster Weise entsprach.«

Am fünfzehnten Dezember 1976 wird Helmut Kohl von seinen CDU/CSU-Fraktionskollegen mit zweihundertdreißig von zweihunderteinundvierzig gültigen Stimmen zum neuen Fraktionsvorsitzenden gewählt. Er vereint damit das Amt des Fraktionsvorsitzenden mit dem des Parteivorsitzenden. Als er die Funktion des Oppositionsführers übernimmt, ist die Entscheidung endgültig für Bonn gefallen.

Sosehr Hannelore sich für ihren Mann freut, so unglücklich ist sie doch darüber. »Obwohl ich ihr immer wieder gesagt habe, dass ich mich überleben werde, wenn ich in Mainz sitzen bleibe, war sie total dagegen und hat oft gesagt: ›Jetzt haben wir alles so schön geordnet, da kannst du doch nicht gehen.‹ Irgendwann hat sie meine Entscheidung dann auch eingesehen. Aber sie hat sie letztendlich nie akzeptiert, sie hat sich einfach damit abgefunden. Das Weggehen von Mainz ist für sie ganz bitter gewesen«, sagt Helmut Kohl.

Bei der großen Feier, mit der der Ministerpräsident am zweiten Dezember in der Mainzer Staatskanzlei verabschiedet wird, ist Hannelore tieftraurig, zeigt es aber nicht nach außen. Als der treue Ecki Seeber sie und ihren Mann abends zurück nach Oggersheim fährt, weint sie.

KAPITEL 7

ZWISCHEN LUDWIGSHAFEN UND BONN

Der Neuanfang in Bonn ist nicht einfach für Hannelore Kohl. Nicht nur, dass sie ihr Leben neu organisieren und ein zweites Zuhause finden und einrichten muss – sie und ihr Mann stehen jetzt auf der bundespolitischen Bonner Bühne. Dadurch, dass sie hier von einer größeren Anzahl von Journalisten unter die Lupe genommen wird als in Mainz, ist es auch erheblich schwieriger, ihre Söhne aus der Berichterstattung herauszuhalten.

In der Bundeshauptstadt setzt den Kohls die Presse zu. Es beginnt eine gegen Helmut Kohl gerichtete Medienkampagne, die aber auch vor Angriffen gegen Hannelore persönlich nicht zurückschreckt. Diese Erfahrung ist neu für sie.

»Solange Helmut Kohl Ministerpräsident war«, erklärt Erich Ramstetter, »ist er von den Medien verhätschelt worden. Als Oppositionsführer hat sich das Bild dann erst mal geändert. Plötzlich war er der Provinzblödel, die Birne. Das hat Hannelore Kohl tief verletzt.«

Die Kritik an ihr operiert mit Klischees. »Barbie von der Pfalz« ist eine der Titulierungen, die damals gerne über sie verbreitet werden. Seltsamerweise nimmt sie diesen »netten« Vergleich nicht wirklich wahr: »Dass ich so genannt wurde, ist jahrelang an mir vorbeigegangen. Das habe ich erst kürzlich erfahren.« Wirklich geärgert hat sie sich darüber nicht. »Im Gegenteil, ich finde den Vergleich positiv, weil die Barbie-

Puppe für ewige Jugend steht und nach wie vor ein Verkaufsschlager ist. In meinem Fall war er natürlich abfällig gemeint, weil Barbie auch für blond und blöd steht. Aber dass ich das nicht bin, haben einige Menschen in der Zwischenzeit gemerkt.« Diese Gleichmut hat sich Hannelore Kohl natürlich nicht von heute auf morgen angeeignet. In der Politik Beleidigungen gelassen zu ertragen ist ein langer Lernprozess.

»Wir haben beide auch sehr gute Erfahrungen mit Journalisten aus den verschiedensten politischen Lagern gemacht. Aber nicht wenige Journalisten«, so Helmut Kohl, »machen sich gar keine Mühe, zu verstehen, wie wir in Wirklichkeit sind. Im Gegensatz zu mir hat sie das nicht gut weggesteckt. Sie hielt mich ja fast schon für zu abgestumpft, weil ich mir in Bezug auf Beschimpfungen eine so dicke Haut zugelegt habe. Sie sagte oft: ›Jeder andere würde daran kaputtgehen, und ich glaube dir nicht, dass das an dir so abgleitet.‹ Da hatte sie natürlich recht. Dass ich als ›Eierkopf‹, ›Birne‹ und ›der Mann aus Oggersheim‹ tituliert wurde, das hat sie sehr geärgert. Weil wir uns schon seit unserer Schulzeit kennen, wusste sie natürlich, dass dies alles nur dümmliche Propaganda war.«

Dass Helmut Kohl jetzt Oppositionsführer in Bonn ist, bedeutet für das Ehepaar, dass sie sich einen zweiten Wohnsitz zulegen müssen. Hannelore ist froh, als sie schon nach kurzer Zeit in Wachtberg-Pech ein passendes Haus für ihren Mann und sich findet. Es liegt in der Huppenbergstraße. Regelmäßig pendelt sie von nun an zwischen Ludwigshafen und Bonn hin und her. Je älter und selbständiger ihre Kinder werden, umso eher kann sie sie auch mal zu Hause allein lassen.

Nach wie vor hält Hannelore Kohl den Kontakt zu vielen ihrer Freundinnen aufrecht. So auch zu Irene: »Dadurch, dass sie jetzt mehr in Bonn war, konnte sie meinen Mann und mich manchmal in unserem Wochenendhaus in der Eifel besuchen«, erzählt diese. »Wir haben lange Wanderungen gemacht, bei denen immer Sicherheitsbeamte dabei waren.

Ein gemeinsamer Auftritt im Wahlkampf 1976. Nach der knapp verlorenen Bundestagswahl geht Helmut Kohl als Oppositionsführer nach Bonn.

Abends, bei langen Gesprächen, mussten wir viel über uns erzählen. Aber sie erzählte auch aus ihrem Leben, und ich hatte den Eindruck, dass sie schon darunter gelitten hat, dass sie sich in Bonn kaum noch frei bewegen konnte. Und ich hatte das Gefühl, dass sie uns um unser freies Leben manchmal ein bisschen beneidet hat.«

Die Konfrontation zwischen Staat und Terrorismus hört nicht auf. Das nächste Attentat trifft Generalbundesanwalt Siegfried Buback, seinen Fahrer und einen Sicherheitsbeamten. Am siebten April 1977 werden sie Opfer eines Anschlags der RAF. Nachdem Andreas Baader, Jan-Carl Raspe und Gudrun Ensslin am achtundzwanzigsten April in Stuttgart-Stammheim zu lebenslänglich verurteilt worden sind, nehmen drei Terroristen Rache für das Urteil und erschießen am dreißigsten Juli 1977 in Oberursel den Vorstandssprecher der Dresdner Bank Jürgen Ponto.

Wie viele andere ist Hannelore entsetzt und denkt mit Sorge, was die Zukunft für sie und ihre Familie bringen wird. Doch der Öffentlichkeit gegenüber lässt sie nichts davon nach außen dringen. Sie sagte einmal: »Hätte ich Angst um meinen Mann, würden sich viele freuen, ihm etwas anzutun. Hätte ich keine, wäre ich in den Augen der meisten Leute unmöglich. Folglich stellen wir diese Frage nicht.«

Im Spätsommer 1977 ereilt sie eine neue Hiobsbotschaft. Am fünften September wird Arbeitgeberpräsident Hanns-Martin Schleyer auf dem Weg in sein Büro von RAF-Terroristen entführt, sein Fahrer und drei Sicherheitsleute werden bei dem Überfall getötet. Am nächsten Tag geben die Entführer ihre Forderungen bekannt: Schleyer soll nur dann überleben, wenn elf inhaftierte Gesinnungsgenossen freigelassen werden.

Eine Woche vorher hatte Hanns-Martin Schleyer noch zusammen mit Helmut Kohl in dem Wagen gesessen, aus dem die Entführer ihn dann herausgezerrt haben und in dem seine Begleiter sterben. Helmut und Hannelore Kohl sind mit Hanns-Martin Schleyer gut befreundet. Als Hannelore die Nachricht von der Entführung erhält, ist sie außer sich vor Entsetzen. Auch für ihren Sohn Walter ist das ein schrecklicher Schlag.

»In der Woche vor Hanns-Martin Schleyers Entführung«, erzählt er, »habe ich meinen Vater in seinem Bonner Büro besucht. Als ich hineinkam, saß dort auch Herr Schleyer. Als mein Vater kurz zu einer Besprechung wegmusste, blieb ich mit ihm allein. Irgendwie kam das Gespräch auf den Terrorismus, und ich weinte und sagte: ›Ich habe Angst.‹ Da hat er mich in den Arm genommen und freundlich erwidert: ›Du musst keine Angst haben.‹ Als ich fragte, warum, sagte er: ›Weil wir nichts Böses getan haben, passiert uns auch nichts.‹ Da hatte ich keine Angst mehr. Wir haben lange gesprochen.

Als er nur wenige Tage später entführt und ermordet wurde, war dies für mich eine schreckliche Erfahrung. Ich war damals vierzehn Jahre alt.«

In der Zeit der Ungewissheit, als keiner weiß, ob Hanns-Martin Schleyer noch am Leben ist, spricht Hannelore oft mit ihren Kindern, besonders mit Walter, dem Älteren. Mit ihm redet sie nicht nur über den Entführten und über die Hilflosigkeit und das Dilemma des Staates im Umgang mit dem Terrorismus, sondern auch darüber, dass viele der Mitschüler Walters Lebensumstände nicht verstehen können und manche ihn wegen seines Elternhauses ablehnen und hänseln. Eine Lösung für diese Probleme finden sie in diesen Gesprächen jedoch nicht. Walter würde nicht einmal im Traum daran denken, seinen Klassenkameraden von dem Gespräch mit Hanns-Martin Schleyer zu erzählen. Sie würden ihm nicht glauben.

Fassungslos erfährt die Familie am dreizehnten Oktober 1977, dass ein palästinensisches Terrorkommando die Lufthansa-Maschine »Landshut« auf ihrem Flug von Mallorca nach Frankfurt entführt hat, um den Forderungen der Schleyer-Entführer nach Freilassung der inhaftierten RAF-Mitglieder Nachdruck zu verschaffen.

Vier Tage später landet die »Landshut« nach einem Irrflug durch den Nahen Osten in Mogadischu, der Hauptstadt Somalias. Der Flugkapitän wird von den Entführern erschossen. Die Nacht darauf stürmt die GSG 9, eine Spezialeinheit des Bundesgrenzschutzes, die Maschine. Alle Geiseln werden befreit, drei der vier Attentäter erschossen. Noch in derselben Nacht verüben Andreas Baader, Jan-Carl Raspe und Gudrun Ensslin in der Strafvollzugsanstalt Stuttgart-Stammheim Selbstmord.

Zwei Tage später, am neunzehnten Oktober 1977, wird die Leiche von Hanns-Martin Schleyer im Kofferraum eines abgestellten Pkw im Elsass gefunden. Anders als noch während der Entführung von Peter Lorenz ist die Bundesregierung unter Bundeskanzler Helmut Schmidt diesmal nur zum Schein auf die Forderungen der Terroristen eingegangen.

Helmut Kohl, der als Oppositionsführer in die Beratungen des Krisenstabs mit einbezogen wurde, berichtet: »Meine Frau hat natürlich einen Teil der Auseinandersetzungen darüber, ob der Staat nachgeben soll oder nicht, mitbekommen. Bei uns zu Hause riefen ja auch viele enge Familienmitglieder und Freunde von Hanns-Martin Schleyer an, und Hannelore sagte sehr oft: ›Du bist sein Freund, du musst anfangen nachzugeben.‹ Sie hat sehr gelitten und das Ganze nur schwer verkraftet.«

Nach der Schleyer-Entführung werden die Sicherheitsvorkehrungen erneut verschärft. Hannelore Kohl hat ein gutes Verhältnis zu den Sicherheitsbeamten und respektiert sie für ihren Einsatz. Denn in der Regel leisten die Beamten ihren Dienst, ohne dafür ein Zeichen der Anerkennung zu bekommen oder auch nur wahrgenommen zu werden. Wenn sie ihre Sache gut machen, gibt es keine Zwischenfälle. Kommt es jedoch zu einem Attentat oder zu einer Entführung, haben sie schlechte Überlebenschancen. Hannelore Kohl ist sich dessen nur zu bewusst. Zu Eduard Ackermann, dem Pressesprecher der Fraktion, sagt sie: »Von diesen Leuten hängt möglicherweise eines Tages unser Leben ab.«

»Frau Kohl hat sich«, so Eduard Ackermann, »immer für das Befinden der Leute interessiert. Sie unterhielt sich oft mit ihnen und erkundigte sich dabei intensiv, wie es zu Hause läuft, wollte wissen, ob sie verheiratet sind und Kinder haben. Mich hat sie oft nach meinem Sohn gefragt, und so wusste sie genau, wann er sein Abitur gemacht hat und anfing zu studieren.«

Während Walter auf dem Gymnasium in Ludwigshafen unter den verschärften Personenschutzmaßnahmen sehr zu leiden hat, hat Peter in der Mannheimer Waldorfschule mehr Glück. Dafür gibt es einen einfachen Grund. Als Peter

1973 in die zweite Klasse der Waldorfschule kommt, besteht diese Schule gerade mal zwei Jahre, und es gibt nur eine erste, eine zweite und eine dritte Klasse, insgesamt etwas mehr als hundert Schüler. So hat Peter, anders als Walter, von Anfang an nur eine Jahrgangsstufe über sich. Die gesamte Schule findet damals noch in einem kleinen Gebäude Platz. Erst mit den Jahren wird die Schule dann doppelzügig bis zur dreizehnten Klasse ausgebaut und hat schließlich etwa tausend Schüler.

Erst als auch bei Peter die Personenschutzmaßnahmen mit voller Härte durchschlagen, häufen sich bei ihm die feindseligen Reaktionen. Manche Mitschüler schneiden ihn, andere sind offenbar von ihren besorgten Eltern wegen des Risikos »gewarnt« worden. Hinzu kommt, dass er wegen der Politik seines Vaters nicht nur verbal angegangen wird. Da er es jedoch fast nur mit Gleichaltrigen zu tun hat und der Längste in der Klasse ist, gibt es kaum Schüler, denen er körperlich hoffnungslos unterlegen wäre.

Peter wächst in einem Spannungsfeld zwischen Elternhaus und Schule auf. Helmut Kohl und die meisten von Peters Waldorflehrern liegen politisch Welten auseinander. Trotzdem respektiert man sich gegenseitig. Die Waldorfpädagogik basiert auf den Lehren Rudolf Steiners, der Anthroposophie, die einen alternativen Entwurf für fast alle Lebensbereiche und Lebensfragen anbietet. In der Schule wird oft ein zutiefst pazifistisches, ein fast utopisches Bild einer »heilen Welt« vermittelt. In krassem Gegensatz dazu steht, wie Peter und seinem Bruder wegen des Berufs ihres Vaters begegnet wird.

Für Hannelore steht immer der Mensch im Mittelpunkt. Ideologien spielen für sie keine Rolle. Sie engagiert sich gleichermaßen im Elternbeirat von Walters Gymnasium und in der Elternschaft von Peters Schule. Kritisch begleitet sie manche Schulentscheidung. Egal, wie ihre sonstigen terminlichen Belastungen aussehen, bei den Elternabenden ist sie fast immer dabei.

In der Waldorfschule sieht Hannelore eine willkommene Alternative, »von der noch manche staatliche Schule in vielen Punkten etwas lernen könnte«, wie sie oft betont. In diesen Jahren schwelt ein Streit zwischen den Waldorfschulen in Baden-Württemberg und dem Stuttgarter Kultusministerium. Es geht um die Anerkennung dieser Schulform durch das Land, mit der ein bestimmter Betrag pro Schulplatz verbunden ist. Dabei liegen die Kosten pro Schüler bei den Waldorfschulen niedriger als bei den staatlichen Schulen, so dass der Steuersäckel sogar noch entlastet wird. Auch deshalb unterstützt Hannelore Peters Mannheimer Schule nach Kräften in ihrem Ringen um staatliche Anerkennung.

»Meine Mutter war an allen schulischen Vorgängen interessiert und in vieles involviert, weil ihr klar wurde, dass diese junge Schule in Mannheim noch ihre Kinderkrankheiten hatte«, sagt Peter. »Ein Defizit lag damals im Fach Mathematik und Physik. Das war übrigens mit ein Grund dafür, dass ich für die zwölfte und dreizehnte Klasse auf ein staatliches Gymnasium wechselte, um dort mein Abitur zu machen.«

Hannelore Kohl hat eine Vorliebe für das Pädagogische. Sie wäre bestimmt eine gute Lehrerin geworden. Bei ihren eigenen Kindern zeigt sich dies zuerst darin, dass sie regelmäßig die Hausaufgaben überwacht und dort, wo sie Defizite feststellt, den Stoff selbst erklärt. Den beherrscht sie in den meisten Fächern bis in die Mittelstufe. Was sie nicht weiß, bringt sie sich selbst bei.

Ihre große Leidenschaft sind jedoch die Fremdsprachen. Dabei knüpft sie an ihre Erfahrungen mit dem Studium und ihren Frankreichaufenthalten an. Mit beiden Söhnen durchläuft sie ein selbst ausgedachtes »Fremdsprachenprogramm«, erst für Englisch und danach für Französisch. Das findet unabhängig von den jeweiligen Lehrplänen ihrer Kinder statt. Anfangs lernt sie dazu mehrfach in der Woche einige Stunden erst mit Walter und später auch gemeinsam mit Peter. Ihr Ziel ist, dass sich beide Söhne, sobald sie zwölf Jahre alt sind, zunächst im englischsprachigen, dann auch im französischsprachigen Raum selbständig behaupten können.

Eine ganz besondere Vorliebe hat Hannelore für die französische Grammatik, wie Peter berichtet. »Meine Mutter hat mir auf ihre sehr anschauliche Weise die französische Grammatik beigebracht. Dabei hat sie alles erklärt und nichts erzwungen. Ich habe von ihr gelernt, eine neue Fremdsprache systematisch und mit Leichtigkeit zu erlernen. Und dass man dabei auch eine Menge Spaß haben kann. Ihre Methode hat sich bei allen weiteren Fremdsprachen, die ich in meinem Leben gelernt habe, bewährt.«

Im nächsten Schritt sucht Hannelore Kohl für jeden der beiden privat eine Austauschfamilie. Um geeignete Familien zu finden, wendet sie sich meist an Schuldirektoren in London, Paris oder Brüssel. Während eines Wochenendes besucht sie dann mit Walter oder Peter die neue Gastfamilie. Anschließend fahren oder fliegen ihre Söhne alleine dorthin, um für ein paar Wochen bei der Gastfamilie zu leben.

Aber auch die Familie Kohl nimmt Austauschschüler auf, die Walter und Peter besuchen, um Deutsch zu lernen. Weil sie meist während eines Teils ihrer Sommerferien nach Deutschland kommen, fährt die Familie dann einfach mit ihnen nach St. Gilgen an den Wolfgangsee. Dort nehmen sie an den üblichen Sommeraktivitäten der Familie teil. Sie gehen mit Helmut Kohl einkaufen oder wandern, schwimmen gemeinsam mit den Söhnen im See oder sind an vielen Abenden bei dem Ehepaar Sungler mit dabei.

Im Lauf der Jahre gibt es mehr als zehn Besuche von englischen, französischen und belgischen Austauschschülern, um die sich Hannelore dann auch noch kümmern muss. »Dass wir die Söhne des deutschen Oppositionsführers waren und auch diese ganzen Terrorismusgeschichten«, erzählt Peter Kohl, »haben unsere Austauschpartner nicht als Problem betrachtet. Im Gegenteil: Sie fanden es positiv, auch einmal so eine Familie kennenzulernen.«

Hannelore Kohl findet sogar noch die Zeit, sich um das eine oder andere schulische Problem von den Freunden ihrer Söhne zu kümmern. »Mein Freund Stéphane Goebel hatte damals im Gymnasium Probleme mit dem Deutschaufsatz, weil seine Mutter, die selbst nicht Deutsche ist, ihm dabei nicht helfen konnte und er zu Hause fast nur Französisch sprach. Meine Mutter hat ihn immer wieder ein Jahr lang gedrillt«, sagt Peter. »So viele Aufsätze hatte er bisher noch nie geschrieben. Aber es hat wohl gewirkt, denn seine Deutschnote hat sich danach um einiges verbessert.«

Seit 1978 unterstützt Hilde Seeber, die Frau von Helmut Kohls Fahrer Ecki Seeber, Hannelore Kohl bei der Haushaltsführung in Ludwigshafen. Wenn die Kohls weg sind, schaut sie nach dem Rechten. »Als ich im Hause Kohl zu arbeiten anfing«, sagt Hilde Seeber, »lebte ja Frau Kohls Mutter, Irene Renner, noch. Weil Frau Renner gerne einkaufen ging, musste ich das anfangs nur selten tun.«

Der Umgang zwischen Hilde Seeber und Hannelore Kohl ist herzlich und freundschaftlich. Hilde Seeber erzählt: »Weil unsere älteste Tochter so schlecht in Englisch war und es deshalb oft Tränen gab, hat Frau Kohl ihr, wie einigen anderen Kindern auch, Nachhilfestunden gegeben. Dabei war sie sehr streng, aber es hat gewirkt. Meine Tochter war nach kurzer Zeit in Englisch nicht nur viel besser, die Sprache hat ihr von da an auch sehr viel mehr Spaß gemacht.«

Im Frühjahr 1979 beschließt Helmut Kohl, auf die Kanzlerkandidatur für die Bundestagswahlen 1980 zu verzichten. Diese Entscheidung wird sich später als goldrichtig herausstellen, denn um an die Macht zu kommen, muss die Union gegen die regierende sozialliberale Koalition unter Bundeskanzler Helmut Schmidt eine absolute Mehrheit erringen. Nach Einschätzung von Helmut Kohl ist das ein fast unmögliches Unterfangen.

Für die Kohls und ihre Kinder ist das eine Zeit voller Spannung. »Man wusste ja nicht, wie das Abenteuer Bonn ausgeht. Das war wirklich ein Abspringen ohne Fallschirm. Immerhin hing von Helmut Kohls Erfolg oder Scheitern die wirtschaftliche Existenz der ganzen Familie ab«, erläutert Fritz Ramstetter. »Aber wie immer in ganz besonders schwierigen Zeiten gab es in der Partnerschaft keine Trübung. Im Gegenteil: Wenn es um das Kämpfen ging, sind die Kohls noch mehr zusammengerückt und haben es gemeinsam getan.«

Zwischen CDU und CSU entbrennt ein öffentlicher Streit um den Kanzlerkandidaten. Helmut Kohl schlägt den niedersächsischen Ministerpräsidenten Ernst Albrecht als Kandidaten der CDU vor, während der CSU-Vorsitzende Franz Josef Strauß sich selbst als Kandidat vorschlagen lässt.

Nach langem Hin und Her geht die Stimmung in den Reihen der Union dahin, es einmal mit Franz Josef Strauß zu versuchen. Die Befürworter seiner Kandidatur führen das Argument ins Feld, dass der CSU-Vorsitzende südlich der Main-Linie so viele Stimmen bringe, wie er die Union im Norden koste. Trotz aller Konflikte unterstützt Helmut Kohl seinen Konkurrenten im Wahlkampf mit vollem Einsatz.

Hannelore Kohl leidet sehr unter den öffentlichen Auseinandersetzungen zwischen Franz Josef Strauß und ihrem Mann. »Für beide waren das schwere Wochen und Monate«, sagt Erich Ramstetter.

Eduard Ackermann schildert, wie das Zusammenspiel von Hannelore und Helmut Kohl funktionierte: »Obgleich sie es nach außen hin immer so dargestellt hat: ›Mein Mann hat seine Rolle und ich meine‹, war sie viel stärker an politischen Vorgängen interessiert, als man glaubte. Wenn Herr Kohl in Oggersheim war und ich ihm telefonisch den politischen Lageplan durchgab, bat er sie oft am Zweithörer mitzuhören. Wenn sie eine bestimmte Sache interessierte, hat sie Fragen gestellt. Wenn Frau Kohl einhakte, war sie immer mehr personenbezogen als sachbezogen. Allerdings hatte ich nie den Eindruck, dass sie aufgrund ihrer Informationen ihren Mann politisch beeinflusst hat. Sie wollte einfach *à jour* sein und mitreden können, wenn er abends nach Hause kam.«

Es ist vor allem Hannelore Kohls abgewogenes und unabhängiges Urteil über Menschen, von dem ihr Mann oft profitiert. Parteipolitische oder weltanschauliche Meinungsverschiedenheiten spielen bei ihrer Einschätzung keine Rolle. Helmut Kohl beschreibt, wie sie dachte: »Wenn ich über jemanden mal sagte: ›Der ist ein großes A...‹, hat sie seelenruhig erwidert: ›Ich finde den ganz gut. Das sagst du jetzt nur, weil der Mann ein Sozi ist.‹ Wenn ich das bestritt, sagte sie: ›Du kannst sagen, was du willst, der ist ganz gut.‹ Meine Frau hat es sehr gut verstanden, zwischenmenschliche Brücken zu bauen, und hatte oft Recht mit ihrem Urteil. Außerdem hatte Hannelore überhaupt keinen Hang zum Fanatismus. Das Einteilen der Menschheit nach parteipolitischen Richtlinien in Freund oder Feind war ihr unbegreiflich.«

»Meine Frau«, sagt Helmut Kohl weiter, »hat, wenn ich mich richtig geärgert habe, mich eher von der Palme heruntergeholt. Da sie mich natürlich gut kannte, wusste sie genau, dass ich kaum einem Streit aus dem Wege gehe und eher über- als unterreagiere. Diesbezüglich war sie das genaue Gegenteil von mir. Obwohl sie viel Temperament hatte, war sie dennoch nicht extrovertiert. Die Fähigkeit, Dinge rauszuschleudern, im positiven wie im negativen Sinn, besaß sie nicht. Ich habe oft zu ihr gesagt: ›Lass deinen Ärger raus.‹ Umsonst. Hannelore hat ihn immer in den Schrank geschlossen.«

Am zwölften Dezember 1979 beschließen die Außen- und Verteidigungsminister der Nato-Mitgliedsstaaten die Modernisierung von atomaren Mittelstreckenwaffen. Dabei geht es um die angemessene Reaktion der Nato auf die seit Anfang der Siebzigerjahre von der Sowjetunion in den Ländern des Ostblocks stationierten SS-20-Mittelstreckenraketen, die praktisch ohne Vorwarnzeit große Teile von Deutschland und anderen westeuropäischen Ländern zerstören können. Gleichzeitig wird von der Nato eine Doppelstrategie beschlossen: Einerseits will man mit der UdSSR über den Abbau von deren Mittelstreckenwaffen verhandeln, andererseits droht man für den Fall des Scheiterns der Verhandlungen mit der Stationierung von amerikanischen Marschflugkörpern und Pershing-II-Raketen in Westeuropa, vor allem in der Bundesrepublik und Großbritannien.

Dieser so genannte Nato-Doppelbeschluss ist in weiten Kreisen der Bevölkerung umstritten. Erregt wird das Für und Wider dieser Politik diskutiert, viele Menschen haben Angst vor einem Atomkrieg. Auf Großkundgebungen der Friedensbewegung demonstrieren Anfang der Achtzigerjahre hunderttausende gegen Doppelbeschluss und Nachrüstung. Entsprechend aufgeheizt ist das politische Klima. Das bringt den Bundeskanzler in eine schwierige Position: Helmut Schmidt ist ein klarer Befürworter des Doppelbeschlusses, doch Teile der SPD verweigern ihm die Gefolgschaft.

Helmut Kohl und die CDU/CSU unterstützen die Politik des Bundeskanzlers. Damit gerät nicht nur der Oppositionsführer unter Beschuss, sondern wieder einmal auch seine Familie. »Auch meine Frau«, erzählt er, »blieb davon nicht verschont. Sie wurde beschimpft und war einige Male, wenn sie unterwegs war, sogar körperlichen Angriffen ausgesetzt. Es gab vor unserem Privathaus in Oggersheim auch Demonstrationen. Das hatte zur Folge, dass wir nur schwer unser Haus betreten oder verlassen konnten. Aber auch wenn rechtzeitig abgesperrt wurde, bekamen wir die Demonstrationen mit, weil dieses Volk dann in die nächste Straße weiterzog und so laut brüllte, dass wir es hören konnten. Hannelore hat das nie verstanden.«

Im Sommer 1979 wird Walter sechzehn Jahre alt. Er pocht auf sein Recht und möchte keine Personenschutzmaßnahmen mehr. Mit seinen Eltern einigt er sich darauf, dass er einen Vespa-Roller kaufen darf. Das Zauberwort heißt Unabhängigkeit. »Das war«, erzählt er, »eine Generalentscheidung. Das bedeutete, dass ich von nun an ohne Sicherheitsbeamte unterwegs war. Der Nachmittag, als meine Mutter mir die Vespa endlich erlaubt hat, war hoch dramatisch. Sie hatte damals große Bedenken wegen meiner Sicherheit.«

Was der Ältere erkämpft, davon profitiert der Jüngere. Walter berichtet: »Wie es bei jüngeren Geschwistern manchmal so ist, hat mein Bruder die Rechte, die ich mühsam bei meiner Mutter durchsetzen musste, später einfach übernommen. Für ihn war dann zum Beispiel das Thema, abends spät auf Feten gehen zu dürfen, wesentlich leichter als für mich. Wenn es um unsere Freunde ging, konnte meine Mutter sehr direkt sein, wenn sie etwas genervt hat. Generell ließ sie mir und später auch meinem Bruder jedoch unsere Freiräume. Sie hat uns auch nie hinterherspioniert. Das Einzige, was sie von uns verlangte, war, dass wir Punkt ein Uhr zu Hause sein mussten, wenn wir abends ausgingen. Ich stand spätestens um null Uhr neunundfünfzig vor der Haustür.«

Bereits am zweiten April 1979 ist Helmut Kohls Mutter Cäcilie im Alter von achtundachtzig Jahren gestorben. In ihren letzten Krankenhaustagen ist Hannelore täglich bei ihr.

»Meine Frau hat sich immer sehr um meine Eltern und um ihre Mutter gekümmert«, sagt Helmut Kohl. »Manchmal war das eine undankbare Sache, denn im hohen Alter ist es oft schwer, die Veränderung der Zeit zu begreifen und zu akzeptieren. Obwohl meine Frau stark gefordert war, hat sie es doch immer abgelehnt, dass ihre Schwiegereltern oder ihre eigene Mutter in ein Altersheim kommen. Das war für sie ein Unding. In diesem Zusammenhang hat sie sich später, als ich schon Bundeskanzler war, auch mal mit einem Bundesminister angelegt, der für seine ausgeprägte Spruchkraft über die Notwendigkeit, sozial zu sein, bekannt war. Sie sagte: ›Sie predigen doch überall, dass die Jungen die Alten pflegen sollten. Ich habe das getan. Doch Sie haben Ihre Eltern ins Altersheim gegeben.‹ In dieser Beziehung war Hannelore überhaupt nicht zimperlich. Da konnte sie sehr ruppig sein. Dem Mann hat es die Sprache verschlagen.«

Etwas über ein Jahr später, im Spätsommer 1980, erkrankt Hannelores Mutter, die immer so agile Irene Renner, schwer. Bis zuletzt wehrt sie sich dagegen, in ein Krankenhaus eingeliefert zu werden, denn sie ist überzeugt, dass sie es nicht mehr lebend verlassen wird. Zu Hause wird sie täglich ärztlich behandelt und rund um die Uhr betreut. Doch nach einem Monat geht es beim besten Willen nicht mehr. Sie kommt in eine Klinik, wo sie langsam in einen Dämmerschlaf und schließlich in ein Koma versinkt. Wenige Wochen nach ihrer Einlieferung stirbt »Oma Gogo« eines Nachts im Alter von dreiundachtzig Jahren. Der Abschied von der eigenen Mutter ist für Hannelore ein genauso schmerzlicher Abschied wie der von ihrem Vater.

Für Peter ist der Tod seiner Großmutter ein unbeschreiblicher Verlust. Zum ersten Mal erlebt er hautnah mit, wie ein geliebter Mensch die letzten Stufen des Lebens hin zum Tod geht.

Walter, der zu dieser Zeit in der Normandie mit Freunden auf einer Interail-Tour unterwegs ist, fährt sofort nach Hause zurück, als er am Telefon die Nachricht von seiner Mutter erhält. »Als ich am nächsten Morgen zu Hause ankam, ging ich mit meiner Mutter sofort ins Krankenhaus, in dem die Oma noch lag. Beim Rausgehen begegneten wir einer jungen Mutter, die ein drei Tage altes Baby auf dem Arm hatte, und meine Mutter sagte: ›Siehst du, das ist das Rad des Lebens.‹ Auf der Fahrt nach Hause haben wir dann weiter über das Leben und den Tod gesprochen. Als das Gespräch auch auf die lebens-

Am 2. April 1979 stirbt Hannelores Schwiegermutter Cäcilie Kohl im Alter von 87 Jahren.

verlängernden Maßnahmen der Intensivmedizin kam, sagte sie mir: ›Ich gehe niemals an die Schläuche. Das mache ich nie.‹«

Jahre später sprach sie einmal über den Tod und sagte: »Früher betete man um eine gute Sterbestunde. Und das ist wichtig. Jeder wünscht sich einen sanften und schnellen Tod. Außerdem ist es doch so, dass man weniger Angst vor dem Tod als vor dem Sterben hat. Man hat ja auch weniger Angst vor dem Fliegen als vor dem Runterfallen. Wenn sich das Sterben lange hinzieht, ist eine gewisse Sanftmut sich und anderen gegenüber sicherlich sinnvoll. Sollte das bei mir einmal so sein, hoffe ich, dass ich sie aufbringe. Warum soll ich nicht anerkennen, dass mein Leben irgendwann einmal zu Ende ist? So wichtig ist keiner. Mein Vater starb leider sehr früh. Meine Schwiegereltern und meine Mutter wurden dagegen sehr alt. Ihr Sterben habe ich hautnah miterlebt. Alter und Gebrechlichkeit sind eine schwere Sache. Beides in Würde durchzustehen, das wünsche ich meiner Familie und mir.«

Am fünften Oktober 1980 verfehlt Franz Josef Strauß klar die notwendige absolute Mehrheit. Damit verliert er die Bundestagswahl gegen die sozialliberale Koalition unter Bundeskanzler Helmut Schmidt: Die CDU/CSU erreicht 44,5 Prozent der Stimmen, die SPD 42,9 Prozent und die FDP 10,6 Prozent. Alles bleibt beim Alten. Der Wahlverlierer, Franz Josef Strauß, kehrt als Ministerpräsident nach Bayern zurück. Helmut Kohl bleibt CDU/CSU-Fraktionsvorsitzender in Bonn.

Nach diesem Ausgang des Streits zwischen ihrem Mann und Franz Josef Strauß empfindet Hannelore Kohl doch ein wenig Genugtuung. Gleichzeitig ist ihr aber klar, dass der nächste Kanzlerkandidat der Union wahrscheinlich wieder Helmut Kohl heißen wird, und das macht sie nicht gerade glücklich. Mit Sorge sieht sie die zusätzlichen Belastungen, denen ihre Familie ausgesetzt sein wird, sollte ihr Mann Bundeskanzler werden.

Anfang 1981 findet in Wiesbaden wie in jedem Jahr der »Ball des Sports« statt. Wegen seiner angenehmen und eleganten Atmosphäre besuchen Hannelore Kohl und ihr Mann diesen Ball immer sehr gerne. Eduard Ackermann erzählt: »Hannelore Kohl war eine leidenschaftliche Tänzerin. Sie war überhaupt ein geselliger Mensch und hat später selbst viele Bälle mit organisiert. Gut gefallen haben ihr ebenfalls die Karnevalsfeste der Fraktion in der Godesberger Stadthalle. Als sie das erste Mal auf die Bühne gebeten wurde, war ich sehr neugierig, wie sie das macht. Denn dort ist es üblich, dass man sich mit Küsschen begrüßt. Das war nicht so ihre Art. Aber sie hat sich ungeheuer schnell reingefunden und beim Küsschengeben jedes Mal süffisant gelächelt.«

Wenn es sich einrichten lässt, trifft sich Hannelore mit ihren Freundinnen. Wie schon zu ihrer Zeit als Frau des Ministerpräsidenten organisiert sie auch weiterhin Klassentreffen, unter anderem in ihrem Haus in der Marbacher Straße. Im Dezember 1981 fährt sie zu ihrer Sandkastenfreundin Rena nach Köln, die sie auf eine Party zu ihrem fünfzigsten Geburtstag eingeladen hat.

»Als Geschenk«, erzählt Rena, »bekam ich einen silbernen Kerzenleuchter und einen silbernen Bilderrahmen, die ich heute noch habe. Alle meine Gäste interessierten sich sehr für Hannelore, weil sie damals schon einen relativ großen Bekanntheitsgrad hatte. Aber da sie sich völlig normal verhielt und in der Küche sogar beim Abtrocknen half und dabei humorvoll kleine Anekdoten aus ihrem Leben erzählte, hörte das vordergründige Interesse an ihr bald auf. Hannelore hatte ein großes Geschick darin, sich zurückzunehmen.«

Aufgrund der schwierigen wirtschaftlichen und außenpolitischen Lage gerät die sozialliberale Koalition immer mehr unter Druck. Auch die Spannungen und Auseinandersetzungen um den Nato-Doppelbeschluss nehmen an Schärfe zu. Während sich Bundeskanzler Helmut Schmidt und die FDP zu der Nato und ihrer Politik bekennen, lehnen weite Teile der SPD die Nachrüstung entschieden ab. In der Koalition knirscht es, aber als Helmut Schmidt am dritten Februar 1982 die Vertrauensfrage stellt, wird er noch einmal in seinem Amt bestätigt.

Im Juni 1982 macht Walter sein Abitur. Danach fährt das Ehepaar Kohl wie jedes Jahr im Juli und August für dreieinhalb Wochen nach St. Gilgen.

Zurück aus den Ferien, lässt sich Peter auf eigenen Wunsch von der Waldorfschule beurlauben, um für acht Monate als Schüler in der »classe de première« ein Jesuiten-Lyzeum im nordfranzösischen Amiens zu besuchen. Im Jahr davor hat er für ein halbes Jahr eine Waldorfschule in der Nähe von Birmingham in England besucht. »Die meisten Eltern sind verständlicherweise auf die Leistungen ihrer Kinder stolz. Meine Mutter hat sich damals aber besonders darüber gefreut, dass sich ihr ›Fremdsprachenprogramm‹ am Ende so ausgezahlt hat«, erzählt er.

Sehr deutlich zeichnet sich mittlerweile der politische Wechsel in Bonn ab. Die Auseinandersetzungen in der Regierungskoalition werden immer härter und erreichen während der Beratungen über den Bundeshaushalt für 1983 ihren vorläufigen Höhepunkt. Das von FDP-Wirtschaftsminister Otto Graf Lambsdorff unterbreitete Sparkonzept weicht nicht nur vom Regierungskurs ab, es weist auch Gemeinsamkeiten mit den Vorstellungen der CDU/CSU-Opposition auf. In der SPD wird das Lambsdorff-Papier als erster Schritt zum Bruch der Koalition aufgefasst. Am siebzehnten September 1982 kündigt Bundeskanzler Helmut Schmidt die sozialliberale Koalition auf. Die FDP-Minister treten zurück, und noch am gleichen Tag stimmt die Mehrheit der FDP-Fraktion der vom Parteivorsitzenden Hans-Dietrich Genscher geforderten »Wende«, sprich einer Koalition mit der CDU/CSU, zu.

Für die Familie Kohl ist das eine spannungsgeladene und dramatische Zeit. Hannelore weiß, dass ihr Mann jetzt kurz vor seinem Ziel steht: Er will Bundeskanzler werden, und sie unterstützt ihn mit all ihrer Kraft. Fritz Ramstetter erinnert sich an diese aufwühlenden Wochen: »Dass Helmut Kohl die psychische Energie aufbrachte, alles durchzustehen, war nur möglich, weil sie hinter ihm stand. Wenn sie ihrem Mann jetzt auch noch Vorwürfe gemacht hätte, wäre es zu einer Belastung in der Ehe gekommen, was zur Folge gehabt hätte, dass er sich nicht hätte durchsetzen können. Wenn er sie nicht geliebt und nicht gesucht hätte, wäre sein politischer Erfolg undenkbar gewesen. Ich kann mit Sicherheit sagen, dass Hannelore Kohl entscheidend dazu beigetragen hat, dass ihr Mann sich nicht aufgegeben hat. Insbesondere durch ihre Unterstützung blieben seine ihm eigene Dynamik und Zielstrebigkeit erhalten. Das ist von ganz entscheidender Bedeutung. Allein und aus eigener Kraft hätte er diese Karriere nicht machen können.«

So wie Hannelore Kohl hinter ihrem Mann steht, steht auch er zu ihr. Sie weiß, dass sie sich immer auf ihn verlassen kann. »Es war ihr auch wichtig, dass da eine starke Kraft ist, die ihr Rückhalt gibt«, sagt Helmut Kohl. »Meine Frau wurde oft ja auch nur scheinbar angegriffen. Nicht wenige wussten, dass es leichter ist, mich zu treffen, wenn man sie angriff.

Aber sie hat immer genau gewusst, dass ich vor ihr stehe. Wenn es hart auf hart kam und ich ihren Kosenamen ›Schlänglein‹ sagte, wusste sie sehr genau: Jetzt ist er ganz bei mir. ›Schlänglein‹ war ihr wichtigster Kosename.«

Während in Bonn die Verhandlungen zur Regierungsneubildung laufen, ist in Nordrhein-Westfalen Landtagswahlkampf, in dem sich auch der Oppositionsführer Helmut Kohl engagiert. Zusammen mit ihrem Mann besucht Hannelore Ende September 1982 eine große CDU-Werbeveranstaltung im Ruhrgebiet. Ihr Mann und sie sitzen auf dem Rücksitz in einer offenen Kutsche und winken den Menschen zu, als ein Kameramann mit einer tragbaren Fernsehkamera sich hinten auf die Kutsche aufstützt, um in eine möglichst gute Schussposition zu kommen. Auf einmal scheuen die Pferde und die Kutsche zieht etwas an, so dass der Kameramann abrutscht und im Sturz die Kamera mit herunterreißt.

Kaum jemand, noch nicht einmal Helmut Kohl, der neben ihr sitzt, bekommt mit, wie die Kante des Objektivs Hannelore hart am Hinterkopf trifft. Obwohl ihr schlecht ist vor Schmerzen, spielt sie den Vorgang herunter und bringt den Wahlkampfauftritt zu Ende, als wäre nichts geschehen. Erst abends zu Hause in Ludwigshafen bricht sie zusammen und wird in eine Klinik eingeliefert. Dort diagnostizieren die Ärzte eine schwere Gehirnerschütterung.

Als Bundeskanzler Helmut Schmidt am ersten Oktober 1982 durch ein konstruktives Misstrauensvotum gestürzt und Helmut Kohl mit zweihundertsechsundfünfzig von vierhundertfünfundneunzig Stimmen zum neuen Bundeskanzler gewählt wird, ist sie immer noch sehr krank.

KAPITEL 8

AUF INTERNATIONALEM PARKETT

Als Hannelore Kohl am Morgen des ersten Oktober 1982 in Bonn aufwacht, geht es ihr schlecht. Sie hat starke Kopfschmerzen, leidet unter Schwindel und Übelkeit. Unter Aufbietung aller Kräfte steht sie auf.

Erst kurz vorher ist Hannelore Kohl aus dem Krankenhaus entlassen worden. Der Arzt hat ihr strikte Bettruhe zu Hause in Ludwigshafen verordnet. Gegen den ärztlichen Rat und obwohl es ihr immer noch nicht gut geht, entschließt sie sich, nach Bonn zu kommen. Sie zwingt sich, bei der Wahl ihres Mannes zum Bundeskanzler dabei zu sein, weil sie ahnt, was für ein Gerede entstehen würde, sollte sie der Wahl aus gesundheitlichen Gründen fernbleiben. In diesem emotional aufgeheizten Klima würde ihr niemand den wahren Grund glauben, zumal ihr Mann und sie den Unfall im Ruhrgebiet bewusst verschwiegen haben.

Helmut Kohl und die Söhne haben sich bereits am Vortag, am dreißigsten September 1982, in dem Wohnhaus in Pech bei Bonn eingefunden. Walter genießt die letzten freien Tage nach der Schule, denn in ein paar Tagen beginnt seine Dienstzeit bei der Bundeswehr. Peter hat sich vom französischen Jesuiten-Lyzeum beurlauben lassen und ist extra aus Nordfrankreich angereist.

Eine größere Anzahl von Kamerawagen und Fotografen belagert am Morgen der Kanzlerwahl das Haus. Erst nach eini-

1. Oktober 1982: Hannelore Kohl gratuliert dem neuen Bundeskanzler.

gem Hin und Her gibt es für den Dienstwagen ein Durchkommen. Nach kurzer Fahrt kommt die Familie Kohl am Haupteingang des Bundeshauses in Bonn an, wo sich eine große Menschenmenge versammelt hat. Auch hier wimmelt es von Kameras und Fernsehscheinwerfern.

Helmut Kohl geht voraus, es gibt immer wieder Applaus. Er spricht kurz mit Pressevertretern und verschwindet bald im Plenum. Mit etwas Abstand folgt Hannelore, die sich bei ihren Söhnen untergehakt hat. Mehrere Sicherheitsbeamte schirmen sie in der Menschenmenge ab. »Die Lobby vor dem Bundestag war schwarz vor Menschen, und der Medienrummel war gigantisch. Es war ein Tollhaus«, erzählt Walter.

Und dann schildert er, wie schwierig es ist, sich einen Weg zu ihren Plätzen zu bahnen: »Mein Bruder und ich haben uns rechts und links, wie Flügeladjutanten, bei ihr eingehängt. Vor und hinter uns gingen die Sicherheitsbeamten. Meine Mutter war so schwach, dass sie kaum laufen konnte. Wir mussten sie sozusagen zu ihrem Platz auf die Besuchertribüne tragen. Diesen Tag hat sie nur dank ihrer eisernen Disziplin durchgestanden. Für sie, und natürlich auch für uns, war es ganz wichtig, dass sie um fünfzehn Uhr dreißig, als das Ergebnis der Vertrauensabstimmung verkündet wurde, Flagge zeigen konnte.«

Ein paar Tage später, am fünften Oktober, rückt Walter zur Grundausbildung bei seinem Jägerbataillon in Bexbach an der Saar ein. Als er sich für den zweijährigen Dienst verpflichtet hat, konnte er beim besten Willen nicht ahnen, unter welch bizarren Rahmenbedingungen er seinen Dienst antreten wird.

»Viele Journalisten haben natürlich Wind davon bekommen, dass ich an diesem Tag dort einrücke, und sind vor dem Kasernentor erschienen«, erzählt er. »Und da ich mir denken konnte, dass sie davon ausgingen, dass ich im Privatwagen und unter Polizeibewachung dort einlaufe, bin ich ganz normal mit dem Zug gefahren und wurde wie alle anderen am Bahnhof in Bexbach in einen Fünftonner der Bundeswehr verfrachtet und direkt auf das Kasernengelände gefahren.«

Am fünften November 1982 tritt Hannelore Kohl ihren ersten offiziellen Besuch als Frau des Bundeskanzlers an. Die Reise geht nach Luxemburg, wo sie von Ministerpräsident Pierre Werner und dessen Frau empfangen werden. Auch wenn dies ein Wiedersehen alter Freunde ist und wenig spektakulär verläuft, ist das Programm dieses allerersten offiziellen Besuchs doch typisch für viele spätere Besuche innerhalb Europas. Es sieht so aus:

9.00 Uhr: Flug mit Hubschrauber zum Flughafen Köln/Bonn
9.15 Uhr: Flug mit Bundeswehrmaschine zum Flughafen Luxemburg/Findel
10.00 Uhr: Ankunft, Begrüßung durch MP Werner und Frau Werner mit militärischen Ehren. Anschließend Fahrt in Begleitung von Frau Werner zum Besuch des Altersheims in Bofferdingen
11.45 Uhr: Höflichkeitsbesuch des Bundeskanzlers und Frau Kohls beim Großherzog und der Großherzogin von Luxemburg
12.30 Uhr: Mittagessen, gegeben von MP Werner und von Frau Werner im Außenministerium
14.45 Uhr: Gang (bei Regen Fahrt) von Frau Kohl in Begleitung von Frau Werner zum Besuch des luxemburgischen Staatsmuseums

16.00 Uhr: Verabschiedung durch MP Werner und Frau Werner. Anschließend Fahrt des Bundeskanzlers und Frau Kohls nach Saarbrücken.

Hannelore Kohls Rolle hat sich deutlich gewandelt. Viele der Aufgaben im Inland, die für die Frau des Ministerpräsidenten noch auf Rheinland-Pfalz begrenzt waren, erstrecken sich jetzt auf die gesamte Bundesrepublik, neue Aufgaben sind hinzugekommen, andere sind ganz entfallen. Den wichtigsten Unterschied zu früher machen jedoch die internationalen Verpflichtungen aus, die es in der Mainzer Zeit so nicht gegeben hat. Über sechzig verschiedene Länder besuchen sie und ihr Mann im Lauf der Jahre gemeinsam, viele davon mehrfach. Dazu kommen die zahlreichen Reisen, die Helmut Kohl in den sechzehn Jahren seiner Kanzlerschaft alleine absolviert.

Von einem Tag auf den anderen ist Hannelore Kohl eine der wichtigsten und sichtbarsten Repräsentantinnen der Bundesrepublik im Ausland. Als Frau des Bundeskanzlers pflegt sie den Kontakt mit Staatsoberhäuptern und Regierungschefs auf der ganzen Welt sowie zu deren Frauen, denen sie bei offiziellen Besuchen im Ausland oder in der Bundesrepublik immer wieder begegnet.

Ein »offizieller Besuch« ist etwas anderes als ein Staatsbesuch, doch nur wenige kennen den Unterschied. Ist der Bundeskanzler Gast der Regierung eines anderen Landes, spricht man von einem offiziellen Besuch. Nur im Fall des Bundespräsidenten benutzt das Protokoll den Begriff »Staatsbesuch«, denn bei ihm handelt es sich um das Staatsoberhaupt der Bundesrepublik. Beide, Bundeskanzler wie Bundespräsident, reisen manchmal auch zu Privatbesuchen ins Ausland, was jedoch nicht bedeutet, dass der Inhalt dieser Reisen einen weniger offiziellen Charakter hätte.

Hannelore Kohl ist sich bewusst, dass die Frau des deutschen Bundeskanzlers sich keinen Fehler erlauben darf. Ein unbedachtes Wort oder mangelnde Vorbereitung können ihrem Land unter Umständen erheblich schaden. Nach ihrem Selbstverständnis geht es einfach darum, im Ausland Flagge zu zeigen und einen guten Eindruck zu machen. Mit dieser Devise fährt sie gut.

Besonders in den Anfangsjahren seiner Kanzlerschaft führen sehr viele Reisen Helmut Kohl gemeinsam mit seiner Frau gerade auch nach Übersee. In dieser Zeit verfügt er noch nicht über das ausgedehnte Netzwerk persönlicher Beziehungen zu ausländischen Regierungschefs und Staatsoberhäuptern, auf das er später bauen kann. Das muss er sich jetzt erst noch erarbeiten, und das heißt in der Praxis: reisen, reisen und nochmals reisen.

Für Hannelore Kohl hat das ein gehöriges Maß an Vorbereitung zur Folge, und wenn es sich um den ersten Besuch in einem Land handelt, gehört dazu auch ein intensives Aktenstudium. So bereitet sie sich jedesmal gründlich auf die landeskundlichen und politischen Gegebenheiten eines Landes sowie auf die persönlichen Hintergründe ihrer Gastgeber und Gesprächspartner vor.

Wer als Journalist oder Delegationsmitglied schon einmal mit dem Bundeskanzler an einem offiziellen Besuch im Ausland, besonders in Übersee, teilgenommen hat, weiß, was für eine physische Strapaze das ist. Von morgens früh bis abends spät ist jeder Programmpunkt auf die Minute genau geplant.

Wer so viel reist, für den ist auch das Reisen selbst nicht mit jener freudigen Erwartung verbunden, mit der wir eine Urlaubsreise antreten. Auf der Langstrecke reist das Ehepaar Kohl bis Anfang der Neunzigerjahre mit einer etwas in die Jahre gekommenen Boeing 707 der Flugbereitschaft. Bis auf zwei schmale Klappliegen unterscheidet sich das Komfortangebot dieser Maschinen nur unwesentlich von einer Linienmaschine. Es gibt zum Beispiel keine Dusche an Bord. Im Vergleich zu anderen Ländern, wie etwa den USA oder Frankreich, sind die deutschen Standards in puncto Flugkomfort für den Regierungschef eher spartanisch.

Während die anderen Mitreisenden am Zielort übernächtigt und mit sichtbarem Jetlag aus der Maschine steigen, müssen der Bundeskanzler und seine Frau bei der Ankunft hellwach sein. Der Ablauf ist meist so: Die Maschine der Luftwaffe rollt aus, die Tür wird geöffnet, bei laufenden Fernsehkameras steigt das Ehepaar lächelnd die Gangway herunter und wird dann, je nach Programmverlauf, mit militärischen Ehren begrüßt. Neben dem eigentlichen offiziellen Besucher achtet man als Erstes auf seine Ehefrau. Man schaut, wie sich Hannelore Kohl gibt und wie sie angezogen ist. Man erwartet von ihr, dass sie, egal, wie lang der Tag dauert, bei jedem Programmpunkt in dem angemessenen Kleid und wie aus dem Ei gepellt erscheint. Männer, und seien sie auch Bundeskanzler, haben es in diesem Punkt viel einfacher.

Auf der ersten offiziellen Auslandsreise, die Helmut und Hannelore Kohl nach Luxemburg führt, ist auch Walter Neuer dabei. Damals ist er noch Leiter des Europa-Referats, später, ab 1987, wird er Bürochef des Bundeskanzlers. »Als ich in einer Pause an ihren Tisch gebeten wurde«, erinnert sich Walter Neuer, »hat sich Frau Kohl erkundigt, woher ich komme, und ich erzählte ihr, dass ich aus Mannheim stamme und wie ihr Mann in Heidelberg studiert habe. In den darauffolgenden Jahren hatten wir oft miteinander zu tun. Dabei ging es natürlich in erster Linie um die Auslandsreisen, für die ich mit verantwortlich war. Auch für sie habe ich, gemeinsam mit dem Auswärtigen Amt, Programmpunkte entwickelt, die ich ihr dann vorgetragen habe. Bei den anschließenden gemeinsamen Gesprächen haben wir dann darüber diskutiert, was ihr zusagte und was nicht und was unbedingt außenpolitisch notwendig ist. Wie sich die Frau des Bundeskanzlers im Ausland präsentierte – davon hing ja auch der Ruf von Helmut Kohl und der der Bundesrepublik Deutschland ab. Oft hat sie den einen oder anderen wertvollen Hinweis gegeben, worauf wir beim Programm ihres Mannes Wert legen sollten.«

Bei der Planung der offiziellen Reisen an der Seite des Bundeskanzlers sind Hannelore Kohl eine Reihe von Dingen wichtig. Sie achtet zum Beispiel darauf, dass das Programm eine gewisse Ausgewogenheit und Substanz hat und sich nicht in Besichtigungen erschöpft, auch wenn damit natürlich die Kultur des Landes gewürdigt werden soll. Es ist ihr wichtig, dass sie auch soziale Einrichtungen wie Heime für Behinderte, Altenheime, Krankenhäuser, Kindergärten oder Schulen besucht. Dabei sind ihr die Klischees, die mancher deutsche Beobachter bei diesen Besuchen zu erkennen glaubt, egal. Ihr geht es darum, die Leistungen im Dienst an den Mitmenschen herauszustellen, und allein durch ihren Besuch wertet sie die entsprechenden Einrichtungen auf. Oft erlauben ihr diese Besuche auch unerwartete Einblicke in den Zustand der Gesellschaft des Gastlandes.

Ebenso wie ihr Mann hat Hannelore Kohl ein großes Interesse daran, dass für die Deutschen in dem betreffenden Land etwas getan wird. Deshalb erkundigt sie sich jedes Mal ganz konkret nach speziellen Einrichtungen für ihre Landsleute. Auch an Empfängen für die deutsche Gemeinschaft nimmt sie immer teil.

Was sie nicht so sehr mag, sind die Damenprogramme. »Schon das Wort«, erläutert Walter Neuer, »gefiel ihr nicht, weil sie als eigenständige Persönlichkeit begriffen werden wollte und nicht als Anhängsel, was der Name ›Damenprogramm‹ vielleicht suggeriert. Also hat sie auch in diesem Punkt Wert auf Substanz gelegt und versucht, das Beste daraus zu machen. Frau Kohl war eine sehr patente Frau, mit der man Pferde stehlen konnte. Der Umgang mit ihr war immer sehr einfach, auch wenn mal etwas schieflief. Passierte das bei ihrem Mann, hat sie immer ausgeglichen. Ich hatte ein ausgesprochen gutes Verhältnis zu ihr und kam prima mit ihr aus.«

Das politische Leben in der Bundesrepublik wird nun schon seit Jahren von dem Streit um die Nachrüstung dominiert. Die öffentliche Wahrnehmung beherrschen zwei Lager: Auf der einen Seite steht die Friedensbewegung, die mit ihrer Forderung nach einseitiger Abrüstung beansprucht, für die Mehrheit der Bürger zu sprechen. Dass das nicht so ist, zeigt auch das Ergebnis der Bundestagswahl im Frühjahr 1983. Auf der anderen Seite steht die Bundesregierung unter Helmut Kohl, die die Umsetzung des Nato-Doppelbeschlusses zum Ziel hat. Die Gräben zwischen Befürwortern und Gegnern der Nachrüstung vertiefen sich zusehends. Das bekommen Hannelore Kohl und ihre Söhne am eigenen Leib zu spüren.

Walter berichtet von einem Erlebnis im Dezember 1982, als er übers Wochenende von seinem Bundeswehrstandort nach Hause fährt. »Als ich an diesem Wochenende im Kampfanzug nach Hause kam, war wieder einmal eine Demonstration gegen die Nachrüstung vor unserem Haus im Gange. Es waren insgesamt vielleicht zweihundert Personen, die sich dort versammelt hatten.«

Die Polizei ist ob der überfallartigen Attacken, die wie aus dem Nichts kommen, manchmal überfordert. So gelingt es den Demonstranten hin und wieder, bis an die Haustür der Familie Kohl vorzudringen.

Walter fährt fort: »Als einige der Demonstranten mich in Bundeswehruniform sahen, pöbelten sie mich sofort an, beschimpften mich und drohten mir. Die Polizei griff ein, und deshalb habe ich es dann ins Haus geschafft. Diese Sorte ›Friedensdemonstranten‹ haben wir nicht nur in diesem speziellen Fall, sondern noch mehrfach bei anderen gewalttätigen Aktionen erlebt. Hinter ihrem hysterischen und schrillen Gebrüll verbargen sie für mein Verständnis bloß ihre Feigheit.

Unsere Familie wurde von ihnen einfach in Sippenhaft genommen.«

»Obwohl meine Mutter immer wieder positiven Zuspruch erhielt, hat sie das Ganze wahnsinnig belastet. Anders behandelt zu werden, ein Leben in Extremen zu führen, war für sie ein aberwitziger Zustand. Das Moment der Ruhe fehlte«, sagt Walter. »Obwohl das alles meiner Mutter wahnsinnig zugesetzt hat, hat sie versucht dagegenzuhalten, und zwar mit allen ihr zur Verfügung stehenden Mitteln und mit ihrer ganzen Kraft. Sie hat einfach geglaubt, dass sie über Fairness und Klarheit einen Dialog aufbauen kann. Für meine Mutter waren die Jahre 1982/83, die unglaublich emotionalisierend und ideologisierend waren, sehr schwer.«

Wegen der anstehenden weitreichenden Entscheidungen setzt Helmut Kohl Neuwahlen durch. Er will, dass die Wähler vorzeitig, noch vor Ablauf der regulären Legislaturperiode, über die künftige Politik des Landes befragt werden. Am siebzehnten Dezember 1982 stellt er im Deutschen Bundestag die Vertrauensfrage. Damit macht er den Weg zu Neuwahlen frei, die er zu diesem Zeitpunkt glaubt gewinnen zu können.

Die CDU/CSU erzielt bei diesen Wahlen mit 48,8 Prozent der Stimmen ihr zweitbestes Ergebnis seit 1949 und bildet zusammen mit der FDP, die 7 Prozent der Stimmen bekommt, eine neue Regierung. Erstmals ziehen nach dieser Wahl auch die Grünen in den Bundestag ein, die 5,6 Prozent der Stimmen errungen haben. In dem Wahlgewinn sieht Helmut Kohl ein ausdrückliches Mandat der Wähler zur Umsetzung des Nato-Doppelbeschlusses, also auch, sollte dies notwendig werden, zur Stationierung der atomaren Mittelstreckenwaffen in der Bundesrepublik.

Am neunundzwanzigsten März 1983 wird Helmut Kohl dann mit zweihunderteinundsiebzig von vierhundertsechsundachtzig gültigen Stimmen im Amt des Bundeskanzlers bestätigt. Am fünfundzwanzigsten Mai wählt ihn die CDU mit 97,3 Prozent der Stimmen erneut ins Amt des Parteivorsitzenden, das er bis November 1998 innehaben soll.

Nach der gewonnenen Bundestagswahl beginnt Hannelore Kohl mit dem Umbau des Privattrakts im Bonner Kanzlerbungalow. Darüber erzählt Helmut Kohl: »Obwohl sie den Bungalow mochte, hat meine Frau aufgrund ihrer großen Erfahrung sofort alle Mängel dieser Welt entdeckt und dabei auch festgestellt, dass der private Teil für eine Familie mit Kindern völlig ungeeignet ist. Wären unsere Söhne damals zu Besuch gekommen, hätte es nicht mal ein Gästezimmer für sie gegeben. Es gab auch keine normal dimensionierte Küche. Die Schmidts hatten im Privattrakt nur eine kleine Kochnische. Also hat sie den privaten Wohnbereich nach ihren Vorstellungen zu etwas Funktionsfähigem umbauen lassen.«

»Zu den Damen, die den Bungalow bewirtschafteten, besonders zu Frau Otto und Frau Pirwitz, hatte sie immer ein sehr gutes und herzliches Verhältnis«, erzählt er weiter. »Wenn wir offiziellen Besuch im Bungalow empfangen haben, war sie wie immer eine perfekte Gastgeberin. Außerdem hat sie sich sehr um die Ehefrauen meiner Kollegen bemüht. Natürlich hat sie im Bungalow auch ihre eigenen Veranstaltungen abgehalten. So hatte sie zum Beispiel regelmäßig die Frauen von ausländischen Botschaftern zu Gast.«

Ende Mai 1983 lädt US-Präsident Ronald Reagan zum Weltwirtschaftsgipfel nach Williamsburg im US-Bundesstaat Virginia ein. Dieses so genannte G-7-Treffen findet jedes Jahr statt. Daran nehmen die Staats- und Regierungschefs der sieben wichtigsten Industrienationen teil: Vereinigte Staaten, Japan, Bundesrepublik Deutschland, Frankreich, Großbritannien, Italien und Kanada. Seit in jüngerer Zeit auch Russland hinzugekommen ist, spricht man von den G-8. Turnusgemäß ist immer ein anderes Land Gastgeber.

In diesem Jahr findet der Weltwirtschaftsgipfel in einem besonderen Rahmen statt. Williamsburg ist ein im englischen Kolonialstil des achtzehnten Jahrhunderts erbautes Provinzstädtchen. In den letzten vierzig Jahren wurde der historische Teil der Stadt in ein bewohntes Freilichtmuseum über die Kolonialzeit umgewandelt, das für das europäische Auge wie eine Mischung aus Heimatmuseum und Disneyland aussieht. Viele Millionen Amerikaner besuchen jedes Jahr ihr »Colonial Williamsburg«, wo Schauspieler und Handwerker das Amerika von 1760 in historischen Kostümen wieder aufleben lassen. Eduard Ackermann, der auch dabei ist, erinnert sich, »dass Hannelore Kohl das Haus im Kolonialstil, wo sie untergebracht war, sehr imponiert hat, weil das mal was anderes war als immer nur ein Hotel«.

Sechs der sieben Staats- und Regierungschefs sind mit ihren Ehefrauen angereist, als einziges Land wird Großbritannien durch eine Frau, durch Premierministerin Margaret Thatcher, vertreten. Während die Regierungs- und Staatschefs gemeinsam oder in kleinen Gruppen tagen, findet unter Führung von Nancy Reagan das »Damenprogramm« statt. Darüber hinaus gibt es eine Reihe von gesellschaftlichen Anlässen, an denen Hannelore Kohl und ihr Mann gemeinsam teilnehmen.

Leicht kommt Hannelore Kohl mit dem amerikanischen Präsidenten Ronald Reagan und seiner Frau Nancy ins Gespräch. Obwohl sie denkbar verschiedene Lebenswege haben, sind sich beide Frauen sofort sympathisch. Um Hannelore eine Freude zu machen, stellt ihr Nancy Reagan für die Dauer des Gipfels einen Mitarbeiter ihres Stabes zur Seite, der permanent für den Gast aus Deutschland da ist.

Nancy Reagan ist zwölf Jahre älter als Hannelore Kohl und wurde als Tochter einer Broadway-Schauspielerin in New York geboren. Sie schloss am Smith College in Massachusetts ihre Schauspielausbildung ab und feierte früh Erfolge als Musicalstar am Broadway. Danach ging sie als Schauspielerin nach Hollywood, wo sie auch gemeinsam mit Ronald Reagan, ihrem zukünftigen Ehemann, in Filmen spielte. Bevor ihr Mann schließlich Präsident der Vereinigten Staaten wurde, war er viele Jahre lang Gouverneur von Kalifornien und sie als seine Ehefrau die First Lady des größten Bundesstaats der USA. Aufgrund ihrer langjährigen Erfahrung bringt Nancy Reagan ein Maß an Professionalität und Sicherheit im Umgang mit dem Publikum und den Medien mit, das Hannelore Kohl sehr beeindruckt.

Unter den Ehefrauen der Staats- und Regierungschefs gibt es eine Art informelle Rangfolge, die sich nach der Anzahl der Amtsjahre, nach dem Lebensalter und der Erfahrung richtet. Zu Beginn der Kanzlerschaft ihres Mannes ist Hannelore Kohl so etwas wie eine Novizin in diesem sehr speziellen Damenzirkel, und deshalb fragt sie Nancy Reagan und andere, die ihr sympathisch sind, manchmal um Rat. Sechzehn Jahre später wird sie dann die Erfahrene sein, von der sich andere gern beraten lassen.

Nancy Reagan erklärt ihr zum Beispiel, wie man als Ehefrau ein Mammut-Besuchsprogramm durchsteht, ohne sich dabei physisch sinnlos zu verschleißen. Der Trick liegt darin, nicht jeden vom Protokoll vorgeschlagenen Programmpunkt sklavisch abzuarbeiten, sondern an den entscheidenden Stellen Prioritäten zu setzen.

»Meine Frau«, erzählt Helmut Kohl, »war bei Auslandsreisen sozusagen eine Spitzenkraft. Nicht nur wegen ihrer Mehrsprachigkeit, sie hatte auch nie Probleme mit dem Protokoll. Hannelore war nicht nur immer pünktlich, sie war auch ausgesprochen souverän und hat auch schwierige Situationen meistens mit viel Takt und Humor gemeistert. Sie kam mit fast allen Leuten gut zurecht, egal, ob es sich um einen Staatschef oder um ganz normale Leute handelte. Ihre Herzlichkeit und ihre Offenheit waren ihr Schlüssel zu den Menschen.«

Dass Zuverlässigkeit und Pünktlichkeit für die Frau eines Spitzenpolitikers genauso wichtig sind wie Souveränität, hat

Hannelore Kohl unter anderem von Wilhelmine Lübke, der Frau des 1972 verstorbenen zweiten deutschen Bundespräsidenten Heinrich Lübke, gelernt. Die beiden Frauen lernten sich schon kennen, als Helmut Kohl noch Fraktionsvorsitzender im Landtag von Rheinland-Pfalz war, und mochten einander sehr. Hannelore Kohl bewunderte Wilhelmine Lübke nicht nur für ihr soziales Engagement im Kuratorium Deutsche Altershilfe, die Frau des langjährigen Bundespräsidenten wurde für sie zu einer mütterlichen Freundin. »Von ihr habe ich sehr viel gelernt«, sagt sie einmal.

Weil sie in den unterschiedlichsten Situationen immer präsent ist und sich kaum je eine Blöße gibt, empfinden viele Menschen Hannelore Kohl als »diszipliniert«. Damit jedoch findet sie sich falsch beschrieben. Mit einer knappen Handbewegung sagte sie mal: »Ach was, das ist bloß eine moderne Voreingenommenheit. Wenn alles wie am Schnürchen klappt, hat das doch nichts mit Disziplin zu tun. Sondern mit Ordnung. In einem Chaos könnte ich nicht leben. Ordentlichkeit verlange ich nicht nur von mir, sondern auch von meinen Mitarbeitern, die übrigens sehr loyal, gewissenhaft und zuverlässig sind. In Bezug auf meine Papiere herrscht bei mir eine große Ordnung. Nicht nur im Büro, sondern auch zu Hause. Wenn ich von einer längeren Reise zurückkomme, finde ich auf dem Schreibtisch nicht nur einen großen Berg Post vor, viele Dinge sind natürlich liegen geblieben. Um mir einen Überblick zu verschaffen, staple ich sie zu Hause häufig auf dem Fußboden. Das heißt, ich sortiere die Papiere chronologisch nach Vorgängen, beschwere sie mit irgendetwas und lege noch einen Zettel drauf, damit ich weiß, worum es geht. Diese Haufen können dann auch eine ganze Weile liegen bleiben. Ob im Schrank ein Pullover so oder so herum sitzt, ist mir dagegen völlig egal. Die Tischdecken müssen natürlich glatt drinliegen, sonst habe ich hinterher noch mehr Arbeit. Diese Grundordnung, mit der ich mein Leben

Hannelore Kohl macht die Bekanntschaft von Königin Nuur im königlichen Palast in Amman (offizieller Besuch in Jordanien, Oktober 1983).

in den Griff bekomme, hat für mich nichts mit Disziplin zu tun.«

Nach dem Weltwirtschaftsgipfel in den USA geht es bereits im Juli 1983 in die UdSSR, wo das Ehepaar Kohl dem neuen sowjetischen Staats- und Parteichef Jurij Andropow einen Besuch abstattet. Für Hannelore Kohl ist es die erste Reise in die Sowjetunion.

Im Sommerurlaub fahren Hannelore und Helmut Kohl dann wie üblich nach St. Gilgen. Seit Helmut Kohl Bundeskanzler ist, verbringt er dort noch mehr Zeit mit Amtsangelegenheiten als vorher. Weil die Amtsgeschäfte weiterlaufen müssen, sind im Wechsel seine wichtigsten Bonner Mitarbeiter in St. Gilgen mit dabei, darunter auch Walter Neuer, der spätere Leiter des Kanzlerbüros, und Wolfgang Bergsdorf, der Leiter der Abteilung Inland im Presse- und Informationsamt der Bundesregierung. Viele Besuchertermine werden einfach in die drei Wochen im Juli und August verlegt, die Helmut Kohl in St. Gilgen ist. Auch immer mehr Journalisten kommen an den Wolfgangsee, die das Ehepaar fotografieren und interviewen wollen. Ein beliebtes Motiv sind »die tierliebenden Kohls«: Fotos mit Katzen, Fotos mit Kälbchen, Fotos mit Pferden, Fotos mit Hunden. Die Journalisten sind begeistert. Für sie ist das eine »perfekte Idylle«.

Aus dem Urlaub zurück, bereitet sich Hannelore Kohl sorgfältig auf einen Staatsbesuch im Nahen Osten vor, der sie im Oktober 1983 nach Jordanien, Ägypten und Saudi-Arabien führen wird. In Jordanien trifft sie König Hussein und Königin Nuur, eine gebürtige Amerikanerin, mit der sie sich sofort glänzend versteht.

In Ägypten hat sie ein unangenehmes Erlebnis, von dem Helmut Kohl erzählt: »Wir wohnten damals in einem alten Palast, der streng bewacht wurde. Zu unserem Leidwesen waren die Wachen sehr neugierig, und als meine Frau eines

Morgens durch das Bad lief, das mit einem Oberlicht ausgestattet war, entdeckte sie plötzlich, dass einer von ihnen sie von dort aus beobachtete.«

Doch das ägyptische Badezimmer birgt noch andere Tücken. Als Hannelore sich abends ein heißes Bad einlaufen lassen will, lässt sich der Wasserhahn an der Badewanne zwar auf-, aber trotz verzweifelter Versuche nicht mehr zudrehen. Das Wasser fließt munter weiter und steht schon auf dem Fußboden. Doch absolut niemand vom Personal ist zu erreichen. In diesem Moment klopft Ecki Seeber, der das Ehepaar auf allen Auslandsreisen begleitet, an der Tür. Als er die Bescherung sieht, holt er aus seinem mitgebrachten Werkzeugkasten eine Rohrzange und dreht den Hahn damit zu. Bei diesem wie bei ähnlichen Zwischenfällen ist Ecki Seeber oft die letzte »Verteidigungslinie«.

Ecki Seeber ist auf solchen Reisen auch der verlässliche Gepäckmeister. Auf allen Stationen sorgt er dafür, dass das Gepäck des Ehepaars Kohl sowie das der anderen Delegationsmitglieder immer rechtzeitig in den richtigen Zimmern ankommt. Außerdem stellt er das persönliche Gepäck von Helmut Kohl vor einer Reise zusammen und packt es bei jedem Aufenthalt immer wieder ein und aus.

»Mit den Jahren«, so erzählte Hannelore Kohl einmal, »wurde ja bekannt, dass ich beim Kofferauspacken in Minuten ein Hotelzimmer verwüsten kann. Das liegt daran, dass ich das immer mit Schwung tue. Und wenn mein Mann dabei zufällig ins Zimmer kam, war der Anblick für ihn schon schlimm, das gebe ich zu. Er ist nämlich sehr ordentlich. Natürlich blieb das Chaos nie lange liegen. Nach kurzer Zeit sah es wieder ordentlich aus. Wenn er dieses Resultat sah, war es auch wieder gut.«

Waren die Sachen einmal ausgepackt, stellte sich die Kleiderfrage. Helmut Kohl erzählt: »Hannelore hatte ein gutes Gefühl für Mode und einen sicheren Geschmack. Aber die Kleiderfrage hat sie auch gern mit mir und später mit Peter besprochen. ›Was soll ich anziehen?‹ war eine Dauerfrage von ihr, die bei mir oft zur Kapitulation führte, weil es immer nach dem gleichen Schema ablief: Wenn wir abends zu Bett gingen und ich noch gelesen habe, kam sie an und fragte: ›Wie ist das denn morgen? Kann ich da einen Hosenanzug anziehen?‹ Wenn ich dann sagte: ›Ja, du kannst‹, hat sie gesagt: ›Aber ist denn das adäquat?‹ Weil ich meine Ruhe haben wollte, habe ich ›Ja‹ gesagt.«

Kaum sind die Kohls von ihrer Nahostreise zurück, steht schon die nächste offizielle Reise an. Vom einunddreißigsten Oktober bis zum sechsten November 1983 geht es nach Japan, Indonesien und Indien. In Japan wird das Ehepaar Kohl durch Kaiser Hirohito und die Kaiserin empfangen. Hauptzweck des Besuchs sind eine Reihe von Gesprächen mit Premierminister Nakasone. Aus dieser Begegnung erwächst eine lebenslange Freundschaft von Hannelore und Helmut Kohl mit Yasuhiro Nakasone.

In Indien sind Helmut und Hannelore Kohl offizielle Gäste von Indira Gandhi. Ein Jahr später kommt die indische Premierministerin bei einem Attentat durch einen ihrer Leibwächter tragisch ums Leben.

Im Herbst 1983 stehen die Abrüstungsgespräche, die die USA und die Sowjetunion seit zwei Jahren in Genf führen, vor dem Scheitern. Damit wird der zweite Teil des Nato-Doppelbeschlusses wirksam, der die UdSSR zwingen soll, die auf Westeuropa gerichteten SS-20-Mittelstreckenraketen wieder abzubauen. Im Vorfeld der Bundestagsabstimmung über die Stationierung von Pershing-II-Raketen und Marschflugkörpern in der Bundesrepublik mobilisiert die Friedensbewegung im Oktober 1983 1,3 Millionen Menschen, die überall in Deutschland mit Menschenketten und Sitzblockaden gegen die Nachrüstung demonstrieren. Darunter sind auch Prominente wie Heinrich Böll, Erhard Eppler, Heinrich Albertz, Oskar Lafontaine und Walter Jens. Doch vergebens. Am zweiundzwanzigsten November 1983 beschließt der Bundestag die Nachrüstung. Auch nach diesem Beschluss ist das Land in der Frage der Stationierung von Mittelstreckenwaffen weiterhin gespalten.

Hannelore Kohl findet die getroffene Entscheidung unter den gegebenen Umständen richtig und leider notwendig. Welche Auswirkungen sich daraus für sie und ihre Familie ergeben werden, darüber macht sie sich keine Illusionen. Dass militante Stationierungsgegner Mitglieder ihrer Familie persönlich angreifen, empfindet sie als grobe Ungerechtigkeit. Solche Attacken sind, wie sie immer wieder betont, durch nichts zu rechtfertigen.

»Dass die ganze Familie, allen voran meine Mutter, die Zeit der Nachrüstungsverhandlungen so gemeistert hat, hatte einen ganz einfachen Grund: Sie und wir alle waren davon überzeugt, dass, sollte der Nato-Doppelbeschluss nicht umgesetzt werden, es die Nato wahrscheinlich nicht mehr lange geben würde – mit allen Konsequenzen, die dann daraus folgen«, sagt Walter Kohl.

In dieser Frage fühlt sich Hannelore an die Erlebnisse um das Kriegsende 1945 erinnert, als sie mit ihren Eltern vor der Roten Armee in den Westen geflohen ist. Walter erklärt: »Meine Mutter ist damals vor den Russen, sprich der Roten Armee, geflohen. Für sie war das Thema Nachrüstung in Bezug auf die von den Sowjets stationierten SS-20-Raketen eine Form des Krieges. Die Sowjetunion und die Rote Armee waren dabei für sie Synonyme. In diesem Punkt war sie ein Kind von 1945.«

Ein ganz anderes Thema beansprucht im Lauf des Jahres 1983 Hannelore Kohls Aufmerksamkeit. Es hat sich eingebürgert, dass die Ehefrau des Bundeskanzlers ehrenamtlich ein soziales Engagement übernimmt. So ist sie nun auf der Suche nach einem eigenen sozialen Aufgabenbereich, welcher nach ihrem Selbstverständnis sinnvoll und seriös sein soll und keinesfalls eine Alibi-Veranstaltung sein darf. Wenn sie eine Aufgabe übernimmt, dann will sie auch wirklich persönlich daran mitwirken.

Über die Zeit dazu verfügt sie. Im Vergleich zu früher hat sie nur noch wenige häusliche Verpflichtungen. Ihr Sohn Walter ist bei der Bundeswehr und kommt nur an den Wochenenden nach Hause, wenn er keinen Dienst hat. Und Peter, der beschlossen hat, die zwölfte und dreizehnte Klasse auf einem staatlichen Gymnasium in Mannheim zu absolvieren und dort sein Abitur zu machen, lebt mit knapp achtzehn Jahren sein eigenes Leben. Hannelore muss viel weniger als früher in Ludwigshafen präsent sein.

Mit ihrem Mann, mit Juliane Weber und anderen Freunden diskutiert sie verschiedene Möglichkeiten, sich sozial zu engagieren. Bereits seit 1971 ist sie Schirmherrin des Walter-Poppelreuther-Hauses in Vallendar bei Koblenz, das sich um hirnverletzte Unfallopfer kümmert. Jetzt stellt sich die Frage, ob sie das Engagement für Hirnverletzte intensiviert oder ob sie sich ein anderes Betätigungsfeld sucht. Die Entscheidung fällt ihr nicht leicht.

»In Bezug auf ihr soziales Wirken hat ihr das Engagement von Mildred Scheel für Krebskranke sehr imponiert. Im Unterschied zu Frau Scheel war meine Mutter jedoch keine Ärztin, weshalb man ihre beiden Rollen nicht ganz vergleichen kann. Wie Frau Scheel wollte auch meine Mutter etwas wirklich Sinnvolles tun, eine Sache, hinter der sie voll und ganz stehen konnte«, erzählt Walter über die Gespräche in der Familie.

Auch mit ihren Freunden und Bekannten berät sich Hannelore. Unter anderem spricht sie mit Ursula darüber, die das Thema Hirnverletzungen aus der Sicht als Angehörige eines Betroffenen kennt: Ursulas Bruder hatte sich mit neunundzwanzig bei einem schweren Autounfall leichte Schädelverletzungen zugezogen, die aber glücklicherweise völlig auskuriert werden konnten. »Auch das Wirken von Elly Heuss-Knapp als Mitbegründerin des Müttergenesungswerks hat ihr sehr imponiert«, erzählt Ursula über diese Zeit der Entscheidungsfindung. »Sie hat mich gefragt: ›Was bleibt mir noch, was kann ich tun?‹ Und: ›Was hältst du davon, wenn ich mich um Hirnverletzte kümmere?‹ Da ich die Problematik durch meinen Bruder kannte, habe ich ihr zugeraten.«

Das »Kuratorium ZNS für Unfallverletzte mit Schäden des Zentralen Nervensystems e.V.« wird am einundzwanzigsten Dezember 1983 im Kanzlerbungalow in Bonn gegründet, und Hannelore Kohl wird seine Präsidentin. Wie immer in ihrem Leben, wenn es um etwas Wichtiges geht, hat sie alles sehr gründlich vorbereitet, von der Satzung bis zur Berufung des Vorstands des Kuratoriums, den sie mit möglichst kompetenten und namhaften Persönlichkeiten besetzen will. In dieser Phase kümmert sie sich um alle Details selbst. Sie muss eine Menge Entscheidungen für die Zukunft treffen.

Als Gründungsmitglieder gewinnt sie Karl Dahmen, den Bundesvorsitzenden des Bunds deutscher Hirnbeschädigter (BDH), den Kanzleramtsmitarbeiter Dr. jur. Michael Wettengel, Egon Jacobs, den Schatzmeister des BDH, den Notar und Justitiar des BDH Dr. jur. Eberhard Gilles, den Leitenden Direktor der Neurologischen Klinik in Vallendar Robert Visarius und die Ärzte Dr. med. Werner Arens, Ärztlicher Direktor der Berufsgenossenschaftlichen Unfallklinik Ludwigshafen, und Professor Dr. Dr. Klaus Mayer, Ärztlicher Direktor der Neuropsychologischen Abteilung und Neurologischen Poliklinik der Universität Tübingen. Damit hat sie eine Gruppe ausgewiesener Experten auf dem Gebiet Medizin und Rehabilitation für ihr Projekt verpflichten können. Für den Erfolg des Kuratoriums ZNS ist dieses Expertenwissen genauso entscheidend wie die vielen praktischen Erfahrungen mit Hirnverletzten und – vor allem – die Begeisterung aller für die Sache.

Und noch jemand ist an diesem Tag im Kanzlerbungalow dabei: Maria, ihre zwölf Jahre ältere Freundin aus der BASF-Zeit. »Eigentlich«, sagt diese, »wollte ich aus familiären Gründen nicht mitmachen. Aber Hannelore hat gesagt: ›Nee, du bist dabei, das ist eine gute Sache.‹« So wird Maria das einzige ordentliche Gründungsmitglied ohne Vorstandsfunktion.

Danach gibt Hannelore Kohl im Bonner Presseklub ihre erste große Pressekonferenz in eigener Sache. Dass ihre Entscheidung, sich für ZNS-Patienten zu engagieren, richtig war, darin bestärkt sie an diesem Tag eine kleine Episode am Rande der Pressekonferenz. Eine Journalistin, die mit dem Taxi gekommen ist und sich verspätet hat, erzählt ihr: »Als ich dem Taxifahrer sagte, dass ich zu einer Pressekonferenz für Hirnbeschädigte will, sagte der: ›Ach, zu den Bekloppten wollen Sie?‹«

Für Hannelore Kohl zeigen diese und ähnliche Bemerkungen nur, wie gedankenlos man automatisch die Intelligenz und die geistigen Fähigkeiten von Hirnverletzten infrage stellt. Wenn man die Öffentlichkeit hingegen aufklären und die Einstellung gegenüber Hirnverletzten dahingehend verändern könnte, dass Hirnverletzte so akzeptiert werden wie jemand mit einem amputierten Bein, dann wäre das der erste Schritt zum Erfolg.

»Der Hirnverletzte«, erklärt sie einmal, »lebt ja letztendlich mitten unter uns. Also ist es mein Ziel, dass die gesamte Öffentlichkeit bereit sein muss, mit diesen Personen umzugehen und sie so zu nehmen, wie sie sind. Und zwar mit all ihren Eigenarten, wobei die Einschränkungen durch die Behinderung, bis auf wenige gravierende Ausnahmen, ja oft kaum bemerkbar sind. Es kann doch nicht sein, dass nur aufgrund eines äußeren Ereignisses mit einmal die Person und gleichzeitig deren Familie gemieden wird. Wer entscheidet denn darüber, was ›normal‹ ist? Wo sind da die Grenzen?«

Um diesem Ziel näherzukommen, nimmt Hannelore Kohl viele öffentliche Auftritte wahr, bei denen sie versucht, die Wahrnehmung für das Thema Hirnverletzte zu verbessern und den Bemühungen des Kuratoriums ZNS ein Forum zu verschaffen. Ihr Gedanke dabei ist: Wenn die Öffentlichkeit durch die Presse nur oft genug auf das Problem gestoßen wird, steigt auch die Bereitschaft, Rehabilitationsprozesse zu fördern und Gelder an das Kuratorium zu spenden. Neben ihren Bemühungen, immer wieder auch die Unterstützung von Fachleuten zu gewinnen, wird es zu ihrer Hauptaufgabe, Geld für ZNS zu sammeln.

Dabei nutzt sie selbstverständlich die Vorteile, die sie als Frau des Bundeskanzlers hat. »Weil ich durch meinen Mann häufig Kontakt zu Unternehmern oder Managern in der Industrie habe«, erläutert sie, »kann ich die auch gut ansprechen und sie dann mit etwas Glück von meiner Aufgabe überzeugen.«

Ihre Freundin Rena erzählt: »Das Kuratorium ZNS wurde immer mehr zu ihrer Lebensaufgabe. Neben ihren Verpflichtungen als Ehefrau, Mutter und Repräsentantin des Landes hatte sie nun endlich einen ›unbezahlten Beruf‹. Etwas ganz Eigenes zu haben, in das sie ihre Ideen und ihre Kontakte einbringen konnte, machte sie sehr glücklich. Und der Erfolg hat ja später auch gezeigt, dass sie das hervorragend hingekriegt hat. Sich um Hirnverletzte zu kümmern war von Anfang ihr inneres Anliegen und kein publikumswirksamer Einfall.«

Hannelore Kohl ist sich bewusst, dass sie nicht mit der Autorität einer Ärztin, sondern höchstens als engagierte Laiin in der Öffentlichkeit über Hirnverletzte sprechen kann. Deswegen bereitet sie sich zu den medizinischen Themen besonders intensiv vor.

»Sie hat von Anfang an darauf Wert gelegt, sich ein fundiertes Fachwissen anzueignen, und hat bis zu ihrem Tod pausenlos daran gearbeitet, dieses Wissen noch zu vertiefen.

Wenn sie über das Thema ZNS sprach oder Reden hielt, habe ich es nie erlebt, dass jemand ihre Äußerungen infrage stellte. Auf ihre öffentlichen Auftritte, seien es ein Interview, eine Parteiveranstaltung oder andere repräsentative Termine an der Seite ihres Mannes oder sogar an seiner Stelle, hat sie sich dann noch mal extraintensiv vorbereitet. Aber egal, wohin sie ging: Frau Kohl hat immer über ihre Aufgabe gesprochen«, berichtet Michael Roik, der sie über lange Zeit bei der Vorbereitung auf verschiedenste Termine unterstützt hat.

Michael Roik ist zunächst viele Jahre Büroleiter des CDU-Parteivorsitzenden Helmut Kohl im Konrad-Adenauer-Haus, später wird er einer seiner engsten Mitarbeiter im Bundeskanzleramt. Hannelore Kohl und Michael Roik mögen sich von Anfang an, und schon bald entsteht ein gutes Vertrauensverhältnis. Zwar hat Michael Roik in erster Linie die Aufgabe, die Frau seines Chefs bei Auftritten auf parteipolitischer Bühne zu unterstützen, aber sie bespricht mit ihm bereits nach kurzer Zeit viele Dinge, die darüber hinausgehen – bis hin zu Aktivitäten fürs Kuratorium ZNS und Auslandsreisen.

Was für eine gründliche und aufwendige Vorbereitung hinter ihren Auftritten steckt, merkt man Hannelore Kohl nicht an. Auch nicht, wie sehr sie die Vorstellung ängstigt, dass sie bei einer Rede versagen könnte: »Es würde mich wahnsinnig machen, wenn ich die Unterlagen zu einem Vortrag nicht am Abend vor der Veranstaltung hätte. So was kann ich nicht darauf ankommen lassen. Das wäre dann ein Moment, wo ich sage: ›Mein Gott, ich gehe dorthin und weiß von nichts.‹«

Passiert ist ihr das trotzdem einmal. Und zwar bei einer Ausstellung. Um sich nicht zu blamieren, muss sie improvisieren. »Aus der Not heraus habe ich einfach eine Stegreifrede gehalten. Die kam auch gut an, und ich möchte mir positiv ankreiden, dass ich auch gelernt habe, aus dem Moment heraus kreativ sein zu können. Dabei kommt mir natürlich meine Routine zugute.«

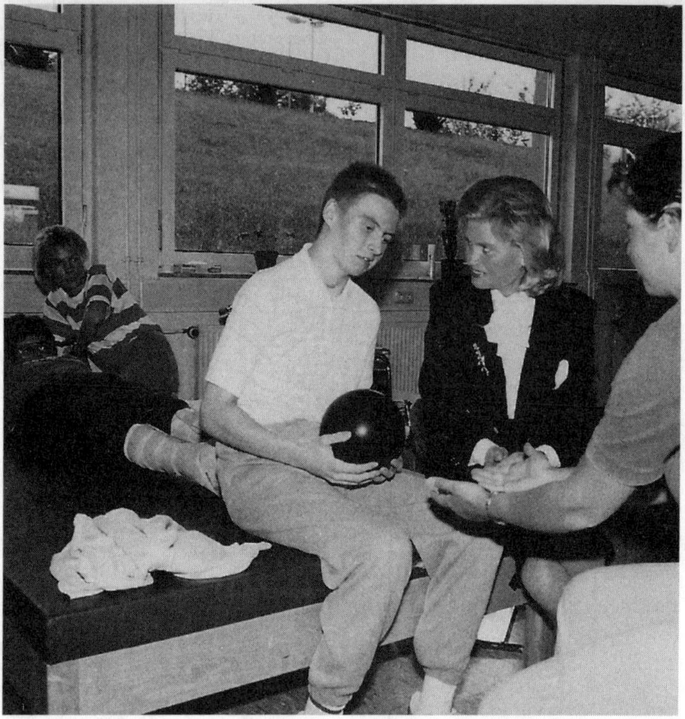

Zu Besuch in einer Reha-Einrichtung.

Genauso macht sie es manchmal bei längeren Vorträgen. Damit die Zuhörer nachvollziehen können, worüber sie spricht, bemüht sie sich, langsam, deutlich und auf den Punkt zu sprechen. »Wenn ich merke, dass mir die Leute trotzdem nicht folgen können oder wollen, mache ich zwischendurch einen Witz, dann sind sie wieder ganz Ohr.«

In solchen Situationen kann sie sich auf zwei Dinge verlassen: ihre Fähigkeit, sich schnell auf eine Situation einzustellen, und ihre Sensibilität. Dieselben Eigenschaften kommen ihr auch zugute, wenn sie Rehakliniken für Hirnverletzte besucht. Sie weiß, wieviel Fingerspitzengefühl bei einem solchen Besuch erforderlich ist, und ist darauf bedacht, in kein

Fettnäpfchen zu treten. Deshalb erkundigt sie sich zum Beispiel im Vorfeld eines Klinikbesuchs darüber, welche Fragen sie den Patienten stellen kann, ohne sie zu verletzen. Sie will auch wissen, welche Themen sie den Ärzten gegenüber ansprechen soll. Dabei ist es ihr wichtig, dass sie nicht den Eindruck erweckt, als wäre sie selber Ärztin oder wüsste mindestens so gut wie eine Ärztin Bescheid, aber zugleich will sie als kompetente Gesprächspartnerin wahrgenommen werden.

»Das war ein Grundprinzip bei ihr«, erklärt Michael Roik. »Dieselbe Informationsdichte wollte sie natürlich auch bei politischen Gesprächen haben. So sagte sie oft: ›Wie rede ich mit einem Kommunalpolitiker, einem Landtags- oder Bundestagsabgeordneten, der nicht zur Partei meines Mannes gehört, aber dennoch ein geschätzter Gesprächspartner ist, weil er als Bürgermeister in seiner Stadt viel Gutes bewirkt hat?‹ Dabei hat sich Frau Kohl nie verbogen. Das merkten die Leute auch. Sie wussten, dass nicht nur ihre Anliegen, sondern auch sie selbst von ihr ernst genommen wurden.«

Anfang 1984 wird Hannelore Kohl in Bonn zu einer Redaktionskonferenz eingeladen. Es ist eine politisch brisante Zeit, denn gerade machen die Affäre um General Kießling und Verteidigungsminister Manfred Wörner und der Parteispendenskandal im Zusammenhang mit dem Flick-Beauftragten Eberhard von Brauchitsch negative Schlagzeilen. Auch ihr Mann wird von den Medien und den politischen Gegnern wieder einmal heftig angegriffen. Er wird als einer der Zeugen vor den so genannten Flick-Untersuchungsausschuss zitiert.

In der Redaktionskonferenz sitzen an diesem Tag rund zwanzig Journalisten. »Die waren«, erzählt sie, »natürlich alle neugierig, ob die Frau des Bundeskanzlers zu den Vorfällen etwas sagt, und ein jüngerer Herr fragte mich etwas kiebig: ›Wenn jetzt das Unglaubliche geschähe, und Ihr Mann wäre nicht mehr Kanzler, würden Sie Ihre soziale Arbeit dennoch fortführen?‹ Daraufhin habe ich ihn angeschaut und in die Runde gesagt: ›Wissen Sie, ich bin jemand, der immer im Voraus denkt. Aber gestatten Sie mir bitte eines: Fünfundzwanzig Jahre vorauszudenken, das schaffe auch ich nicht.‹ Daraufhin gab es ein großes Gelächter.«

Immer, wenn es heftige Angriffe von außen gegen Helmut Kohl gibt, steht Hannelore ihrem Mann ohne Wenn und Aber zur Seite. Sie wehrt sich gemeinsam mit ihm, und sie leidet bei Unfairness mit ihm. Wenn es darum geht, bei besonders groben Ungerechtigkeiten zurückzuschlagen, reagiert sie häufig noch härter als er. Das geschieht jedoch nicht laut, sondern eher leise. »Im Schreien«, sagt sie einmal, »bin ich nicht so gut. Es wirkt auch lächerlich. Ich habe eine viel effektivere Art zurückzuschlagen. Auflaufen lassen! Das ist viel wirkungsvoller. Wenn ich mich richtig ärgere, benutze ich manchmal einen Kraftausdruck. Darin bin ich sehr kreativ. Und es befreit.«

Im Mai 1984 geht es zu einem offiziellen Besuch nach Spanien, wo Hannelore Kohl neben König Juan Carlos und Königin Sofia auch auf den spanischen Ministerpräsidenten Felipe Gonzales und dessen Frau trifft. Nach der Francozeit und einem gescheiterten Putschversuch durchlebt Spanien gerade kritische Jahre, in denen es darum geht, die neue Demokratie zu festigen und zügig den Beitritt in die EU zu schaffen.

Mit Königin Sofia, einer gebürtigen Griechin, die Deutsch und eine Reihe anderer Fremdsprachen fließend spricht, versteht sich Hannelore sehr gut. Auch zu Felipe Gonzales, der zu den engsten Freunden von Helmut Kohl gehört, besonders aber zu seiner Ehefrau findet sie sofort Zugang. Helmut Kohl erzählt: »Meine Frau mochte Carmen Romero nicht nur wegen ihres Selbstbewusstseins sehr, nach Hannelores Vorstellung war sie auch eine Frau, die einerseits ihren Mann unterstützt, andererseits aber auch ihr eigenes Leben führt. Das hat sie sehr beeindruckt. Die beiden hatten ein glänzendes Verhältnis.«

Hannelore Renner im Alter von 18 Jahren (1951).

Hannelore Renner *(stehend, 2. v. r.)* mit ihren Klassenkameradinnen (1950).

Auf der Besuchertribüne des rheinland-pfälzischen Landtags bei der Vereidigung von Helmut Kohl zum Ministerpräsidenten (Mai 1969).

Einkaufsbummel mit Freundinnen: Juliane Weber *(l.)*, Isabelle Moatti *(M.)* und Hannelore Kohl in Dijon (Juni 1973).

Begegnung im Weißen Haus: Im Gespräch mit US-Präsident Ronald Reagan (Oktober 1986).

Mit chinesischen Kindern vor der Halle des Volkes in Peking (Oktober 1984).

Beim Besuch eines Kinderheims in Ungarn bringt Hannelore Kohl den Kindern Spielzeug als Geschenk mit (Juni 1984).

Ein alljährliches Ritual: Fotoaufnahmen vom Kanzlerehepaar am Urlaubsort in St. Gilgen (August 1986).

»Rendezvous-Gala« in Bonn: Hannelore Kohl informiert über das Kuratorium ZNS (Mai 1986).

Operngala 1987: Hannelore Kohl sagt Danke.

Herzlicher Empfang auf dem Hubschrauberlandeplatz: Barbara und George Bush heißen Hannelore und Helmut Kohl in Camp David, dem offiziellen Landsitz des amerikanischen Präsidenten, willkommen (Februar 1990).

Abendessen im Buckingham Palast auf Einladung von Königin Elizabeth II. *(v. r. n. l.)*: der französische Staatspräsident François Mitterand, Helmut und Hannelore Kohl, Italiens Ministerpräsident Giulio Andreotti, Wilfred Thesiger, Prinzessin Diana (Weltwirtschaftsgipfel in London, Juli 1991).

Offizieller Besuch in Indien: Das Ehepaar Kohl mit Ministerpräsidentin Indira Gandhi (Oktober 1983).

Anlässlich der Zweihundertjahrfeier der Französischen Revolution trifft Hannelore Kohl die britische Premierministerin Margaret Thatcher *(l.)* und Barbara Bush *(r.)* in Paris (Juli 1989).

Besuch in den Niederlanden: Fototermin mit Königin Beatrix (Mai 1995).

Vor dem Berliner Reichstag in der Nacht zum 3. Oktober 1990, dem Tag der deutschen Wiedervereinigung.

Gute Freunde: Hannelore Kohl im Gespräch mit dem ehemaligen US-Außenminister Henry Kissinger bei der Gala »Women of the Year« (Washington, D.C., 1987).

Handkuss in Russland: Boris Jelzin begrüßt Hannelore Kohl
(Februar 1996).

Zwischen den offiziellen Auslandsreisen und ihren Terminen versucht Hannelore, so gut es geht, den Kontakt zu ihren Freundinnen nicht abreißen zu lassen.

»Als meine Mutter 1984 starb und ich jeden Montag zu meinem Vater nach Ludwigshafen fuhr«, erzählt ihre ehemalige Klassenkameradin Ursula, »haben wir uns oft einmal im Monat in Oggersheim getroffen, weil Hannelore meist erst am Dienstag nach Bonn fuhr. Wir sind am Weiher unten vor dem Haus spazierengegangen. Obwohl uns immer ein Sicherheitsbeamter folgte, mussten wir uns bei der Polizei, die im Wachhäuschen saß, an- und abmelden. Manchmal habe ich auch bei ihr übernachtet. Dann haben wir abends im Bauernzimmer gegessen und ein Fläschchen Wein dazu getrunken. Wenn ich ins Appartement kam, in dem früher ihre Mutter wohnte, war alles liebevoll hergerichtet. Auf dem kleinen Tisch im Salon standen frische Blumen, auf dem Bett lag ein frisch gebügeltes Nachthemd, und im Bad fand ich alles vor, was ich brauchte. Meine Freundin war nicht nur bestens organisiert, ich habe auch sehr an ihr geschätzt, dass sie sich ihren Freundinnen gegenüber immer gleich verhalten hat. Egal, inwieweit sich ihr Leben durch den Erfolg ihres Mannes verändert hat, Hannelore blieb sich immer selbst treu.«

Am dreißigsten September 1984 wird Walter Kohl nach zweijähriger Dienstzeit bei seinem Jägerbataillon wie damals üblich als Fähnrich entlassen, um dann ein Jahr später zum Leutnant der Reserve regelbefördert zu werden.

Von der Prüfung, die er am Ende seines Reserveoffizierslehrgangs auf der Kampftruppenschule in Hammelburg ablegen muss, erzählt er: »Normalerweise war es in Hammelburg so, dass ein Reserveoffiziersanwärter von ein oder zwei Offizieren geprüft wurde. In meinem Fall war das anders: Ich hatte die zweifelhafte Ehre, nicht nur von fünf Stabsoffizieren, sondern auch noch gleich in Gegenwart von zwei Generälen geprüft zu werden. Es waren wieder einmal unglaublich verschärfte und im Vergleich zu den anderen Lehrgangsteilnehmern unfaire Prüfungsbedingungen. Soviel zum Thema ›Wehrgerechtigkeit‹. Meine Mutter konnte sich über solche Ungerechtigkeiten meinem Bruder und mir gegenüber sehr ärgern.«

Nach dem Ende seiner Bundeswehrzeit möchte Walter studieren. Ein wichtiger Gesichtspunkt bei der Auswahl der Universität ist für ihn, wie auch später für seinen Bruder, wie man unnötigem Ärger möglichst von vornherein aus dem Weg geht. Beide haben sie zum Teil extrem schlechte Erfahrungen in Deutschland gemacht, weil die Gegner, die sich Helmut Kohl in Ausübung seines Berufs zwangsläufig macht, oft genug keinen Unterschied zwischen dem Vater und anderen Familienmitgliedern machen.

Die Eltern, vor allem aber Hannelore Kohl, sehen das Problem realistisch. Gemeinsam mit seiner Mutter überlegt Walter mögliche Alternativen zu deutschen Universitäten, besonders in den USA. Hannelore kann ihrem Sohn dabei kaum einen Rat geben, denn bis auf Regierungskreise in Washington und einige New Yorker Bekanntschaften hat sie wenig Einblicke in das Leben in den Vereinigten Staaten. So tastet sie sich auf ein Gebiet vor, das sie bisher überhaupt nicht kennt, und versucht ihren Sohn zu unterstützen, so gut es geht. Sie stärkt ihm moralisch den Rücken und hilft ihm, die endlosen Fragebögen, mit denen die Hochschulen jeden Bewerber traktieren, mit der Schreibmaschine auszufüllen.

Unter anderem bewirbt sich Walter auch am Harvard College in Cambridge, bei Boston, Massachusetts. Er möchte einen Studienplatz im Wintersemester 1985/86 für die so genannte »Class of 1989« bekommen. Als dann Ende Dezember 1984 in Oggersheim der Zulassungsbrief ankommt, der schwarz auf weiß bestätigt, dass Walter wirklich alle zum Teil äußerst schwierigen Aufnahmebedingungen für Harvard erfüllt hat, ist Hannelore außer sich vor Freude und sehr stolz auf ihren Sohn. Beide weinen vor Freude.

Am ersten Februar 1985 wird Ernst Zimmermann, Chef der Motoren-Turbinen-Union in München, von Mitgliedern der RAF erschossen. Aus der alten Terrororganisation hat sich eine »neue Generation« entwickelt. Ziele der Attentate sind nicht mehr nur Politiker, sondern vor allem Führungskräfte aus der Wirtschaft.

Am zehnten März 1985 stirbt Konstantin Tschernenko, der Generalsekretär der KPdSU, im Alter von dreiundsiebzig Jahren. Er war das älteste Politbüromitglied und erst im Jahr zuvor in dieses Amt gewählt worden. Bereits am nächsten Tag wird Michail Gorbatschow zu seinem Nachfolger berufen – diesmal hat man sich für das jüngste Politbüromitglied entschieden: Gorbatschow hat wenige Tage zuvor seinen vierundfünfzigsten Geburtstag gefeiert.

Über Ostern 1985 unternimmt Hannelore mit Maria, ihrer Freundin aus BASF-Zeiten, eine kleine Tour in die Provence nach Frankreich. Die zwei Frauen fahren mit dem Audi in Richtung Süden. Am Steuer sitzt Hannelore.

Maria erzählt: »Die Reise war nicht nur sehr nett, sie war auch sehr lustig, obwohl nicht alles glatt ging. Schon beim Einladen meckerten wir erst mal über den Kofferraum. Weil wir zuviel Gepäck hatten, ging der nämlich kaum zu. Als wir Orange erreichten und uns das Amphitheater anschauten, blieben die Leute stehen und sagten: ›Das ist ja die Frau Kohl!‹ Darauf erwiderte sie: ›Oh, da gibt es ganz viele tolle Doppelgängerinnen.‹ Danach sind wir weiter nach Avignon. Meine Freundin hat sich ja immer sehr für die Kunstgeschichte Frankreichs interessiert und mochte die französischen Maler Gauguin und Degas sehr gerne. Anschließend sind wir weiter nach St. Paul de Vence gefahren. Dort haben wir bei Frau Moatti übernachtet, die Hannelore noch aus der Zeit kannte, als ihr Mann Ministerpräsident von Rheinland-Pfalz war. Und Hannelore hat mir erzählt, dass Madame

Moatti in Leipzig in die gleiche Schule wie sie gegangen ist. Allerdings nicht in dieselbe Klasse, weil Madame Moatti viel älter ist. Während wir unterwegs waren, hat auch Hannelores Mann häufig angerufen. Helmut Kohl war immer sehr besorgt um seine Frau. Auf der Rückfahrt hatten wir dann eine kleine Panne, die uns Gott sei Dank vor einer Tankstelle ereilte. Dort wurde uns geholfen, und wir konnten weiterfahren.«

Im Mai 1985 kommen US-Präsident Ronald Reagan und seine Frau Nancy nach Deutschland. Das Programm sieht unter anderem einen Termin auf dem Soldatenfriedhof in Bitburg vor, den die beiden Regierungschefs zum Zeichen der Versöhnung und in guter Absicht gemeinsam mit ihren Frauen besuchen. Als sich später herausstellt, dass auf diesem Friedhof, wie auf vielen deutschen Militärfriedhöfen, nicht nur im zweiten Weltkrieg gefallene deutsche Wehrmachtssoldaten begraben sind, sondern auch Mitglieder der Waffen-SS, hagelt es Kritik, vor allem aus den USA und Israel.

Diese unerwartete Reaktion der Medien verärgert beide Ehepaare. Ihr gutes Verhältnis wird dadurch aber nicht getrübt. Für Hannelore Kohl ist der Empfang von Nancy Reagan eine angenehme Pflicht. Zwischen den Terminen finden die beiden Frauen etwas Zeit, um auch über Privates zu sprechen und Erfahrungen und manche Anekdote auszutauschen.

Ende Mai besteht Peter Kohl sein Abitur auf dem Mannheimer Gymnasium mit einem sehr guten Notendurchschnitt. Jetzt, da auch ihr jüngerer Sohn mit der Schule fertig ist, schließt sich für Hannelore ein wichtiger Lebensabschnitt. Vor langer Zeit hatte sie sich vorgenommen, dafür zu sorgen, dass beide Kinder das Abitur machen, und dass sie ihnen Fremdsprachen beibringt. Diese Ziele hat sie nun erreicht.

Nach dem Abitur hat sich Peter bei einem Fallschirmjägerbataillon als Zeitsoldat für zwei Jahre verpflichtet; auch er möchte Reserveoffizier werden. Von der Vorstellung, dass ihr Sohn aus einem Flugzeug springt, ist Hannelore wenig begeistert. Ihrer Meinung nach ist das nur ein unnötiges zusätzliches Risiko. Was sie nicht weiß, ist, dass bei Peters Entscheidung auch Ecki Seeber mitspielte, der früher selbst vier Jahre in einer Fallschirmjägereinheit gedient hat.

Peter erinnert sich: »Mein Bruder und ich haben zu unterschiedlichen Zeitpunkten in Infanterieeinheiten gedient, wo wir auf Staatskosten viel Frischluft genossen haben. Nach einigen Tagen in der Natur waren dann oft sämtliche verfügbaren Uniformteile so verdreckt, dass ein Waschtag eingelegt werden musste. Wenn ich nach einem Manöver oder einer Zweiundsiebzigstundenübung am Freitagabend übermüdet nach Hause kam, habe ich mich erst mal ins Bett gelegt und mich endlich wieder richtig ausgeschlafen. Wenn ich dann am Samstagnachmittag wieder aufgestanden bin und meine Mutter zu Hause war, hat sie mich ordentlich bekocht. Nach ein, zwei Wochen Bundeswehrverpflegung waren das für mich wahre Glücksmomente. Während ich noch schlief, hat meine Mutter netterweise alle Uniformteile in mehreren Maschinenladungen gewaschen, zum Trocknen aufgehängt und sogar noch gebügelt. Die Bügelfalte saß akkurat an den Uniformhosen, der Spieß konnte nichts daran aussetzen.«

Als Mutter von zwei Söhnen erlebt Hannelore Kohl insgesamt vier Jahre Bundeswehrdienstzeit. Walter und Peter machen sich einen Spaß daraus, ihrer Mutter ein paar Dinge über die Bundeswehr beizubringen, die im Zivilleben wahrscheinlich vollkommen nutzlos sind. So lernt sie zum Beispiel, alle Dienstgrade zu erkennen und zu benennen, und auch die taktischen Zeichen von Einheiten, wie man sie auf Bundeswehrfahrzeugen findet. Später macht sich Hannelore Kohl dieses Wissen zunutze, wenn sie Bundeswehrsoldaten trifft, indem sie den Betreffenden mit seinem korrekten Dienstgrad anspricht und erkennt, bei welcher Einheit und Waffengattung er dient – sehr zur Verblüffung ihrer Gesprächspartner.

Ende Juli 1985 geht es wieder einmal nach St. Gilgen. Bei der Vorbereitung des üblichen Fototermins mit Journalisten kommt Hannelore auf die Idee, ein Kochbuch herauszubringen und dabei die Unterstützung der Pressevertreter zu gewinnen. Bei der nächsten Gelegenheit fragt sie den ARD-Journalisten Ernst-Dieter Lueg: »Was halten Sie davon, wenn ich ein Kochbuch mit dem Titel ›Was Journalisten anrichten‹ veröffentliche?«

Lueg ist begeistert, und so nimmt Hannelore Kohl gleich nach ihrer Rückkehr aus Österreich die Umsetzung ihrer Idee in Angriff. Das Ganze ist kein Selbstzweck, sondern es geht ihr darum, mit den Erlösen pro verkauftes Exemplar dem Kuratorium ZNS eine möglichst hohe Spende zukommen zu lassen. Außerdem soll das Buch natürlich für sie und ZNS Werbung machen.

Noch ein weiteres Projekt kann sie in diesem Jahr realisieren: Im Vorfeld des alljährlichen Kanzlerfests findet im Sommer 1985 zum ersten Mal ein Kinderfest im Park des Bundeskanzleramts statt.

Eduard Ackermann erklärt, wie es dazu kam: »Obwohl Helmut Kohl als der eigentliche Erfinder galt, war es dennoch ihre Idee. Frau Kohl sagte immer: ›In Deutschland spricht alles über Kinder und Familie. Da müsst ihr was tun.‹ Zuerst war es ein ganz kleiner Rahmen, später, nach der Wende, kamen dann noch die neuen Bundesländer dazu, und wir hatten zum Schluss bis zu dreitausend Kinder im Garten des Bundeskanzleramts zu Gast. Diese Kinderfeste waren ihr großes Werk, und weil sie ungeheuer viel Anklang fanden, musste Frau Kohl oft Interviews geben. Ganz besonders geliebt wurde sie natürlich von den Kindern. Mit denen hat sie sich nicht nur prima unterhalten, sie saß auch immer bei ihnen und hat mit ihnen gespielt.«

Während sie sich mit viel Elan an die Vorbereitungen zu ihrem ersten Kochbuch macht, laufen die übrigen Aufgaben weiter. Hannelore Kohl engagiert in dieser Zeit zwei wichtige neue Mitarbeiter: Im Konrad-Adenauer-Haus, der CDU-Parteizentrale in Bonn, arbeitet für sie jetzt Hannelore Moos als Sekretärin. Und beim Kuratorium ZNS stellt sie Rolf Wiechers als Geschäftsführer ein.

An ihr Einstellungsgespräch erinnert sich Hannelore Moos: »Erst fragte sie mich nach meinem beruflichen Werdegang, und dann erzählte sie mir von ihren Aufgaben, und ich merkte sofort, dass vor mir eine sehr kluge und disziplinierte Persönlichkeit, aber auch eine sehr spontane Frau saß. Über meine Frage nach dem Tagesablauf und den Überstunden ist sie einfach hinweggegangen und hat dafür von ihrem Buchprojekt erzählt. Als ich etwas erstaunt guckte, erklärte sie mir, wie man einen Käsekuchen ohne Boden bäckt. Dann griff sie das Thema Überstunden aber doch noch auf, und als ich hörte, dass es wohl eine ganze Menge werden würden, sagte ich: ›Was nützt mir das Käsekuchenrezept, wenn ich keine Zeit mehr zum Backen habe?‹ Zu diesem Zeitpunkt war ich ja auch noch verheiratet. Meine spontane Antwort hat ihr so gut gefallen, dass sie sagte: ›Sie sind eingestellt.‹ Damit hat sie mich glatt überrumpelt, aber ich habe meine Entscheidung nie bereut.«

Anfangs ist Hannelore Moos mit den üblichen Sekretariatsarbeiten wie der Erledigung der Post oder Terminvereinbarungen betraut. Aber dabei bleibt es nicht sehr lang. Das Vertrauen zwischen den Frauen wächst schnell, und schon bald wird Hannelore Moos immer mehr in die Vorbereitung von CDU-Veranstaltungen eingebunden, an denen ihre Chefin allein oder an der Seite ihres Mannes teilnimmt. Ein weiterer

Bereich sind die Vorbereitungen von Galaveranstaltungen zugunsten von ZNS, die auch eine Menge Zeit und Energie binden. Außerdem koordiniert sie Pressetermine für Hannelore Kohl.

Nach kurzer Zeit ist Hannelore Moos dann selbst bei Terminen ihrer Chefin dabei. So zum Beispiel, wenn Hannelore Kohl die Ehefrauen von in der Bundesrepublik neu akkreditierten ausländischen Botschaftern empfängt. Oft lädt sie sie gemeinsam mit Barbara Genscher und später mit Ursula Kinkel in den Kanzlerbungalow ein. »Vor ihrer Zeit«, erzählt Hannelore Moos, »waren diese Termine wohl unheimlich trocken – man bat einfach nur zum Tee. Das gefiel ihr nicht, und sie begann damit, den Damen Dias über Deutschland zu zeigen. Das Ganze wurde dann von mehreren Dolmetscherinnen übersetzt.«

Im November 1985 wird das Kochbuch »Was Journalisten anrichten« in der rheinland-pfälzischen Landesvertretung in Bonn vorgestellt. »Unter den vierhundert Journalisten, die im Vorraum warteten«, erzählt Hannelore Kohl später, »waren auch viele, die am Buch mitgewirkt haben. Es war ein netter Termin, den Hans Rosenthal moderierte. Ich war an diesem Tag etwas müde und sagte zu einer Freundin, die mich begleitete: ›Weißt du was, wir haben noch eine Viertelstunde Zeit, und es gibt doch hier einen schönen ruhigen Raum, in dem ich kurz mal schlafen kann.‹ Also habe ich mich in einen Sessel gesetzt und zu meiner Freundin gesagt: ›Weck mich nach elf Minuten.‹ Im Gegensatz zu vielen anderen Menschen bin ich nach solchen kurzen Schlafpausen nie benebelt. Bei der Buchpräsentation habe ich sogar mein Redekonzept beiseite gelegt und frei gesprochen.«

»Ich kann überall schlafen«, fährt sie fort. »Im Auto, über den Unterlagen oder über einem Buch. Vor wichtigen Fernsehsendungen haue ich mich mittags hin und schlafe drei Stunden. Das ist für mich die beste Vorbereitung. Und ich kann auch in der ersten Reihe schlafen. Das ist allerdings Übungssache. Man muss nämlich aufpassen, dass man nicht vornüberfällt. Bei Veranstaltungen ist mir das ab und zu passiert. Und einmal sogar im alten Bundestag oben auf der Ehrengasttribüne, wo es diese gemütlichen Sessel gab. Das darf man eigentlich gar nicht erzählen. In diesem Fall war dann die Juliane Weber so nett und hat mir jemanden geschickt, der mich heimlich weckte. Ist doch schön, oder? Schlafen ist sehr wichtig für mich. Man darf mich beim Essen stören, man kann mich bei allem stören. Nur beim Schlafen nicht. Da müssen schon ganz furchtbare Dinge passieren. Das weiß auch meine Familie. Wenn man mich ohne einen wichtigen Grund weckt, kann ich richtig böse werden. Ich habe zu Hause auch alle Klingeln so eingerichtet, dass ich sie nicht höre, wenn ich nicht will. Wahrscheinlich ist diese Angewohnheit, überall tief und fest schlafen zu können, auch der Grund, dass ich mich biologisch jung gehalten habe. Ich regeneriere beim Schlafen. Mein Mann nicht. Er isst mehr.«

Dass Helmut Kohl, je länger seine Kanzlerschaft dauert, immer mehr an Gewicht zulegt, das hat sie nie gemocht. So sagte sie einmal: »Ich habe seit meinem Abitur fast immer dasselbe Gewicht. Meistens wiege ich zwischen siebenundfünfzig und sechzig Kilo. Bei meinem Mann kämpfe ich dagegen um jedes Pfund. Aber sein Gewicht verrate ich Ihnen nicht. Das ist Staatsgeheimnis.«

Helmut Kohls Figur ist für Spötter unter den Journalisten eine nicht zu verfehlende Zielscheibe. Überhaupt hatte das Ehepaar Kohl – vor allem in der ersten Zeit in Bonn, als Helmut Kohl noch Oppositionsführer war – viele persönliche Angriffe der Journalisten zu ertragen. Hannelore fühlte sich dadurch anfangs etwas in die Defensive gedrängt.

Doch mit der Zeit geht sie auf solche Provokationen nicht mehr ein, sondern ignoriert sie, so schwer es manchmal auch fällt. »Weil mich viele Fremde vermeintlich kennen«, erzählt sie Jahre später, »werden auch Gerüchte über mich und meine Ehe verbreitet. Aber ich habe gelernt, damit umzugehen. Früher habe ich unter übler Nachrede gelitten. Aber ich bin zu der Erkenntnis gekommen: Es ernst zu nehmen ist sinnlos. Es regt einen nur auf.«

Ein wenig dieser Gelassenheit und Souveränität im Umgang mit verletzenden Presseberichten hat ihr Wilhelmine Lübke vermittelt. Die Frau des früheren Bundespräsidenten konnte ein Lied davon singen, wie es ist, wenn über den Ehepartner immer wieder böse Witze gerissen und beleidigende Äußerungen gemacht werden. Heinrich Lübke war nicht gerade ein begabter Redner und wurde deswegen oft verspottet.

Hannelore Kohl bringt das später auf ihren eigenen Nenner: »Kanzlergattin sein übt sich. Und ein Politiker, über den keine Witze gerissen werden, ist nicht populär und hat kein Profil. Die Witze dürfen nur nicht unter die Gürtellinie gehen.«

Im Lauf der Zeit wird sie im Umgang mit der Presse immer routinierter und professioneller. Mit dem Kuratorium ZNS hat sie auch endlich ein eigenes Thema, zu dem sie gerne Interviews gibt. Sie fühlt sich in dieser Rolle so wohl, dass sie sogar in begrenztem Umfang private Fragen über sich selbst zulässt. Fragen nach ihren Söhnen sind aber nach wie vor nicht gestattet.

Bei der Beantwortung von politischen und privaten Fragen im Hinblick auf ihren Mann hält sie sich ebenfalls zurück. Nach ihrem Selbstverständnis ist schließlich er zum Bundeskanzler gewählt worden und nicht sie. Wenn sie nun anfangen würde, zu tagespolitischen Themen Stellung zu nehmen, kann das ihrer Meinung nach nur zu Problemen führen.

Daraus jedoch zu folgern, Hannelore Kohl hätte keine politische Meinung, wäre ein Fehlschluss. »Menschen, die uns wirklich kannten«, sagt Helmut Kohl, »wussten natürlich, dass Hannelore daheim Einfluss hatte. Aber da ist nie drüber geredet worden. Nur ein Dummkopf konnte sagen: ›Frau Kohl hat nichts mit Politik zu tun.‹ Sie hatte eine klare Meinung und stritt mit Vorliebe über sozialpolitische Fragen.«

Außenstehende jedoch geht es nichts an, worüber das Ehepaar Kohl privat debattiert. Wenn einige Journalisten dennoch fragen, wie es mit Hannelore Kohls eigener politischer Meinung steht und ob sie ihren Mann in dieser Hinsicht berät, kontert sie meist in ihrer typisch ironischen Art: »Wir schweigen uns die ganze Zeit an.«

»Wenn man so in der Öffentlichkeit steht wie ich und der Nachname ein so großes Gewicht hat, kann man nicht einfach so daherreden«, sagt sie ein andermal. »Man wird ständig aufmerksam und kritisch betrachtet und muss sich jedes Wort erst genau überlegen, bevor man es ausspricht. Trotzdem bin auch ich nicht davor gefeit, etwas Falsches zu sagen. In diesem Fall lasse ich mich gern korrigieren, weil ich dann merke, dass mir der andere zuhört. Zu Selbstzweifeln führen solche Korrekturen bei mir jedoch nicht. Das würde mir in der Öffentlichkeit auch nicht helfen. Ich habe mich entschlossen, mit meinem Mann am selben Strang zu ziehen und ZNS zu einem Erfolg zu machen. Und ich denke, ich mache meine Arbeit recht gut.«

Die gebührende Darstellung ihres sozialen Engagements ist für Hannelore Kohl Vorbedingung bei fast jedem Interview. »Durch meine Arbeit mit ZNS«, erklärt sie, »habe ich im Hinblick auf den Umgang mit vielen Leuten einen größeren Horizont bekommen. Die Gespräche haben sich dadurch um vieles mehr gedreht, als wenn ich nur die Frau des Bundeskanzlers gewesen wäre. Ich habe nicht nur viele Wissenschaftler, sondern auch Künstler und sehr nette Journalisten kennengelernt, mit denen ich zum Teil über Jahre einen guten Kontakt behielt. Die Gespräche mit den Vertretern der Presse haben mich immer jung gehalten, weil ich geistig dabei unheimlich herausgefordert wurde.«

Natürlich darf kein Interview mit Hannelore Kohl gedruckt werden, bevor sie es autorisiert hat. Michael Roik, der beim Korrigieren in der Regel dabei ist und die fertigen Interviews dann weiterleitet, hat oft unter dem Stöhnen der Presseleute zu leiden: »Das brachte sie aber nicht weiter. Denn Frau Kohl hatte eine klare Vorstellung von dem Endprodukt. Beim Autorisieren kannte sie keine Nachlässigkeit. Dass ihr trotzdem keiner auf ewig böse war, lag an ihrer generellen Fähigkeit, Menschen für sich einzunehmen. War ein Journalist während der Interviews mal unsicher, gelang es ihr eigentlich immer, das Eis zu brechen und die Hemmungen abzubauen. Das hat sie jedoch nie gönnerhaft gemacht. Sie wollte nur jedem die Möglichkeit geben, so gut zu sein, wie er wirklich ist. Und sie konnte, ohne dass es aufgesetzt war, auch Dankbarkeit zeigen.«

Wenn sich jemand über diese Regeln hinwegsetzte, war mit ihr nicht zu spaßen, sagt Michael Roik: »Kam es dennoch vor, dass ein Journalist unautorisiert etwas druckte, was sie nicht wollte beziehungsweise nicht verhindern konnte, hatte er es sehr schwer. Frau Kohl besaß nämlich eine sehr subtile Art, sich zu wehren. Sie trug, bildlich gesehen, ein ›Florett‹ vor sich her. Wer sie kaum kannte, wusste das natürlich nicht. Wenn sie mit dem ›Florett‹ zustach, war es oft zu spät für eine Gegenreaktion. Und das galt nicht nur für Journalisten.«

Alles in allem ist Hannelore Kohls Verhältnis zu den Medien aber entspannt. Eduard Ackermann erinnert sich: »Mit vielen der Journalisten kam sie gelegentlich besser zurecht als ihr Mann. Wenn wir abends mit Journalisten bei ›Bruno‹ auf der Cäcilienhöhe saßen und Frau Kohl kam dazu, hat sie sich oft zu uns an den Tisch gesetzt, und es entstand sofort eine lockere Atmosphäre. Geblieben ist sie allerdings nie lange.«

Über ihren Umgang mit Journalisten und über die Pressefreiheit hat sie eine klare Meinung: »Für bewusst diffamierende und obszöne Demontagen habe ich keinerlei Verständnis. Die Freiheit endet doch bei der Würde des anderen. Wie verletzend Demontagen sein können, musste ich leider oft genug am eigenen Leib erfahren. Einmal wurde in einer Satiresendung des Fernsehens ein Stück über mich zusammengeschnitten, und es wurde die Frage gestellt: ›Wann hatten Sie Ihre Geschlechtsumwandlung?‹ Als Antwort benutzten diese Leute irgendeine Sequenz aus einem anderen TV-Gespräch mit mir und ließen mich sagen: ›1986.‹ Das hat mit Humor nichts mehr zu tun. Das ist einfach nur degoutant und unappetitlich. Bei solchen Sachen habe ich mich oft gefragt: Wo führt das hin? Und: Wie wehre ich mich? Aber genau hier liegt das Problem. Geht man dagegen an, wird es sozusagen thematisiert und man muss damit rechnen, dass es in darauffolgenden Berichterstattungen immer wieder hochkocht. Negiert man es und denkt, irgendwann ist es weg, kommt es dennoch wieder hoch. Letztendlich ist es wahrscheinlich egal, was man tut. Dennoch verbieten sich für mich alle Dinge der Geschmacklosigkeit, die die Würde des anderen angehen und die ich vor meinem Gewissen nicht vertreten kann.«

Sie kann sich auch darüber aufregen, wenn über Freunde oder Menschen, die sie nur flüchtig kennt, Unwahres geschrieben oder behauptet wird. Am meisten widert es sie an, wenn ohne Not und nur um der Sensation willen verdeckt in jemandes Privatleben herumgeschnüffelt wird. Menschen, die nicht mit offenen Karten spielen, lehnt sie ab. Da macht sie keinen Unterschied zwischen Journalisten, Politikern oder der Hausfrau von nebenan.

Ein anderes Ärgernis in puncto Presse sind für sie manchmal die Fotografen und Kameraleute. So kann sie es zum Beispiel gar nicht leiden, wenn ihr Mann unvorteilhaft ins Bild gerückt wird. Bilder, auf denen seine mächtige Gestalt überzeichnet dargestellt wird oder die unglückliche Handbewegungen oder ein unvorteilhaftes Mienenspiel festhalten, ärgern sie. Wenn sie den betreffenden Fotografen oder Kameramann kennt und ihn trifft, macht sie aus ihrem Unmut auch kein Hehl.

Das Geschäft der Medien ist es, ihr Publikum mit interessanten Geschichten zu unterhalten. Dabei kommen realistische Beschreibungen des Alltags zu kurz. Alltagssituationen werden nur selten einer Geschichte für wert befunden. So kommt es, dass das Leben von Hannelore Kohl auf manchen Außenstehenden spannend wirken mag, viele neiden ihr die exponierte Rolle, die vielen Reisen und die Bekanntschaften mit den mächtigen Staats- und Regierungschefs der Welt. Zumindest malt man sich das in den bunten Zeitschriften so aus.

»Dabei«, sagt sie, »ist das gar nicht so. Mein Leben ist kein spannender Kinofilm, kein spannendes Buch. Mein Leben war immer voller Herausforderungen, die es zu meistern galt. Und das war und ist mitunter sehr anstrengend. Allein ständig im Blickpunkt der Öffentlichkeit zu stehen ist eine schwere Bürde. Deshalb verrate ich auch so wenig von mir. Ich will kein gläserner Mensch sein.«

Kurz vor Weihnachten 1985 wird Hannelore Kohl zum ersten Mal für ihr soziales Engagement geehrt. Die Illustrierte »Bunte« überreicht ihr den Ehren-Bambi. Lange wird sie das goldene Reh nicht behalten. Schon ein halbes Jahr später beschließt sie, es zugunsten von ZNS versteigern zu lassen.

Im Advent hat die Frau des Bundeskanzlers Hochsaison. Wie schon ihre Vorgängerinnen besucht Hannelore in der Weihnachtszeit im Bonner Raum soziale Einrichtungen wie Kinder- oder Altenheime und bringt Geschenke mit. Ganz besonders identifiziert sie sich mit dem Schicksal von Heimkindern, die eine geringere Chance auf ein gutes Leben haben, mit dem achtzehnten Lebensjahr das Heim verlassen müssen und dann meist vollkommen auf sich alleine gestellt sind. Ohne Bezugsperson und Hilfe ist es für sie schwerer, einen Ausbildungs- oder Studienplatz zu bekommen. Hannelore findet das ungerecht. »Warum«, sagt sie einmal, »müssen diese Kinder in ihrem Leben zweimal bestraft werden? Erst müssen sie ihr schweres jugendliches Schicksal meistern, und dann werden sie in vielen Fällen auch noch von der Gesellschaft nicht akzeptiert.«

Ende April 1986 steht ein offizieller Besuch in Indien und in Thailand an, von dort geht es Anfang Mai weiter zum Weltwirtschaftsgipfel nach Japan. Nach der Ermordung von Premierministerin Indira Gandhi wird das Ehepaar Kohl in Indien von ihrem Nachfolger und Sohn, Rajiv Gandhi, und dessen Frau Sonia empfangen.

Auf dem Weltwirtschaftsgipfel in Tokio kommt es zu einem für Hannelore Kohl höchst erfreulichen Gespräch mit dem Unternehmer Heinz Nixdorf, dem Gründer der Nixdorf Computer AG. Er ist Mitglied der Wirtschaftsdelegation, die den Bundeskanzler auf dieser Reise nach Japan im Flugzeug begleitet. Mit ihm möchte Hannelore Kohl gerne eine bestimmte Idee für ZNS realisieren.

Bei verschiedenen Besuchen in Rehakliniken und in Gesprächen mit Ärzten hat sie von folgendem Problem erfahren: Wenn erwachsene Hirnverletzte in der Rehaphase wieder an das normale Leben gewöhnt werden sollen, weigern sie sich oft, einfache Rechenaufgaben mit Papier und Bleistift zu lösen. Trotz ihrer Verletzungen wissen diese Patienten genau, dass sie vor dem Unfall sehr viel anspruchsvollere Tätigkeiten meistern konnten, und wollen jetzt nicht wie Kinder in der Grundschule behandelt werden. Die Tatsache, dass sie nach ihrer Verletzung im wahrsten Sinn des Wortes wieder beim kleinen Einmaleins anfangen müssen, frustriert sie. Aus Angst vor Bloßstellung und Versagen entziehen sie sich diesem Teil der Therapie lieber.

In ihren Gesprächen mit Rehaspezialisten kommt Hannelore Kohl immer wieder auf den Punkt zurück, ob man dieses Problem nicht mit Hilfe eines Computers lösen kann. Der

»Computer helfen heilen«: der für die speziellen Bedürfnisse von ZNS-Patienten entwickelte Computer.

Grundgedanke dabei ist, die Aufgaben, statt auf Papier, interaktiv und spielerisch auf dem Bildschirm darzustellen und zu lösen. Das ist an sich keine neue Idee, denn es gibt ja bereits viele Lernspiele, mit denen Kinder das Einmaleins und Buchstabieren am Bildschirm des PC üben können. Die Software ist also im Prinzip vorhanden. Worauf es ankommt, ist die so genannte Benutzerschnittstelle zum erwachsenen Patienten: Die Software muss eine äußerst flexible Darstellung auf dem Bildschirm ermöglichen, und die Tastatur soll auf möglichst einfache Weise individuell an jeden Patienten angepasst werden können, je nach seinen Bedürfnissen und dem Behinderungsgrad. Gerade für ältere Patienten ist es oft psychologisch angenehmer, sich in ein ganz neues Medium einzuarbeiten, als wie in der Schule mit Bleistift und Papier »geprüft« zu werden.

Als sie diese Idee Heinz Nixdorf erläutert, ist er Feuer und Flamme und sichert ihr bei der Entwicklung eines entsprechenden Systems und bei der Erstausstattung der Neurologischen Klinik in Hessisch-Oldendorf mit solchen Computern seine Unterstützung zu.

Zurück aus Japan, stürzt sich Hannelore Kohl mit viel Elan in die Umsetzung des Vorhabens. Bereits im Dezember 1986 kann sie das Ergebnis auf einer Pressekonferenz präsentieren. Ihr Slogan »Computer helfen heilen« wird zu einem stehenden Begriff. Die stetige technische Entwicklung bei Computern und Software führt in den folgenden Jahren zu immer besseren Erfolgen, das Anwendungsspektrum erweitert sich. Deshalb beschließen Hannelore Kohl und das Kuratorium ZNS im Jahr 2000, den Slogan in »Computer helfen heilen und leben« zu ändern. Die praktische Umsetzung dieses Leitspruchs in neue Projekte soll sie jedoch nicht mehr erleben.

Noch einen weiteren Erfolg kann Hannelore Kohl 1986 für das Kuratorium ZNS verbuchen: Im März übergibt sie dem Rehazentrum Friedehorst in Bremen-Leesum, wo Kinder und Jugendliche behandelt werden, ein EEG-Videoüberwachungssystem. Das Gerät registriert nicht nur die Hirnströme eines Patienten, sondern macht gleichzeitig auch eine Videoaufnahme von ihm. Bei der Auswertung des Elektro-Enzephalogramms kann der Arzt durch Betrachten der Bildsequenz äußerlich erkennbare Muskelbewegungen dann zeitlich genau den Gehirnströmen zuordnen.

Hannelore freut sich ungemein, als ihr die Kinder und Jugendlichen aus Friedehorst später eine Zeitung zuschicken, die sie selbst gemacht haben. Darin ist ein großer Bericht über ihren Besuch enthalten. Zu Rolf Wiechers sagt sie: »Bloß weil in der Klinik mal jemand mit einem bekannten Namen zu Gast war, hatten sie gleich eine Aufgabe. Ist das nicht schön? Solche Dinge müssten öfter passieren. Kinder und Jugendliche müssen immer wieder durch irgendetwas begeistert werden, auch wenn sie noch so krank sind.«

Im Mai 1986 findet in der Bonner Beethovenhalle die Versteigerung ihres Bambi statt. Diese erste eigene große Gala ist ein voller Erfolg. Der Medienunternehmer Leo Kirch, ein Freund von Hannelore und Helmut Kohl, ersteigert das goldene Reh für die stolze Summe von dreihundertzwanzigtausend Mark und schenkt es anschließend Fürstin Gloria von Thurn und Taxis, die ebenfalls unter den Gästen ist.

Selbstverständlich ist an diesem Abend auch Helmut Kohl dabei. Der Bundeskanzler unterstützt seine Frau oft bei ihrem sozialen Engagement. »Er hat beispielsweise die Honorare für Reden an uns weitergegeben«, sagt Rolf Wiechers, »und ab und zu die Schirmherrschaft bei Benefizveranstaltungen übernommen. Bei den Benefizkonzerten von Daimler-Benz in Stuttgart habe ich ihn immer gesehen und bei den Galas ›Alles Kohl‹ im Bonner Hotel Maritim, die ab Januar 1993 viermal stattfanden, war er ebenfalls jedesmal anwesend und hat eine launige Ansprache gehalten.«

Am neunten Juli 1986 sprengt die RAF in München mit einer ferngezündeten Bombe das Fahrzeug des Siemens-Managers Karl-Heinz Beckurts in die Luft. Er ist sofort tot. Am zehnten Oktober erschießen die Terroristen in Bonn Gerold von Braunmühl, einen Spitzendiplomaten aus dem Auswärtigen Amt.

Nach diesen neuerlichen Attentaten verschärft die Bundesregierung im Dezember nochmals die Gesetze gegen den Terrorismus. Künftig sind schon Gründung und Mitgliedschaft in einer kriminellen Vereinigung strafbar.

Kurz vor Weihnachten 1986 fällt Hannelore auf, dass mit ihrer Mitarbeiterin Hannelore Moos irgendetwas nicht stimmt. Als sie sie nach dem Grund fragt, erfährt sie, dass deren Ehemann die Scheidung eingereicht hat und bald ausziehen wird. »Frau Kohl war sehr mitfühlend«, erzählt Hannelore Moos, »und als der Tag des Auszugs feststand, hat sie die Weihnachtsfeier unseres Büros auf dieses Datum gelegt, damit ich nicht alleine bin. Anfang 1987 war sie dann bei mir in der Wohnung, um zu sehen, wie ich lebe. Meine Wohnung, die sehr gemütlich ist, gefiel ihr sehr, und sie sagte: ›Dass ich jetzt weiß, wie Sie leben, beruhigt mich ungemein.‹ Danach hat sie mich immer öfter mit zu Veranstaltungen genommen und mir mehr Aufgaben übertragen. Sie wollte einfach, dass ich so wenig wie möglich über meine Scheidung nachdenke.«

Mit Hannelore Moos im Büro des Kuratoriums ZNS.

Nach und nach entwickeln sich gemeinsame Unternehmungen: »Wenn sie abends Zeit hatte, sind wir oft zum Italiener um die Ecke des Konrad-Adenauer-Hauses oder ins Theater gegangen. Sie mochte gerne Komödien und Boulevardstücke. Und ich erinnere mich, dass ihr ›Das Leben der Edith Piaf‹ sehr gut gefallen hat. Einmal waren wir auch im Ballett und haben ›Romeo und Julia‹ gesehen. Das war sehr schön. Später, als ihr Mann schon nicht mehr Bundeskanzler war, haben wir die Theaterbesuche in Berlin fortgesetzt. Ihre Sicherheitsbeamten hat sie übrigens immer mit hineingenommen. Und sie achtete bei Veranstaltungen auch darauf, dass sie was zu essen bekamen. Sie selbst brauchte ja nicht viel.«

Bei aller Fürsorge für ihre Mitarbeiter ist Hannelore Kohl keine ganz einfache Chefin. Dazu ist sie einfach zu sehr Perfektionistin. Hannelore Moos sagt: »Auch wenn Frau Kohl immer für ihre Mitarbeiter da war und ein offenes Ohr für deren Probleme hatte und sie auch motivierte, förderte und deren Selbstbewusstsein stärkte, konnte sie sehr anspruchsvoll sein. Sie hat immer erwartet, dass die Arbeit korrekt und perfekt erledigt wird. Wenn man dabei einen Fehler machte und ihn nicht zugab, wurde sie sehr ärgerlich. Unehrlichkeit hat sie genauso gehasst wie Unpünktlichkeit. Diesbezüglich war sie sogar überempfindlich. Da konnte sie schon trampeln. Trotzdem kenne ich keinen Mitarbeiter, der sie nicht geliebt hat. Wenn es Probleme gab, hat Frau Kohl immer gesagt: ›Die Mutter macht das schon. Die sorgt schon für euch.‹ Und das hat sie auch getan.«

Auch wenn fast alle Mitarbeiter für sie durchs Feuer gehen, bleibt etwas Ärger mitunter nicht aus. Das bestätigt Michael Roik: »Wenn man glaubte, alles sei erledigt und gesagt und es gebe nichts mehr, was man jetzt noch wissen oder klären müsste, insistierte sie trotzdem weiter und ließ verschiedene Punkte wieder und wieder überprüfen. Für einen selbst war es dann schwer, sich noch beim siebten oder achten Mal erneut zu motivieren. Ihre Beharrlichkeit in diesem Punkt war streckenweise schon überzogen. Manchmal erkannte man einfach den Sinn ihrer Fragen nicht mehr. Und wenn das dann auch noch in die Abendstunden fiel, war es besonders anstrengend. Natürlich hat sie unser Privatleben und dass wir auch mal Hunger hatten, zur Kenntnis genommen. Aber sie hat daraus selten eine Konsequenz gezogen. Das hat manchmal schon gestört.«

Hannelore Kohl merkt das natürlich, und sie kann es auch ertragen, wenn man sie dafür kritisiert. Die Kritik muss nur fundiert sein. Das ist generell bei ihr so. Sie schätzt ein offenes Wort. Auch nach Veranstaltungen oder Interviews ist ihr die Meinung ihrer Mitarbeiter wichtig. Michael Roik sagt: »Frau Kohl war nicht nur sehr selbstkritisch, für sie war Kritik einerseits auch eine Form der Bestätigung und andererseits ein Stück Kontrolle. Ihr ganzes Leben lang hat sie nie aufgehört, sich zu korrigieren und zu verbessern. Frau Kohl hat Kritik nicht nur vertragen, sie hat sie auch gesucht. Diesbezüglich war sie sehr belastbar, auch was das Ungeschminkte angeht. Wenn zum Beispiel ein von ihr genehmigtes Foto gedruckt wurde, das von einer bestimmten Kategorie Mensch dann aber falsch interpretiert werden konnte und somit Gehalt und Wirkung des Interviews veränderte, konnte sie sich im Nachhinein sehr über sich selbst ärgern. Kritik war für sie nicht nur legitim, sondern auch sehr hilfreich. Was sie allerdings maßlos gestört hat, war ungerechtfertigte Kritik. Wenn wider besseres Wissen eine Person herabgesetzt wurde, indem man ihr Fehler oder Schwächen unterstellte, die es nicht gab, oder wenn das richtige Maß bei einer Kritik fehlte, hat sie sich wahnsinnig aufgeregt.«

Anfang 1987 geht der Wahlkampf für die Bundestagswahl am fünfundzwanzigsten Januar in seine letzte, heiße Phase. Als Herausforderer von Helmut Kohl tritt der SPD-Politiker Johannes Rau an, der Ministerpräsident von Nordrhein-Westfalen. Hannelore Kohl unterstützt ihren Mann bei seinem dritten Wahlkampf um die Kanzlerschaft, wo sie kann. Sie bestreitet nicht nur ihre eigenen Veranstaltungen, gibt Interviews und trinkt mit Senioren Kaffee, sie hält auch Reden und spricht und diskutiert bei Wahlversammlungen mit vielen Politikern.

»Dass sie als Ehefrau so in Erscheinung trat«, sagt ihr Mann, »war ein Novum. Frau Adenauer hat die Kanzlerschaft ihres Mannes nicht mehr erlebt, Frau Erhard war leider sehr krank, Frau Kiesinger wollte diese Funktion nicht wahrnehmen, und Frau Schmidt ist wohl auf eigenen Wunsch selten in Erscheinung getreten. Nur Rut Brandt hat ihren Mann nach außen hin ähnlich stark unterstützt.«

Natürlich hat sich Hannelore Kohl auf den Wahlkampf intensiv vorbereitet. Walter Kohl erinnert sich: »Bevor meine Mutter bei solchen Anlässen in der Öffentlichkeit auftrat, hat sie vorher genau durchdacht, was mein Vater inhaltlich vertritt. Die Punkte, bei denen sie der gleichen Meinung waren, hat sie dann vehement nach außen hin vertreten. Da war sie ein echter Wahlkämpfer. Wich ihre Meinung von der meines Vaters ab, hat sie das intern selbstverständlich ebenfalls artikuliert. Bei Wahlkampfveranstaltungen hat sie sich auch gegenüber Journalisten nie versteckt. Aber sie hat auch ganz klar nein gesagt, wenn sie sich zu einem Thema nicht äußern wollte. Meine Mutter war eine gestandene Frau. Auf sie passte der Spruch: ›Jeder starke Mann wird durch eine noch stärkere Frau gestützt‹ sehr gut.«

Oft nimmt sie in Vertretung ihres Mannes auch an Veranstaltungen teil, etwa an Jubiläumsfeiern. Dabei überbringt sie nicht einfach nur Grüße von Helmut Kohl, sondern hält auch selbst Reden. Und sie versteht sich darauf, die Stimmung bei einer Veranstaltung zu verbessern. Ist beispielsweise bei einer Wahlkampfveranstaltung die Atmosphäre zum Zerreißen gespannt, lockert sie sie durch einen Scherz oder durch ein Zupfen an der Krawatte eines Bundestagskandidaten auf. Und sie kann trösten, Vertrauen gewinnen, zuhören und Menschen einschätzen – Fähigkeiten, von denen ihr Mann oft profitiert.

Aber nicht nur für ihren Mann sammelt sie Punkte, manchmal profitieren auch andere Politiker davon. Als sie bei einer Veranstaltung für eine Rehaklinik ein Fahrrad geschenkt bekommt, wird sie zur Übergabe auf die Bühne gebeten. Das ist ein ganz normaler Vorgang. Aber sie hieße nicht Hannelore Kohl, wenn sie nicht auch aus dieser Situation etwas Besonderes machen würde. Nicht nur für sich selbst und ihr Kuratorium ZNS, sondern auch zum Nutzen des lokalen Politikers. Weil der Mann etwas blass neben ihr steht, fordert sie ihn auf, sich auf den Gepäckträger zu setzen, und radelt mit ihm durch die Halle. Die Wirkung ist enorm, der Politiker völlig überrumpelt. »Ihr Talent, blitzschnell zu erkennen, wie man aus einer Situation das Beste für alle Beteiligten herausholt«, sagt Michael Roik, »war unglaublich.«

Diese Geistesgegenwart verschafft ihr nicht nur Freunde, sondern auch Feinde. Viele neiden ihr die Schlagfertigkeit und Spontaneität. Sie kann aber nicht verstehen, warum.

»Warum sollte ich Feinde haben?« sagt sie einmal bei einem Interview. »Ich tue eigentlich niemandem was, und ich habe auch niemandem bewusst die Karriere versaut. Im Gegenteil. Ich habe sehr vielen Menschen in meinem Leben geholfen. Nicht nur, weil ich es wollte, sondern weil ich es konnte. Ich mache mir auch nicht die Mühe, darüber nachzudenken, wer mein Feind ist. Das ist nicht arrogant gemeint, auch wenn es vielleicht so klingt. Ich bin nicht auf Feindseligkeit aus. Ich muss auch niemanden bekämpfen. Das habe ich schon früher bei der BASF nicht getan. Das heißt natürlich nicht, dass ich mich nicht wehre, wenn ich direkt angegriffen werde. Wenn es sein muss, kann ich schon draufschlagen. Aber nachtragende Gehässigkeit ist mir fremd. Mitunter vergesse ich auch, mit wem ich kurzfristig einen Streit hatte. Oft wundere ich mich, wenn die anderen Wochen später noch eingeschnappt sind und ich weiß nicht mehr, warum. Das ist vielleicht eine Schwäche von mir.«

Am fünfundzwanzigsten Januar 1987 gewinnt Helmut Kohl die Bundestagswahl gegen Johannes Rau. Die CDU/CSU muss zwar kräftige Einbußen hinnehmen und fährt mit 44,3 Prozent der Stimmen das schlechteste Ergebnis seit 1949 ein, aber zusammen mit der FDP, die auf 9,1 Prozent der Stimmen kommt, können die Unionsparteien weiter die Regierung bilden.

Am vierten Juni 1987 beschließt der Bundestag mehrheitlich die so genannte »Doppelte Nulllösung«. Vorausgegangen war dem ein Treffen zwischen Generalsekretär Michail Gorbatschow und US-Präsident Ronald Reagan im Vorjahr. Es war das erste Gipfeltreffen nach 1985, und dabei waren sie zu einem epochalen Ergebnis gekommen: Sie erklärten sich bereit, ein Abkommen zu unterzeichnen, das die Beseitigung der Mittelstreckenwaffen auf beiden Seiten vorsieht, sowohl bei der Nato als auch beim Warschauer Pakt – die »Doppelte Nulllösung«.

Im Zuge dieser Vereinbarung erklärt sich nun auch die Bundesregierung zum Abbau der Mittelstreckenwaffen bereit, die im Rahmen des Nachrüstungsbeschlusses von 1983 in der Bundesrepublik stationiert worden waren. Ausgenommen davon sind die zweiundsiebzig Pershing-1 a-Raketen der Bundeswehr.

Am zwölften Juni besuchen US-Präsident Ronald Reagan und seine Frau Nancy West-Berlin. Helmut und Hannelore Kohl sind gemeinsam mit ihren Gästen in der »Air Force One« aus Bonn angereist. Wegen des für Berlin geltenden Viermächtestatus ist Helmut Kohl immer mit einer Maschine der US-Luftwaffe nach West-Berlin geflogen. In seiner Rede vor dem Brandenburger Tor fordert Ronald Reagan den sowjetischen Staatspräsidenten Michail Gorbatschow auf, die Mauer niederzureißen.

Vierzehn Tage später, am sechsundzwanzigsten Juni, fliegt Hannelore Kohl ohne ihren Mann zu einer offiziellen Einladung in die USA. In Washington erhält sie für ihre Verdienste um die in Rheinland-Pfalz stationierten amerikanischen Soldaten als erste Deutsche den »USO International Service Award«. Die »United Service Organization«, kurz »USO«, ist eine in den USA hoch angesehene gemeinnützige Organisation. Traditionell übernimmt der amtierende Präsident der Vereinigten Staaten die Ehrenpräsidentschaft der USO, deren Ziel es ist, amerikanische Soldaten in den USA und überall sonst auf der Welt zu betreuen, bei persönlichen Problemen zu unterstützen oder sie einfach nur zu unterhalten. »Ein Zuhause fern von zu Hause« will die USO den Soldaten sein. Bis Ende der Achtzigerjahre liegt der Schwerpunkt der

Auslandsarbeit dieser Organisation in der Bundesrepublik Deutschland, und hier wieder vor allem in Rheinland-Pfalz, denn dort sind bei weitem die meisten amerikanischen Soldaten im Ausland stationiert.

Jedes Jahr verleiht die USO einen Preis an Personen, die die Ziele und die Arbeit der USO im Ausland besonders unterstützt haben. Hannelore Kohl hat in ihrer Zeit als »First Lady« von Rheinland-Pfalz regelmäßig amerikanische Stützpunkte und Soldatensiedlungen besucht. Wo sie konnte, hat sie bei diesen Gelegenheiten versucht, sich um US-Soldaten und deren Familien zu kümmern.

Die Verleihung des Preises findet im Rahmen eines festlichen Abendessens, des so genannten Annual Award Gala Dinner, im Festzelt auf dem Gelände des historischen Forts McNair in Washington, D. C., statt. In einer Dankesrede, die sie vorher zu Hause gründlich mit ihrem Mann vorbereitet hat und die in Washington großes Aufsehen erregt, sagt sie unter anderem:

> *»Wenn ich heute als erste Deutsche den ›International Service Award‹ entgegennehme, tue ich dies zugleich für die vielen tausend deutschen Frauen und Männer,*
>
> – *die USO in unserem Land unterstützen,*
> – *die amerikanischen Soldaten und ihren Familienangehörigen helfen, sich in eine neue Umgebung einzugewöhnen und eine neue Sprache zu erlernen,*
> – *die ihnen die kulturellen und landschaftlichen Schönheiten unseres Landes erschließen,*
> – *die sich als gute Nachbarn erweisen und ihre Häuser und ihre Familien öffnen,*
> – *die mit ihren amerikanischen Freunden frohe und besinnliche Feste feiern,*
> – *kurzum: die ihnen das Gefühl geben, dass sie in unserem Land zu Hause sind.*

Erst diese vielen bekannten und unbekannten Menschen haben den Erfolg möglich gemacht. Sie sind der eigentliche Preisträger des heutigen Abends. Ihr Einsatz und ihre Hilfsbereitschaft haben im wahrsten Sinn des Wortes eine Brücke der Freundschaft zwischen dem amerikanischen und dem deutschen Volk geschlagen.«

Und weiter sagt sie:

»Uns verbinden die gemeinsamen Werte von Frieden und Freiheit, uns verbinden die Idee der Demokratie und der Glaube an die weltweite Geltung der Menschenrechte. Die ununterbrochene Anwesenheit amerikanischer Streitkräfte in Westeuropa verbürgt unsere Sicherheit. Alle amerikanischen Präsidenten der Nachkriegszeit stehen zu dieser Verpflichtung. Diese amerikanische Garantie ist von geradezu existentieller Bedeutung für unser Land und insbesondere für unsere alte Hauptstadt, für meine Geburtsstadt Berlin, für seine Freiheit und Lebensfähigkeit. Am zwölften Juni hat Präsident Reagan durch seinen Besuch dies erneut bekräftigt.

Freiheit und Sicherheit Westeuropas sind umgekehrt für die USA und ihre Stellung in der Welt von entscheidender Bedeutung. Wir leisten – in Gestalt unserer Bundeswehr, die rund eine halbe Million Soldaten umfasst – einen wichtigen Verteidigungsbeitrag für das gesamte Bündnis und damit auch für die USA.

Lassen Sie mich als Mutter von zwei Söhnen, die in der Bundeswehr gedient haben, die Sache einfach ausdrücken: Angesichts der nach wie vor bestehenden Bedrohung unserer Freiheit ist es für unsere jungen Soldaten entscheidend zu wissen, dass sie nicht allein stehen, sondern neben sich Verbündete haben, insbesondere die amerikanischen Soldaten in unserem Land. Und gemeinsam – das wissen wir nun aus einer über vierzigjährigen Friedenszeit –, gemeinsam werden wir es auch in Zukunft schaffen, Frieden und Freiheit zu bewahren.«

Michael Roik, der Hannelore Kohl auf dieser USA-Reise begleitet, ist beeindruckt, wie professionell die Frau seines Chefs nicht nur hier auftritt: »Das Wissen um die Bedeutung des Nachnamens ›Kohl‹ und der entsprechend verantwortungsvolle Umgang damit war jedoch nur eine der prägenden Konstanten. Sowohl bei der internen Arbeit als auch im Außenverhältnis.«

»Der frühere amerikanische Außenminister Henry Kissinger hat mal über sie gesagt: ›Hannelore is a person in her own right‹«, erläutert Michael Roik. »Damit meinte er, dass sie durch ihren Namen nicht nur eine abgeleitete Verantwortung wahrgenommen hat, sondern gleichzeitig auch eine Persönlichkeit war, die die große Fähigkeit besaß, selbst zu gestalten. Sie hat die Rollen als Gattin eines Parteivorsitzenden und Bundeskanzlers neu definiert. Hannelore Kohl war nicht die Frau in seinem Schatten. Sie war eine eigenständige Persönlichkeit. So drückte sie allein durch die Art ihres Auftretens Veranstaltungen ihren eigenen Stempel auf. Frau Kohl war eine elegante und parkettsichere Repräsentantin an der Seite ihres Mannes, gleichzeitig konnte sie sich aber auch selbst präsentieren. Nicht aus Eitelkeit oder Selbstverliebtheit – sie hatte einfach das Bedürfnis, möglichst perfekt zu sein und Erfolg zu haben.«

In den Augen von Michael Roik zeichnete sich Hannelore Kohl noch durch etwas anderes aus: »Sie wusste genau, dass sie auch einen großen Unterhaltungswert besaß. Der war nicht gekünstelt oder angelernt, der entsprach ihrem Naturell. Frau Kohl hatte Humor, war fähig zum Witz, hatte

Charme und eine sehr natürliche Ausstrahlung. Damit hat sie sehr viele Menschen für sich eingenommen, und die meisten wussten, dass das kein Strohfeuer war. Ihr guter Eindruck wirkte nach. Natürlich hatte das auch etwas mit ihrem bekannten Pflichtbewusstsein zu tun, einer der Gründe für ihre Disziplin. Bei ihrer öffentlichen Arbeit hat sie nie gefragt: ›Gefällt mir das? Mag ich das?‹ Sondern sie hat gefragt: ›Ist das notwendig?‹ Deshalb konnte Frau Kohl auch mit schwierigen Situationen problemlos umgehen. Auch in für ihren Mann politisch unangenehmen Zeiten hatte sie kein Problem damit, genauso souverän mit Journalisten zu sprechen wie in politischen Hochzeiten. Das alles hing mit ihrer Erziehung, mit ihrem Charakter und ihrer natürlichen Begabung zusammen. Alle diese Eigenschaften brachte sie in eine innere Balance. Und es war ihr wichtig, dass die Menschen es spürten.«

Davon profitiert auch Helmut Kohl. »Eine der großen Stärken des Bundeskanzlers war seine Fähigkeit, auch auf staatsmännischer Ebene das Persönliche zu pflegen und dadurch Vertrauen zu schaffen. Dies hat ihm bei vielen politischen Entscheidungen geholfen. In diesem Zusammenhang spielte natürlich auch die Ehefrau eine große Rolle«, sagt Michael Roik. »Und zwar in zweierlei Hinsicht. So wie die Ehefrauen der anderen Staatsoberhäupter oder Regierungschefs hat auch Frau Kohl zum einen mit ihrem Mann im Vorfeld solcher Begegnungen über die jeweiligen Gesprächspartner gesprochen. Es fand also eine besonders persönliche Form der Vorbereitung statt, die oft die Voraussetzung für ein gutes Vertrauensklima war. Zum anderen hat sie sich auf ihre Gesprächspartner blendend vorbereitet. Bevor sie sie traf, wollte sie möglichst alles über sie erfahren. Sie wusste einfach, dass es wichtig ist, den Gesprächspartner bei einer Unterhaltung spüren zu lassen, dass man sich mit ihm beschäftigt hat. Für sie war das ein Zeichen der Wertschätzung, und sie stellte damit gleichzeitig sicher, dass sich ein Gespräch nicht nur im

Banalen abspielt, sondern auch vertieft werden kann. Frau Kohl war stets darüber informiert, für welche Themen sich ihr Gegenüber interessierte, und war so in der Lage, durch Fragen nicht nur Herzlichkeit, sondern auch Anteilnahme und Betroffenheit zu zeigen.«

Bereits im Juni 1987 hat Peter Kohl seine zweijährige Dienstzeit bei der Bundeswehr beendet und ist, wie vorher schon sein Bruder, als Fähnrich entlassen worden, um danach zum Leutnant der Reserve befördert zu werden. Hannelore ist froh, dass beide Söhne ihre Dienstzeit ohne größere Verletzungen überstanden haben. Wieder ist ein Lebensabschnitt abgeschlossen. Zufrieden fährt sie mit ihrem Mann in den obligatorischen Sommerurlaub nach St. Gilgen.

Im Juli 1987 tritt Helmut Kohl mit seiner Frau einen elftägigen offiziellen Besuch nach Nepal und Tibet an, von wo aus es anschließend in die Volksrepublik China geht. In Katmandu, der Hauptstadt von Nepal, zieht sich Hannelore eine unangenehme Verletzung zu.

Am Flughafen wird sie mit einem besonders schönen alten Rolls-Royce des nepalesischen Protokolls abgeholt, dessen Türen sich noch von vorne nach hinten öffnen. Als der Wagen vor dem Hotel hält, öffnet ein Page von außen die Türe. Gerade als Hannelore Kohl, die bereits für den nächsten Anlass gekleidet ist und ein langes Kleid und Schuhe mit hohen Absätzen trägt, aussteigen will, fährt der Chauffeur einen halben Meter weiter vor, weil er nicht exakt auf der Höhe des roten Teppichs gehalten hatte. Die schwere Fahrzeugtür trifft Hannelore genau auf den rechten Knöchel. Sie hat große Schmerzen, aber glücklicherweise ist nichts gebrochen, ihr Fuß ist nur stark geprellt.

Als man danach im Hotelzimmer den Fuß mit Eiswürfeln kühlt, infiziert sie sich über eine kaum sichtbare Hautabschürfung, weil das Wasser nicht sauber war. Die Wunde ist

Hannelore und Helmut Kohl in St. Gilgen, ihrem Sommerferiendomizil (August 1986).

sehr schmerzhaft und muss aufgeschnitten werden. Für den Rest der Reise nach China und Tibet beißt sie die Zähne zusammen.

Aus ähnlichen Motiven wie sein Bruder beschließt auch Peter Kohl, außerhalb von Deutschland zu studieren. Im September 1987 tritt er sein Studium am Massachusetts Institute of Technology (MIT) an. Seine Hochschule befindet sich direkt neben der Harvard University. Zwei Jahre lang sind Walter und Peter in Cambridge Nachbarn und können sich fast täglich sehen.

Am MIT studiert Peter Kohl Wirtschaftswissenschaften sowie Luft- und Raumfahrttechnik. Im letzten Semester lernt er eine junge Türkin kennen, Elif Sözen, die am MIT Mathematik studiert – sie wird später seine Frau.

Am siebten September 1987 empfängt Helmut Kohl den DDR-Staatsratsvorsitzenden Erich Honecker mit allen protokollarischen Ehren in Bonn. Es ist der erste offizielle Besuch eines DDR-Regierungschefs in der Bundesrepublik. Bei den Vorbereitungsgesprächen zu diesem Besuch hatte es heftigen Streit darüber gegeben, ob die Tischreden in beiden Teilen Deutschlands in Fernsehen und Rundfunk live übertragen werden. Helmut Kohl besteht kategorisch auf der Direktübertragung, die Erich Honecker um jeden Preis vermeiden möchte. Schließlich setzt sich Helmut Kohl durch.

In seiner Rede richtet er sich dann direkt an alle Deutschen und sagt: »Die Präambel des Grundgesetzes steht nicht zur Disposition, weil sie unserer Überzeugung entspricht. Sie will das vereinte Europa, und sie fordert das gesamte deutsche Volk auf, in freier Selbstbestimmung die Einheit und Freiheit Deutschlands zu vollenden. Das ist unser Ziel, wir stehen zu diesem Verfassungsauftrag, und wir haben keinen Zweifel, dass dies dem Wunsch und Willen, ja der Sehnsucht der Menschen in Deutschland entspricht.«

Am neunundzwanzigsten September kommen US-Vizepräsident George Bush und seine Frau Barbara nach Bonn. George Bush gilt als aussichtsreicher Präsidentschaftsanwärter, wenn Reagans zweite Amtszeit 1989 endet. Zu Ehren von Barbara Bush gibt Hannelore Kohl im Kanzlerbungalow ein Mittagessen.

Barbara Bush ist acht Jahre älter als Hannelore und Mutter von sechs Kindern; eines davon ist jedoch im Alter von vier Jahren an Leukämie gestorben. Wie Nancy Reagan hat sie das Smith College in Massachusetts besucht, verließ es aber 1945 vorzeitig, um zu heiraten. Ihre Unterstützung und ihr persönlicher Einsatz sind möglicherweise der Schlüssel zum Erfolg ihres Mannes. Barbara Bushs eiserner Wille war entscheidend beim Aufbau seiner ungewöhnlich langen und erfolgreichen Karriere und hat auch für den starken Zusammenhalt innerhalb der Familie gesorgt.

Als Frau des Vize-Präsidenten war sie nach acht Jahren auf dem Capitol Hill ein Profi auf dem politischen Parkett und im Umgang mit den Medien geworden. Barbara Bush und Hannelore Kohl haben ein ungewöhnlich herzliches Verhältnis zueinander. Sie verstehen sich nicht nur so gut, weil die Chemie zwischen ihnen stimmt, sondern weil sie, je länger sie einander kennen, manche Gemeinsamkeiten feststellen. Barbara Bush war im Kreis der internationalen Kollegen und Partner von Helmut Kohl Hannelores liebste Freundin.

Am zwanzigsten Oktober 1987 reisen der französische Staatspräsident François Mitterrand und seine Frau Danielle an. Die Ehepaare kennen sich bereits seit 1984, als der Bundeskanzler und seine Frau zu einem Treffen nach Verdun in Frankreich geflogen sind. Dieses Treffen hatte zum Zeichen der Versöhnung zwischen Frankreich und Deutschland über den Massengräbern der im ersten Weltkrieg Gefallenen stattgefunden.

Helmut Kohl erzählt: »François Mitterrand hat meine Frau sehr gemocht, besonders wegen ihres Charmes, ihrer Schlagfertigkeit und ihrer Liebe zu Frankreich. Sie selbst hat ihn wegen seines europäischen Engagements und seiner Freundschaft zu mir sehr hoch eingeschätzt. Sie fand ihn aber auch gelegentlich ein bisschen zu eitel. Mit Danielle Mitterrand hat sie sich zwar gut verstanden, aber in vielen Fragen war sie ihr politisch zu links.«

Am zweiten November kommen Prinz Charles und seine Frau Lady Diana zu Besuch. Zu ihren Ehren findet im Kanzlerbungalow ein Essen im kleinen Kreis statt. Anders als sonst hat das Protokoll des Auswärtigen Amts diesmal mit den Vorbereitungen nichts zu tun, erzählt Eduard Ackermann: »Das hat Frau Kohl mit ihrem Koch ganz allein arrangiert. Das konnte sie sehr gut.«

Auch bei anderen Anlässen hat Hannelore Kohl als Gastgeberin gehörig Eindruck auf Eduard Ackermann gemacht: »Gern hat sie ihren Gästen pfälzische Gerichte servieren lassen. Der legendäre Saumagen war natürlich auch hin und wieder dabei. Berühmt waren auch die Feste, die Helmut Kohl einmal im Jahr für den ganzen Haushaltsausschuss des Bundestages gab. Und weil da viele Leute aus Rheinland-Pfalz dabei waren, wurde das immer ein fröhliches Schlachtfest mit allem, was dazugehört. Die Leute aus dem pfälzischen Weindorf St. Martin haben zum Beispiel ihr Fleisch immer in großen Kesseln gegart. Hannelore Kohl hat sich um jedes noch so kleine Detail persönlich gekümmert.«

Im Frühling 1988 fahren Hannelore, Helmut und Peter Kohl mit einem kleinen Mitarbeiterstab erneut in die DDR. Ihre Ziele sind Gotha, Erfurt, Weimar, Leipzig und Dresden. Die Reise wird zwar als »Privatbesuch« angemeldet, ist aber in Wirklichkeit nicht rein privat. Wieder als Fahrer mit dabei ist Ecki Seeber. Die anderen Mitreisenden sind Regierungssprecher Friedhelm Ost und Wolfgang Bergsdorf sowie Juliane Weber.

Im Vergleich zu den früheren Besuchen in der DDR ist die Behandlung diesmal vorzüglich. Es beginnt bereits bei der Einreise. Peter erinnert sich: »Als wir am Grenzübergang Herleshausen ankamen, wurden wir sofort aus der Warteschlange auf eine separate, völlig leere ›Bonzen-Spur‹ gewunken. Dort wartete bereits ein Oberst der DDR-Grenztruppen auf uns. Er hatte extra ein kleines Holztischchen nebst Stempel und Stempelkissen auf der Straße aufbauen lassen. Erst hat er salutiert und dann in weniger als drei Minuten uns allen eigenhändig den Reisepass abgestempelt. Das Ganze hatte etwas Unwirkliches an sich.«

Beim Einfahren in die DDR folgt ihnen wieder ein Pulk von Stasifahrzeugen. Zusätzlich steht diesmal an jeder Autobahnausfahrt ein Kommando der Volkspolizei. Wolfgang Bergsdorf erklärt: »Das machten die deswegen, weil wir vorher unsere Reiseroute nicht angegeben hatten. Die Stasi wusste nur, dass wir in Weimar und Dresden übernachten. Zuerst sind wir nach Gotha gefahren und haben uns dort das Schloss und die Kirche angeschaut. Und ich erinnere mich, dass sich der Bundeskanzler auf dem Markt ein Zentimetermaß gekauft hat. Als wir dort rumliefen, wurden Friedhelm Ost und mir von vielen Ausreisewilligen Zettel mit deren Adressen zugesteckt. Bis zum Schluss der Reise hatten wir hundertdreißig davon gesammelt.«

Von Gotha geht die Reise weiter nach Erfurt: »In Erfurt sind wir durch die Innenstadt gelaufen und haben Kaffee getrunken. Von dort sind wir weiter nach Weimar und haben im ›Hotel Elephant‹ übernachtet.«

»Von Leipzig ging es dann weiter nach Dresden«, erzählt Wolfgang Bergsdorf, »und Frau Kohl schickte Herrn Seeber an die Kasse der Semper-Oper, um Karten für eine Mozartoper zu kaufen. Aber es gab keine, und er kam mit leeren Händen zurück. Erst als wir sagten, die Karten sind für den Bundeskanzler der Bundesrepublik Deutschland, haben wir noch fünf bekommen. Als wir abends zu unseren Plätzen geführt wurden, trauten wir unseren Augen nicht: Die zwei Reihen vor und hinter uns hatte man komplett leergeräumt, und zwischen uns hatte man SED-Mitglieder platziert. In der ersten Pause wurden wir vom Intendanten in ein Séparée geführt und mit Krimsekt und Häppchen vom Allerfeinsten bewirtet. Frau Kohl war das gar nicht recht, und sie bestand darauf, dass wir uns in der zweiten Pause unter die Leute mischen. Das haben wir dann auch gemacht und bekamen natürlich wieder viele Zettel mit Ausreisewünschen zugesteckt.«

Die Überraschung des Abends steht ihnen aber noch bevor: »Als die Oper zu Ende war und wir rauskamen, standen hunderte von Menschen da und riefen ›Helmut, Helmut‹. Außerdem wussten ja alle, dass Frau Kohl aus Leipzig stammte.«

Wie bei den anderen DDR-Besuchen der Familie Kohl lassen sich im Nachhinein Teile der Überwachungs- und Abschirmungsmaßnahmen in den Stasiakten nachvollziehen. Peter Kohl, der die Akten eingesehen hat, sagt: »Dass das Publikum in der Semper-Oper offensichtlich mit Stasimitarbeitern durchsetzt war, hat mich überhaupt nicht gewundert. Sehr betroffen hat mich etwas anderes gemacht: Aus den Akten konnte man erahnen, dass hinterher wohl einige der Menschen, die uns Zettel zusteckten, festgenommen worden sind. Schon damals, während der Reise, war dies für meine Mutter ein schrecklicher Gedanke – leider scheinen sich ihre Befürchtungen bewahrheitet zu haben.«

Im Mai 1988 treffen die Staats- und Regierungschefs der EG-Mitgliedsstaaten in Hannover zusammen. Ihr Ziel: Sie wollen einer gemeinsamen Wirtschafts- und Währungsunion zum Durchbruch verhelfen und beauftragen eine Arbeitsgruppe, bis Mitte 1989 die Pläne für eine gesamteuropäische Währung vorzulegen. Rückblickend kann man dieses Treffen als die Geburtsstunde des Euro bezeichnen.

Hannelore Kohl hat sich im Gegensatz zu vielen anderen mit dem Euro persönlich identifiziert. Für sie sind allerdings weniger die wirtschaftlichen Argumente ausschlaggebend als die einigende und auf Dauer friedensstiftende Wirkung der neuen Währung in Europa. In dieser Hinsicht ist sie emotional ähnlich stark engagiert wie ihr Mann.

Im Kuratorium ZNS trägt Hannelore Kohls Arbeit immer mehr Früchte. Ganz besonders freut sie sich, wenn sie konkrete Heilungserfolge bei Patienten sehen kann. Um solche Fortschritte hautnah zu erleben, besucht sie immer wieder Rehaeinrichtungen, die vom Kuratorium ZNS gefördert werden, und informiert sich an Ort und Stelle.

So besucht sie am ersten Juni 1988 zum Beispiel die Rehaklinik in Hessisch-Oldendorf, die als erste Einrichtung die Therapie »Computer helfen heilen« eingeführt hat. Bei einer Therapiesitzung spricht sie den sechzehnjährigen Mike Fricke an, der beim Spielen mit einem Kleinkalibergewehr durch einen Kopfschuss schwer verletzt worden war und danach wochenlang im Koma gelegen hatte. Rolf Wiechers berichtet von dieser Begegnung: »Durch die erfolgreiche Behandlung war er so motiviert und begeistert, dass er zu Frau Kohl sagte: ›Ich werde Rehaberater.‹ Das hat sie natürlich sehr gefreut.«

Ebenfalls in Hessisch-Oldendorf sieht sie bei einem Klinikrundgang eine zweiundsiebzigjährige Dame vor einem Computer sitzen, die so in ihre Arbeit vertieft ist, dass sie die Besucherin erst bemerkt, als Hannelore sie anspricht. Daraufhin entsteht eine kurze Unterhaltung zwischen den beiden, die Hannelore Kohl später Rolf Wiechers wiedergibt: »Die Dame hat mir erzählt, dass das eine gute Gelegenheit ist, den Umgang mit dem Computer zu lernen: ›Jetzt kann ich auch mit meinen Enkeln mithalten.‹«

Aber es gibt auch andere Erlebnisse. Bei einem Besuch in der Neurologischen Klinik in Gailingen trifft sie einen jungen

Mann, der sich bei einem Sturz mit dem Motorrad schwerste Hirnverletzungen zugezogen hat, aber nach einer erfolgreichen Therapie bereits kurz vor der Entlassung steht. Sie fragt: »Und, was machen Sie jetzt?« Er antwortet: »Ich setze mich wieder auf mein Motorrad, das brauche ich.«

Im ersten Moment ist Hannelore Kohl fassungslos. Dann sagt sie sich: »Warum auch nicht? Jedem kann überall immer wieder etwas passieren. Und wenn er unbedingt wieder auf sein Motorrad will, dann soll er es in Gottes Namen tun. Es hat sowieso keinen Zweck, ihn davon abzuhalten.«

Rolf Wiechers, der sie bei diesem Besuch begleitet, sagt: »Frau Kohl war die Seele von ZNS. Sie verstand es hervorragend, sich in die Situation der Patienten hineinzuversetzen. Dadurch fand sie auch Zuspruch und Anerkennung. Sie hat immer gesagt: ›Fördern ist fordern, und fordern ist fördern. Mir ist es egal, wie ich den Zugang zum Patienten kriege. Wichtig ist, dass er motiviert wird und an sich arbeitet, um später ein möglichst problemloses und sorgenfreies Leben führen zu können.‹«

Aber sie kümmert sich nicht nur um Patienten, sondern auch um deren Angehörige, mit denen sie oft über ihre Probleme, Sorgen und Nöte spricht. Auch wenn ihr das Schicksal aller Beteiligten sehr zu Herzen geht, zeigt sie es nicht. Sie erzählt das so: »Obwohl der Anblick der Kranken schwer zu ertragen ist und mich mitunter sehr berührt, habe ich gelernt, dass pures Mitleid nicht hilfreich ist. Wenn man es zeigt, wird es für die Betroffenen und für die Angehörigen schwer. Wenn ich eine weinende Mutter oder einen verzweifelten Vater sehe, kann ich nicht auch noch in Moll machen. Im Gegenteil. Ich nehme diese Menschen in den Arm und mache ihnen Mut. Das hilft ihnen mehr als Mitleid. Dadurch bekommen sie wieder Hoffnung, die sie dann auch auf ihre kranken Angehörigen übertragen.«

»Außerdem belastet eine Behinderung die Struktur der ganzen Familie schon genug«, fährt sie fort. »Partnerschaften können kaputtgehen, es muss Geld verdient werden, in manchen Familien sind Kinder da – man könnte noch vieles anfügen. Manche Angehörigen wissen auch nicht, wie sie mit den Problemen Hirnverletzter fertig werden sollen. Wir haben deshalb nicht nur eine Auskunfts- und Vermittlungsstelle eingerichtet, wir haben auch begonnen, Tagesbetreuungsstätten für Hirnverletzte zu schaffen, in denen sie sinnvoll betreut, angeleitet und beschäftigt werden können. Am wichtigsten ist es natürlich, so früh wie möglich mit der Rehabilitation zu beginnen. Daher fördern wir verstärkt die Frührehabilitation. Unser Ziel ist es, dem Patienten später Mittel und Wege aufzuzeigen, auch mit verbleibenden Störungen sein Leben wieder selbst zu gestalten.«

Zugunsten des Kuratoriums ZNS organisiert Hannelore Kohl im September 1987 in der Bonner Beethovenhalle das Benefizkonzert »Up with People«. Die Veranstaltung wird ein solcher Erfolg, dass sie im Mai 1992 noch einmal wiederholt wird.

Sehr stolz ist sie auch darauf, dass sie den Berliner Juwelier David Goldberg als Sponsor für ihr soziales Engagement gewinnen kann. Ab 1987 veranstaltet er jedes Jahr in Berlin seine berühmten »Goldberg Galas«, deren Erlöse unter anderem dem Kuratorium ZNS und später der Hannelore-Kohl-Stifung zugute kommen. Die Freundschaft zwischen den beiden bewährt sich bis an Hannelores Lebensende.

Vom vierundzwanzigsten bis siebenundzwanzigsten Oktober 1988 steht ein eminent wichtiger offizieller Besuch auf dem Programm: Der Bundeskanzler und seine Frau reisen zu Michail Gorbatschow und seiner Frau Raissa. In Moskau werden sie mit allen Ehren empfangen, und zwischen den Ehepaaren entsteht sogleich eine große Sympathie.

Das Ehepaar Kohl nutzt die Gelegenheit und besucht auch den Physiker und Friedensnobelpreisträger Andrej Sacharow und seine Frau Jelena Bonner. Nach Jahren in der geschlossenen Stadt Gorki hat Michail Gorbatschow, bald nachdem er an die Macht gekommen ist, ihre Verbannung aufgehoben.

Bei dieser Reise ist auch Walter Neuer dabei, der seit 1987 Bürochef des Bundeskanzlers ist: »Das Auftreten von Frau Kohl im Kreml war bewundernswert. Sie ging frei und sicher auf alle Menschen zu und zeigte nicht das mindeste Anzeichen von Nervosität oder Schüchternheit. Durch ihr freundliches und offenes Wesen bekam sie zu allen Menschen sofort einen positiven Draht. Egal, ob es Staatsoberhäupter oder einfache Bürger waren, die sie bei Besuchen in Schul- oder Behindertenheimen kennenlernte, ihr flogen immer gleich alle Herzen zu. Hannelore Kohl hat Deutschland wirklich hervorragend präsentiert. Dabei war sie überhaupt nicht aufdringlich oder hat sich in den Vordergrund gedrängt. Und sie zeigte auch nie Ermüdungserscheinungen, egal, wie anstrengend das Programm war. Wenn wir in der Boeing 707 oder ab 1991 im Airbus auf Langstreckenflüge gingen, war sie immer sehr lustig und aufgeräumt. Die meiste Zeit saß sie allerdings im VIP-Abteil und hat sich mit ihren Unterlagen beschäftigt. Das waren in der Regel Porträts und Biographien der Politiker, mit denen sie zusammentraf. Das Gleiche galt für deren Frauen. Wenn sie Fragen hatte, ließ sie sich die dementsprechenden Leute aus der Delegation kommen. Eine gern gesehene und überaus gut informierte Gesprächspartnerin war sie auch für die begleitenden Vertreter der Wirtschaft und der Medien.«

Am achten November 1988 verleiht Ministerpräsident Bernhard Vogel Hannelore Kohl den Verdienstorden des Landes Rheinland-Pfalz. Diese Auszeichnung erhält sie in Anerkennung ihrer außergewöhnlichen und überdurchschnittlichen Leistungen für das Land, wie es in der Laudatio heißt.

Der letzte gemeinsame Auslandsbesuch des Jahres 1988 führt Helmut Kohl und seine Frau im November nach Wa-

Ministerpräsident Nakasone und seine Frau begrüßen das Ehepaar Kohl in Japan, November 1983.

Vor dem Himmelstempel in Peking, Oktober 1984.

Mit Ronald und Nancy Reagan beim Besuch des ehemaligen KZ Bergen-Belsen, Mai 1985.

Zu Besuch bei Premerminister Rajiv Gandhi in Indien, Mai 1986.

Treffen mit Mutter Teresa in Neu Delhi, 1986.

Im Gespräch mit Simon Wiesenthal, New York 1988.

Mit Michail und Raissa Gorbatschow in Moskau, 1988.

Zu Besuch bei Friedensnobelpreisträger Andrej Sacharow und seiner Frau Jelena Bonner, Oktober 1988.

shington, wo sie mit Ronald und Nancy Reagan, dem Ehepaar Kissinger sowie mit Simon Wiesenthal zusammentreffen. Der in Wien lebende Simon Wiesenthal, ein alter Bekannter von Helmut und Hannelore Kohl, hat, seit er Auschwitz überlebt hat, sein Leben der Aufklärung von Holocaustverbrechen gewidmet.

Die Reise in die USA ist für Hannelore eine willkommene Gelegenheit, einen Abstecher zu ihren Söhnen nach Boston zu machen, die sich über den Besuch der Mutter sehr freuen. Als besondere Überraschung hat sie ihnen einen Reisekoffer voller Proviant mitgebracht, darunter Salami, Räucherschinken und auch ein kleines Fässchen Bitburger Pils – lauter Dinge, die es in Boston praktisch nicht zu kaufen gibt. Als sie den Koffer in Walters Wohnzimmer in Harvard öffnet, sind seine amerikanischen Mitbewohner restlos begeistert. Nach diesem Erlebnis erreicht Walters Mutter bei ihnen so etwas wie Kultstatus.

Ein ereignisreiches Jahr neigt sich dem Ende zu. Wohl niemand hätte in der Silvesternacht 1988/89 gedacht, dass das neue Jahr als eines der wichtigsten in die Geschichte Deutschlands nach dem zweiten Weltkrieg eingehen würde. Rückblickend werden es neun aufregende Monate sein, bis sich im September 1989 herauskristallisiert, dass sich die DDR als eigenständiger Staat nicht länger halten kann. Doch zunächst lässt das Jahr 1989 nichts ahnen von den Ereignissen, die es bereithält.

Im Februar 1989 steht ein offizieller Besuch in der Schweiz an. Walter Neuer erzählt, »dass Hannelore Kohl am Grab von Rainer Maria Rilke ein Rosengebinde niederlegte, da sie, genau wie ihr Mann, eine große Verehrerin des Dichters war«.

Am einunddreißigsten Mai 1989 besuchen der neue amerikanische Präsident George Bush und seine Frau Barbara den Bundeskanzler und seine Frau in Bonn. Es ist ein ganz normales, freundschaftliches Besuchsprogramm: Barbara Bush schenkt den Bonnern eine Baumscheibe, die sich heute noch in den Rheinauen befindet. George Bush hält bei dieser Gelegenheit eine seiner wichtigsten Reden in den deutsch-amerikanischen Beziehungen, seine Beschreibung der Freundschaft zwischen beiden Ländern als »Partnership in Leadership«.

Im Juni 1989 kommen Hannelore und Helmut Kohl nach Boston, um am »Commencement«, der feierlichen Graduierungszeremonie, ihres Sohnes Walter in Harvard teilzunehmen. Bei einer Feierstunde unter freiem Himmel wird den frischgebackenen Absolventen, die an diesem Tag »Cap and Gown«, die traditionelle akademische Robe mit Hut, tragen, ihr Diplom überreicht. Walter Kohl schließt in den Fächern Geschichte und Wirtschaftswissenschaften als »Bachelor of Arts« (BA) ab. Hannelore, die sehr stolz auf die Leistung ihres Sohnes ist, genießt diesen Tag sehr.

Vom zwölften bis fünfzehnten Juni 1989 kommen Michail und Raissa Gorbatschow in die Bundesrepublik. Als ein Ergebnis dieses ersten offiziellen Besuchs in Bonn unterzeichnen der sowjetische Generalsekretär und der deutsche Bundeskanzler eine Erklärung, in der die UdSSR erstmals jedem Staat das Recht einräumt, »das eigene politische und soziale System frei zu wählen«. Diese Erklärung bezieht sich nicht nur auf Ungarn, Polen und die anderen Ostblockstaaten, sondern, und dies ist eine radikale Wende in der sowjetischen Deutschlandpolitik, auch auf die DDR. Damit rückt zum ersten Mal seit Kriegsende die prinzipielle Möglichkeit einer Wiedervereinigung des geteilten Deutschlands in den Bereich des Denkbaren.

In dieser Zeit treten die Risse in den Volkswirtschaften der Ostblockländer immer deutlicher zu Tage. Mit einer Reihe von Krediten aus dem Westen hatte die Führung der DDR in den letzten Jahren verzweifelt versucht, diese Risse zu verschleiern. Das zusätzliche »Westgeld« diente dazu, die eigene Bevölkerung mit dem Import von dringend benötigten Bedarfsgütern aus dem Westen ruhigzustellen. Letztendlich ist die Planwirtschaft sozialistischer Prägung aber in allen Bereichen gescheitert. Ausgerechnet in der DDR und in der UdSSR, den beiden Ostblockländern, die die Kommandowirtschaft nach der reinen Lehre, ohne irgendwelche marktwirtschaftlichen Elemente, umgesetzt haben, funktioniert die Wirtschaft am wenigsten.

Michail Gorbatschow, der im System der Planwirtschaft großgeworden ist, erkennt selbst, dass es so wie bisher nicht weitergehen kann. Unter dem Schlagwort »Glasnost« (Transparenz), das er etwas später durch »Perestroika« (Umgestaltung) ergänzt, beginnt er mit ersten Reformen.

Während in der DDR die SED-Führung weiterhin ihre Existenzberechtigung im Kommunismus alter Prägung sieht, unternehmen die Regierungen in einigen anderen Ostblockländern zaghafte Demokratisierungsversuche. Damit gerät die DDR-Führung von zwei Seiten in Bedrängnis: Weder halten die Lebensverhältnisse in der DDR einem Vergleich mit denen in der Bundesrepublik stand noch werden die Demokratisierungsschritte, die manche »sozialistischen Bruderstaaten« jetzt machen, nachvollzogen. Die Bevölkerung, die diesen Widerspruch ganz unmittelbar erfährt, wendet sich mehr und mehr von der Führung von Staat und Partei ab.

Helmut und Hannelore Kohl empfangen Michail und Raissa Gorbatschow mit allen militärischen Ehren und einem hochkarätigen offiziellen Programm. Unter anderem findet zu Ehren der Gäste ein großes Dinner im Brühler Schloss Augustusburg statt.

Hannelore Kohl hat sich bei der Organisation des »Damenprogramms« besonders viel Mühe gegeben. Sie spürt, dass dies ein Besuch wie kein anderer sein wird und dass nicht nur für ihren Mann ungeheuer viel auf dem Spiel steht. Deshalb bemüht sie sich um eine gute Atmosphäre im Verhältnis zu Raissa Gorbatschowa und versucht, Vertrauen aufzubauen.

Obwohl die beiden Frauen fast gleichaltrig sind, könnte ihr Hintergrund nicht unterschiedlicher sein. Raissa Gorbatschowa stammt aus einem Dorf in Sibirien. Ihr ganzes Erwachsenenleben hat sie einer Idee gewidmet: dem Marxismus-Leninismus, mit dessen Dialektik sie die Welt zu interpretieren gelernt hat.

Gemeinsam besuchen Hannelore Kohl und Raissa Gorbatschowa unter anderem ein Konzert im Bonner Beethovenhaus und fahren an den darauffolgenden Tagen nach Linz am Rhein und nach Paderborn. In Linz machen sie einen Stadtrundgang und tragen sich ins Goldene Buch der Stadt ein. Nach Paderborn fliegen sie mit dem Regierungsflugzeug von Michail Gorbatschow und besuchen im nahegelegenen Stukenbrock den größten russischen Soldatenfriedhof der Bundesrepublik.

Michael Roik, der die Damen begleitet, erinnert sich: »Dieser Besuch war angesichts der Symbolkraft dieses Friedhofs, der für ein düsteres Kapitel unserer Geschichte steht, nicht ganz einfach. Frau Kohl hat sich sehr um Frau Gorbatschow gekümmert und mit viel Fingerspitzengefühl der besonderen Atmosphäre Rechnung getragen. Möglichen Spannungen vorzubeugen, darin war sie ja sehr geschickt. Hinzu kam, dass Frau Gorbatschow nicht nur eine sehr resolute, sondern auch eine sehr gebildete und ideologisch stark orientierte Frau war. Auf diesem Niveau nicht nur mithalten zu können, sondern es noch dazu zu verbessern war eine Kunst, die Frau Kohl perfekt beherrschte.«

Gefragt, wie das Verhältnis zwischen Hannelore und den Gorbatschows war, sagt Helmut Kohl: »Meine Frau hat Michail Gorbatschow sehr gemocht. Sie fand ihn interessant und bewunderte seine Intelligenz. Seine Frau fand sie auch sehr sympathisch. Gestört hat sie bei ihr vielleicht ein bisschen, dass sie, viel mehr noch als ihr Mann, eine überzeugte Marxistin war. Raissa Gorbatschowa war ja nicht zufällig Professorin für Marxismus-Leninismus und Philosophie.«

Außerhalb des offiziellen Rahmens treffen sich beide Ehepaare am dritten Tag zu einem privaten Abendessen im Kanzlerbungalow. Nach dem Essen gehen die Männer ein wenig im Park des Bundeskanzleramts spazieren. Als sie sich auf die Begrenzungsmauer direkt am Rhein setzen, kommt es zu einem Gespräch mit weltpolitisch weitreichenden Konsequenzen. In einem Vergleich mit dem Rhein macht Helmut Kohl Michail Gorbatschow die Unausweichlichkeit der deutschen Wiedervereinigung deutlich: Man kann den Fluss zwar aufstauen, er wird sich aber dennoch immer den Weg ins Meer bahnen. Und so wird das deutsche Volk, weil es so will, den Weg zur Einheit finden.

Vier Wochen später, vom vierzehnten bis sechzehnten Juli 1989, reist das Ehepaar Kohl zum Weltwirtschaftsgipfel nach Paris. Am ersten Tag ihres Aufenthalts nimmt Hannelore Kohl an den offiziellen Feierlichkeiten zum zweihundertsten Jahrestag der Französischen Revolution teil, die von der »Grande Nation« in unnachahmlicher Weise begangen werden. Wie schon manches Mal in der Vergangenheit bewundert Hannelore Kohl auch diesmal wieder die Kunst der Franzosen, große Feiern auszurichten.

Zurück in Deutschland, hat sie noch im selben Monat einen großen Fernsehauftritt. Sie ist beim »ARD-Wunschkonzert« zu Gast. Die Moderatoren sind Dagmar Berghoff und Max Schautzer, dem bei der Begrüßung ein höchst peinlicher Schnitzer unterläuft. Als Hannelore Kohl die Bühne betritt, begrüßt er sie vor laufender Kamera und vor dem Publikum im Saal mit den Worten: »Es ist mir eine Freude und eine Ehre! Begrüßen Sie mit mir die Ehefrau unseres Bundeskanzlers – Doktor Helmut Schmidt.«

In die entsetzte Schweigesekunde hinein erwidert sie trocken: »Wenn das hier so ist – dann guten Abend, Herr Gottschalk!«

Ihre Schlagfertigkeit hat sie oft aus peinlichen Situationen gerettet. Und wenn Fernsehmoderatoren ihr im Gefühl der Überlegenheit begegnen, lässt sie sie bei den Proben zur Sendung auch zunächst in diesem Glauben. Erst in der Sendung selbst müssen sie es dann ausbaden.

Den Fernsehjournalisten Claus Hinrich Casdorff zum Beispiel hat sie 1986 in seiner Sendung »Ich stelle mich« einmal so auflaufen lassen, dass dem Zuschauer die Tränen kommen konnten. Obwohl Casdorff sich wirklich Mühe gibt, sind die meisten seiner Fragen so konfus und unpräzise, dass sie ihn am Schluss nur noch auf die Schippe nimmt. Als er zu allem Unglück auch noch nach ihren Söhnen fragt, wird sie noch dazu sehr unangenehm. Eduard Ackermann meint dazu: »Den hat sie richtig vorgeführt.«

»Wenn ich im Fernsehen vor eine komische Situation gestellt wurde oder man mir eine bösartige Frage stellte, habe ich mich immer mit Humor und Damenhaftigkeit gewehrt«, erklärte Hannelore Kohl einmal. »In solchen Momenten muss man abschmecken, wie man reagiert. Ich habe mir nie etwas gefallen lassen.«

Dass es so ist, weiß auch Eduard Ackermann: »Frau Kohl hat in ihrem Leben generell sehr viel Geduld und Diplomatie aufgebracht. Wenn wir abends alle beim Essen im Bungalow saßen und es Qualm in der Bude gab, weil sich die Diskussion erhitzte, ist sie meist aufgestanden und hat sich mit den Worten: ›Helmut, ich bin doch etwas müde‹ verabschiedet. In solchen Momenten war ihr sehr genau bewusst, dass es nichts mehr zu gewinnen gab und sie mit ihren Argumenten auch keine Lorbeeren mehr ernten kann. Aber Frau Kohl hat sich immer behaupten können. Auch ihrem Mann gegenüber. Ohne seine Frau hätte Helmut Kohl diese Karriere nicht machen können.«

Hannelore hat auch kein Problem damit, ihre Söhne und ihren Mann mal so richtig auf die Schippe zu nehmen, wie Helmut Kohl erzählt: »Das hat meine Frau am liebsten dann getan, wenn wir in einer großen Runde beieinander saßen. Wenn ich von den anderen aufgezogen wurde, hat sie immer mitgemacht. Und zwar kräftig.«

Anfang August 1989 flüchten die ersten DDR-Bürger, die sich als Urlauber in den benachbarten »sozialistischen Bruderländern« aufhalten, in die Botschaften der Bundesrepublik in Warschau, Prag und Budapest. Gleiches geschieht in Ost-Berlin in der ständigen Vertretung der Bundesrepublik. Innerhalb von nur drei Wochen wächst der Strom der Ausreisewilligen, die in diesen vier diplomatischen Einrichtungen Zuflucht suchen, so gewaltig an, dass alle vier geschlossen werden müssen.

Wie alle anderen verfolgt Hannelore Kohl gebannt und mit Sorge die Ereignisse. Walter erinnert sich an ein Erlebnis im Sommer 1989, als er eben wieder aus Amerika zurückgekommen ist. Er sitzt zu Hause am Küchentisch und unterhält sich mit seiner Mutter, die gerade Geschirr spült. Nebenbei läuft das Radio. Der Radiosprecher kündigt ein Interview mit dem ehemaligen sowjetischen Botschafter Valentin Falin an, der zu den aktuellen Ereignissen in Deutschland befragt werden soll.

Walter erzählt: »Valentin Falin war nicht irgendjemand. Meine Mutter kannte ihn persönlich bereits aus seiner Zeit als Botschafter in Bonn. 1989 war er der Leiter der Abteilung für internationale Beziehungen im Zentralkomitee der KPdSU, mit anderen Worten der wichtigste und einflussreichste sowjetische Deutschlandexperte. Als er sagte, dass er im Herbst mit Unruhen in der DDR rechnet, haben wir uns nur betroffen angeschaut und dann mucksmäuschenstill zugehört, was er noch zu sagen hat. So erklärte er zum Beispiel, dass die Versorgungslage in der DDR sich sehr kritisch gestalten wird und dass die Unruhe in der Bevölkerung sehr groß ist und man sich, auch von sowjetischer Seite, überlegen muss, wie man reagiert.«

»Meine Mutter war kreidebleich«, sagt Walter. »In diesem Moment ist ihr ganzes Flüchtlingselend und ihre Angst vor der Roten Armee wieder in ihr hochgekommen. Sie hatte Angst, dass die Situation in der DDR außer Kontrolle geraten und die Rote Armee dann, wie bereits mehrfach in der Vergangenheit, alles mit Panzern gewaltsam niederschlagen könnte. Wir haben dann anschließend mit meinem Vater darüber gesprochen, der die Situation nicht so kritisch gesehen hat. Aber meine Mutter war nach den Äußerungen von Falin doch ziemlich alarmiert und hat dem Frieden nicht getraut.«

Als würde das Geschehen in der DDR nicht schon für genug Spannung sorgen, werden Hannelore und Helmut Kohl ab September 1989 noch durch eine Reihe weiterer Ereignisse in Atem gehalten. Just in der Woche vor dem Bremer CDU-Parteitag, als er auf die Öffnung der österreichisch-ungarischen Grenze für DDR-Bürger wartet, erkrankt Helmut Kohl äußerst schmerzhaft an der Prostata. Der Arzt rät ihm zu einer sofortigen Operation. Sie einigen sich auf einen provisorischen Eingriff, um die Operation noch einige Tage hinausschieben zu können. Wegen der brisanten außen- und innenpolitischen Lage kann Helmut Kohl sich nicht einfach ins Krankenhaus legen, noch dazu, wo ihn auf dem Parteitag eine Gruppe von Delegierten als Parteivorsitzenden stürzen will.

Als Hannelore Kohl von den Anstrengungen seiner »Parteifreunde« erfährt, ihren Mann als Parteivorsitzenden zu stürzen, ärgert sie sich in höchstem Maße. Nicht so sehr wegen des Versuchs an sich, sondern wegen des Zeitpunkts. Wie man angesichts der angespannten Lage in der DDR ihren Mann ausgerechnet jetzt in seiner Handlungsfähigkeit schwächen kann, dafür hat sie kein Verständnis.

An der Spitze der »Putschisten« stehen Heiner Geißler und Rita Süssmuth. »Meine Frau hat Rita Süssmuth sehr viel früher als ich erkannt«, sagt Helmut Kohl, »obwohl diese sich alle Mühe gegeben hat, sie für sich einzunehmen.«

Natürlich sorgt sich Hannelore vor allem um die gesundheitliche Verfassung ihres Mannes. »Seine Frau stand ihm in diesen Tagen besonders eng zur Seite«, berichtet Eduard Ackermann.

Medizinisch hat man zumindest für den Notfall vorzusorgen versucht, wie Helmut Kohl erzählt: »Ein befreundeter Arzt, Professor Dr. Walter Möbius, der Chefarzt der Inneren Abteilung am Bonner Johanniter-Krankenhaus, hatte sich bereit erklärt, uns nach Bremen zu begleiten. Möbius saß dort hinter den Kulissen und weiß seitdem, wie er sagt, was wirklicher Stress ist.«

In Bremen lernt der Arzt auch Hannelore Kohl kennen. Neugierig registriert man, dass hier auf einmal ein Fremder in Helmut Kohls unmittelbarer Nähe auftaucht. Mehrfach werden Hannelore Kohl und Juliane Weber gefragt, wer denn dieser unbekannte Herr ist, und immer antworten sie lakonisch: »Ein neuer Mitarbeiter.«

Am zwölften September 1989 wählen die Delegierten Helmut Kohl mit großer Mehrheit wieder zum Parteivorsitzenden. Der Versuch, ihn als CDU-Bundesvorsitzenden zu stürzen, ist fehlgeschlagen.

Zwei Tage vorher, am zehnten September, ist die Nachricht gekommen, dass Ungarn am nächsten Tag seine Grenzen für DDR-Flüchtlinge öffnen wird. Am vierzehnten September wird dann auch den Flüchtlingen in Prag und Warschau die Ausreise in den Westen gestattet. Niemand wird je die Szene vergessen, als Außenminister Hans-Dietrich Genscher und Kanzleramtsminister Rudolf Seiters auf dem Balkon der deutschen Botschaft in Prag den Flüchtlingen ihre Reisefreiheit verkündeten.

Am sechsten Oktober 1989 nimmt Michail Gorbatschow in Ost-Berlin an den Feierlichkeiten zum vierzigsten Jahrestag der Gründung der DDR teil. Die Demonstrationen für Meinungsfreiheit und politische Reformen in der DDR werden von den Behörden gewaltsam aufgelöst. In seiner Rede spielt Gorbatschow auch auf die Lage in der DDR an, es ist als eine Warnung an die Adresse der SED-Führung zu verstehen, als er sagt: »Wer zu spät kommt, den bestraft das Leben!«

Zwölf Tage später tritt Erich Honecker zurück. In allen Städten der DDR finden unter dem Motto »Wir sind das Volk!« Massendemonstrationen statt. Die Menschen fordern Reformen. Die DDR-Regierung droht daraufhin mit gewaltsamen Reaktionen des Staates. Die DDR-Opposition ruft zur Gewaltfreiheit auf. Am siebten November tritt die gesamte DDR-Regierung zurück, und am achten November folgt das SED-Politbüro.

Am neunten November 1989 mittags bricht Helmut Kohl zu einer lange zugesagten offiziellen Reise nach Polen auf. Während er in Warschau an dem Abendessen teilnimmt, das Ministerpräsident Mazowiecki zu seinen Ehren gibt, verliest der Berliner SED-Chef Günter Schabowski eine Erklärung, dass ab sofort alle Menschen aus der DDR in die Bundesrepublik reisen dürfen. Unter dem Druck der Menschenmassen, die daraufhin zu den Grenzübergängen strömen, werden schließlich gegen zweiundzwanzig Uhr die Tore an den Übergängen vollständig geöffnet. Die Mauer ist gefallen. Die Menschen können es kaum fassen und tanzen vor Freude auf den Straßen.

Helmut Kohl versucht mit allen Mitteln, schnell nach Berlin zu kommen, und unterbricht, sehr zum Unmut seiner Gastgeber, die Polenreise. Vom Balkon des Schöneberger Rathauses aus sprechen Willy Brandt, Hans-Dietrich Genscher, der Regierende Bürgermeister Walter Momper und Helmut Kohl. Während Momper in seiner Rede sagt, »es geht nicht um Wiedervereinigung, es geht um Wiedersehen«, fordert Helmut Kohl freie, geheime und gleiche Wahlen in der DDR.

Gleichzeitig versuchen Scharfmacher im SED-Apparat ein militärisches Eingreifen der Roten Armee herbeizuführen. Mit Hilfe des Geheimdienstes KGB streuen sie in höchsten sowjetischen Regierungskreisen das Gerücht, dass die Sicherheit sowjetischer Militäreinrichtungen in der DDR unmittelbar gefährdet sei.

Helmut Kohl lässt Michail Gorbatschow in dieser Nacht auf dessen Anfrage hin ausrichten, er, Helmut Kohl, verbürge sich, dass diese Befürchtungen völlig unbegründet seien. Moskau signalisiert den Machthabern in Ost-Berlin daraufhin, dass die Sowjetunion nicht wie 1953 mit militärischer Gewalt eingreifen werde.

Am dreiundzwanzigsten November 1989 findet im Bonner Kanzlerbungalow eine wichtige Besprechung statt. Helmut Kohl erläutert seine Absicht, die Meinungsführerschaft in der deutschen Frage zurückzugewinnen. Dies ist die Geburtsstunde des Zehn-Punkte-Programms. Horst Teltschik, der wichtigste und einflussreichste außenpolitische Berater des Kanzlers, erarbeitet einen Entwurf. Als der am Wochenende fertig ist, wird er nach Oggersheim weitergeleitet, wo sich der Bundeskanzler aufhält.

Nachdem der Bundeskanzler den Entwurf gelesen hat, bespricht er sich telefonisch mit einer Reihe von Vertrauten. »Die Geschichte, wie es weitergeht, war etwas konfus«, erzählt Helmut Kohl. »Niemand wusste etwas Genaues, und wir haben stundenlang diskutiert. Zum Teil waren die Gespräche sehr kontrovers. Sowohl im Inland als auch im Ausland gab es ja Stimmen, die eine deutsche Wiedervereinigung zu diesem Zeitpunkt nicht wollten. Ich stand also vor dem Problem, in der kommenden Woche eine Regierungserklärung abgeben zu müssen, ohne konkret zu wissen, was ich dem Parlament und dem deutschen Volk sagen kann, ohne mich zu weit aus dem Fenster zu lehnen.«

Welche Rolle Hannelore Kohl in dieser Zeit gespielt hat, das beschreibt Fritz Ramstetter: »Sie war mittendrin im Geschehen. Und das war für Frau Kohl nicht immer einfach. Die Überbeanspruchung ihres Mannes war ständig gegenwärtig. National und international. Helmut Kohl musste jederzeit körperlich und geistig präsent sein. In politischer Hinsicht war das eine sehr erfolgreiche Zeit. Aber für die partnerschaftliche Entwicklung gab es keinen Spielraum mehr. Das wurde von beiden als sehr schmerzlich empfunden. Hannelore Kohl hat oft gesagt: ›Ich bin ja mal gespannt, ob ich das noch erlebe, dass ich meinen Mann auch mal für mich zu Hause habe.‹ Aber ihre größte Sorge war, ob er das gesundheitlich durchstehen wird. Die zunehmende berufliche Belastung ließ die sonst üblichen Wanderungen im Pfälzer Wald oder im Odenwald nicht mehr zu. Zu diesem Bewegungsmangel kam zusätzlich noch eine ungesunde Ernährungsweise. Aus Zeitmangel aß er meist unregelmäßig, und wenn der Stress zu groß wurde, lag der Griff zur Pralinenschachtel nahe. Leider blieb es oft nicht nur bei einer Packung. Dies hat Hannelore Kohl sehr beunruhigt und besorgt. Oft hat sie sich gefragt, wie lange das noch gutgeht.«

In der Nacht vom siebenundzwanzigsten auf den achtundzwanzigsten November 1989 diktiert Helmut Kohl seiner Frau das so genannte Zehn-Punkte-Programm. Es wird ein entscheidendes Dokument für die deutsche Einheit.

Hannelore Kohl wird diese Nacht nie vergessen: »Ich tippte das Zehn-Punkte-Programm auf meiner alten Reiseschreibmaschine. Obwohl alles schnell gehen musste, wollten wir die Formulierungen auch im kleinsten Detail würdig zu Papier, das Richtige in kurzer Form und einfacher Sprache auf den Punkt bringen. Mein Mann hat sich an diesem Tag und in dieser Nacht ungeheuer bemüht, Ordnung ins Geschehen zu bringen. Und die Ordnung bestand für ihn zunächst darin, eine Art von Rangordnung innerhalb der zehn Punkte zu setzen. Für mich persönlich waren diese zehn Punkte der Anfang der Ordnung.«

»Als die zehn Punkte aufs Papier kamen, wusste keiner, dass die Wiedervereinigung in dieser Form so bald möglich wird. Dass es wichtig und richtig war und dass der Versuch auf sehr dünnem Eis stand, war mir klar. Aber dass es dann so schnell ging, das hatte man zwar gehofft – sonst hätten wir das auch nicht gemacht –, aber es wäre vermessen gewesen zu sagen, wir hätten es in dieser Nacht schon gewusst.«

Mitten hinein in diese für Hannelore Kohl emotional aufwühlende Zeit platzt die schockierende Nachricht von Alfred Herrhausens Ermordung. Er war der Sprecher der Deutschen Bank, ein enger und guter Freund des Ehepaars Kohl und jemand, den Helmut Kohl oft und gerne um Rat fragte. Auf dem Weg zur Arbeit wird er am dreißigsten November 1989 von der RAF in Hörweite seiner Familie mit seinem Dienstwagen in die Luft gesprengt. Er ist sofort tot, sein Fahrer wird schwer verletzt. Der Mord an Alfred Herrhausen ist bis heute nicht endgültig aufgeklärt.

»Der Tod dieses großartigen Mannes«, erinnert sich Walter, »hat meine Mutter erschüttert. Sie kannte ja auch seine Frau Traudel, die eine damals dreizehnjährige Tochter hatte, sehr gut. Der Anschlag auf ihn führte ihr wieder deutlich die eigene Angst vor Augen, die sie damals, in den Siebzigerjahren, um unseren Vater und um uns hatte. Für sie war das ein Déjà-vu.«

Die unruhige politische Situation lässt den Bundeskanzler und seine Frau nicht zur Ruhe kommen, beide sind fast nur noch in Bonn, wo ein Termin den anderen jagt, oder auf offiziellen Reisen unterwegs. Für private Dinge bleibt praktisch keine Zeit mehr.

Am siebenundzwanzigsten Januar 1990 will Hannelore Kohl gerade das Haus verlassen, als das Telefon klingelt. Am anderen Ende ist ihre Freundin Irene. Hannelore sagt nur: »Bitte fass dich kurz, ich habe im Moment überhaupt keine Zeit.« Darauf sagt Irene: »Mein Mann ist tot.«

Im selben Moment lässt Hannelore Kohl Termin Termin sein. »Vergiss, was ich gerade gesagt habe, und erzähl mir, wie das passiert ist. Ich habe Zeit genug«, sagt sie zu Irene. So erfährt sie, dass Irenes Mann Hans in seinem Haus in der Eifel einen Hirninfarkt hatte und am ersten Februar beerdigt wird.

Irene berichtet, wie es weiterging: »Sie sagte für diesen Tag alle Termine ab, weil sie bei mir sein wollte. Am Tag der Beerdigung ist sie die ganze Zeit an meiner Seite geblieben. Sie ist mit mir hinter dem Sarg von Hans hergegangen, hat mir die Hände gedrückt und mit mir getrauert. Ihr Beistand hat mir in diesen schweren Stunden sehr geholfen. Ich weiß nicht, was ich ohne sie getan hätte. Am Grab von Hans hat sie einen großen Kranz des Bundeskanzlers niederlegen lassen. Meine Freundin war eine sehr mitfühlende und sensible Frau. Wenn es in ihrem engen Umfeld jemandem schlecht ging, war sie immer für einen da. Egal, was sie für offizielle Pflichten hatte. Das werden wir ihr alle, die sie kannten und liebten, nie vergessen.«

Ab Februar 1990 kommen die Verhandlungen um die deutsche Einheit in die entscheidende Phase. Helmut und Hannelore Kohl stehen unter ständiger Hochspannung, wieder sind es atemlose Wochen, die Geschichte machen. Am zehnten Februar 1990 stimmt der sowjetische Staatspräsident Michail Gorbatschow dem Recht aller Deutschen zu, über ihre Zukunft selbst zu entscheiden. Ende des Monats fliegt das Ehepaar Kohl zu einem Besuch nach Camp David, dem offiziellen Wochenend- und Feriensitz von US-Präsident George Bush.

Am achtzehnten März finden dann die ersten und zugleich die letzten freien und geheimen Wahlen in der DDR statt. Hannelore Kohl nimmt an der Schlusskundgebung in ihrer alten Heimatstadt Leipzig teil. Ihr Mann spricht vor über dreihundertfünfzigtausend Menschen. Bei ihrem Erscheinen und nach ihrer offiziellen Begrüßung bekommt sie von den Leipzigern stürmischen Applaus.

Zur Überraschung der Opposition gewinnt die CDU im Wahlbündnis »Allianz für Deutschland« 40,9 Prozent der Stimmen. Neuer Regierungschef wird der CDU-Politiker Lothar de Maizière. Am fünften Mai beginnen die 2-plus-4-Gespräche zwischen der Bundesrepublik, der DDR, den USA, der Sowjetunion, Großbritannien und Frankreich, bei denen die außenpolitischen Bedingungen für die deutsche Einheit festgelegt werden. Bereits am ersten Juli 1990 greift die Währungs-, Wirtschafts- und Sozialunion. Für den Umtausch von Ost-Mark zu D-Mark legt die Bundesregierung unter anderem fest: Löhne und Gehälter sowie alle wiederkehrenden Zahlungen werden eins zu eins umgerechnet, persönliche Bankguthaben bis zu gewissen Höchstbeträgen ebenfalls; die meisten sonstigen Beträge werden zwei zu eins umgestellt.

Am siebzehnten Juli 1990 kommt es zu jener denkwürdigen Begegnung im Kaukasus, in der Michail Gorbatschow den Deutschen die volle Souveränität zubilligt und gestattet, dass das geeinte Deutschland Mitglied der Nato bleiben darf. Helmut Kohl sagt Gorbatschow im Gegenzug eine Reduktion der Bundeswehr auf dreihundertsiebzigtausend Mann zu und verspricht wirtschaftliche Unterstützung für die Sowjetunion. Am dreiundzwanzigsten August beschließt die Volkskammer den Beitritt der DDR zur Bundesrepublik Deutschland nach Artikel 23 des Grundgesetzes zum dritten Oktober 1990. Am einunddreißigsten August wird der Einigungsvertrag unterzeichnet. Er wird vom Bundesverfassungsgericht überprüft und schließlich vom Deutschen Bundestag sowie von der Volkskammer der DDR ratifiziert.

Für Hannelore Kohl, die in Berlin geboren wurde und in Leipzig aufwuchs, bedeutet die friedliche Wiedervereinigung die ganz persönliche Erfüllung ihrer Hoffnungen. Wie für so viele Deutsche ist auch für sie die Geschwindigkeit, mit der es plötzlich zu den ersten freien Wahlen in der DDR gekommen ist, unbegreiflich. Trotz aller Fortschritte beobachtet sie die Ereignisse mit einer gewissen Ungläubigkeit. Insgeheim fürchtet sie, dass doch noch sowjetische Panzer rollen könnten. Für sie ist es undenkbar, dass die Rote Armee sich widerstandslos aus Ostdeutschland zurückzieht. Später, als dann tatsächlich die letzten Rotarmisten auf deutschem Boden 1994 in Wunstorf in den Zug steigen, weint sie.

Obwohl Hannelore nach 1945 in Ludwigshafen längst ein neues Zuhause gefunden hat, hat sie sich emotional immer mit Leipzig verbunden gefühlt. Selbst nach fünfundvierzig Jahren im Westen hat sie die Stadt ihrer Kindheit nie vergessen. So schuf sie auch in ihrer Familie eine Sensibilität und ein tiefes Bewusstsein für den anderen Teil Deutschlands. In Gesprächen mit ihrem Mann und ihren Söhnen hat sie ihnen oft über ihre Kindheitserlebnisse und Erfahrungen erzählt. In ihren Schilderungen blieben die Bilder von damals lebendig.

Vier Tage vor den Volkskammerwahlen in der DDR reist Hannelore Kohl mit ihrem Mann am vierzehnten März zu einer Wahlkundgebung nach Leipzig. Über diese Reise erzählt sie einmal: »Die Bedeutung der Nacht vom siebenundzwanzigsten auf den achtundzwanzigsten November 1989, in der ich das Zehn-Punkte-Programm in meine kleine Reiseschreibmaschine tippte, ist mir in dem Moment klar geworden. Als die Räder der gecharterten Lufthansamaschine erstmalig ostdeutschen Boden berührten, konnte ich die Wiedervereinigung regelrecht mit Händen greifen. Auf dem Leipziger Augustusplatz jubelten uns mehrere hunderttausend Menschen zu. Es war die Stadt, aus der ich vor so vielen Jahren geflohen bin. Das war ein tolles, nein, ein unglaubliches Gefühl.«

KAPITEL 9

ERSTE SCHATTEN

Den dritten Oktober 1990 wird Hannelore Kohl als einen der schönsten Tage ihres Lebens in Erinnerung behalten. Die deutsche Einheit ist Wirklichkeit geworden. Zusammen mit ihrem Mann ist sie am zweiten Oktober, einem Dienstag, nach Berlin gereist. Abends um neun besucht das Ehepaar ein Festkonzert im Schauspielhaus am Ostberliner Gendarmenmarkt. Das Gewandhaus-Orchester Leipzig unter Dirigent Kurt Masur spielt die Neunte Symphonie Ludwig van Beethovens. Der letzte Ministerpräsident der DDR, Lothar de Maizière, hält eine nachdenkliche Rede. Als am Schluss Beethovens »Ode an die Freude« erklingt, ist Hannelore Kohl tief bewegt.

Gegen dreiundzwanzig Uhr fahren Helmut und Hannelore Kohl gemeinsam zum Reichstag. Die lange Wagenkolonne kommt nur schwer voran. Die Straßen sind voller Menschen. Kurz vor Mitternacht tritt Helmut Kohl zusammen mit seiner Frau auf die Freitreppe des Reichstags, mit dabei sind Richard von Weizsäcker, Hans-Dietrich Genscher, Willy Brandt, Oskar Lafontaine und andere. Zwei Millionen Menschen, schätzt die Polizei, haben sich vor dem Reichstag versammelt. Ganz Berlin ist auf den Beinen.

Als sie den Menschen zuwinken, die von überallher aus der Stadt und allen Teilen Deutschlands auf dem Platz zusammengekommen sind, brandet Jubel auf. Wildfremde

Vor dem Berliner Reichstag in der Nacht zum 3. Oktober 1990: Deutschland ist wiedervereinigt.

Menschen fallen einander in die Arme, lachen und weinen vor Freude. Vor dem Reichstag wird eine riesengroße deutsche Flagge gehisst, dazu ertönt das Läuten der Freiheitsglocke. Als diese verstummt, singen alle das Deutschlandlied.

Danach erhellt ein gewaltiges Feuerwerk den Nachthimmel über Berlin.

Später beschreibt Hannelore Kohl ihre Gefühle in dieser Nacht: »Als ich draußen vor dem Reichstag stand, habe ich gleichzeitig geheult und gelacht. Mir gingen unzählige Gedanken durch den Kopf, aber ich kann mich an keinen einzigen mehr erinnern. Für mich waren diese Stunden ein bewegendes, nein, ein unvergessliches Erlebnis. Wir gingen immer wieder rein und raus und sind dabei fast totgedrückt worden. Es war ungeheuerlich.«

Als Helmut und Hannelore Kohl gegen halb zwei Uhr morgens mit Lothar und Ilse de Mazière im Reichstag zusammensitzen, hören sie plötzlich, wie die Menschen draußen »Helmut, Helmut« skandieren. Wieder und wieder müssen alle vier ans Fenster treten und den Menschen zuwinken, denn die Rufe ebben nicht ab.

Irgendwann verlassen sie den Reichstag. Aber wie die Menschen auf den Straßen will auch das Ehepaar Kohl in dieser Nacht nicht schlafen gehen. Sie fahren ins Hotel Kempinski am Kurfürstendamm, wo sie mit Freunden an der Bar einen Drink nehmen. »Auf dem Ku'damm«, erzählt Hannelore Kohl, »war der Teufel los. Irgendwann, ich glaube, es war gegen zwei Uhr, haben wir uns dann unter die begeisterten Menschen gemischt. Der komplette Boulevard war taghell erleuchtet. Alle Lichter brannten. Mein Mann lief ungefähr zweihundert Meter vor mir. Er war eingekeilt in eine begeisterte Menschenmenge und gab Autogramme.«

Walter beschreibt die Gefühle seiner Mutter so: »Die ganze Phase der Wiedervereinigung erlebte sie wie in einer Art von Rausch, und die Nacht in Berlin war für sie eine Sternstunde. Meine Mutter hat die Wiedervereinigung nicht nur miterlebt, sie hat sie auf ihre Art auch mitgestaltet. Für meinen Vater, der in dieser Zeit nur mit ganz wenigen Menschen wirklich reden konnte, weil eben viele sehr skeptisch oder dagegen waren, war meine Mutter eine große emotionale, eine zentrale Stütze. Sie hat ihm immer wieder Mut gemacht und ihn in seinem Vorhaben bestärkt.«

»Als sie mit ihm auf den Stufen des Reichstags stand und ihnen die Menschen zujubelten, hat sie das sehr bewegt«, fährt er fort. »Trotzdem war sie kein Mensch, der stehende Ovationen nötig hatte – im Gegensatz zu vielen anderen. Meine Mutter war eine Frau, die so weit in sich ruhte, dass sie auch ohne Applaus neben meinem Vater existieren konnte. Sonst hätte sie auch ganz anders agiert.«

Fritz Ramstetter, der die Nacht der Einheitsfeier im Fernsehen verfolgt und später mit Hannelore darüber spricht, sagt: »Für Frau Kohl war die Wiedervereinigung eine Genugtuung und eine Bestätigung für ihren Lebenseinsatz. Mit dem Auftritt vor dem Reichstag, bei dem man beiden ihre Rührung ansah, fand die Wiedervereinigungspolitik ihres Mannes den krönenden Abschluss. Und zwar ohne dass ein Schuss gefallen ist. Dass das geschehen konnte, war nicht nur sein Verdienst. Dadurch, dass sie diese Politik trotz aller Belastungen mit getragen hat, war es auch ihr Erfolg.«

Dass selbst angesichts des unverhofften Wunders der friedlichen Wiedervereinigung der beiden deutschen Staaten Widerstand und Kritik laut werden, ist ihr unverständlich. So sagt Hannelore Kohl später in einem Interview: »Wie haben wir diese Wiedervereinigung herbeigesehnt! Wie oft haben wir gedacht, die Wiedervereinigung in unserer Generation nicht mehr zu erleben. Dann wurde sie doch Wirklichkeit. – Und dann? Dann scheinen manche Leute diesen schönen Regenbogen aus dem Blick verloren zu haben. Diese Leute muss man daran erinnern, wie einzigartig das Geschenk der deutschen Einheit ist.«

Am zwölften Oktober 1990 wird Bundesinnenminister Wolfgang Schäuble bei einer Wahlveranstaltung in Oberkirch von einem Geistesgestörten angeschossen. Dabei wird er durch zwei Kugeln am Rückgrat so schwer verletzt, dass er querschnittsgelähmt und an den Rollstuhl gefesselt ist.

»Meine Frau«, erzählt Helmut Kohl, »hat das, wie auch mich, zutiefst getroffen. Beide mochten wir Wolfgang Schäuble gern und haben uns sehr um ihn gesorgt. Durch ihre Erfahrungen mit vielen Patienten konnte sie erahnen, welche ungeheure seelische Belastung das auch für Frau Schäuble und seine Familie bedeutete. Vor allem in der Rehaphase war sie hilfreich. Ihre Tätigkeit bei ZNS hat ihr dabei natürlich sehr geholfen, weil sie dadurch viele der besten Mediziner in Deutschland auch persönlich kannte.«

Im Abstand von wenigen Tagen kommen am neunten November 1990 Michail und Raissa Gorbatschow und am achtzehnten November George und Barbara Bush zu einem Staatsbesuch nach Deutschland. Als Zeichen der besonderen persönlichen Wertschätzung und der außerordentlich engen Beziehungen, die sich durch die Wiedervereinigung entwickelt haben, sind sowohl das Ehepaar Gorbatschow als auch das Ehepaar Bush persönliche Gäste von Helmut und Hannelore Kohl in ihrem Privathaus in Oggersheim.

Hannelore Kohl hat für beide Anlässe ein kleines privates Besuchsprogramm organisiert, das jeweils einen Abstecher nach Deidesheim und auch eine Besichtigung des Speyrer Doms mit einschließt. Bei seinem Besuch vereinbart Michail Gorbatschow mit dem Bundeskanzler eine Hilfsaktion auf privater Basis für die Bevölkerung der UdSSR.

In dieser Zeit wird auch ein äußerst wichtiger Vertrag geschlossen, der deutsch-polnische Grenzvertrag. Mit der Unterzeichnung am vierzehnten November verzichten beide Länder auch für die Zukunft auf gegenseitige Gebietsansprüche. Damit erkennt das wiedervereinigte Deutschland die so genannte Oder-Neiße-Linie endgültig als Ostgrenze an.

Am einundzwanzigsten November sieht das Ehepaar Kohl die Bushs und die Gorbatschows in Frankreich wieder, als sich dort die Staats- und Regierungschefs zur »Konferenz für Sicherheit und Zusammenarbeit in Europa« (KSZE) treffen. Zum Abschluss des KSZE-Treffens unterzeichnen Vertreter von vierunddreißig Staaten die so genannte Pariser Charta für ein neues Europa. Damit wird auch formell ein Schlussstrich unter die Konfrontation der Blöcke in der Nachkriegszeit gezogen.

In Paris hat Hannelore wieder einmal eine schmerzhafte Begegnung mit der Presse. »Bei einem Galaabend mit Ballett und Souper für die Staats- und Regierungschefs im Schloss von Versailles«, erzählt Walter Neuer, »passte ein Fernsehteam nicht auf. Bei einem Kameraschwenk wurde sie von dem ausladenden hinteren Teil der Kamera am Kopf getroffen. Aber sie hat es mit Haltung ertragen.« Allerdings muss sie danach noch wochenlang eine Halskrause tragen.

Am zweiten Dezember 1990 gewinnt Helmut Kohl gegen seinen Herausforderer Oskar Lafontaine die ersten gesamtdeutschen Bundestagswahlen. Die CDU erreicht 43,8 Prozent, der Koalitionspartner FDP 11 Prozent. Die SPD landet abgeschlagen bei 33,5 Prozent. Die Grünen, die mit 3,9 Prozent eigentlich an der Fünfprozenthürde gescheitert und nicht in den Bundestag gekommen wären, sind jedoch bei dieser Wahl gemeinsam mit dem Bündnis 90 angetreten, das im Wahlgebiet Ost über 5 Prozent der Zweitstimmen erreicht. Aufgrund der für die Wahlgebiete Ost und West getrennt geltenden Sperrklauseln ziehen die PDS mit 2,4 Prozent und das Bündnis 90 mit 1,2 Prozent der Gesamtstimmenzahl in den neuen Bundestag ein.

Helmut Kohl wird der erste Bundeskanzler des vereinten Deutschland. Nach dem Wahlsieg ist Hannelore Kohl erleichtert und sehr stolz auf das Erreichte. Ihren Mann hat sie in einem kurzen, aber heftig geführten Wahlkampf, so wie bei vielen früheren Wahlen, persönlich unterstützt. Es war niemals ihre Sache, sich mit parteipolitischen Auseinandersetzungen zu beschäftigen. Diesen Aspekt der Politik mochte sie gar nicht. Aber sie sprach über ihre Themen und war eine gesuchte Rednerin bei vielen CDU-Kreisverbänden. Dabei absolvierte sie eine große Anzahl von Veranstaltungen mit vielen Zuhörern. Wenn sie auf den Bundesparteitagen offiziell begrüßt wurde, konnte man am stürmischen Beifall ihre Beliebtheit in der Partei ablesen.

Mitte Januar 1991 befiehlt Präsident George Bush den Beginn der Operation »Desert Storm«, die Militäraktion zur Befreiung Kuwaits. Irakische Truppen hatten auf Befehl von Saddam Hussein am zweiten August 1990 Kuwait überfallen. Kurz darauf wurde die Annektion des Landes durch den Irak bekanntgegeben. Auf Beschluss der Vereinten Nationen soll nun eine multinationale UN-Kampftruppe unter amerikanischem Oberkommando Kuwait befreien. Die öffentliche Meinung in Deutschland ist im Hinblick auf einen eventuellen Einsatz der Bundeswehr im Golfkrieg mehr als zwiespältig.

Nach Abwägung des politisch und rechtlich Machbaren entschließt sich der Bundeskanzler, lediglich einen, wenn auch hohen finanziellen und logistischen Beitrag für den UNO-Einsatz zu erbringen. Obwohl zu keinem Zeitpunkt deutsche Soldaten an den Golf geschickt werden sollen, wird durch die deutsche Linke, vor allem durch die Grünen und Teile der SPD, eine breit angelegte Desorientierungskampagne durchgeführt. Überall werden Protestkundgebungen organisiert, so auch vor dem Privathaus der Kohls in Oggersheim.

»Als eines Tages ein evangelischer Pfarrer mit jungen Leuten, einem Sarg und einem Transparent, auf dem stand: ›Herr Kohl, schicken Sie unsere Söhne nicht für die Ölscheichs in den Wüstenkrieg‹, vor unserer Haustür stand, war Hannelore entsetzt«, sagt Helmut Kohl.

Am ersten März 1991, eine Woche vor ihrem achtundfünfzigsten Geburtstag, feiert Hannelore mit Maria, ihrer Freundin aus BASF-Zeiten, deren Siebzigsten. Als Geschenk hat sie sich etwas ganz Besonderes ausgedacht: Sie schenkt Maria deren Lebenslauf in Gedichtform.

»Obwohl sie selbst Gedichte schreiben konnte«, erzählt Maria, »hat sie dieses nicht selbst verfasst, sondern Heinz Braun, bekannt von der Mainzer Fassnacht, gebeten, eines für mich zu entwerfen. Natürlich hat sie ihm vorher viele Dinge über mich erzählt. Um mich vor versammelter Mannschaft nicht zu blamieren, hat sie es mir allerdings vorher schon vorgelesen und gesagt: ›Das, was dir nicht gefällt, nehmen wir raus.‹ Als Hannelore es am Nachmittag dann höchstpersönlich – natürlich mit dem Hinweis, dass es nicht von ihr ist – vorgetragen hat, waren alle begeistert. Das Gedicht, das sie mit der Hand geschrieben hat, habe ich heute noch. Hannelore war eine sehr taktvolle und ehrliche Freundin. Und sie übte auch immer konstruktive Kritik an einem. Wenn ihr ein Kleid, das ich trug, gefiel oder auch nicht, sagte sie es immer«, berichtet Maria.

Im Osterurlaub reist Hannelore mit Irene, die noch sehr unter dem Tod ihres Mannes leidet, an den Tegernsee. Bis zum Jahr 2000 treffen sie sich immer wieder dort im Urlaub in Bad Wiessee, während sich Helmut Kohl wie üblich zur Mayrkur in Bad Hofgastein befindet.

Irene erzählt: »Wir hatten wahnsinnig viel Spaß und waren viel unterwegs. Natürlich immer in Begleitung von Sicherheitsbeamten. Wir gingen ins Kino oder spazieren. Kaffeetrinken war nicht so ihre Sache, weil sie nie Hunger hatte. Taten wir es dennoch, freuten sich auch die Sicherheitsleute.«

»Im Hotel haben wir uns massieren lassen und Gymnastik oder Wasserballett mitgemacht. Hannelore war sehr gelenkig und konnte gut turnen. Sie war kaum außer Atem und wirkte auch nicht angestrengt – so wie ich. Darum habe ich sie insgeheim sehr beneidet«, sagt Irene.

Während ihres Aufenthalts am Tegernsee erfährt Hannelore entsetzt von einem weiteren schrecklichen Mord: Treuhandchef Detlev Rohwedder ist am ersten April im Arbeitszimmer seines Düsseldorfer Privathauses erschossen worden. Als seine Frau ihm zur Hilfe kommen will, wird auch sie durch eine Kugel schwer verletzt.

Der Mord an Detlev Rohwedder ist auch zehn Jahre später noch nicht aufgeklärt. Unterstellt man eine Mittäterschaft der RAF, war er das letzte Opfer dieser Organisation. Ein Jahr später sagt sich die Terrorgruppe nach insgesamt zweiundzwanzig Jahren Gewalt- und Mordanschlägen vom Weg des »bewaffneten Kampfs« los.

Detlev Rohwedder, der ehemalige Vorstandsvorsitzende der Hoesch AG, hatte mit der Treuhand die größte Industrieholding der Welt übernommen, die zugleich ein »sozialistischer Trümmerhaufen« war, wie er sagte. Sie enthielt das gesamte so genannte volkseigene Vermögen der DDR, alle ehemaligen Staatsbetriebe, die in Privateigentum überführt werden sollten.

Nach der Wiedervereinigung werden innerhalb kurzer Zeit eine Reihe von RAF-Terroristen in den neuen Bundesländern entdeckt, die seit vielen Jahren in der Bundesrepublik steckbrieflich gesucht worden waren. Immer mehr wird über die tiefe Verstrickung der DDR-Staatssicherheit in den westdeutschen Terrorismus bekannt. In einer bei der Gauck-Behörde publizierten wissenschaftlichen Arbeit über die »Einsatzkommandos« der DDR-Staatssicherheit in der alten Bundesrepublik wird festgestellt, dass es deren Aufgabe war, »bei Bedarf gegen Zielobjekte und wichtige Funktionsträger mit Terrorhandlungen vorzugehen«. Hannelore Kohl und ihrer Familie werden einige Zusammenhänge klar. Es ist wie die Erinnerung an einen vergangenen bösen Traum, der sich im Nachhinein doch als real herausstellt.

Nach einer leidenschaftlichen Debatte entscheidet sich der Bundestag im Juni 1991 mit knapper Mehrheit für Berlin als künftigen Sitz von Regierung und Parlament. Hannelore Kohl weiß, dass damit auch für ihren Mann und sie ein Umzug nach Berlin ansteht.

Im gleichen Monat schließt Peter Kohl sein Studium am MIT als »Bachelor of Science (BS) in Economics« ab. Ab September beginnt er ein Volkswirtschaftsstudium an der Universität Wien, das er im Dezember 1992 als Magister abschließen will.

Im Juli 1991 findet in London der Weltwirtschaftsgipfel statt. Königin Elizabeth II. lädt Helmut und Hannelore Kohl und die anderen teilnehmenden Staats- und Regierungschefs sowie deren Ehefrauen zu einem festlichen Abendessen in den Buckingham Palace ein.

Am einunddreißigsten Oktober 1991, einem Donnerstag, klingelt gegen zehn Uhr dreißig bei Juliane Weber im Bonner Kanzleramt das Telefon. Von dem Anrufer erfährt sie, dass Peter kurze Zeit vorher einen schweren Autounfall in Italien gehabt hat. Juliane Weber versucht mit Helmut Kohl Verbindung aufzunehmen, der sich zu einer Veranstaltung in Frankfurt/Oder aufhält, kann ihn aber nicht erreichen. Dann telefoniert sie mit Hannelore Kohl, die im Ruhrgebiet zu einer anderen Veranstaltung unterwegs ist.

Was Hannelore von Juliane Weber erfährt, bringt sie fast um den Verstand. In dieser Notsituation bestellt Juliane Weber eine dem Bundeskanzler zur Verfügung stehende Maschine der Flugbereitschaft. Von Köln/Wahn fliegt Hannelore direkt nach Mailand. Diesen Flug der Bundesluftwaffe bezahlt die Familie Kohl privat. Vor ihrem Abflug kann Hannelore ihren älteren Sohn, Walter, in New York erreichen, wo es sehr früh am Morgen ist. Noch am gleichen Tag bekommt Walter von seinem Arbeitgeber, Morgan Stanley, frei und fliegt mit der ersten Maschine nach Italien.

Während Hannelore Kohl auf dem schnellsten Weg nach Mailand eilt, befindet sich Peter in einem Rettungshubschrauber über Norditalien. Der fliegt ihn vom Kreiskrankenhaus in Rovigo in der Nähe von Bologna in die Klinik San Gerardo nach Monza, wo es eines der wenigen spezialisierten Lungentraumazentren in Europa gibt. Hannelore Kohl gelingt es, eine Dreiviertelstunde nach Peter in der Klinik anzukommen. Sie weiß, dass jetzt, unmittelbar nach dem Unfall, jede halbe Stunde zählt.

Der erste Anblick ihres Kindes ist ein furchtbarer Schock für sie. Die vorläufige Diagnose, die ihr der Leiter der Intensivstation, Professor Gattinoni, gibt, ist eine Katastrophe: Peters Lungen sind weitgehend kollabiert, viele Rippen und sein linker Oberarm sind gebrochen. Der linke Oberarmknochen steht nach außen. Es werden starke Nervenschäden entlang dieses Arms befürchtet, mit der Folge von Lähmungen. Noch ist offen, ob der linke Arm amputiert werden muss. Peter hat erheblich Blut verloren, und die inneren Blutungen dauern an. Wegen der Blutungen in den Brustraum und des Pneumothorax ist eine Sauerstoffunterversorgung des Gehirns zu befürchten. Es besteht die Gefahr einer Lungenentzündung und einer schweren Gehirnschädigung. Erst in den nächsten Tagen wird sich erweisen, ob und wie er überlebt. Seine Chancen stehen deutlich schlechter als fünfzig zu fünfzig.

»Am einunddreißigsten Oktober«, erzählt Peter, »bin ich von Wien ganz früh losgefahren, um meine damalige Freundin und heutige Frau Elif in Reggio Emilia zu besuchen. Auf der Autostrada A13 vor Bologna bin ich dann wohl ins Schleudern gekommen. Wegen der Gehirnerschütterung habe ich jedoch keine Erinnerungen an die letzten Momente vor dem Unfall. Auf der Fahrbahn hat man später Sand sowie eine Öllache festgestellt. Ich bin dann fast frontal in eine der massiven Betonwände hineingerast, die dort die Fahrtrichtungen trennen. Durch den starken Aufprall wurde das Lenkrad mit voller Wucht gegen meinen Brustkorb gedrückt. Mit dem linken Arm prallte ich gegen die Mittelsäule. Ich war angeschnallt, als sich der VW-Golf überschlug und dann auf dem Dach liegen blieb. Die Windschutzscheibe war geborsten, der Innenraum voller Splitter, und überall war Benzin. Der Motorblock wurde später etwa vierzig Meter vor dem Fahrzeug gefunden.«

»Ich war ohnmächtig und hing im Gurt mit dem Kopf nach unten, als ich von einer lauten österreichisch klingenden Stimme kurz wieder wach wurde. Bevor ich endgültig ohnmächtig wurde, habe ich dem Mann noch die Telefonnummer vom Büro meines Vaters gesagt. Er muss wohl mit einem Mobiltelefon angerufen haben, das war 1991 noch keine Selbstverständlichkeit. Sehr bald danach kam dann auch noch ein leerer Krankenwagen, der in der Nähe der Unfallstelle unterwegs gewesen war. Die Sanitäter haben mich dann eingeladen und ins nächste Krankenhaus nach Rovigo gebracht.«

»Meine Freundin Elif, von der meine Familie zwar wusste, die sie aber noch nicht persönlich kennengelernt hatte, wartete derweil in Reggio Emilia fünf Stunden lang an der verabredeten Stelle und danach weiter zu Hause auf mich. Erst am nächsten Morgen hat sie durch ein Schriftband im italienischen Fernsehen von meinem Unfall erfahren. Dennoch hat es eineinhalb Tage gedauert, bis sie mit Hilfe ihrer Gastfamilie, den Bardellis, telefonisch nach Monza zu meiner Mutter durchgedrungen ist.«

Nachdem Hannelore Kohl am ersten Tag die unmittelbar notwendigen Entscheidungen getroffen hat, steht sie abends kurz vor einem Nervenzusammenbruch. Am nächsten Morgen, Freitag, kommen erst Walter und dann Helmut Kohl in der Klinik an. Helmut Kohl ist wie vom Schlag getroffen vor Entsetzen. Weil man jetzt einfach nur noch abwarten kann, macht sich ein Gefühl der Hilflosigkeit breit.

Walter fängt sich als Erster wieder und beginnt Ordnung in das Chaos im und vor dem Krankenhaus zu bringen. Es gilt die Dinge zu organisieren und viele Entscheidungen zu treffen. In den nächsten acht Tagen arbeitet er intensiv mit den Ärzten, um Peter wieder aus dem Koma »herauszusprechen« und ihn danach bei der Wiederentfaltung seiner Lungen mit Druckluft zu begleiten.

Zusätzlich zu den existenziellen Sorgen um Peter werden Hannelore und ihre Familie in Italien von der deutschen und der italienischen Presse gnadenlos gejagt. Tag und Nacht sind die Klinik und ihr Hotel belagert. Wenn Helmut Kohl zu Besuch kommt, erhöhen sich das Polizeiaufgebot sowie der Ansturm der Journalisten und Fotografen noch mal um einiges.

Die Direktion des Hotels, in dem die Familie wohnt, gibt allen Journalisten kurzerhand Hausverbot. Die Zugänge zur Krankenhausstation, auf der Peter liegt, müssen von Carabinieri vor Journalisten und Kameras gesichert werden. Die italienischen Behörden, die Carabinieri, die Ärzte und Krankenschwestern in Monza zeigen einen ungeheuren Einsatz und versuchen alles Menschenmögliche, um zu helfen. Mit großem persönlichem Einsatz engagiert sich auch der italienische Ministerpräsident und Freund von Helmut Kohl, Giulio Andreotti. Wo Hannelore Kohl in Monza hinkommt, macht man ihr Mut und bietet ihr Hilfe an.

Als nach ein paar Tagen klar ist, dass Peter überleben wird, bittet Hannelore Elif, nach Monza zu kommen. Elif erzählt: »Nach dem Unfall hat mich Peters Mutter jeden Tag angerufen, um mir von seinem Zustand zu erzählen. Dann habe ich Peters Familie zum ersten Mal persönlich in Monza kennengelernt. Es war ein Kennenlernen ohne die üblichen Rituale, die man erwartet, wenn die neue Freundin vorgestellt wird. Im Gegenteil, sie hat mich gleich wie ein neues Familienmitglied herzlich aufgenommen und mich in ihrem Hotel untergebracht. Wir haben ausgedehnte gemeinsame Spaziergänge im Schlosspark von Monza gemacht. Für sie war der einzelne Mensch wichtig und nicht seine Religionszugehörigkeit oder Nationalität.«

Nach vier Wochen in Monza wird Peter aus Italien zur weiteren Behandlung und Reha in die BG-Unfallklinik in Ludwigshafen-Oggersheim verlegt. »In der Rehaphase habe ich meine Mutter von ihrer pragmatischen und in vielen Krisen geschulten Seite erlebt. Sie hat sich ungeheuer schnell und konstruktiv auf meine Situation eingestellt und ihre eigenen Gefühle hintangestellt. Mein Mutter war wie eine Mischung aus Fußballtrainer und Psychologin.«

»Bei der Behandlung und in der Reha hat es Fortschritte, aber auch oft genug Rückschritte gegeben. Besonders niederschmetternd war es, als mir ein niedergelassener Neurologe sagte: ›Hören Sie doch endlich auf mit dem Jammern und finden Sie sich mit Ihrer gelähmten Hand ab.‹ Das hat sie damals überhaupt nicht akzeptiert und ich erst recht nicht. Über viele Monate hat mich meine Mutter jeden Tag motiviert. Sie war sehr hart im Nehmen. Mit Mitleid hat sie mich nie traktiert. Irgendwie habe ich von ihren Erfahrungen bei ZNS profitiert. Ich bin mir sicher, dass ich ohne ihre große Kraft, ihr Vertrauen in meinen Willen und ihre Liebe meine linke Hand immer noch nicht gebrauchen könnte.«

Sechs Monate nach dem Unfall kehrt Peter nach Wien zurück, um sein Volkswirtschaftsstudium fortzusetzen und es im Dezember 1992 in der schnellstmöglichen Zeit abzuschließen. Bis zu diesem Zeitpunkt muss er jede Woche mehrfach zur Reha. Hannelore kommt der Ausgang dieses Albtraums wie ein Wunder vor. Nach etwas über einem Jahr nach seinem Unfall ist Peter wieder voll belastbar und arbeitsfähig.

Am einundzwanzigsten November 1991 lernt Hannelore Kohl Boris Jelzin und seine Frau Naina kennen, als das Ehepaar zu einem offiziellen Besuch nach Deutschland kommt. Boris Jelzin war im Juni der erste frei vom Volk gewählte Präsident Russlands geworden. Damals war Russland noch Teil der UdSSR, die allerdings nur noch bis Ende 1991 existieren wird. Im August hat Jelzin vor dem Weißen Haus in Moskau einen Staatsstreich der alten Garde gegen den Staats- und Parteichef der UdSSR Michail Gorbatschow vereitelt. Dieser tritt kurz danach als Generalsekretär der KPdSU und Ende Dezember 1991 auch als Staatspräsident zurück. Nach über siebzig Jahren zerfällt die UdSSR.

Am siebten Februar 1992 unterzeichnen die europäischen Außen- und Finanzminister den Vertrag von Maastricht. Damit rückt ein wichtiges politisches Ziel von Helmut Kohl, die europäische Einheit, in greifbare Nähe: Die Europäische Union ist geboren, ihr Kernstück soll eine Wirtschafts- und Währungsunion werden. Am ersten November 1993 tritt der Unionsvertrag in Kraft. Damit ist eine entscheidende Hürde auf dem Weg zum Euro genommen.

Im März 1992 reisen Helmut und Hannelore Kohl zu einem inoffiziellen Besuch in die USA. Mit dem US-Präsidenten George Bush und seiner Frau Barbara verbringen sie ein Wochenende in Camp David.

Wie jedes Jahr reisen die Kohls in den Sommerferien nach St. Gilgen, und wie immer fahren ihnen viele Reporter hinterher. »Natürlich wurden auch wieder Fotos mit Tieren gemacht«, erzählt Eduard Ackermann, »und ich erinnere mich, dass die Journalisten davon so langsam genug hatten und um ein anderes Motiv baten. Aber das nutzte denen bei den tierliebenden Kohls nichts. Die Tiere mussten sein.«

Hannelore würde zwar lieber mal woanders hinfahren, und Helmut Kohl weiß das auch, aber weil er schon das ganze Jahr über in so viele Länder reisen muss, ist sein Bedarf an Abenteuern gedeckt. Er will einfach ein- oder zweimal im Jahr an einem beschaulichen Ort ausspannen, wo er sich wie zu Hause fühlen kann und wo garantiert nichts Außergewöhnliches passiert. Das macht für ihn den Reiz von St. Gilgen aus. Und da Hannelore weiß, dass er sich dort am besten erholen kann, begleitet sie ihn Jahr für Jahr wieder dorthin. Dass sie sich gerade in St. Gilgen selbst immer am besten erholt, würde sie natürlich nie zugeben, aber das ist ja Teil des Rituals. Die Herzlichkeit, mit der man beiden im Ort begegnet, ist auch für sie ein wichtiger Erholungsfaktor.

Helmut Kohl erzählt, wie sie diese Urlaube verbrachten: »Morgens haben wir lange geschlafen. Tagsüber bin ich Bergwandern gegangen. Weil ihr das zu anstrengend war, ging sie selten mit. Sie schwamm viel lieber. Häufig war sie zwei, drei Stunden im Wasser.«

»Abends sind wir oft mit Freunden essen gegangen«, fügt er hinzu. »Aber wir besuchten auch regelmäßig mindestens zwei der großen Konzerte während der Salzburger Festspiele. An einigen Abenden ist meine Frau in Begleitung von alten Verehrern ins Theater oder in die Oper gegangen. Vor allem schätzte sie italienische Opern.«

Bei einem Interview erzählt sie einmal von St. Gilgen: »Natürlich könnten wir auch woanders hinfahren. Aber weil wir ein unruhiges Leben führen, sind der See, der Ort und das Haus, das wir jeden Sommer gemietet haben, zu einem Ruhepol für uns geworden. Hier können wir sofort entspannen und müssen uns nicht erst eingewöhnen. Nicht nur die Landschaft ist wunderschön und bietet jede Menge Abwechslung, wir haben auch entzückende Nachbarn, und Salzburg ist nicht fern. Dort besuche ich gern das Landestheater. Kammerspiele, Sprechtheater, Konzerte und die klassische Operette habe ich auch sehr gern. Ich mag ›Bolero‹ von Ravel, wenn es gut aufgeführt ist, und finde auch Debussy wunderbar. Im Auto höre ich ebenfalls sehr gern Klassik. Ich mag aber auch den ungeheuren Schwung des Blues, den ich schon in meiner Jugend kennenlernte.«

Am dritten Oktober 1992 reist der Bundeskanzler mit seiner Frau nach Schwerin in Mecklenburg-Vorpommern, wo dieses Jahr die offiziellen Feiern zur deutschen Einheit stattfinden.

»Dass der Nationalfeiertag reihum durch die ganzen Bundesländer geht, haben wir eingeführt«, erzählt Helmut Kohl. »Schon bevor wir nach Schwerin flogen, wusste ich, dass es ernstzunehmende Attentatsdrohungen gab. Um meine Frau nicht unnötig aufzuregen, habe ich ihr das verschwiegen und auch meine BKA-Beamten gebeten, nichts zu sagen. Auf dem Flug dorthin sagte sie jedoch plötzlich zu mir: ›Helmut, ich weiß von den Attentatsdrohungen.‹ Erfahren hat sie das, wie so oft, über die BKA-Leute, die ihr sehr ergeben waren.«

»In Schwerin sind wir nach einem Festgottesdienst in der Kirche über das holprige DDR-Pflaster zu dem Platz gelaufen, wo die eigentliche Veranstaltung mit allen Reden stattfand. Rechts und links standen viele Leute, und auf gleicher Höhe mit uns und den Sicherheitsbeamten lief ein Kamerateam eines ARD-Senders. Ich weiß noch ganz genau, dass plötzlich der Leiter dieser Truppe zu seinen Kollegen sagte: ›Bleibt immer in der Nähe der Kohls, damit wir dabei sind, wenn etwas passiert.‹ Hannelore hat das natürlich gehört und mich nur angeschaut. Solche Sachen waren bitter für sie«, sagt Helmut Kohl. »Wenn ich ohne meine Frau bei einer Veranstaltung war, habe ich sie in dem Moment, als ich wieder im Auto saß, sofort angerufen und ihr erzählt, wie es dort war. Dadurch wusste sie dann immer, dass alles in Ordnung ist.«

Durch die Umwälzungen der Wiedervereinigung hat sich das Land nicht nur geographisch vergrößert, es entstehen auch viele neue Möglichkeiten bezüglich der politischen, wirtschaftlichen und kulturellen Entwicklung. Gleichzeitig hat die Wiedervereinigung aber auch die Unterschiede zwischen den Regionen verschärft und die Zahl der Probleme wachsen lassen. Hannelore Kohl, deren offizielle Verpflichtungen an der Seite ihres Mannes stark zunehmen, reagiert darauf, indem sie ihr soziales Engagement vertieft. Sie richtet ihr Augenmerk jetzt mit Vorliebe auf Menschen und Projekte in den fünf neuen Bundesländern.

Vermehrt kümmert sie sich dort um Petitionen und Härtefälle, da deren Zahl enorm angestiegen ist. Neben ihren Aktivitäten für das Kuratorium ZNS sucht sie sich bewusst soziale Einrichtungen im Osten Deutschlands heraus. Beispielsweise besucht sie Kinder-, Behinderten- und Altersheime. Wenn sie dort ist, hört sie sich die Sorgen der Heimleiter und Mitarbeiter an und versucht allen, vor allem aber den Heimbewohnern, mit ihrem Besuch eine Freude zu machen. Und falls sie die Möglichkeit hat, bei konkreten Problemen etwas zu tun, bemüht sie sich, unbürokratisch Hilfe zu organisieren.

Nach wie vor tritt sie auch bei CDU-Veranstaltungen auf. Immer kommt sie dabei auf das Kuratorium ZNS zu sprechen. Viele Menschen gehen schon allein deshalb zu diesen Veranstaltungen, weil sie die Frau des Bundeskanzlers einmal aus der Nähe sehen wollen.

Helmut Kohl sagt: »Die Leute diskutierten gern mit meiner Frau und hatten wegen ihrer Schlagfertigkeit außerdem noch sehr viel Spaß mit ihr. Obwohl sie manchmal über den Terminstress geschimpft hat – eine winzige Portion Selbstmitleid war bei meiner Frau ja gern mal dabei –, hat sie sich doch immer über den großen Zuspruch gefreut. Nach so einem Termin kam sie oft mit ein paar tausend Mark Spendenzusagen für ihr Kuratorium nach Hause. Bei Veranstaltungen war sie ein Ass. Das haben meine Parteifreunde natürlich gewusst und sie immer wieder eingeladen.«

Im Januar 1993 geht Peter Kohl nach London, wo er bei der Investment Bank Credit Suisse First Boston zu arbeiten beginnt. Nachdem Walter seine zwei Jahre im Investment Banking bei der Firma Morgan Stanley in New York beendet hat, entschließt er sich für ein MBA-Studium in INSEAD in Fontainebleau, in der Nähe von Paris. Das Programm dauert ein Jahr.

Der Februar 1993 markiert eine dramatische Wende im Leben von Hannelore Kohl. Am achtzehnten Februar steht für sie und ihren Mann eine längere Auslandsreise nach Indien, Singapur, Indonesien, Japan und Südkorea an. Als sie zwei Tage vorher in Oggersheim die Koffer zu packen beginnt, spürt sie die ersten Anzeichen einer beginnenden Erkältung. Am nächsten Tag bekommt sie hohes Fieber und lässt sich ein Medikament verschreiben, damit sie tags darauf mit nach Fernost reisen kann. Obwohl bekannt ist, dass sie kein Penicillin verträgt, wird ihr aus Versehen gegen die bakterielle Infektion, die mit der Erkältung einhergeht, ein Antibiotikum verschrieben, das zu der Penicillingruppe gehört. Nichtsahnend schluckt Hannelore drei Tabletten. Damit beginnt eine entsetzliche Tragödie.

Am Tag der Abreise geht es ihr noch schlechter, und sie beschließt, zu Hause zu bleiben. Sie bittet ihren Mann, auf jeden Fall alleine zu fahren und diese wichtige Reise ohne sie wahrzunehmen. Um seinen Bedenken zu begegnen, spielt sie ihren schlechten Zustand herunter.

Am neunzehnten Februar wird es ganz schlimm. Nicht nur, dass das Fieber immer mehr steigt, sie bekommt auch starke Schmerzen, und ihre Haut verfärbt sich infolge einer heftigen allergischen Reaktion.

Am zwanzigsten Februar wird ihr Zustand lebensbedrohlich. Sie wird ins St.-Marien-Krankenhaus in Ludwigshafen eingeliefert. Dort wird sie von Schwester Maria Crucis, der Priorin, und von Schwester Basilia, die in der Leitung der chirurgischen Abteilung des Krankenhauses arbeitet, in Empfang genommen. Die Dominikanerinnen erinnern sich: »Frau Kohl konnte vor Schmerzen kaum laufen. Als wir sie stützen wollten, hat sie nur gesagt: ›Bitte, bitte, nicht anfassen. Es tut so weh.‹

Sie sah schrecklich aus. Ihre Haut hatte sich am ganzen Körper dunkelblau verfärbt, und jede kleinste Berührung verursachte ihr unsagbare Schmerzen. Also haben wir sie ganz sachte in ihr Zimmer bei uns im Schwesternheim geführt. In die Klinik wollten wir sie nicht legen, weil wir da schlechte Erfahrungen mit der Presse gemacht haben, als sie vor zwei Jahren wegen einer anderen Geschichte schon mal bei uns war.«

Die Priorin und Schwester Basilia haben so etwas noch nie erlebt: »Als wir ihr beim Ausziehen, das für sie eine ungeheure Qual war, helfen wollten, hat sie wieder abgewehrt. Wir waren beide völlig hilflos. Es war schrecklich. Dann kam der Arzt und hat ihr eine Kortisonspritze gegeben und uns gesagt, dass wir sie zusätzlich zu den von ihm verordneten Medikamenten ab sofort von Kopf bis Fuß zweimal täglich mit einem bestimmten Öl einreiben müssen. Als wir das am Tag ihrer Einlieferung zum ersten Mal taten, hat sie es vor Schmerzen kaum ausgehalten.«

»Frau Kohl lag vier Tage lang auf Leben und Tod, und wir haben nicht geglaubt, dass sie das überleben wird«, berichtet Schwester Basilia. »Ihr Mann hat sich sehr, sehr große Sorgen um seine Frau gemacht und hat sie jeden Tag mindestens zweimal angerufen. In den ersten vier Tagen tat ihr nicht nur jede Berührung weh, sie hat außer Seide auch kein anderes Material auf ihrer Haut vertragen. Als es am fünften Tag etwas besser wurde, haben wir alle aufgeatmet. Langsam schuppte sich dann auch die kranke verfärbte Haut ab, und darunter entstand eine neue. Obwohl Frau Kohl genau wusste, wie schlecht es um sie stand, hat sie nie gejammert. Nur manchmal hat sie uns darum gebeten, ihr mehr Tabletten gegen die Schmerzen zu geben, als ihr der Arzt verordnet hat. Das haben wir ihr natürlich nicht erlaubt. Als sie am sechsten Tag zum ersten Mal wieder einen Wunsch äußerte und nach einem Ochsenmaulsalat fragte, waren wir überglücklich. Jetzt wussten wir: Sie hat es geschafft!«

Die Dominikanerinnen sind erleichtert. »Insgesamt war sie drei Wochen bei uns. Nach ungefähr einer Woche ist sie im

Garten des Schwesternheims spazierengegangen. Dabei trug sie immer Kopftuch und Brille. Man wusste ja nicht, ob hinter einem Busch nicht doch ein Fotograf lauert. Irgendwann in dieser Zeit hat sie uns auch die Unterlagen über die Auslandsreise gezeigt, die sie nicht mitmachen konnte. Obwohl es ihr bei der Einlieferung so schlecht ging, hatte sie sie dabei. Aber wir haben uns auch über andere Reisen unterhalten, die sie gemacht hat. Bei uns hat sie Geborgenheit gefunden, und wir haben für sie jeden Tag gebetet.«

Als Helmut Kohl seine Frau am dritten März wiedersieht, muss er sich sehr zusammennehmen, um sein Entsetzen zu verbergen. »Hannelore«, sagt er, »hatte neben ihren starken Schmerzen nicht nur extreme Hautprobleme, sie verlor durch die Krankheit auch alle Nägel und ihr schönes blondes Haar. Gott sei Dank ist alles wieder nachgewachsen.«

Kurz nachdem Hannelore ins Krankenhaus eingeliefert worden ist, kommt Walter Kohl nach Ludwigshafen. »In den ersten vier Tagen hatten wir große Angst um meine Mutter«, sagt Walter. »Sie war mehrfach nahe dran, ihren Lebenswillen zu verlieren, weil sie die Krankheit als finale Situation begriff. In langen intensiven Gesprächen habe ich ihr immer wieder Mut gemacht und sie schließlich vom Gegenteil überzeugen können. Gott sei Dank war sie nach vier Tagen über den Berg. Allerdings nur körperlich. Seelisch hat es sehr viel länger gedauert. Und zwar bis zu dem Moment, als sie das erste Mal wieder jemanden besuchen beziehungsweise verreisen konnte. Das hat allerdings mehrere Monate gedauert.«

Natürlich erkundigen sich viele ihrer Freundinnen und Bekannten nach ihr. Aber Hannelore braucht Ruhe, sie will außer ihrer Familie niemanden sehen. Auch Irene hat kein Glück: »Als ich sie im Krankenhaus anrief und ihr sagte: ›Ich komme dich besuchen‹, sagte sie nur: ›Das geht nicht, Irene, mir geht es einfach zu schlecht.‹«

»Was sie in diesem Monat durchleiden musste, hat sie mir erst im Jahr 2000 erzählt«, sagt Rena. »Dass es wirklich sehr schlimm um sie stehen musste, wurde mir allerdings in dem Moment klar, als ich erfuhr, dass ihre große Feier zum sechzigsten Geburtstag am siebten März wegen der Krankheit ausfällt. Das hat mir für sie sehr Leid getan, weil sie dafür große Pläne hatte. Die Einladungen hatte sie bereits im Januar verschickt, ihren Geburtstag wollte sie in einem besonders festlichen Rahmen feiern.«

Nach ihrem Krankenhausaufenthalt geht Hannelore in Kur, um wieder zu Kräften zu kommen. Als sie zurückkehrt, ist ihr bereits klar, dass sie die Sonne nicht mehr so gut verträgt. Aber sie spricht zunächst nicht darüber. Auch nicht mit Schwester Maria Crucis und Schwester Basilia, die sie nach der Kur besucht. Schwester Basilia, die ihr in den drei Wochen ihrer schweren Krankheit Tag und Nacht zur Seite stand, schenkt sie ein Kreuz, um das sich eine Passionsblume rankt und an dem unten ein Weihwasserkesselchen hängt. »Das ist für Ihr Zimmer, damit Sie immer an mich denken«, sagt sie, als sie es ihr gibt. Die Priorin bekommt eine geschnitzte Figur von ihr, die die heilige Elisabeth, die Schutzheilige der Kranken und Armen, darstellt. Als Hannelore später erfährt, dass die heilige Elisabeth ihren Platz im Speisezimmer des Schwesternwohnheims gefunden hat, freut sie sich sehr.

»In den Jahren nach ihrer schweren Krankheit hat sie uns immer wieder besucht«, erzählt Schwester Maria Crucis. »Dabei hat sie uns oft ihr Herz ausgeschüttet. Dadurch hat sie uns gezeigt, wie sehr sie uns vertraut. Das hat uns sehr gefreut. Denn Frau Kohl war ja eher ein verschlossener Mensch, was ihre Gefühle anging.«

Im Mai 1993 konsultiert Hannelore wegen ihrer Überempfindlichkeit gegen Licht zum ersten Mal Professor Dr. Walter

Möbius, den Leiter der Inneren Abteilung des Bonner Johanniter-Krankenhauses. Den Facharzt für innere Medizin, Neurologie und Psychiatrie wird sie wegen dieser Lichtempfindlichkeit noch öfter zu Rate ziehen. »In den folgenden Jahren«, erklärt er, »berichtete sie mir oft, dass sie auf Sonnenlicht mit Rötung der Haut, leichter Quaddelbildung und Juckreiz reagiert, was bei ihr zu erheblichen somatischen Beeinträchtigungen führte. Jahre später zeigte sich diese Lichtempfindlichkeit auch in Bezug auf grelles Lampenlicht, sprich Halogenstrahler. Das bedeutete für Frau Kohl, dass sie an vielen In- und Auslandsreisen ihres Mannes nicht mehr teilnehmen konnte, weil im Vorfeld die Lichtsituation nicht exakt geklärt werden konnte. Aber sie litt nicht nur unter der Empfindlichkeit gegen Licht, gelegentlich traten auch Zustände mit plötzlich auftretender Atemnot, ein so genannter Bronchospasmus, auf. Erschwerend kam hinzu, dass sie immer wieder einem erheblichen äußerlichen Druck, der auch als ›großer Stress‹ bekannt ist, ausgesetzt war. Dieser Stress, der sich natürlich auch auf die Psyche eines Menschen auswirken kann, beeinflusste bei ihr die Empfindlichkeit von Haut und Atemwegen. Frau Kohl war sich darüber übrigens vollkommen im Klaren. Trotzdem hat sie niemals geklagt. Sie hat immer nur angedeutet, dass sich niemand vorstellen kann, unter welchem enormen Druck sie zeitweise steht und welcher Disziplin sie sich deswegen unterwerfen muss.«

»Aber sie war nicht nur sehr diszipliniert, sie war auch eine sehr tapfere Frau«, fährt Professor Möbius fort. »Da ich sie mehrfach wegen eines akuten Bronchospasmus behandeln musste, den wir durch entsprechende Medikamente immer schnell durchbrechen konnten, habe ich auch erlebt, wie tapfer sie mit einer solchen Bedrohung umgegangen ist und wie schnell sie sie verarbeitet hat. Dafür habe ich Frau Kohl immer sehr bewundert. Nach einer entsprechenden Behandlung und kurzer Beobachtungszeit ist sie immer wieder sofort nach Hause gegangen.«

Dass sie auf grelles Licht allergisch reagiert und Atemprobleme hat, weiß außer ihrer Familie und den Ärzten kaum jemand. Mit ihren engsten Mitarbeitern und ihren Freundinnen spricht sie nur andeutungsweise darüber. Wenn ihre Freundinnen sich wundern, dass sie am liebsten nur noch im Dämmerlicht mit ihnen spazieren geht und bei Sonnenschein Schattenwege wählt oder einen Schirm benutzt, sagt sie nur: »Ich vertrage die Sonne eben nicht mehr so gut.«

»Die Krankheit meiner Mutter«, erklärt Walter Kohl, »zeigte sich bis zum April 2000 auch nicht immer. Sie kam in Schüben. Manchmal konnte sie in der Sonne sitzen und manchmal nicht. Das war ein schleichender Prozess. Anfangs hat sie mit Kleidung, wie hochgeschlossenen, langärmeligen Blusen, und Make-up noch einiges beheben können. Mit viel Selbstdisziplin hat sie auch versucht, soweit wie möglich alles für sich zu behalten, weil sie ihre Familie damit nicht belasten wollte. Gleichzeitig wollte sie ihre Erkrankung selbst auch nicht wahrhaben.«

Die vielfältigen Aktivitäten und Verpflichtungen helfen ihr dabei, die Sorge um die eigene Gesundheit ein wenig in den Hintergrund zu drängen. Kaum hat sich ihr Zustand wieder einigermaßen stabilisiert, wendet sie ihre Aufmerksamkeit anderen Aufgaben zu.

Am dreizehnten Juli 1993 gründet sie die »Hannelore-Kohl-Stiftung für Unfallopfer zur Förderung der Rehabilitation Hirnverletzter e. V.«, die sich schwerpunktmäßig um die Finanzierung von Forschungsprojekten kümmert. Die Gründung der Stiftung ist notwendig, weil die Spenden und Bußgelder, die dem Kuratorium zufließen, zeitnah ihrem Verwendungszweck zugeführt werden müssen. Deshalb können und dürfen aus den Mitteln des Kuratoriums Forschungsvorhaben, die meistens langfristig angelegt sind, nicht finanziert werden. Mit der Stiftung kann sie jetzt gezielt die Forschung fördern. Wie das Kuratorium ZNS wird auch die Hannelore-Kohl-Stiftung zu einer Herzensangelegenheit von ihr.

Hannelore Kohl versucht ihre neue Stiftung in der Öffentlichkeit bekannt zu machen und dafür Gelder aufzutreiben. Dabei hilft ihr natürlich der Name Kohl. Ihr Mann versucht, wo er kann, ihr Wege zu öffnen und sie zu unterstützen. Sie sagt oft: »Mit einem guten Namen eine gute Sache zu transportieren ist doch nichts Schlechtes.«

Professor Möbius ist von ihrem Einsatz für die gute Sache begeistert: »Die Kombination aus Wissen, Engagement und der blendenden Art, auch relativ komplizierte medizinische Dinge zu vermitteln, so dass sie auch von Nichtmedizinern verstanden werden, war für mich genauso beeindruckend wie ihr Umgang mit den Patienten. Frau Kohl hat mit den Kranken mitgefühlt. Ihr Mitleid hat sie jedoch geschickt verborgen, und sie sagte oft: ›Mitleid hilft nichts, denn es gibt nichts Wichtigeres als Hoffnung.‹ Gerade in Bezug auf Wachkomapatienten besteht ja in vielen Fällen überhaupt keine Hoffnung mehr. Weder für die Kranken selbst noch für deren Angehörige, die behandelnden Ärzte oder das Pflegepersonal. In solchen Fällen hatte sie die große Gabe, immer wieder zu motivieren, wobei ihr das zeitweise sicher nicht ganz leicht gefallen ist.«

»Fasziniert hat mich auch, wie sie die schwierige Rolle an der Seite einer so wichtigen Persönlichkeit wie Helmut Kohl gemeistert hat«, würdigt Walter Möbius seine Patientin. »Wenn wir darüber sprachen, hat sie es stets so formuliert: ›Ich muss zwar meine eigenen Wünsche und Bedürfnisse zurückstellen, aber ich tue es gern, obwohl das manchmal nicht ganz einfach ist. In dieser Beziehung bin ich wie ein guter Soldat.‹ Als wir uns beim CDU-Parteitag 1989 in Bremen kennenlernten, bei dem ihr Mann so krank war, haben wir natürlich oft auch über Krankheiten gesprochen. Dabei hat sie mir den Eindruck vermittelt, dass sie nicht daran glaubt, dass nur das Somatische wichtig ist. Sie hat auch immer wieder angesprochen, dass seelische Dinge bei Krankheiten eine große Rolle spielen. Das psychische Befinden hat sie ganz hoch angesiedelt.«

Im Mai 1994 empfängt Hannelore Kohl zum ersten Mal nach ihrer schweren Krankheit wieder gemeinsam mit ihrem Mann einen offiziellen Besucher aus dem Ausland. Der russische Staatspräsident Boris Jelzin, den seine Frau Naina begleitet, wird in Bonn mit allen militärischen Ehren begrüßt.

Als Hannelore nach dem offiziellen Empfang am Nachmittag in ihr Büro zurückkommt, geht es ihr sehr schlecht. Ihre Sekretärin Hannelore Moos erinnert sich: »Ich merkte sehr schnell, dass sie unter Atemnot litt. Sie konnte kaum noch sprechen und war so geschwächt, dass ich dachte, sie fällt mir gleich in die Arme. Daraufhin habe ich sofort im Johanniter-Krankenhaus in Bonn angerufen, und meine Kollegin hat sie dann dorthin gebracht.«

Am nächsten Tag hat sich Hannelore Kohl soweit erholt, dass sie an dem restlichen Besuchsprogramm teilnehmen kann. Mit dem Bus holt das Ehepaar Kohl die Jelzins vom Hubschrauber auf einem Flugplatz in der Nähe von Bad Dürkheim ab und fährt mit ihnen entlang der Weinstraße nach Deidesheim. Dort kehren sie im »Deidesheimer Hof« zum Mittagessen ein. Anschließend fahren sie weiter nach Speyer. Im Dom wird zu Ehren der Jelzins ein kurzes Orgelkonzert gegeben. Für den Nachmittag haben der Bundeskanzler und seine Frau das Ehepaar dann zum Kaffee und zu weiteren Gesprächen in ihr Haus nach Oggersheim eingeladen.

»Naina Jelzin, die eine Doktorin der Mathematik und sehr gescheit ist, mochte Hannelore sehr. Umgekehrt war es genauso«, sagt Helmut Kohl. »Ihren Mann Boris hat sie einerseits gemocht, andererseits fand sie ihn aber etwas zu herb. Sie hat nicht verstanden, dass wir gerne mal in der Sauna hockten.«

Diese »männliche Welt« hat sie eher kopfschüttelnd betrachtet. »Sie ärgerte sich auch immer, wenn ich nach der Fastenkur die mühsam abgespeckten Pfunde gleich wieder drauf hatte«, berichtet Helmut Kohl. »Alles, was ich gern esse, hat sie nicht gemocht. Sie hat nicht gern süß gegessen, und die Hausmacherwurst, die ich in großen Mengen geschenkt bekomme, hat sie verabscheut und meistens sofort beseitigt.«

Anders als ihr Mann achtet Hannelore Kohl noch im größten Stress auf ihre Ernährung. Über ihre Essgewohnheiten und andere Vorlieben erzählt sie einmal: »Ich habe im Tiefkühlschrank jede Menge kleine und große Portionen Vorgekochtes. Eine Gemüsesuppe ist für mich zum Beispiel etwas Wunderbares. Sie hat jede Menge Vitamine und ist schnell aufgewärmt, wenn ich abends nach Hause komme. Die wichtigste Mahlzeit ist für mich jedoch das Frühstück. Dafür stehe ich sogar früher auf. In Oggersheim ist das um halb sieben, in Bonn etwas später. Morgens lasse ich es auch immer langsam angehen. Da bin ich faul. Am liebsten sitze ich im Bademantel am Tisch und freue mich über Brot, Butter, Marmelade und Kaffee. Dabei lese ich am liebsten Zeitungen. Ganz selten lese ich Illustrierte. Wenn irgendetwas über mich drin ist, zeigen es mir meine Mitarbeiter. Modezeitschriften lese ich nur, wenn ich dort ein Interview gegeben habe.«

»Wie Illustrierte und Modezeitschriften ist auch Fernsehen für mich kein Bestandteil meines Lebens. Dazu habe ich meist gar keine Zeit«, erzählt sie weiter. »Nur bei Fußballspielen mache ich manchmal eine Ausnahme. Wie mein Mann bin ich ein Fußballfan. Aber noch lieber gehe ich ins Museum oder ins Kino. ›Entscheidung vor Morgengrauen‹ und ›Hunde, wollt ihr ewig leben?‹ haben mich sehr angesprochen. ›Jenseits von Afrika‹, ›Vier Hochzeiten und ein Todesfall‹ haben mir auch gut gefallen. ›Comedian Harmonists‹ fand ich extrem gelungen. Bei ›Titanic‹ bin ich früher rausgegangen. Als der Liebhaber ertrank, habe ich mir gedacht, was soll's jetzt noch? Leonardo DiCaprio finde ich übrigens ganz hinreißend und entzückend.«

Am elften und zwölften Juli 1994 kommen US-Präsident Bill Clinton und seine Frau Hillary zu Besuch nach Berlin und in die pfälzische Heimat des Bundeskanzlers. Hillary Clinton ist zwölf Jahre jünger als Hannelore Kohl. Seit ihrem Studium am Wellesley College ist sie politisch stark engagiert. Als Bill Clinton, bevor er Präsident wurde, zwölf Jahre lang Gouverneur des Bundesstaats Arkansas war, unterstützte sie ihren Mann als First Lady von Arkansas. Gleichzeitig war sie als Partner in einer der renommiertesten Anwaltskanzleien des Staates voll berufstätig. Außerdem ist sie die Mutter einer Tochter.

Gemessen an der Ausbildung und ihren beruflichen Leistungen gilt sie als gleichermaßen qualifiziert und erfolgreich wie die Mitarbeiter in der Administration ihres Mannes. Sie stellt einen neuen Typ von First Lady dar, der vielen etwas unheimlich ist, weil sie ins politische Tagesgeschäft eingreift, ohne selbst ein Mandat zu haben. Ihr Mann beauftragt sie sogar, das Projekt zur Reformierung des US-Gesundheitswesens zu leiten.

Hannelore Kohl respektiert Hillary Clinton für ihre beruflichen Leistungen. Nach ihrer Erfahrung ist die Ehefrau eines Regierungschefs oder Präsidenten auf Dauer jedoch besser beraten, sich politisch möglichst wenig zu exponieren, zumal wenn man selbst über kein politisches Mandat verfügt.

Persönlich kommt sie mit Hillary Clinton allerdings sehr gut aus. »Die beiden Frauen mochten sich gern«, sagt Helmut Kohl. »Nur Frau Clintons Ehrgeiz hat meine Frau nicht so ganz verstanden. Mit Bill Clinton kam sie ebenfalls hervorragend zurecht. Sie hat immer sehr goutiert, dass er ein treuer Freund war und bis heute geblieben ist.«

Auch die Clintons werden nach Oggersheim eingeladen. Beim Abendessen sind die beiden Ehepaare allein. Hilde Seeber erinnert sich: »Wie schon Frau Bush, Frau Gorbatschow und Frau Jelzin kam auch Hillary Clinton zu mir in die Küche und hat sich bedankt. Darüber habe ich mich sehr gefreut. Wenn die Herren im Salon über Politik redeten, hat sich Frau Kohl mit den Damen oft ins Bauernzimmer gesetzt und lange mit ihnen geplaudert. Ich hatte immer den Eindruck, dass die Essen in Oggersheim sehr entspannt abliefen.«

Am einunddreißigsten August 1994 werden in Berlin die letzten der dreihundertfünfzigtausend Angehörigen der sowjetischen Streitkräfte in Deutschland durch Bundeskanzler Helmut Kohl und Präsident Boris Jelzin feierlich verabschiedet. Mit dabei an diesem symbolträchtigen Tag sind auch Hannelore Kohl und Naina Jelzin. Dass die Rote Armee, die im »Großen Vaterländischen Krieg« so viele Millionen Menschenleben für den Sieg über Deutschland geopfert hat, das Land nach fast fünfzig Jahren so einfach wieder verlässt, ist für Hannelore Kohl unfassbar.

1991 hat sie einmal einen Standort der Roten Armee in Perleberg im Brandenburgischen besucht. Sie wurde damals sehr herzlich und freundlich empfangen und hat die russische Gastfreundschaft sichtlich genossen. Obwohl, wie bei Besuchen »von oben« üblich, alles besonders herausgeputzt war, konnte sie sich doch einen ungefähren Eindruck von den Lebensbedingungen der Soldaten und ihrer Familien machen. Aus eigener Erfahrung wusste sie ja, wie es bei der Bundeswehr, an den amerikanischen, französischen oder britischen Standorten zuging. Verglichen damit herrschte bei der Roten Armee alles andere als Luxus. Doch die meisten Rotarmisten, die ihre Situation in der DDR und später in den neuen Bundesländern damit verglichen, wie die Versorgungslage in ihrer Heimat war, empfanden sich als privilegiert.

Jetzt sieht Hannelore Kohl vor allem die materiellen und menschlichen Probleme, die die Truppen nach ihrer Heimkehr in Russland haben werden. Von deutscher Seite versucht man den heimkehrenden Soldaten und ihren Familien mit erheblichem finanziellem Aufwand zu helfen.

Eine Woche nach den Russen werden am achten September die drei West-Alliierten – die USA, Frankreich und Großbritannien – ebenfalls in Berlin verabschiedet. Nicht nur auf dem Papier ist Deutschland jetzt ein souveräner Staat.

Kaum ist die Sommerpause vorbei, laufen die Vorbereitungen

für den Bundestagswahlkampf 1994 an. Der »Wiedervereinigungsbonus«, von dem Helmut Kohl und die CDU im Wahlkampf 1990 noch erheblich profitiert haben, wirkt vier Jahre später kaum noch. Anstatt auf das bisher Erreichte zu schauen, hat sich zwischenzeitlich bei vielen Wählern Ernüchterung über den Umfang der noch zu bewältigenden Probleme breit gemacht. Im Westen ärgert man sich über die als zu hoch empfundenen finanziellen Opfer für die Wiedervereinigung, und im Osten steigt die Arbeitslosigkeit und man fühlt sich im Vergleich zum Westen generell benachteiligt. Trotzdem werden der SPD unter ihrem Spitzenkandidaten Rudolf Scharping und dessen Helfern Gerhard Schröder und Oskar Lafontaine keine guten Chancen eingeräumt. Sie müssen darauf setzen, dass die FDP an der Fünfprozenthürde scheitert.

Zum dritten Mal in Folge zieht Hannelore Kohl an der Seite ihres Mannes in den Bundestagswahlkampf. Seit der Wiedervereinigung haben sich die Entfernungen, die dabei zurückzulegen sind, und die Anzahl der Orte, an denen Veranstaltungen stattfinden, um einiges erhöht. Das ist eine physische Tortur. Trotzdem unterstützt sie ihren Mann, wo sie kann, sie begleitet ihn zu Wahlkampfveranstaltungen und hält eigene Veranstaltungen ab, vor allem aber ist sie ihm eine moralische und seelische Stütze.

Sie sagt einmal: »Das Wichtigste ist, einfach da zu sein, wenn er mich braucht. Das gilt ganz besonders für die wenigen freien Wochenenden. Da soll er sich wirklich zu Hause fühlen. Ansonsten tue ich meine Arbeit wie immer. Ich begleite ihn ab und zu auf In- und Auslandsreisen, nehme an zahlreichen Terminen teil, gebe Interviews und mache meine soziale Arbeit für das Kuratorium ZNS und die Hannelore-Kohl-Stiftung. Ich glaube, die Mehrzahl der Menschen honoriert dies mehr als irgendwelche Inszenierungen. Sie spüren, ob man mit ihnen ehrlich umgeht. Natürlich habe ich vor jeder Wahl Phasen der Nervosität und Spannung, die aber weit entfernt vom Datum liegen. Aber je näher der Stichtag rückt, umso ruhiger werde ich. Das war immer schon so. Auch in diesem Fall hilft mir der Schlaf, weil der meine Nerven stärkt.«

Am sechzehnten Oktober 1994 gewinnt die Koalition aus CDU/CSU und FDP noch einmal die Bundestagswahlen. 48,4 Prozent der Stimmen kann die Koalition auf sich vereinen – die 41,5 Prozent Stimmenanteil für die CDU/CSU sind allerdings deren schlechtestes Ergebnis seit 1949. Die FDP überspringt mit 6,9 Prozent klar die Fünfprozenthürde. Heimlicher Gewinner dieser Wahlen sind die Oppositionsparteien: Die SPD legt um knapp 3 Prozentpunkte auf 36,4 Prozent zu, Bündnis 90/Die Grünen liegen mit 7,3 Prozent deutlich über der Fünfprozenthürde, und die PDS kommt bundesweit auf 4,4 Prozent und gelangt mit dreißig Abgeordneten ins Parlament, weil sie vier Direktmandate errungen hat.

Hannelore Kohl ist stolz auf die Erfolge ihres Mannes, aber es schmerzt sie doch, dass ihr Privatleben darunter leidet. Fritz und Erich Ramstetter sehen das mit Sorge und Bedauern: »Die ständige berufliche Überbeanspruchung von Hannelore und Helmut Kohl hat beide im Hinblick auf ihre eheliche Gemeinsamkeit belastet und wurde von beiden beklagt. Auch bezüglich ihrer Freundschaften mussten beide einen hohen Preis bezahlen, weil ein wirkliches Privatleben immer schwieriger wurde.«

»Natürlich«, sagt sie einmal, »gibt es, wie in jeder anderen Ehe, auch bei uns Meinungsverschiedenheiten. Aber wenn einem der Wind so stark ins Gesicht weht, wie es bei uns durch den Beruf meines Mannes der Fall ist, dann funktioniert eine Ehe nur, wenn es auf beiden Seiten stimmt. Unsere Ehe wäre gescheitert, wenn ich mich nicht auf meinen Mann eingestellt hätte. Selbstverständlich sind auch gegenseitiges Vertrauen und Respekt voreinander wichtig. Sie bilden die Basis für eine dauerhafte Partnerschaft. Außerdem braucht man gesunden Menschenverstand und Humor. Daraus resultiert alles andere.«

»Uns hat geholfen«, erklärt sie weiter, »dass wir uns schon in ganz jungen Jahren kennengelernt haben. Wir sind zusammen erwachsen geworden und haben gemeinsam gute und schlechte Zeiten erlebt. Wir haben die Nachkriegszeit durchgestanden, uns gegenseitig bei den Klassenarbeiten und bei den Abiturprüfungen geholfen und später unsere Kinder auf einen guten Weg gebracht. Wir sind eine absolut gewachsene Gemeinschaft. Deshalb habe ich auch nie begriffen, dass viele Menschen unseren Lebensweg erst mit Beginn der Kanzlerschaft meines Mannes in Verbindung bringen. Alle Welt starrt auf Bonn. So ein Blödsinn. Vorher haben wir ja auch gelebt. Ich habe auch keinen Politiker, sondern den Menschen Helmut Kohl geheiratet.«

»Als ich meinen Mann mit fünfzehn kennenlernte, ahnte ich natürlich nicht, welche politische Karriere er macht«, sagt sie. »Selbst wenn – ich hätte die ganzen Auswirkungen nicht vorhersehen können. Obwohl ich dabei nicht nur Schönes erlebt habe, bin ich dennoch froh, dass ich dabei an seiner Seite sein und vieles miterleben durfte. Durch Helmuts Karriere habe ich viele interessante Menschen kennengelernt, die ich sonst nie getroffen hätte. Und ich war in vielen fremden Ländern und habe deren Kulturen schätzen gelernt. Zusammen mit den politischen Erfahrungen bekam ich eine Informationsdichte, die nicht viele Menschen haben und die mir einen großen Einblick in vielerlei Hinsicht verschaffte. Manchmal waren diese Einblicke natürlich auch belastend, und ich musste mich oft schon sehr zusammennehmen, wenn andere Menschen oberflächliche Urteile abgaben. Auch das habe ich gelernt.«

»Ich bin der Meinung, dass man aus seinem Leben das Beste machen muss. Egal, wohin man gestellt wird«, fasst sie zusammen. »Ich glaube, dass mir das ganz gut gelungen ist. Das liegt, denke ich, auch daran, dass ich ein Mensch bin, der nicht nur zupacken kann, sondern auch ein bisschen nachdenkt. Trotzdem hatte ich eigentlich keinen Traum vom Leben und keine festgesteckten Ziele. Ich hatte immer nur die Hoffnung, gut durchzukommen. Ich bin im Sinne des Erlebten reich. Und ich habe mich nie gelangweilt. Insgesamt waren das Schicksal und der liebe Gott mir gnädig.«

5. Mai 1995: Verleihung der Ehrendoktorwürde an Hannelore Kohl in der Universität Greifswald.

In den kommenden zwei Jahren baut Hannelore Kohl das Kuratorium ZNS und die Hannelore-Kohl-Stiftung immer mehr aus. Für ihre »großen Verdienste um die Entwicklung der medizinischen Wissenschaft, vor allem im Bereich der Neurowissenschaften«, erhält sie am fünften Mai 1995 von der Universität Greifswald die Ehrendoktorwürde im Fach Medizin.

Ihren Stolz auf diese Auszeichnung zeigt sie nach außen nicht so. Sie sagt: »Darüber habe ich mich sehr gefreut. Es ist die Anerkennung für die Arbeit vieler Jahre. Das Kuratorium ZNS konnte bei vielen Einzelschicksalen helfen. Die Hannelore-Kohl-Stiftung unterstützt die Wissenschaft und Forschung auf dem Gebiet der Neuro-Rehabilitation. Die Neunzigerjahre sind von den UN zum Jahrzehnt des Gehirns ausgerufen worden. Vielleicht war es mir möglich, dieses Thema stärker ins Bewusstsein der deutschen Öffentlichkeit zu bringen. Vielleicht bin ich deshalb auch nicht unzufrieden, weil ich das Leid und die Not der Menschen sehe, für die ich mich engagiere. Ihre Schicksale rücken meine eigenen Sorgen zurecht.«

Unter dem Rektorat des Universitätsprofessors mit Lehrstuhl für Bürgerliches Recht und Zivilprozeßrecht Dr. jur. Jürgen Kohler und unter dem Dekanat des Universitätsprofessors mit Lehrstuhl für Mund-, Kiefer- und Gesichtschirurgie/Plastische Operationen Dr. med. Dr. med. dent. Hans-Robert Metelmann

verleiht

die Medizinische Fakultät
der Ernst-Moritz-Arndt-Universität Greifswald

Frau Hannelore Kohl
(geborene Renner)

geboren am 07. März 1933 in Berlin

die Würde eines
Doktors der Medizin
ehrenhalber
doctor medicinae honoris causa
(Dr. med. h. c.)

Die Medizinische Fakultät ehrt damit die engagierten Leistungen der Präsidentin des KURATORIUMS ZNS zur Förderung der Neurowissenschaften, insbesondere der Forschung im Bereich der Rehabilitation Hirnverletzter

Greifswald, den 05. Mai 1995

Der Rektor
der Ernst-Moritz-Arndt-Universität

Der Dekan
der Medizinischen Fakultät

Auf das Thema Glück angesprochen, erklärt sie einmal: »Glück muss man lernen, um es zu begreifen. Viele Menschen merken gar nicht, dass es ihnen gut geht, und laufen einer Illusion nach. Manche sind auch glücklich, wenn sie streiten können. Ich nicht. Ich vertrage mich gut mit meiner Umgebung. In Brechts ›Dreigroschenoper‹ heißt es: Alle Menschen rennen nach dem Glück, und das Glück rennt hinterher. Glück ist ein Moment. Aber es kann viele aneinandergereihte Glücksmomente geben. Manche Menschen bekommen das Glück geschenkt und merken es gar nicht.«

Auf internationaler Ebene hält dieses Jahr unter anderem zwei Termine bereit, bei denen sich europäische Nachbarn treffen: Am zweiundzwanzigsten und dreiundzwanzigsten Mai 1995 fährt das Ehepaar Kohl zu einem offiziellen Besuch nach Amsterdam, wo sie neben dem holländischen Ministerpräsidenten Wim Kok auch Königin Beatrix und Prinz Claus treffen. Die Kohls verstehen sich prächtig mit den beiden Koks. Hannelore beeindruckt besonders, wie die Königin mit ihrem kranken Mann umgeht.

Am ersten Oktober 1995 wird das Ehepaar Kohl von John Major, dem britischen Premierminister, und seiner Frau Norma in der Pfalz besucht. Wie fast alle hohen Besucher werden auch die Majors durch den Speyrer Dom geführt. Helmut und Hannelore Kohl erzählen den britischen Gästen von ihrer Jugendzeit, in der sie mit dem Rad hierher gefahren sind, und sie berichten von der Geschichte des Doms, die ihn nicht nur mit Großbritannien, sondern mit ganz Europa verbindet.

Das neue Jahr beginnt mit einem gehörigen Schrecken, den ihre Freundin Maria Hannelore am ersten Januar 1996 einjagt: »Bei einem Spaziergang bin ich so unglücklich gefallen, dass ich mir beide Arme brach. Hannelore kam sofort und war ganz entsetzt, als sie mich so hilflos da liegen sah. Meine beiden Armen waren eingegipst. Nicht nur, dass sie mich gefüttert hat, sie hatte auch eine glänzende Idee in Bezug auf das Kleidungsproblem. Weil ich außer Flügelhemdchen nichts anziehen konnte, brachte sie mir einen Bademantel mit, aus dem sie im Krankenhaus die Ärmel heraustrennte und die Ränder am Ärmelansatz säumte. Als ich entlassen wurde, brachte sie mir die Ärmel nach Hause. An die hatte sie Druckknöpfe angenäht, damit ich den Bademantel weiter benutzen konnte. Meine Freundin war nicht nur sehr menschlich und tüchtig, sie war auch sehr sparsam. Andere hätten den Bademantel weggeworfen.«

Im Januar 1996 kommt das zweite Kochbuch von Hannelore Kohl auf den Markt. Es heißt »Kulinarische Reise durch deutsche Lande«. Wieder geht ein Teil des Erlöses pro verkauftes Exemplar an die Hannelore-Kohl-Stiftung. Sie hat ihren Mann mit dem Erfolg des ersten Kochbuchs überzeugt, und er hat es sich nicht nehmen lassen, für das zweite Buch einen Text zu den einzelnen Regionen zu verfassen. Natürlich darf auch das Saumagen-Rezept nicht fehlen. Es steht auf Seite hundertsiebenundzwanzig, daneben ist ein kleines Zitat von Hannelore Kohl abgedruckt: »Sollte etwas vom Saumagen übrigbleiben, kann man den Magen am nächsten Tag in Scheiben schneiden und in zerlassener Butter braten.«

Dass »Saumagen« das Lieblingsgericht ihres Mannes sei, ist ein Gerücht. Sie sagt: »Das ist nicht das Einzige, was ihm schmeckt. Aber er hat den Saumagen weltberühmt gemacht und damit für seine Heimat, die Pfalz, einen ungeheuren PR-Effekt erzielt. Das soll ihm mal einer nachmachen.«

Die schönste Seite in der »Kulinarischen Reise durch deutsche Lande« ist die letzte. Dort sind Helmut und Hannelore Kohl zu sehen, wie sie nebeneinander auf zwei Stühlen sitzen. Zwischen ihnen sind alle Kohlsorten aufgezählt: Chinakohl, Weißkohl, Rotkohl, Wirsing, Spitzkohl, Grünkohl, Rosenkohl, Blumenkohl, Brokkoli, Kohlrabi. Als sie gefragt wird, welche Sorte sie am liebsten hat, lächelt sie hinterlistig, tippt dann mit dem Finger auf das Bild ihres Mannes und sagt: »Der da, Schwerkohl. Leichtkohl haben wir nicht.«

Eine französische Übersetzung dieses Kochbuchs erscheint im November 1996. »Weil sie eine Perfektionistin war, hat sie natürlich auch alle Übersetzungen kontrolliert«, erzählt Maria. Später wird das Buch auch in England veröffentlicht.

Am ersten Februar 1996 heiratet Walter Kohl in New York seine Freundin Christine. Die Hochzeit findet im privaten Rahmen und unter Ausschluss der Öffentlichkeit, das heißt der Presse, statt.

»New York«, sagt Walter, »bot sich für uns aus vielen Gründen an. Am wichtigsten ist, dass die Stadt Christine und mich in mehrfacher Hinsicht verbindet. Wir haben dort viele Freunde aus unseren beruflichen Tätigkeiten, und wir beide lieben Land und Leute. Natürlich haben wir dieses Vorhaben mit meinen Eltern besprochen, die unsere Entscheidung sehr gut verstanden. Uns allen war bewusst, dass spätestens bei der Ankunft meiner Eltern am Flughafen John F. Kennedy der US-Secret Service aktiv werden würde, ein ideales Alarmsignal für die Presse. Meine Mutter sagte damals: ›Es ist wichtiger, dass ihr in Ruhe feiern könnt, als wenn durch unsere Anwesenheit ein Riesentrubel entsteht.‹«

»So konnten Christine und ich eine kleine, intime, aber sehr schöne und unbeschwerte, fröhliche Hochzeit mit der Familie meiner Frau, Elif und Peter und engen Freunden feiern. Wir wurden im Standesamt Manhattan South getraut – eine einzigartige Erfahrung. Im Standesamt traf sich ein wahres Völkergemisch. Menschen aller Herkünfte und Nationalitäten ließen sich dort trauen. Diese kulturelle Vielfalt ist Christine und mir bis heute unvergessen«, sagt Walter. »Danach feierten wir im Rainbow Room mit wunderschöner musikalischer Untermalung und einem phantastischen Ausblick auf das nächtliche New York.«

»Meine Mutter hat meine Frau sehr geschätzt und gemocht«, erzählt er weiter. »Vielleicht lag die Sympathie sei-

Bei Benefizkonzerten und Wohltätigkeitsgalas zugunsten des Kuratoriums ZNS und ihrer Stiftung machte Hannelore Kohl die Bekanntschaft vieler Künstler.

tens meiner Mutter auch ein bisschen mit daran, dass meine Frau viele Dinge verkörpert, die sie selbst gern verwirklicht hätte. Damit meine ich ein abgeschlossenes Studium und eine berufliche Selbständigkeit und Selbstverwirklichung. Meine Mutter hat ja öfter mal von so einem Leben geträumt.«

Am dreißigsten Mai 1996 nimmt Hannelore Kohl in der Bonner Beethovenhalle an einem Benefizkonzert zugunsten des Kuratoriums ZNS teil.

Das Programm ist bemerkenswert: Justus Frantz dirigiert das MDR-Sinfonieorchester, und die erst vierzehn Jahre alte Weltklassepianistin Helen Huang sitzt am Klavier. Dennoch ist Hannelore Kohl an diesem Abend etwas besorgt. Rolf Wiechers erklärt, warum: »In Zusammenhang mit diesem Konzert wurde an uns zum ersten Mal die Bitte herangetragen, einen Betroffenen zu Wort kommen zu lassen. Frau Kohl hat lange gezögert, bis sie dem zustimmte. Ich erinnerte mich dann an Herrn Donat Ölmüller, der 1993 von einer Straßenbahn angefahren worden war und danach sieben Tage lang im Koma lag. Ein tragisches Schicksal, denn der junge Mann war alleinerziehender Vater einer dreizehnjährigen Tochter. Durch eine gute Rehabilitation hatte er sich zu diesem Zeitpunkt jedoch von seinen schweren Verletzungen fast gänzlich erholt. Und so waren seine behandelnde Ärztin und ich der Meinung, dass er einen solchen Auftritt durchstehen würde.«

»Frau Kohl war einverstanden und traf sich mit Herrn Ölmüller und der Ärztin kurz vor dem Konzert. Frau Kohl hat ihm sehr viel Mut gemacht«, erzählt Rolf Wiechers, »und immer wieder gesagt: ›Sie schaffen das schon.‹ Natürlich ging sie mit ihm auch auf die Bühne, und als sie merkte, dass er bei seiner Rede anfangs sehr nervös war, hat sie ihn einfach bei der Hand genommen. Dann ging es besser. Natürlich war sich Frau Kohl bewusst, dass, wenn es schiefgehen sollte, man ihr die allergrößten Vorwürfe machen würde. Nach dem Motto: Wie kann man einen Hirnbeschädigten vor die Öffentlichkeit schicken und ihn blamieren. Aber es ist gutgegangen, und der Erfolg war enorm.«

Am einunddreißigsten Oktober 1996 geht Helmut Kohl mit fünftausendeinhundertfünfundvierzig Amtstagen als »Rekordkanzler« in die Geschichte der Bundesrepublik Deutschland ein. Länger als er war noch nicht einmal Konrad Adenauer Kanzler. Hannelore Kohl gratuliert ihrem Mann telefonisch, denn er befindet sich an diesem denkwürdigen Tag zu einem offiziellen Besuch in Manila.

Im November begleitet Helmut Kohl seine Frau zu einem Termin nach Perigueux, der Stadt, die inmitten des französischen Feinschmeckereldorados Périgord liegt, von wo die berühmten Trüffel kommen. Aus dieser Stadt stammt La Mazille, ein Autor, der 1929 einen Klassiker der französischen Kochbuchliteratur geschrieben hat, und hier wird jetzt Hannelore Kohl der »Prix La Mazille 1996« für das beste Kochbuch des Jahres überreicht.

Ungewöhnlich ist diesmal der Rahmen. Vor zweihundertdreißig geladenen Gästen und in Anwesenheit des französischen Staatspräsidenten Jacques Chirac und seiner Frau Bernadette bekommt Hannelore diesen Preis für ihr Buch »Kulinarische Reise durch deutsche Lande«. In Frankreich ist es unter dem Titel »Un Voyage Gourmand à travers l'Allemagne« erschienen. Obwohl Deutschland nach Ansicht der meisten Franzosen in kulinarischer Hinsicht eine Wüste ist, ist Hannelores Buch sogar in Frankreich ein echter Verkaufserfolg.

Hannelore Kohl genießt es sehr, im Mittelpunkt zu stehen, und ihr Mann ist zu Recht stolz auf sie: »Der ›Prix La Mazille‹ war ein großer Triumph für meine Frau, und Jacques Chirac hat eine wunderbare Rede auf sie gehalten, die voller Lobpreisungen war. Ihre eigene Rede, die sie auf Französisch gehalten hat, kam sehr gut an. Die Franzosen mochten sie überhaupt sehr gern, nicht nur für ihr ausgezeichnetes Französisch, sondern für ihre Herzlichkeit, ihre Offenheit und ihre Eleganz.«

Elegant ist Hannelore Kohl wirklich. Es macht ihr Freude, sich schick zu machen. »Am liebsten«, erzählt sie einmal, »trage ich Hosen. Röcke mag ich weniger gern. Meine Abendgarderobe lasse ich mal schneidern, mal kaufe ich sie fertig.

Ich mag Escada, habe ein paar Sachen von Ferré und von Rena Lange. Aber ich mag auch italienische Designer. An Farben bevorzuge ich Dunkelblau und Schwarz, manchmal wähle ich aber auch Pink oder Rot. Beige finde ich langweilig. Und wenn ich nicht so im Mittelpunkt des öffentlichen Interesses stünde, könnte ich auch meine uralten Klamotten noch tragen, weil ich, mit Ausnahme der Schwangerschaften, immer noch mein Abiturgewicht habe. Meine alten Kleider habe ich fast noch alle, weil ich ungern etwas wegwerfe. Ich finde überhaupt, dass ich mich in den ganzen Jahren nicht sehr verändert habe.«

Im Dezember 1996 kommt Hannelores erster Enkel Johannes, der Sohn von Walter und Christine, in Köln zur Welt. Dass sie mit dreiundsechzig Jahren Oma wird, macht sie überglücklich. Als Johannes ihr später den Namen »Oma Lu« gibt, löst er große Heiterkeit damit aus.

Walter erzählt: »Unsere junge Familie war eine große Freude für alle. Besonders schön war, dass die beiden frischgebackenen Omas sich sehr gut verstanden. Meine Schwiegermutter Rosemarie war eine Vertrauensperson für meine Mutter. Beide haben oft miteinander gesprochen und teilten viele Gemeinsamkeiten, beispielsweise wurden sie als fast Gleichaltrige beide stark von der Kriegserfahrung ihrer Jugend geprägt. Meine Mutter schätzte an Rosemarie besonders ihr starkes Engagement für unseren Sohn. Rosemarie ist eine beruflich selbständige Frau, resolut und voller Herz – eine Frau, exakt nach dem Geschmack meiner Mutter.«

Ein halbes Jahr später, am einundzwanzigsten Juni 1997, wird Hannelore Kohl zum zweiten Mal für ihr Engagement für das Kuratorium ZNS ausgezeichnet. Die Deutsche Gesellschaft für Unfallchirurgie, eine der großen und der bedeutendsten medizinischen Fachgesellschaften, verleiht ihr die »Goldene Ehrennadel«.

Das Jahr 1998 ist wieder ein Wahljahr. Nach sechzehn Jahren Kanzlerschaft und vier gewonnenen Bundestagswahlen verändert der Ausgang der Wahlen im Herbst das Leben von Hannelore und Helmut Kohl entscheidend.

Im Vorfeld der Wahlen hat Dona Kujacinski anlässlich einer Reportage Gelegenheit, Hannelore Kohl von März bis Mai über ein paar Wochen zu begleiten. Zusammen mit dem Fotografen Paul Schirnhofer erlebt sie sie in verschiedenen Situationen, zum Beispiel beim CDU-Parteitag in Bremen.

Dona Kujacinski berichtet: »Weil wir sie schon so lange begleiten, ist dies ein Exklusivtermin. Obwohl die Halle fast menschenleer ist, spürt man gedämpfte Hektik. Draußen vor der Tür warten Fotografen, Reporter und Kamerateams auf das Erscheinen des Bundeskanzlers und seiner Frau. Es ist fünf Minuten vor acht, als sich die Tür des rechten Fahrstuhls öffnet und das Ehepaar Kohl die Halle betritt. Hannelore Kohl kommt auf uns zu und sagt mit einem leicht süffisanten Lächeln: ›Darf ich Ihnen meinen Mann vorstellen …?‹«

Während dieser Reportage besucht Hannelore Kohl auch das Neurologische Rehabilitationszentrum Friedehorst für Kinder und Jugendliche in Bremen-Leesum. »Als der Fotograf Paul Schirnhofer geschlagene zehn Minuten zu spät zur Pressekonferenz kommt, fängt er sich einen strengen Blick von Hannelore Kohl ein«, erzählt Dona Kujacinski. »Beim anschließenden Gang durch die Stationen merke ich ihrem angespannten Gesichtsausdruck an, wie sehr sie innerlich um Fassung ringt, wenn sie an den Betten der kranken Kinder und Jugendlichen steht. Nach dem Rundgang überreicht sie der leitenden Ärztin Dr. Annegret Ritz einen Scheck in Höhe von siebenhundertfünfzigtausend Mark für den Ausbau der Frührehabilitationsstation.«

Der amüsanteste Termin bei dieser Reportage ist der Besuch der Gala zum zehnjährigen Jubiläum von Radio Regenbogen in Mannheim, bei der unter anderem die Popgruppe »Backstreet Boys« auftritt. Mit dem Radiosender ver-

Auf dem Weg zum »Ball der Sterne«: Vor dem »Rosengarten« in Mannheim feiern Fans der »Backstreet Boys« Hannelore Kohl.

anstaltet Hannelore Kohl seit 1989 auch als Schirmherrin den »Ball der Sterne«, dessen Erlöse wohltätigen Organisationen, darunter der Hannelore-Kohl-Stiftung, zugute kommen.

Vor dem Mannheimer »Rosengarten«, in dem die Gala veranstaltet wird, warten an diesem Abend seit Stunden schon viele Fans der »Backstreet Boys« hinter der Absperrung in Form einer roten Kordel. Als Hannelore Kohl aus dem Auto steigt und in Richtung Eingang geht, rufen einige der Jugendlichen: »Frau Kohl, geben Sie uns doch bitte ein Autogramm!« Daraufhin rafft Hannelore Kohl, die ein schwarzes bodenlanges Kleid trägt, ihre Röcke, steigt über die rote Kordel, mischt sich mitten unter die Fans und gibt im dichtesten Gewühl Autogramme. Die jungen Leute sind von dieser Aktion so begeistert, dass sie ihre Idole vergessen und im Chor »Hannelore, Hannelore« rufen.

Das ausführliche Interview im Rahmen der Reportage führt Dona Kujacinski im Bonner Kanzlerbungalow. Dabei wird nicht nur über die bevorstehende Wahl, sondern auch über persönlichere Themen gesprochen. Hannelore Kohl sagt: »Seit Jahrzehnten habe ich Kontakt zu Menschen aus den unterschiedlichsten Berufen und jeden Alters. Dabei habe ich viel gelernt. Ich wurde zum Beispiel sensibler im Zuhören und Verstehen. Viele Menschen, die ich treffe, kennen mich ja nur aus Presseberichten. Mitunter gilt es, Vorurteile abzubauen. Aber ich hoffe, meine herzhafte, humorvolle Art bringt fast alle auf meine Seite.«

»Sicher habe ich auch Nachteile. Obwohl ich in Bonn gelernt habe, dass man nicht immer die Seele freilegen sollte, bin ich immer noch zu offen, zu direkt«, sagt sie nachdenklich. »Auf einer großen Messe in Hannover bin ich vor ein paar Wochen richtig böse geworden. Weil ich über längere Zeit von Kamerateams begleitet wurde, deren Scheinwerfer mich so blendeten, habe ich sie nach zwei Stunden gebeten, mal Pause zu machen. Umsonst. Nach drei Stunden reichte es mir, und ich sagte: ›Macht bitte die Lampen aus, ich muss erst mal ins Dunkle schauen, sonst sehe ich die Stufen nicht mehr und falle die Treppe runter. Und dann sagt ihr: Guckt mal, jetzt fällt die schon hin.‹ Das zu sagen hätte ich mich früher nicht getraut.«

Dann fährt sie fort: »Mein Mann ist überlegter und in der Abschmeckung brenzliger Situationen sicherlich geübter und deshalb auch gelassener. Helmut und ich sind uns übrigens auch nicht sehr ähnlich. Nur in der Art, Dinge zu bewältigen. Wir weichen beide niemals einem Problem oder einem Angriff aus. Wir haben beide im Leben nicht nur Positives erlebt. In Verbindung mit dem, was uns immer wieder angetrieben hat, kann ich nur sagen: Es gibt letztendlich nur zwei Wege. Den der Depression und den des Dennoch. Der Weg des Dennoch ist der, den ich will. Das ist eine Grundeinstellung. Die habe ich mit meinem Mann gemeinsam.«

»Große Unterschiede«, erzählt sie weiter, »gibt es auch beim Temperament. Beim gemütlichen Beisammensitzen hat er mehr Ausdauer als ich. Manchmal bleibt er bis weit nach Mitternacht hocken. Dafür bewundere ich ihn mitunter. Wie für sein Durchhaltevermögen generell. Ich bin ein sehr lebhafter Typ, der ungern sitzt. Wenn ich das länger tue, werde ich kribbelig. Ich laufe sogar beim Telefonieren herum. Meinen Mann stört diese Rumrennerei mitunter schon. Wenn wir zu Hause sind und es klingelt hier und klingelt da und er will seine Ruhe und Gemütlichkeit, sagt er oft: ›Was rennst du denn dauernd rum?‹ Wenn Sie mich fragen, was ich an mir nicht mag, sage ich: meine Ungeduld. Natürlich habe ich auch gelernt, mich anzupassen. ›Anpassen‹ ist auch kein schlechtes Wort. Darauf basiert die ganze Evolution.«

Dass sie sich nicht sehr ähnlich sind, bestätigt auch ihr Mann: »Wir sind schon unterschiedlich. Meine Frau ist im besten Sinne des Wortes ein Preuße. Sie hat sehr konkrete Vorstellungen und Prinzipien und mag Lässigkeit beispielsweise überhaupt nicht. Sie ist auch nicht besonders geneigt, nachgiebig zu sein. Wenn ich am Wochenende zu Hause bin, gehe ich samstags immer ins Hallenbad und in die Sauna. Wenn ich gegen zwölf Uhr zurückkomme, hat sie alle Telefonate auf einen Zettel geschrieben und mich stets dazu angehalten, die wichtigsten Leute immer gleich zurückzurufen – auch wenn ich lieber mal meine Ruhe gehabt hätte. Natürlich hat meine Frau bei solchen Telefonaten nicht nur die Nummer notiert, sie hat auch mit den Menschen gesprochen. Darunter waren natürlich auch viele Politiker. Die haben ihr dann erzählt, um was es geht, und sie hat mir es wieder erzählt. Somit war sie ins Geschehen völlig involviert. Über manche Dinge haben wir dann diskutiert und manchmal auch gestritten. Nach meiner Beobachtung sind die Frauen am mächtigsten, deren Männer der Meinung sind, dass sie alles alleine entscheiden. Die merken bloß nicht, dass sie ausgestopft sind.«

Wenn Helmut Kohl am Wochenende nach Hause kommt, bringt er seiner Frau fast immer Blumen mit. »Das«, erzählt er, »habe ich von Anfang an unserer Ehe getan. Ich schenke überhaupt gerne. Schon in Jugendtagen, als ich noch kein Geld hatte, habe ich ihr oft eine Kleinigkeit geschenkt. Später wurden die Geschenke dann größer. Manchmal waren es Kleider, aber weil sie meine Auswahl oft nicht sehr goutierte, habe ich es gelassen und mir was anderes ausgedacht. Auch von Reisen habe ich ihr immer etwas mitgebracht.«

Nach der politischen Sommerpause beginnt die heiße Phase des Bundestagswahlkampfs. Weshalb er sich am siebenundzwanzigsten September 1998 erneut dem Wählervotum stellt, erklärt Helmut Kohl wie folgt: »Meine ursprüngliche Absicht war, dass ich in der Mitte der Legislaturperiode 1996 aus dem Amt ausscheiden würde. Darin war ich auch mit meiner Frau einig. Es zeigte sich jedoch dann, dass mein wichtigstes politisches Ziel neben der Wiedererlangung der deutschen Einheit, nämlich der Durchbruch bei der politischen Einigung Europas, das heißt die Einführung einer gemeinsamen Währung, nach meinem Ausscheiden aus dem Amt kaum durchzusetzen sein würde. Alle meine ausländischen Partner und Freunde beschworen mich, noch in meiner Amtszeit die endgültige Entscheidung über die Einführung des Euro in Europa durchzusetzen. Angesichts der erheblichen Widerstände in Deutschland gegen die Abschaffung der D-Mark und die Einführung des Euro war die Entscheidung, im Amt zu bleiben, zwingend. Die Entwicklung der letzten Jahre hat für mich die Richtigkeit meiner Entscheidung bestätigt. Ohne den Euro, der Anfang 2002 eingeführt worden ist, hätte die Vollendung der politischen Union in Europa, nicht nur nach meiner Einschätzung, keine Chance.«

Dieser Bundestagswahlkampf soll für ihn und seine Frau einer der härtesten werden. In den letzten sechs Wochen vor der Wahl sagen die Meinungsforschungsinstitute einen klaren Sieg seines Herausforderers Gerhard Schröder voraus.

Nach sechzehn Jahren christlich-liberaler Koalition unter Helmut Kohl wollen die Wähler schlichtweg einen Wechsel, sie wollen neue Gesichter in der Regierung sehen. Viele der jüngeren Wähler haben nie einen anderen Bundeskanzler als Helmut Kohl erlebt.

Mit seinem personenbezogenen und medienorientierten Wahlkampf nach amerikanischem Vorbild trifft Gerhard Schröder den Zeitgeist besser als der vierzehn Jahre ältere Helmut Kohl. Viele Wähler sind von dem Herausforderer sehr angetan und setzen große Hoffnungen in seine Politik.

Hannelore Kohl gibt sich über den wahrscheinlichen Ausgang der Wahlen keinen Illusionen hin. Trotzdem stellt sie sich nach fünf Bundestagswahlkämpfen, bei denen ihr Mann Kanzlerkandidat war, noch ein letztes Mal mit ihm in den Ring. Wie schon so viele Male vorher unterstützt sie ihn auch jetzt wieder nach Kräften, begleitet ihn zu Wahlkampfterminen oder hält ihre eigenen Veranstaltungen ab.

Helmut Kohl verliert die Bundestagswahl am siebenundzwanzigsten September 1998. Das Ergebnis ist ernüchternd: Die CDU/CSU muss drastische Einbußen hinnehmen und kommt nur noch auf 35,1 Prozent, der Koalitionspartner FDP behauptet sich knapp mit 6,2 Prozent. SPD und Grüne erreichen zusammen 47,6 Prozent der Stimmen. Deutschlands neuer Regierungschef an der Spitze einer rot-grünen Koalition heißt Gerhard Schröder.

Für die Familie war es wichtig, genau wie in jenem Oktober vor sechzehn Jahren, an diesem Tag in Bonn zusammen zu sein. Walter ist mit seiner Frau Christine und Peter mit Elif gekommen. Ein wichtiger Lebensabschnitt geht für Helmut und Hannelore Kohl zu Ende.

Hannelore Kohls Terminkalender im Sommer vor der Bundestagswahl 1998.

Am späten Nachmittag verlässt das Ehepaar Kohl den Kanzlerbungalow. Die Wahllokale schließen wie immer um achtzehn Uhr. Kurz nach neunzehn Uhr geht Helmut Kohl im Konrad-Adenauer-Haus, der CDU-Parteizentrale, vor die Presse. Neben ihm steht seine Frau. Er gesteht seine Wahlniederlage ein, dankt allen, die die CDU und ihn in diesem Wahlkampf und in den letzten Jahren unterstützt haben, und gratuliert dem Wahlsieger Gerhard Schröder. Gleichzeitig stellt er nach fünfundzwanzig Jahren Parteivorsitz sein Amt als Bundesvorsitzender der CDU Deutschlands zur Verfügung. Am siebten November wird Wolfgang Schäuble zu seinem Nachfolger gewählt.

Ein wenig leichter wird die schwere Stunde der Niederlage durch den Respekt und die Würdigungen, die Helmut und Hannelore Kohl von allen Seiten bereits in der Wahlnacht zuteil werden.

Wie immer nach Bundestagswahlen versammeln sich die Familie und der engste Kreis im Bungalow. Dabei sind Juliane Weber und Eduard Ackermann. Nacheinander kommen dann auch einige Freunde und politische Weggefährten von Helmut Kohl in den Kanzlerbungalow wie Wolfgang Schäuble, Roman Herzog oder Hans-Dietrich Genscher. Als die Resultate aus den einzelnen Wahlkreisen verlesen werden, die darüber entscheiden, welcher Kandidat direkt in den Bundestag einzieht, macht sich Ernüchterung breit unter denjenigen, deren Landesverbände besonders schwere Verluste einstecken müssen. Es wird ein ruhiger und etwas nachdenklicher Abend.

Hannelore Kohl schildert die Stunden nach der Wahlniederlage: »Wir waren im Adenauer-Haus, und mein Mann hat jede Menge Fernsehinterviews gegeben. Das hat bis lange in die Nacht gedauert. Die Stimmung war natürlich schlecht, und im Augenblick der endgültigen Entscheidung war es natürlich eine herbe Enttäuschung. Aber viele der Wählerinnen und Wähler haben ja nie einen anderen Bundeskanzler gekannt. Also konnten sie auch keine Vergleiche ziehen. Das Wichtigste für mich war, dass der Wahlkampf ohne Übergriffe und Tätlichkeiten für meinen Mann abgelaufen ist. Weit nach Mitternacht sind wir dann in den Kanzlerbungalow gegangen, haben noch kurz etwas gegessen und einen Schluck Wein getrunken. Aber es gab keinen Katzenjammer. In der Nacht habe ich geschlafen wie ein Stein. Tief und traumlos.«

KAPITEL 10

IHRE LETZTEN JAHRE

Nach sechzehn Jahren im Amt ist Helmut Kohl am Morgen nach der verlorenen Wahl in keiner Katerstimmung. Der Souverän, das Volk, hat gesprochen, und er macht Platz für seinen Nachfolger. Für ihn ist das eine demokratische Selbstverständlichkeit. Selbst seine politischen Gegner respektieren ihn für diese Haltung und für die undramatische Art, mit der er sein Amt verlässt.

In vielen Telefonaten, Telegrammen und Briefen aus ganz Deutschland und aus aller Welt zollt man dem Ehepaar Kohl Respekt, bedankt sich für das Geleistete und wünscht beiden gemeinsam noch viele gute und weniger aufreibende Jahre. Ihre guten Wünsche übermitteln unter anderem der US-Präsident Bill Clinton und seine Frau Hillary, dessen Amtsvorgänger George Bush und Ehefrau Barbara sowie die meisten Staats- und Regierungschefs in Europa und Asien.

Hannelore Kohl sieht das Ausscheiden ihres Mannes aus dem Amt dagegen in der ersten Zeit eher zwiespältig, auch wenn sie das nach außen nicht zeigt. Zum einen ist sie froh, dass nach so vielen Jahren der Überbeanspruchung etwas Ruhe einkehrt und sie mit ihrem Mann mehr Zeit hat für persönliche Dinge. Zum anderen aber hat sie Bedenken, wie sie beide diese Umstellung meistern werden. In ihrem Leben hat sie oft genug böse Überraschungen erlebt. Immer, wenn sie ihr Leben nach einer Krise oder einer Phase großer Beanspruchung wieder geordnet zu haben glaubte, kam eine neue Störung von außen.

Oft genug hat sie auch erfahren, wie Ehefrauen von ehemaligen hohen Mandatsträgern nach dem Ende der Amtszeit ihrer Ehemänner oder nach deren Tod in Vergessenheit und sozial aufs Abstellgleis geraten sind. Für die betroffenen Frauen war das sehr bitter. Deshalb und vielleicht auch wegen ihrer frühen Verlusterfahrungen denkt Hannelore Kohl in der ersten Zeit öfter darüber nach, wie es weitergehen wird, obwohl objektiv kein Grund zur Sorge besteht. Erst ein paar Monate später, als man ihren Mann und auch ihre eigene Lebensleistung zu würdigen beginnt, verflüchtigen sich diese Bedenken.

Am siebenundzwanzigsten Oktober 1998 übergibt Helmut Kohl die Amtsgeschäfte an seinen Nachfolger Gerhard Schröder. Am siebten November tritt er auch als Parteivorsitzender der CDU zurück. Gleichzeitig wird er von den Parteitagsdelegierten zum Ehrenvorsitzenden gewählt.

Von allen in seiner Umgebung bewältigt Helmut Kohl diese Umstellung am besten. Er ist achtundsechzig, die meisten Schulfreunde aus seinem Abiturjahrgang sind schon seit ein paar Jahren in Rente. Bis September 2002 wird er Abgeordneter im Deutschen Bundestag bleiben, in den er zum siebten Mal gewählt worden ist. Als einfacher Abgeordneter, ohne eine herausragende Funktion, will er jetzt der Fraktion seine Erfahrungen zur Verfügung stellen. Außerdem möchte er seine internationalen Kontakte pflegen, die für die eigene Partei von großem Nutzen sein können. Er ist froh, nicht mehr wie bisher sechzehn oder achtzehn Stunden am Tag arbeiten zu müssen.

Am elften Dezember 1998 wird Helmut Kohl auf dem europäischen Gipfel in Wien zum Ehrenbürger Europas ernannt. Er erhält diese höchste Auszeichnung in Europa für sein Lebenswerk: »die Gestaltung der deutschen Einheit und die

Festigung der europäischen Einigung, bis hin zur Wirtschafts- und Währungsunion«.

Am dreizehnten Januar 1999 reist das Ehepaar Kohl nach Den Haag, wo Ministerpräsident Wim Kok Helmut Kohl den königlichen Orden »Niederländischer Löwe« verleiht, zum ersten Mal seit mehr als vier Jahrzehnten wird jemand damit geehrt, der kein Staatsoberhaupt ist. Anschließend wird das Ehepaar von Königin Beatrix und Prinz Claus zu einer Privataudienz empfangen. Zwei Monate später wird Helmut Kohl das Große Band des Leopoldordens verliehen, die höchste belgische Auszeichnung. Anschließend empfängt ihn König Albert II.

Bis Ende 1999 erhält er eine Reihe weiterer höchster Ehrungen, besonders in Nachbarländern des wiedervereinigten Deutschlands. So wird er unter anderem mit dem höchsten polnischen Orden, dem »Weißen Adler«, und mit dem höchsten tschechischen Orden, dem »Weißen Löwen«, geehrt.

In Washington, D. C., erhält Helmut Kohl Ende April 1999 die höchste zivile Auszeichnung der Vereinigten Staaten, die »Presidential Medal of Freedom«. Er ist der erste deutsche Träger der amerikanischen Freiheitsmedaille.

Neben diesen Orden werden ihm in diesem Jahr auch eine Reihe von Ehrendoktorwürden ausländischer Universitäten verliehen. Hannelore Kohl freut sich über all diese Ehrungen und ist stolz auf ihren Mann.

Nach dem Ausscheiden ihres Mannes aus dem Amt hört sie von nicht wenigen Menschen, dass ihre Mission bei der Stiftung und dem Kuratorium ZNS nun wohl erfüllt sei. Dass sie selbst das ganz anders sieht, weil sie mit diesem Engagement einen ganz persönlichen Sinn verbindet, wurde dabei kaum berücksichtigt. Sie beschreibt das so: »Ich will die Hannelore-Kohl-Stiftung und das Kuratorium ZNS noch ein gutes Stück voranbringen. Das ist mein Ziel. Mein Bekanntheitsgrad ist nach wie vor sehr hoch. Natürlich habe ich mir den Respekt, der mir entgegengebracht wird, in all den Jahren als Ehefrau des Kanzlers auch erarbeitet. Dieses Polster trägt.«

In Anerkennung für ihren Einsatz für schädelverletzte Unfallopfer wird ihr am zwanzigsten Februar 1999 im Schloss Bellevue in Berlin durch Bundespräsident Roman Herzog das »Große Verdienstkreuz mit Stern des Verdienstordens der Bundesrepublik Deutschland« verliehen. Sie ist stolz auf diese Auszeichnung. Dass Roman Herzog, ein guter Freund von Hannelore und Helmut Kohl, ihr das Verdienstkreuz verleiht, freut sie ganz besonders. Dazu erzählt sie: »Der Bundespräsident hat eine sehr schöne Laudatio gehalten. Das hat mir richtig gut getan. Ich trage den Orden auch öfter. Einmal habe ich ihn mir in Berlin bei der Eröffnung der Ausstellung ›Einigkeit und Recht und Freiheit‹ im Gropiusbau angesteckt, ein anderes Mal trug ich ihn bei der Wahl des Bundespräsidenten, die ich mit meinem Mann besuchte. Der Orden steckt immer in meinem Schmuckbeutel, eingewickelt in ein Plastiktütchen.«

Kurz nach ihrem sechsundsechzigsten Geburtstag, zu dem Peter ihr eine Reise nach London geschenkt hat, löst Hannelore Kohl sein Geburtstagsgeschenk ein. Mitte März 1999 kommt sie ihn und seine Freundin Elif in London besuchen. Zu offiziellen Besuchen ist sie mit ihrem Mann oft in London gewesen. Eine reine Privatreise dorthin liegt jedoch schon lange zurück.

Die drei unternehmen lauter Dinge, die Hannelore Spaß machen. Gemeinsam gehen sie abends aus, besuchen verschiedene Musicals, gehen ins Theater und in Museen, von denen ihr das Theatermuseum in Covent Garden ganz besonders gefällt. An einem Abend sitzt man in der Nähe der Tower Bridge auf einer Restaurantterrasse und lässt es sich richtig gut gehen. Peter erzählt: »Wir sind viel unterwegs gewesen, sind ins Grüne gefahren, zum Beispiel in den Park von

Greenwich, und haben die Stadt erforscht. Meine Mutter hat sich besonders für die vielen architektonischen Neuerungen im Osten von London, wie etwa in Shad Thames, in Wapping und in den Docklands, interessiert. Natürlich hat sie auch Elifs Wohnung besucht und gebührend gewürdigt. Besonders imponiert hat ihr der schöne Themseblick. In meiner Wohnung musste ich vor ihrer Ankunft bereits damals sämtliche extrem starken Halogenleuchten herausdrehen und durch Stehlampen mit Dimmern ersetzen. Wegen ihrer Allergien konnten wir erst kurz vor Sonnenuntergang spazieren gehen.«

Ende März fährt Hannelore Kohl wie immer zur Erholung an den Tegernsee. Neben anderen Freunden und Bekannten trifft sie auch wieder Irene. Diese findet, dass ihre Freundin viel gelöster ist als in den Jahren zuvor: »In diesen Ferien haben wir zum Beispiel das Kloster Benediktbeuren und das Kloster Ettal besucht. Und wir sind in die Kristallfabrik Swarowski nach Österreich gefahren, wo sie sich unter anderem kleine Glastiere gekauft hat. Über die Feiertage besuchte sie wie immer ihren Mann in Bad Hofgastein.«

Mit ihrem Freundes- und Bekanntenkreis kann Hannelore Kohl jetzt viel mehr unternehmen als früher. Ursula berichtet: »Ich konnte auch mal unvorhergesehen bei ihr übernachten, was wegen Hannelores engem Terminplan früher nicht möglich war. An einen Abend standen wir in der Küche und überlegten, was wir kochen sollten. Aber irgendwie fehlte uns die richtige Idee und auch die rechte Lust, und plötzlich sagte sie: ›Ursula, ich habe noch eine Dose echten Kaviar. Die machen wir zur Feier des Tages auf, kochen uns Pellkartoffeln und trinken eine Flasche Sekt dazu.‹ Weil wir bis in die Puppen quatschten, wollte ich dann auch nicht mehr nach Hause fahren und bin über Nacht da geblieben. Solche spontanen Sachen waren für uns beide, aber ganz besonders für Hannelore, einfach herrlich. Das ist öfter passiert. Natürlich nicht immer mit Kaviar.«

Ein Dreivierteljahr nach den Bundestagswahlen hat die SPD ein Umfragetief, die CDU ist im Aufwind: Die Europawahl im Juni, die Landtagswahlen in Brandenburg, im Saarland, in Thüringen und Sachsen sowie die Kommunalwahlen in Nordrhein-Westfalen bringen den Christdemokraten einen so hohen Stimmenzuwachs, dass zum Teil CDU-Alleinregierungen möglich werden. Hannelore und Helmut Kohl erleben jetzt eine Beliebtheit wie in früheren Tagen.

Hannelore Kohl spürt diese Beliebtheit natürlich genauso wie ihr Mann. Wo immer die beiden hinkommen, schlagen ihnen Wellen großer Sympathie entgegen. »Fast alle Menschen streiten es ab, dass sie Rot-Grün gewählt haben«, stellt sie fest. »Dass das nach so kurzer Zeit möglich ist und dass man solche Umfragewerte hat, hätte vorher keiner geglaubt. Ich kann das allerdings nicht als Triumph empfinden.«

Diese freundliche Stimmung wirkt sich auch auf ihre Arbeit beim Kuratorium ZNS und bei der Hannelore-Kohl-Stiftung positiv aus. Die Menschen bringen ihr in diesen Monaten nicht nur viel Sympathie und Respekt entgegen, sie sind im Umgang mit ihr auch meist viel entspannter als früher, weil sie nun nicht mehr die Frau des amtierenden Bundeskanzlers ist, der für tagespolitische Entscheidungen geradestehen muss.

Hannelore Kohl sagt selbst dazu: »Häufig bedanken sich die Menschen bei mir für die Arbeit, die mein Mann geleistet hat. Viele merken erst jetzt, was sie an Helmut Kohl hatten. Das macht mich glücklich. Aber ich freue mich natürlich auch, wenn man mich für mein soziales Engagement und für meine Arbeit lobt. Das tut mir gut. Ich kann Lob zentnerweise vertragen.«

»Für meine Mutter«, erklärt Walter, »begann 1999 eine Zeit der Leichtigkeit und der Hoffnung. Die Bürde des Amts war weg, und sie freute sich darauf, ein Leben in Ruhe an der Seite eines ›Elder Statesman‹ zu genießen. Nach der verlorenen Wahl haben sich meine Eltern bald überlegt, wo sie unter der Woche leben möchten, nachdem das Parlament im Juli 1999 nach Berlin umgezogen ist. Meine Mutter träumte davon, die Möglichkeiten der Weltstadt Berlin mit den vielen Freunden und Bekannten, die sie dort hatte, zu genießen. So haben meine Eltern sich dann entschlossen, nicht nur eine Übernachtungsmöglichkeit zu mieten, sondern noch einmal Zeit und Energie in die Schaffung eines zweiten Zuhauses zu investieren. Nach langer Suche haben sie sich schließlich für den Kauf einer Altbauwohnung in Wilmersdorf entschieden.«

Bis zum Umzug nach Berlin im Sommer 1999 darf Hannelore Kohl den privaten Teil des Bonner Kanzlerbungalows weiter nutzen. Sie freut sich über dieses Entgegenkommen.

Ab dem Frühjahr führt Hannelore Kohl wieder einmal Regie bei Umbaumaßnahmen. Sie ist sechsundsechzig Jahre alt. Die neue Berliner Wohnung befindet sich in einem Altbau, der total saniert werden muss. Hannelore lässt Decken abhängen, Wände versetzen und überwacht den kompletten Innenausbau. Ende des Sommers 1999 ist die Wohnung endlich bezugsfertig. »Hannelore hat sich nicht nur auf ein Leben zwischen Oggersheim und Berlin gefreut, sondern auch darauf, diese Wohnung nach ihrem Geschmack einzurichten«, erzählt ihre Freundin Rena. »Sie war sehr inspiriert, hat viele Skizzen gemacht und sich überlegt, welche ihrer Möbel in diese Wohnung passen.«

Hannelore Kohl selbst erklärt: »Mein Mann lässt mir bei dem Umbau freie Hand, und ich denke, dass ich meine Arbeit nicht nur gerne und in seinem Sinn, sondern auch gut und richtig mache. Ich freue mich auf den Tag, an dem die Wohnung fertig ist, weil ich Berlin dann endlich richtig genießen kann.« Über das Zusammenleben mit ihrem Mann fügt sie an: »Helmut ist Gott sei Dank keiner, der jeden Tag Schlag achtzehn Uhr daheim ankommt und sein Essen haben will. Das wäre auch nicht das Ziel meiner Wünsche. Wir vergleichen wie früher die Termine, koordinieren sie, und manchmal fahre ich auch mit. Wie zur Bundespräsidentenwahl nach

Berlin. Wir kennen uns jetzt seit einundfünfzig Jahren und sind neununddreißig davon verheiratet. Aber wir haben uns nie gelangweilt. Langeweile kann in vieler Hinsicht auch tödlich sein. Jeder von uns hat seinen Radius. Ich habe mich in unserer Ehe nie emanzipieren müssen, und ich bin es bis heute nicht. Aber ich bin selbständig. Mein Mann ist ein guter Ehemann. Sonst wäre ich auch nicht mehr da. Und ich denke, dass ich eine gute Ehefrau bin. Aber ich bin keine einfache. Das wäre ja auch langweilig. Das Geheimnis unserer langen Ehe ist grenzenloses Vertrauen.«

Wie immer fahren sie in diesem Jahr an den Wolfgangsee. Zum ersten Mal seit Jahrzehnten ist dieser Urlaub nicht mit Amtsverpflichtungen verbunden. Helmut und Hannelore Kohl freuen sich über ihre wiedergefundene Freiheit.

Nach den Sommerferien ist die Wohnung in Wilmersdorf bezugsfertig und Hannelore Kohl genießt ihr Leben in Berlin. Die Stadt, in der sie geboren wurde, ist für sie etwas ganz Besonderes. »Dass ich an die Zeit meiner frühen Kindheit in Berlin keine Erinnerungen mehr habe, ist klar«, sagt sie. »Doch durch die vielen Besuche über all die Jahre habe ich die Stadt gut kennengelernt. Ganz besonders interessiert mich natürlich der Wiederaufbau. Ich habe zwar keinen Koffer in Berlin, aber ich bin gerne in meiner Geburtsstadt.«

Die Stadt und ihre Bewohner haben es ihr angetan: »Berlin ist Spitze. Was genau an meiner Geburtsstadt allerdings so toll und liebenswert ist, hat eigentlich noch niemand ganz genau beschreiben können. Allgemein sagt man, es ist die Berliner Luft. Da ist was dran. Aber die Stadt hat auch eine gewisse Leichtigkeit und Spritzigkeit. Und dann sind da natürlich die Berliner mit ihrer Schlagfertigkeit, ihrem Humor und ihren pfiffigen Formulierungen. Nicht umsonst spricht man von der ›Berliner Schnauze‹. Für mich ist das eine Liebeserklärung. Und mir gefällt auch das internationale Flair, durch das die Stadt immer wieder neue Impulse bekommt.

Natürlich braucht es seine Zeit, bis Berlin endlich wieder zu dem wird, was es einmal war. Man darf ja nie vergessen, dass im zweiten Weltkrieg kaum eine Stadt so gelitten hat wie Berlin. Paris und London waren nicht so zerstört, nie durch eine Mauer geteilt. Berlin ist eine Metropole im Werden, deren Herz pocht.«

Wenn sie in Berlin ist, geht Hannelore Kohl gern in die Komödie, ins Theater am Kurfürstendamm oder in die Oper und in den Friedrichstadtpalast. »In Berlin«, sagt sie, »gibt es überhaupt kaum einen Ort, an dem ich nicht gerne bin. Und durch die Goldberg-Galas zugunsten von ZNS, die jedes Jahr stattfinden, habe ich auch viele interessante Menschen kennengelernt.«

Ab und zu geht sie mit ihrem Mann im Grunewald spazieren, beispielsweise an der Krummen Lanke. Mitunter machen sie einen Ausflug in die Umgebung. »An einem Wochenende waren wir unter anderem am Müggelsee, in Köpenick und haben abends im ›Schildhorn‹ an der Havel gegessen.«

Gerne besucht sie manchmal auch den Zoo, den sie herrlich findet. Hier hat sie zusammen mit ihrem Mann einmal eine wunderbare Geschichte erlebt: »Als wir dort spazieren gingen, kam eine ältere Dame ganz aufgeregt angelaufen, guckte ihn an und sagte voller Besorgnis: ›Und Sie dürfen hier frei rumlaufen?‹ Die Spontaneität und Herzlichkeit der Berliner hat mir immer gut gefallen, und mein Mann hat oft zu mir gesagt: ›Wenn du in Berlin bist, blühst du richtig auf.‹«

In dieser Zeit trifft Hannelore Kohl Dona Kujacinski zu einem weiteren Interview im Hotel Adlon in Berlin. »Danach hat sie mich und den Fotografen Paul Schirnhofer zu einem Exklusivtermin mitgenommen: einer Privatführung durch den Reichstag«, berichtet Dona Kujacinski. »Als wir nach dem Rundgang auf dem Balkon standen, deutete sie auf die Säulen und sagte sehr ernst: ›Wenn Sie genau hinsehen, erkennen Sie noch die Einschüsse der Maschinengewehre aus dem zweiten Weltkrieg.‹ Zuletzt kamen wir in die Glaskuppel. Als Hannelore Kohl gerade den Aufzug zur Aussichtsplattform betreten wollte, sagte ein Besucher: ›Da kommt die Königin zum Anfassen.‹«

»Auf dem Weg zurück wurde sie von einer Gruppe junger Frauen angesprochen, die sich ihr als ›Stenographieverein Regensburg 1864 e.V.‹ vorstellten und um Autogramme baten. Während sie pausenlos ihre Unterschrift auf Zettel und Blöcke setzte, erzählten ihr die Mädchen stolz, dass sie gerade Deutsche Meister im Tastschreiben geworden sind. Hannelore Kohl war davon so angetan, dass sie für die jungen Damen eine Führung durch den Plenarsaal organisiert hat. Dort erklärte sie ihnen dann, wer wo sitzt, und bat Paul Schirnhofer, ein Erinnerungsfoto mit ihr und der Gruppe zu machen.«

Nach diesem Treffen erhält Dona Kujacinski Anfang September 1999 einen Anruf von Hannelore Kohl. Sie fragt, ob wir uns am zehnten September in Berlin treffen können. »Als ich Ja sage, erwidert sie: ›Schön, wenn Sie nichts dagegen haben, komme ich Sie besuchen und schaue mir Ihre Wohnung an.‹ Nie hätte ich damit gerechnet, dass sie eine Journalistin zu Hause besucht. Natürlich fällt ausgerechnet am Tag ihres Besuchs der Aufzug aus. Ich wohne im vierten Stock. Als sie schließlich vor meiner Wohnungstür steht, ist sie völlig außer Atem und sagt nur: ›Da haben Sie mir ja was Schönes eingebrockt, meine Liebe. Haben Sie ein alkoholfreies Bier?‹ Ich hatte keins. Und ich hatte auch nichts zu essen im Haus, weil ich nicht damit gerechnet hatte, dass sie länger als eine halbe Stunde bleiben würde. Darum entschließen wir uns, zum Italiener gegenüber zu gehen. Beim Verlassen der Wohnung treffen wir eine Kollegin, die nebenan wohnt und gerade mit zwei Einkaufstüten nach Hause kommt. Als sie Hannelore Kohl sieht, lässt sie beide Tüten fallen und haucht nur: ›Oh, hoher Besuch?‹ Wir müssen alle drei lachen. Danach sagt Hannelore Kohl: ›So was erlebe ich dauernd. Dabei bin ich doch ein ganz normaler Mensch.‹« Einige

Monate später erfolgt der Gegenbesuch, und Hannelore Kohl zeigt der Journalistin voller Stolz ihre Berliner Wohnung.

Am sechzehnten Oktober 1999 findet im Mannheimer Rosengarten zum zehnten Mal der »Ball der Sterne« statt, eine Benefizgala für wohltätige Organisationen. Ein Teil der Erlöse aus den Eintrittskarten, die bereits auf Jahre hinaus ausverkauft sind, kommt der Hannelore-Kohl-Stiftung zugute. Diesmal steht die Veranstaltung unter dem Motto »Hollywood«. Besonderer Gast des Abends ist die italienische Schauspielerin Sophia Loren.

Wie immer ist Hannelore Kohl Schirmherrin dieses durch Radio Regenbogen ausgerichteten Balls. In diesem Jahr wird sie erstmals von ihrem Mann begleitet. Bei der offiziellen Begrüßung bereiten die rund dreitausend Ballgäste beiden einen fulminanten Empfang. Fast fünfzehn Minuten lang gibt es stürmischen Applaus. Hannelore Kohl hat diesen Abend genossen wie kaum eine andere Veranstaltung vorher. Wie immer hat Klaus Schuck, der Organisator des »Balls der Sterne«, dafür gesorgt, dass dieser Abend ein großer Erfolg wird.

Am achten November 1999 jährt sich zum zehnten Mal der Jahrestag des Mauerfalls in Berlin. Aus diesem Anlass findet eine Festveranstaltung statt, an der neben dem Ehepaar Kohl auch George und Barbara Bush sowie Michail Gorbatschow teilnehmen. Die Freundschaft und die herzliche Atmosphäre zwischen den Ehepaaren ist für jedermann spürbar.

Wenige Tage vorher, am fünften November 1999, hat sich der ehemalige CDU-Schatzmeister Walther Leisler Kiep der Augsburger Staatsanwaltschaft gestellt. Dieses Datum markiert den Beginn der CDU-Parteispendenaffäre, die drastische Auswirkungen auf die ganze Familie Kohl haben wird. Kiep wird zu diesem Zeitpunkt Steuerhinterziehung vorgeworfen im Zusammenhang mit einer Spende des Waffenhändlers

Karlheinz Schreiber aus dem Jahr 1991 in Höhe von einer Million Mark. Schreiber selbst, gegen den ebenfalls wegen Steuerhinterziehung ermittelt wird, lebt in Kanada.

Am vierundzwanzigsten November wehrt sich Helmut Kohl bei einer Bundestagssitzung gegen die Vermutungen der SPD, er habe von der Spende des Waffenhändlers gewusst. Er verlangt von der SPD die Möglichkeit, noch vor Ende 1999 vor dem geplanten Untersuchungsausschuss auszusagen. Zweimal fordert er den SPD-Fraktionsvorsitzenden Peter Struck auf, der Untersuchungsausschuss möge sich schnell konstituieren. Doch erst nach einem halben Jahr erhält er Gelegenheit, vor dem Ausschuss auszusagen.

Sechs Tage später, am dreißigsten November, gibt Helmut Kohl eine Erklärung ab, die einschlägt wie eine Bombe. Mit dieser Erklärung verbindet Helmut Kohl die Feststellung, dass er die politische Verantwortung für die während seiner Amtszeit gemachten Fehler übernehme. Mit dieser an Selbstbezichtigung grenzenden Erklärung hofft er die innerparteilichen Wogen zu glätten und die Kritik der politischen Gegner und in den Medien abzufedern. Danach beginnt jedoch eine Jagd, an der sich große Teile der Medien, politische Gegner, manche Parteifreunde und wütende Bürger beteiligen. Die CDU spaltet sich in zwei Lager: Das eine hält weiterhin zu Helmut Kohl, das andere schließt sich seiner öffentlichen Verurteilung und Demontage an.

Am sechzehnten Dezember, am selben Tag, als die konstituierende Sitzung des Untersuchungsausschusses stattfindet, gibt Helmut Kohl ein Fernsehinterview, in dem er öffentlich erklärt, dass er im Zeitraum von 1993 bis 1998 selbst Spenden in Höhe von bis zu zwei Millionen Mark entgegengenommen habe. Weil er gegenüber den Spendern sein Ehrenwort gegeben hat, ist er aber nicht bereit, ihre Namen offenzulegen.

Walter Kohl erzählt: »Die Spendenaffäre war ein stufenweiser Prozess. Es fing klein und leise an, und ab Mitte November entwickelte sich eine Situation, die für uns alle, aber ganz besonders für meine Mutter, unglaublich war. Dabei war für sie der ganz entscheidende Punkt, dass innerhalb von wenigen Tagen bei vielen in Deutschland das Lebenswerk meines Vaters weitgehend vergessen und die gesamte Familie mit an den Pranger gestellt und in Sippenhaft genommen wurde.«

»Die verdeckten oder offenen Unterstellungen, mein Vater hätte Geldwäsche betrieben oder sei gar bestechlich, fand sie unerträglich. Meine Mutter konnte auch nicht nachvollziehen, dass ihre Leistungen für diesen Staat, für den sie sich mehr als dreißig Jahre lang eingesetzt hatte, ohne dafür etwas zu bekommen, auf einmal nichts mehr gelten sollten. All diese Dinge hat sie bis zu ihrem Tod nie verarbeitet. Am schwierigsten war für sie jedoch, wenn Fremde, die überhaupt nichts über sie wussten, sie einfach vorverurteilten«, berichtet Walter.

»Vorverurteilungen gab es auch seitens der so genannten Parteifreunde. Der Schlag, der sie in dieser Hinsicht menschlich am tiefsten traf, war sicherlich der offene Brief von Angela Merkel in der ›FAZ‹, wo sie sich am zweiundzwanzigsten Dezember als Erste öffentlich von ihrem politischen Ziehvater Helmut Kohl distanzierte«, sagt Walter Kohl weiter. »Für meine Mutter war es völlig unvorstellbar, dass jemand so handelt, den man vierundzwanzig Stunden vorher noch persönlich getroffen und der sich bei dieser Gelegenheit mit keinem Wort dazu geäußert hat. Weil sie immer ein gutes Verhältnis zu Frau Merkel hatte, konnte sie das nicht verwinden.«

Am dritten Januar 2000 eröffnet die Bonner Staatsanwaltschaft ein Ermittlungsverfahren gegen Helmut Kohl wegen des Verdachts der Untreue zum Nachteil der CDU. Über ein Jahr dauern die Ermittlungen, bevor das Verfahren gegen die Zahlung eines Geldbetrages eingestellt wird. In der CDU wird der Druck auf Helmut Kohl immer größer, die Namen der Spender zu nennen. Am achtzehnten Januar fordert der CDU-Bundesvorstand ihn auf, seinen Ehrenvorsitz ruhen zu lassen, bis er die Namen der Spender genannt hat. Daraufhin legt er von sich aus den Ehrenvorsitz nieder.

Die Situation, in die ihr Mann geraten ist, empfindet Hannelore Kohl als schrecklich. Sie versteht und akzeptiert, dass er wegen seines einmal gegebenen Ehrenworts die Namen der Spender nicht nennen kann. Ihr und seiner Familie gegenüber räumt er genauso wie in der Öffentlichkeit ein, dass er Fehler gemacht hat, indem er die Namen der Spender nicht ordnungsgemäß hat eintragen lassen. Vorwürfe jedoch wie die, dass zum Beispiel François Mitterrand ihren Mann mit Geld bestochen hätte oder dass Helmut Kohl Geld von der SED, aus saudischen Kassen oder von wem auch sonst erhalten haben solle, empfindet sie als völlig abwegig. Da sie, genau wie ihr Mann, die Einkommensverhältnisse der Familie kennt, weiß sie, wie absurd das ist. Dass diese Behauptungen trotz erwiesener Falschheit dennoch über lange Zeit mit großem Nachdruck verbreitet werden, um ihren Mann zu zerstören, trifft sie sehr.

Doch nicht nur diese wilden Verdächtigungen machen Hannelore Kohl zu schaffen, sondern auch, wie schnell sich manche von ihr abwenden, die früher gar nicht genug mit ihr zu tun haben konnten. Denjenigen, die trotz widriger Umstände zu ihrem Mann und ihr halten, rechnet sie es hoch an. Bei anderen, insbesondere bei gewissen alten Weggenossen ihres Mannes aus der CDU, die jetzt plötzlich öffentlich vergessen, woher sie kommen, und behaupten, immer schon vor Helmut Kohl gewarnt zu haben, ist ihr Urteil äußerst hart. Diese Leute sind für sie menschlich so gut wie tot.

Mit Genugtuung vermerkt sie, wie ganz anders die Vorgänge um ihren Mann im Ausland wahrgenommen werden. Vor allem die vielen freundschaftlichen und ermutigenden Botschaften, die beide erhalten, tun ihr sehr gut.

Als Helmut Kohl und sie den Jahreswechsel 1999/2000 in Berlin in einem großen Festzelt vor dem Reichstag feiern, merkt ihr kaum jemand an, wie es wirklich in ihr aussieht. Hannelore Kohl gibt sich fröhlich und guter Dinge. In der damaligen öffentlichen Meinungslage ist dieser Auftritt für das

Ehepaar Kohl wichtig, weil er auch ein Maß notwendiger Normalität demonstriert. Außerdem beweist er, dass die Kohls sich nicht so einfach verbannen lassen.

Anfang Februar 2000 erreicht die Parteispendenaffäre ihren Höhepunkt. »In diesen Monaten«, erzählt Walter, »war in der öffentlichen Wahrnehmung ein unerträglicher Zustand erreicht. Mein Vater war, so eine zu diesem Zeitpunkt in Deutschland weit verbreitete Meinung, prinzipiell zu allen Verbrechen fähig, egal wie abwegig die Anschuldigung. Stillschweigend wurde eine völlige Umkehr der Beweislast unterstellt. Nicht die Anschuldiger mussten Beweise für seine Schuld vorlegen, sondern mein Vater und danach auch meine Mutter mussten ihre Unschuld beweisen. Nach dieser Methode waren sie nur dann unschuldig, wenn sie in jedem Einzelfall und in kürzester Zeit jeden noch so hanebüchenen Verdacht widerlegen konnten. In der Praxis ist das oft natürlich gar nicht möglich.«

Wie so etwas abläuft, zeigen die folgenden Ereignisse, die Hannelore Kohl stark getroffen haben. An einem Tag im Januar 2000 ist sie gerade zusammen mit ihrem Sohn Walter in der Berliner Wohnung, als das Telefon klingelt. »Meine Mutter hat den Hörer abgenommen und mich nach ein paar Sekunden herangewinkt, damit ich das Gespräch mithöre. Der Anrufer war ein WDR-Redakteur aus dem Studio Brüssel. Der Redakteur sagte sinngemäß Folgendes: Er habe Material aus französischen Geheimdienstkreisen, das beweisen würde, dass meine Mutter über das Kuratorium ZNS eine umfangreiche Spenden-Geldwäsche betrieben hätte. Diese Quellen wären stabil und er hätte sich dieses Material gesichert. Und jetzt kommt der Zynismus, denn er sagte, dass er das nur zu ihrem Schutze getan hätte. Gleichzeitig setzte er ihr aber eine Frist von nur vierundzwanzig Stunden, um alles zu widerlegen, was an Behauptungen in dem Material stünde.«

»Meine Mutter war natürlich entsetzt«, berichtet Walter.

»Doch dann sagte sie sinngemäß: ›Darüber muss ich nachdenken, dann sollten wir noch mal telefonieren. Im Übrigen lasse ich mir keine Ultimaten setzen. Wenn Sie es für richtig halten, müssen Sie Ihre Unterlagen eben veröffentlichen. Allerdings werden Sie dann sehen, was passiert.‹ Daraufhin wurde der Anrufer aggressiv und unverschämt.«

»Nach diesem Telefonat haben wir sofort beschlossen, das betreffende Zahlenwerk vom Kuratorium ZNS, das von Anfang an als Teil des Jahresabschlusses durch ein externes Wirtschaftsprüfungsunternehmen geprüft wurde, offenzulegen«, erzählt Walter Kohl. »Das geht natürlich nicht binnen vierundzwanzig Stunden. Es hat sich insgesamt bis März hingezogen. In der Anfangsphase dieser Überprüfung gab es dann ein zweites Telefonat mit jenem Anrufer, das ich ebenfalls mitgehört habe. Dabei hat ihm meine Mutter klar gesagt, dass das, was er sagt, Unsinn ist und dass dieses Geheimdienstmaterial im Zweifel überhaupt nicht existiert. Dem hat er natürlich vehement widersprochen. Daraufhin hat meine Mutter darum gebeten, dass er ihr die Unterlagen faxt. Als er sich weigerte, sagte sie: ›Dann ist das eine Finte. Außerdem haben wir nichts zu verbergen.‹«

Diesem Telefonat ist seit dem vierzehnten Januar 2000 ein Briefwechsel per Fax zwischen dem WDR-Studio Brüssel einerseits und dem Büro von Hannelore Kohl und dem Kuratorium ZNS andererseits vorausgegangen. Von dem Fax, das der WDR-Redakteur am vierzehnten Januar geschickt hat, ist Hannelore Kohl umgehend informiert worden. Am nächsten Tag führt sie ein Telefonat mit einem früheren Spender von ZNS, das folgendes Bild ergibt: Ein Fernsehteam der ARD aus Brüssel hat versucht, das Anwesen dieses Spenders von außen aufzunehmen. Dabei kam es zu einem Gespräch zwischen dem Spender und dem WDR-Redakteur, der dem Spender Fragen nach der Höhe seiner ungefähr 1992/93 ans Kuratorium ZNS und später an die Hannelore-Kohl-Stiftung gegangenen Spenden stellte. Aus dem Gedächtnis nennt der überraschte Spender, ein im Ausland lebender vermögender Deutscher, ungefähre Zahlen.

Als Hannelore Kohl den WDR-Redakteur kurz danach auf dessen Wunsch hin anruft, berichtet dieser ihr davon und verlangt von ihr lückenlose Kontobelege über die Verbuchung der von dem Spender genannten Beträge sowie Belege, die zeigen, dass sowohl das Kuratorium ZNS als auch die Hannelore-Kohl-Stiftung diese Beträge satzungsgemäß verwendet und weitergegeben haben. Das Gespräch endet damit, dass der Redakteur Hannelore Kohl droht, in die Presse zu bringen, sie hätte »Geld dieser Art« auf ihr Privatkonto geleitet und zugleich »schwarze Kassen« angelegt, um dieses Geld der CDU zur Verfügung zu stellen. Falls ihm bis Ende der Woche, das heißt bis zum einundzwanzigsten Januar 2000, keine lückenlose schriftliche Aufklärung vorläge, würde er eine Pressemitteilung herausgeben – im Konjunktiv geschrieben, damit ihm presserechtlich keine Schwierigkeiten entstünden.

Nach diesem Telefonat werden in einer großen Kraftanstrengung aller, die beim Kuratorium ZNS, bei der Hannelore-Kohl-Stiftung und in anderen Einrichtungen tätig sind, die notwendigen Unterlagen in Rekordzeit erstellt und dem WDR vorgelegt.

Der Redakteur gibt sich damit aber nicht zufrieden, sondern bemüht einen Kollegen aus der Kölner WDR-Zentrale, weitere Anfragen an das Kuratorium ZNS zu richten. Dabei bleiben beide, trotz wiederholter schriftlicher Anfragen durch die Anwälte von Hannelore Kohl, was denn der wahre Zweck dieser »Recherche« sei, eine ehrliche Antwort schuldig. Der Kölner Redakteur schiebt vage Begründungen vor, wonach der WDR sich »in einem Sendevorhaben mit dem Stiftungswesen in Deutschland beschäftigt«.

Mitte Februar und viele Faxe später kommt dann die Frage, ob Informationen zuträfen, nach denen es Konten der Hannelore-Kohl-Stiftung in der Schweiz und/oder in Liechtenstein geben soll. Darüber hinaus werden Einzelauskünfte zu Spenden und Spendern sowie zu Geschäftsberichten verlangt, die entweder nach dem Gesetz gar nicht offengelegt werden müssen oder die zu diesem Zeitpunkt überhaupt noch nicht vorliegen können, weil sie gerade erst von den Wirtschaftsprüfern geprüft werden. Auf die Frage an den WDR-Redakteur, wer denn seine Informanten seien, weigert sich dieser »aus prinzipiellen Erwägungen«, irgendeine Auskunft zu erteilen.

Im Auftrag der Hannelore-Kohl-Stiftung versuchen die Anwälte von Hannelore Kohl Anfang März vergeblich, den WDR-Redakteur in Köln telefonisch zu erreichen, um einen gemeinsamen Gesprächstermin zu arrangieren. Offensichtlich lässt sich der betreffende Herr einige Male am Telefon verleugnen. Nach einer schriftlichen Anfrage durch die Anwälte und weiteren ergebnislosen Anrufen teilt er schließlich am einundzwanzigsten März in einem Fax lapidar mit, er habe die Recherche zum Thema »Stiftungen in Deutschland« storniert. Daran schließt er die Frage an, ob man weiterhin an einem Treffen interessiert sei. Das ist nun natürlich nicht mehr nötig. Somit endet dieser Vorgang sang- und klanglos. Er war aus dem Nichts gekommen und verschwand auch wieder im Nichts.

Hannelore Kohl hat in der Vergangenheit schon manche Angriffe auf ihren Mann und ihre Familie erlebt, aber diese Angriffe auf ihre Person stellen eine neue Stufe dar. Eine solche Vorgehensweise widerspricht all ihren Wertvorstellungen, ihrem Gerechtigkeitsempfinden und ihrem Begriff von Ehre und Würde. Zu den Brüdern Ramstetter sagt sie: »Diese Menschen werden nie mit dieser Sache aufhören. Die geben nicht nach.«

Ohne sich wirkungsvoll dagegen zur Wehr setzen zu können, muss sie mit ansehen, wie man im Verborgenen ihren persönlichen Rufmord in der deutschen Öffentlichkeit vorbereitet. Die verantwortlichen Redakteure vermitteln Hannelore Kohl ernsthaft den Eindruck, als wollten sie ihr, ohne über Beweise zu verfügen, im Rahmen des presserechtlich Möglichen öffentlich Geldwäsche und Untreue unterstellen. Rückblickend kann man feststellen, dass diese Art von »Recherche« Hannelore Kohl psychisch unter existentiellen Druck setzte und damit vor allem ihrem Mann Schaden zufügen sollte.

Helmut Kohl macht sich große Sorgen um seine Frau: »Hannelore hat die unglaublich hinterlistige Art, wie man versucht hat, ihr und ihrer Stiftung schwerste Vergehen anzuhängen, fürchterlich schockiert. In dieser Zeit hat sie viel geweint.«

Während des letzten Januarwochenendes, als sich Hannelore Kohl mit ungeheurem Aufwand darum bemüht, die Fragen des WDR zu beantworten, trifft sich die Familie Kohl in Oggersheim, um über die schwierige Lage, in der sich Helmut Kohl befindet, und mögliche Gegenmaßnahmen zu sprechen. Es ist nach dem geltenden Parteiengesetz klar, dass die Bundestagsverwaltung wegen der durch Helmut Kohl nicht gemeldeten Parteispenden in Höhe von 2,1 Millionen Mark eine Rückzahlung in Höhe von rund 6,3 Millionen Mark verlangen kann. Diese Summe würde dann im Ernstfall als Strafe auf die CDU zukommen. Nach diesem Gespräch wird beschlossen, von einer Reihe von Persönlichkeiten Spenden für die CDU in Höhe dieses Betrages zu sammeln. Damit möchte Helmut Kohl den von ihm verursachten materiellen Schaden an seiner Partei wieder auszugleichen helfen.

Hannelore Kohl und ihr Mann beschließen, bei einer großen deutschen Geschäftsbank eine Hypothek in Höhe von fünfhunderttausend Mark auf ihr Haus in Ludwigshafen aufzunehmen. Zusätzlich bringen sie zweihunderttausend Mark aus ihren Ersparnissen auf. Damit stellen sie für die Spendenaktion zugunsten der CDU insgesamt siebenhunderttausend Mark zur Verfügung, einen für sie nicht unbeträchtlichen Betrag.

Während ihr Sohn Walter sich um die Strukturierung und die rechtliche Begleitung der Aktion kümmert, spricht Hannelore Kohl mit ihrem Mann mögliche Spender an. Dabei kann sie auf ihre vielfachen Kontakte und Bekanntschaften im Medienbereich und in Künstlerkreisen zurückgreifen.

Die Spender engagieren sich im vollen Bewusstsein, dass ihre Namen offengelegt werden und dass sie dann mit erheblichen Gegenreaktionen zu rechnen haben. Leider bewahrheiten sich diese Befürchtungen. Einer der bekanntesten und angesehensten deutschen Verleger, selbst seit Jahrzehnten Mitglied der SPD, wird wegen seiner Bereitschaft, Helmut Kohl zu helfen, aus der Partei ausgeschlossen.

Am neunten März 2000 präsentiert Helmut Kohl vor der Bundespressekonferenz das Ergebnis der neuerlichen Spendensammlung: 6,3 Millionen Mark sind für die CDU zusammengekommen.

Unbeeindruckt von dieser Wiedergutmachungsaktion trägt der Untersuchungsausschuss unter seinem Vorsitzenden, dem SPD-Politiker Volker Neumann, in den folgenden Monaten weiter Material zusammen. Für Juni und Juli sind Anhörungstermine vor dem Bundestagsuntersuchungsausschuss angesetzt, zu denen Helmut Kohl geladen ist.

Kurz nach Beginn der Spendensammlung für die CDU, am achtzehnten Februar 2000, wird nach einer Vorabmeldung in einem Hamburger Nachrichtenmagazin bekannt, dass die Bonner Staatsanwaltschaft aufgrund eines völlig absurden anonymen Schreibens beabsichtigt, im Wohnhaus von Helmut und Hannelore Kohl in Ludwigshafen sowie in der Berliner Wohnung eine Hausdurchsuchung durchzuführen. Außerdem sollen die Wohnungen von Juliane Weber und Eckhard Seeber durchsucht werden. Dass das Ehepaar Kohl von der bevorstehenden Hausdurchsuchung vorab erfährt, ist reiner Zufall. Im Empfinden der meisten Menschen kommt diese Ankündigung schon einer Vorverurteilung gleich, sie fragen sich nicht mehr, ob die von der Hausdurchsuchung Betroffenen vielleicht unschuldig sind.

Hannelore Kohl ist entsetzt. Für sie tut sich folgendes Horrorszenario auf: Vor laufenden Fernsehkameras und einer großen Anzahl nationaler und internationaler Medienvertreter erscheinen etwa zwanzig bis dreißig Beamte der Staatsanwaltschaft in Oggersheim. Das ganze Haus wird auf den Kopf gestellt und eine Menge Kisten werden in die Fahrzeuge der Staatsanwaltschaft verladen.

Dass es nicht so kommt, liegt nur daran, dass die Aktion vorab bekannt geworden ist. Weil sie das Überraschungsmoment verloren hat, sieht die Staatsanwaltschaft Bonn von den geplanten Hausdurchsuchungen ab. Freunde und Bekannte der Familie im In- und Ausland, die die Nachricht von der bevorstehenden Hausdurchsuchung nicht fassen können, reagieren mit ungeheurer Empörung. Trotz der Absage der Aktion ist der Schaden bereits angerichtet. »Als über Radio und Fernsehen die Hausdurchsuchung verbreitet wurde, war das für beide eine furchtbare Katastrophe«, berichtet Fritz Ramstetter. »Obwohl das Ehepaar Kohl sich dadurch wie Verbrecher verfolgt fühlte, hat Hannelore in dieser Situation dagestanden wie eine Eins.«

In dieser Zeit werden das Haus in Ludwigshafen wie auch die Berliner Wohnung tagein, tagaus von Journalisten und Kameraleuten belagert, die nicht nur von jedem Besucher Aufnahmen machen, sondern auch viele von ihnen mit Fragen belästigen.

Die geplanten Feiern zum siebzigsten Geburtstag von Helmut Kohl am dritten April 2000 werden wegen der Spendenaffäre abgesagt. Aus dem In- und Ausland erhält der Altbundeskanzler über sechstausend Glückwünsche. Fast alle der ausländischen Gratulanten, insbesondere seine früheren Kollegen, darunter drei amerikanische und zwei russische Präsidenten und viele frühere und amtierende europäische und asiatische Regierungschefs, empfinden die harten Reaktionen gegen Helmut Kohl als unverhältnismäßig. Sie können die Vorgänge in Deutschland nicht nachvollziehen.

Allein in den nächsten Monaten suchen unter anderem Bill Clinton, Wladimir Putin, Jacques Chirac, Zhu Rongji, Kofi Annan und Romano Prodi das persönliche Gespräch mit Helmut Kohl in Berlin. Neben dem jeweiligen Gegenstand der Gespräche geht es diesen Besuchern auch darum, demonstrativ und öffentlich ihre Wertschätzung für Helmut Kohl zu bekunden und ihre Freundschaft mit ihm unter Beweis zu stellen.

Weil die Geburtstagsfeiern nicht stattfinden, unternehmen Helmut und Hannelore Kohl mit ihren Freunden Erich und Fritz Ramstetter einen Geburtstagsausflug. Fritz Ramstetter erinnert sich: »Wir sind ins Elsass gefahren, weil wir dort vor der Presse sicher waren. Zunächst hatten wir Angst, dass die Stimmung gedrückt sein würde. Zu unserer großen Freude war es nicht so. Die Atmosphäre war sehr entspannt und harmonisch. Zuerst haben wir eine Fahrt durch die schöne elsässische Landschaft gemacht und in einem gemütlichen Hotel zu Mittag gegessen. Danach sind wir spazierengegangen. Abends fuhren wir in das vertraute und gastliche Hotel-Restaurant ›Au Cheval Blanc‹ in Niedersteinbach. Die Gäste, sowohl Deutsche als auch Franzosen, begrüßten Helmut Kohl und seine Frau mit großer Herzlichkeit, und er musste viele Autogramme geben. Sie ließen ihn hochleben und haben gesungen. Angesichts der widrigen Umstände waren wir froh, dass dieser Tag so entspannt und gelöst verlaufen ist.«

Bei dem Spaziergang macht Hannelore Kohl im Hinblick auf die Spendenaffäre eine Bemerkung zu Fritz Ramstetter: »Ist das nicht makaber, dass wir auf diese Art und Weise den siebzigsten Geburtstag meines Mannes feiern müssen?«

Nicht zuletzt um sich ein wenig abzulenken, trifft sich Hannelore Kohl, als sie im April 2000 an den Tegernsee fährt, unter anderem mit ihrer Freundin Irene, während ihr Mann zur Kur in Bad Hofgastein ist. Wie immer ist geplant, dass sie am Karfreitag, der dieses Jahr auf den einundzwanzigsten April fällt, zu ihm fährt, um die Osterfeiertage gemeinsam in Bad Hofgastein zu verbringen. Doch dieser Urlaub soll alles andere als erholsam werden.

»Drei oder vier Tage nach unserer Ankunft«, erzählt Irene, »machten wir an einem sonnigen Nachmittag einen Spaziergang an der Weißach. Dabei sagte sie auf einmal: ›Irene, mir geht es plötzlich ganz schlecht, ich kann nicht mehr. Ich muss zurück ins Hotel. Es fängt an zu brennen.‹ Einer ihrer Sicherheitsbeamten hat dann ganz schnell das Auto geholt und uns zurückgebracht. Im Hotel hat sie sich sofort ins Bett gelegt, wo sie auch den ganzen Tag blieb. Danach waren nur noch ganz kurze Spaziergänge möglich, und ich merkte, dass es Hannelore immer schlechter ging. Gesprochen hat sie wie immer kaum darüber.«

Am Gründonnerstag ruft Helmut Kohl an, um zu fragen, wann seine Frau am nächsten Tag in Bad Hofgastein ankomme. Bei diesem Telefonat merkt er sehr schnell, dass irgendetwas nicht stimmt: »Nach ein paar Minuten sagte mir Hannelore, dass es ihr nicht sehr gut gehe. Daraufhin sagte ich, dass ich zu ihr komme, wenn es nicht besser wird. Aber das wollte sie nicht und sagte: ›Nein, nein, du kommst auf keinen Fall rüber.‹ Am nächsten Tag ist sie dann nach Hause gefahren.«

Während ihres Aufenthalts am Tegernsee hat Hannelore Kohl, nach Konsultierung eines Arztes, eine Therapie zur Lichtdesensibilisierung ausprobiert. Nach Abwägung der Chancen und Risiken hatte sie sich für diese Behandlung entschieden, von der sie sich eine Verbesserung ihrer Lichtallergie erhofft. Doch wegen Unverträglichkeit muss dieser Therapieversuch bald abgebrochen werden. Hannelores Zustand verbessert sich leider nicht.

All ihre bisherigen und alle weiteren Erfahrungen zeigen, dass keiner der in Deutschland und später auch im Ausland herangezogenen Ärzte sie von ihrer Lichterkrankung heilen kann. Unter fast allen Spezialisten, die sie untersuchen, herrscht Einigkeit, dass Hannelore Kohl unter einer seltenen Form von Lichtdermatose leidet, für die es nur wenige Vergleichsfälle gibt. Diese Erkrankung ist zwar in der medizinischen Fachliteratur beschrieben, aber in ihren Ursachen bis heute noch kaum erforscht. Deshalb gibt es auch keine wirksame Therapie.

Professor Walter Möbius erklärt: »Hannelore Kohl litt an einer Lichtdermatose, deren Ursprung sich bis in die Sechzigerjahre zurückverfolgen lässt. Lichtdermatosen sind Hautkrankheiten, die durch Einwirkung von Licht hervorgerufen werden. Im Verlauf dieser Erkrankungen kommt es gelegentlich unter bestimmten Bedingungen zu einer Verstärkung der Symptome. Bei manchen Patienten nimmt dieser Verlauf sogar dramatische Formen an. Dies war bei Hannelore Kohl der Fall. Die ständigen Schmerzen, das Leben unter zunehmendem Entzug des Sonnenlichts und der zuletzt ständige Aufenthalt in Dunkelheit mussten zwangsläufig zu psychosomatischen Folgen führen.«

»Nachdem sie wegen einer bakteriellen Infektion Penicillin erhalten hatte, trat im Jahr 1968 bei Hannelore Kohl eine heftige allergische Reaktion auf, die sich an der Haut manifestierte. Dazu kam ein akutes Glottisödem, ein Kehlkopfödem mit einer bedrohlichen Atemstörung. In den folgenden Jahren musste Hannelore Kohl schmerzlich erfahren, dass sie auf Sonnenlicht in besonderer Weise reagierte«, erläutert Professor Möbius die Vorgeschichte der Erkrankung. »1993 kam es zu einer entscheidenden Verschlechterung ihrer Erkrankung. Auslöser war eine schwere allergische Reaktion nach der Gabe eines Antibiotikums, das zu der Penicillingruppe gehört. Da die Penicillinallergie bekannt war, hätte diese Gabe unterbleiben müssen. Als Folge des Behandlungsfehlers trat eine lebensbedrohliche Allergiereaktion auf, das so genannte Lyell-Syndrom. Hannelore Kohl musste viele Wochen stationär im Krankenhaus behandelt werden.«

Es kam zu bleibenden Folgen, die Professor Möbius so schildert: »Obwohl sie sich langsam wieder erholte, stellten sich in der Folgezeit abnorme Hautreaktionen an den lichtausgesetzten Stellen ein. Zusätzlich traten allergische Reaktionen des Bronchialsystems auf, die immer wieder zu akuten asthmatischen Beschwerden führten. Mehrfach wurde Hannelore Kohl medizinisch betreut.«

Als sie nach dem abgebrochenen Urlaub am Tegernsee wieder in Oggersheim ist, wird ihr Gesundheitszustand stetig schlechter statt besser, und sie stellt fest, dass sie Licht in jeder Form immer weniger verträgt. Wenn sie dem Sonnenlicht oder starkem Lampenlicht ausgesetzt ist, bekommt sie Schmerzen in den Schleimhäuten und im Zahnfleisch. Auf der Suche nach Linderung und Heilung sucht sie immer wieder medizinischen Rat. Mit verschiedenen Therapien versuchen eine Reihe von Ärzten ihr zu helfen. Umsonst. Die Symptome ihrer Erkrankung kommen und gehen in immer kürzer werdenden Wellen und werden dabei stärker. Im April 2000 ist die Lichtallergie, unter der sie seit 1993 leidet, mit aller Gewalt ausgebrochen.

Trotz ihrer sich weiter verschlechternden Lichtallergie reist Hannelore Kohl am fünften Mai 2000 zu einem Termin im Schloss Ahrensburg nach Rinteln-Steinberg in die Nähe von Hannover. Zugunsten der Hannelore-Kohl-Stiftung findet dort ein Frühlingskonzert statt. Es wird ihr letzter offizieller Auftritt werden.

Im Lauf des Mais werden die Schmerzen, die ihr das Licht zufügt, so stark, dass sie nur noch hinter halb heruntergelassenen Rollläden existieren kann. Besonders erfährt das Hilde Seeber, der gute Geist im Haushalt des Ehepaars Kohl: »Als sie von ihrem Osterurlaub zurückkam, konnte sie schon nicht mehr raus, wenn es hell war. Als es an einem Dienstag einmal sehr bewölkt war, hat sie gesagt: ›Frau Seeber, lassen Sie alles stehen und liegen, wir gehen in den Bruch spazieren.‹ So ein Wetter war für sie schönes Wetter, und wir sind an diesem Tag zwei Stunden zusammen gelaufen. Allerdings hatte sie immer einen Schirm dabei, für den Fall, dass die Sonne herauskam. Geschah das, sind wir sofort im Laufschritt zurück zum Auto.«

»Wenn wir zum Einkaufen fuhren, hat sie stets darauf geachtet, einen Parkplatz im Schatten zu finden«, erzählt Hilde Seeber weiter. »Frau Kohl konnte auch nicht mehr in ärmelloser Kleidung aus dem Haus gehen. Kam ihre Haut direkt mit starkem Licht in Berührung, begann sofort das innere Brennen. Im Gesicht schützte sie sich davor mit starkem Make-up. Ende Mai mussten wir dann das Haus völlig abdunkeln. Die Rollläden waren immer heruntergelassen, und bald darauf wurden auch alle starken Birnen im Haus gegen schwache ausgetauscht.«

Hannelore Kohl war in Bezug auf Schmerzen sehr widerstandsfähig. Professor Walter Möbius erinnert sich an einen Vorfall nach einem Fischgericht im Mai 1999: »Ich wurde damals von der Klinik, in der sie notfallmäßig aufgenommen worden war, darüber informiert, dass Frau Kohl einen Fremdkörper verschluckt hatte oder verschluckt zu haben glaubte. Allerdings hatte man sie noch am selben Abend wieder nach Hause geschickt. Als ich sie dann am nächsten Morgen sah und untersuchte, überwies ich Hannelore Kohl sofort wieder in die Fachklinik. Die erneute Untersuchung zeigte jetzt, dass sie tatsächlich eine dreieinhalb Zentimeter lange Fischgräte verschluckt hatte, die im oberen Eingang der Speiseröhre steckengeblieben war und zu einer massiven Schwellung des umgebenden Gewebes geführt hatte. Dieser äußerst schmerzhafte Zustand war verbunden mit starker Atemnot und konnte nur operativ-endoskopisch behoben werden. Danach war Frau Kohl sofort beschwerdefrei. Übrigens zeigte sich bei dem Unfall mit der Gräte auch ihr gutes Körpergefühl. Sie hat exakt gesagt: ›Da muss sie sitzen.‹ Im Nachhinein hat es sich dann herausgestellt, dass sie von Anfang an Recht gehabt hatte.«

Professor Möbius, der seine Patientin nun schon seit zehn Jahren kennt, ist beeindruckt: »Ihre außergewöhnliche Haltung und eiserne Disziplin in lebensbedrohlichen Situationen und beim Ertragen von Schmerzen hat bei mir größte Hochachtung hervorgerufen. Frau Kohl besaß eine hohe Schmerztoleranzgrenze, und im Gegensatz zu vielen Menschen klagte sie selten. Nicht nur in Bezug auf diese unerträgliche Situation, sondern auch vor dem Hintergrund, was sie insgesamt in ihrem Leben an Schmerzen und persönlichen Angriffen durchlebt und durchlitten hat.«

Über viele Jahrzehnte hat Hannelore Kohl gelernt, mit extremem psychischem Druck von außen umzugehen. Im Lauf der politischen Karriere ihres Mannes wie auch in ihrem Privatleben gab es verschiedene Grenzsituationen, in denen sie immer wieder bewiesen hat, dass sie selbst Belastungen standhält, die weit über ein normales Maß hinausgehen. Sogar den enormen Stress, der für sie aus den Angriffen gegen ihren Mann um den Jahresbeginn 2000 resultierte, hat sie mit diesem Mechanismus noch bewältigen können.

Was dann geschieht, hat jedoch, wie sie wiederholt sagt, eine neue Qualität. Sie glaubt sich durch die harte unbezahlte Arbeit vieler Jahrzehnte und durch ihr Bemühen um Fairness und Neutralität eine Stellung erarbeitet zu haben, in der man sie, trotz allem, als eigene Persönlichkeit respektieren würde. Umso härter haben sie die verdeckten Angriffe gegen ihre Person und gegen ihre Arbeit beim Kuratorium ZNS und bei der Hannelore-Kohl-Stiftung getroffen. Psychologisch hat sie diese als den Versuch interpretiert, »physisch vernichtet zu werden«. Doch sowohl Hannelore Kohl als auch die dafür Verantwortlichen wissen, dass sämtliche Anschuldigungen haltlos sind.

Obwohl sie gesundheitlich mehr als angeschlagen ist, nimmt sie starken Anteil an den Vorbereitungen für die beiden Anhörungstermine ihres Mannes vor dem Bundestagsuntersuchungsausschuss im Juni und unterstützt ihn nicht nur mit Rat und Tat, sondern auch emotional.

Für den achten Juni 2000 werden zwei langjährige Mitarbeiter von Helmut Kohl, Juliane Weber und Michael Roik, vor den Parteispendenausschuss geladen. Für Juliane Weber sind diese Vorladung und das Desinteresse in den eigenen Reihen, sie bei den Vorbereitungen auf diesen Termin zu unterstützen, ernüchternd. Als unerträglich empfindet sie das Verhalten mancher, mit denen sie viele Jahre guter und erfolgreicher Zusammenarbeit verbindet und die diese in ganz kurzer Zeit einfach vergessen zu haben scheinen. Nur wenige Tage vor ihrem Geburtstag soll sie vor dem Untersuchungsausschuss erscheinen.

Unmittelbar nach dem Ende der Ausschusssitzung ruft Hannelore Kohl Juliane Weber im Büro in Berlin an. Danach schreibt sie ihr folgenden vorzeitigen Geburtstagsbrief:

»Liebe Juliane,
zu Deinem Geburtstag möchte ich Dir sehr herzlich gratulieren und Dir vor allem in dieser so schwierigen Zeit Gesundheit wünschen. Möge wieder Ruhe zum Tagesablauf gehören, ein wenig Ausgeglichenheit – und diese für alle so schwierige Thematik endlich bereinigt sein. Du hast Kraft, Mut und Loyalität bewiesen – und dafür danke ich Dir. Für das neue Lebensjahr wünsche ich Dir auch schöne Stunden im Kreise Deiner Freunde, von denen Du viele hast.
Alles Liebe
Deine Hannelore.«

Juliane Weber sagt dazu: »Über diesen Brief habe ich mich außerordentlich gefreut. Denn er zeigt ihre Einfühlsamkeit und ihr besonderes Verständnis für meine damalige Lage und dafür, was auch emotional in mir vorging. Sie hat mir in guten wie in schwierigen Zeiten immer zur Seite gestanden.«

Bei den Anhörungsterminen vor dem Bundestagsuntersuchungsausschuss Ende Juni, Anfang Juli zeigt sich die Haltlosigkeit der Vorwürfe gegen Helmut Kohl. Walter Kohl erzählt: »In der zweiten Jahreshälfte 2000 war die Stimmung meiner Mutter sehr gedämpft, weil trotz des positiven Ausgangs der Anhörungstermine die Ächtung keineswegs vorbei war. Dieses Geächtetwerden fällt ja bereits einem Menschen, der sonst keine wesentlichen Probleme hat, sehr schwer. Für sie war das ein Schlag, den sie bis an ihr Lebensende nicht verkraftet hat, der ihrem Verständnis von Loyalität und Werten ebenso widersprach, wie er ihrer ganzen Lebenserfahrung nicht entsprach.«

Eine neue Belastung für Hannelore Kohl und ihre Familie entsteht aus dem Streit um die Veröffentlichung der Stasiakten von Helmut Kohl. Seit den Siebzigerjahren bis zur Wiedervereinigung wurden fast alle Telefongespräche von Helmut und Hannelore Kohl systematisch von der DDR-Staatssicherheit abgehört. Die Teile der Stasiakten von Helmut Kohl, die der Gauck-Behörde erhalten geblieben sind, bestehen nur zu einem geringen Prozentsatz aus »authentischem«, also durch Abhörmaßnahmen gewonnenem Material, das auf verbrecherische Weise unter Verletzung des Fernmeldegeheimnisses in die Akten Eingang fand. Zu den Akten gehören jedoch auch so genannte »Analysen«. Dabei handelt es sich um für den internen Stasigebrauch, vor allem für Staats- und Parteichef Honecker und Stasichef Mielke angefertigte Zusammenfassungen und Auswertungen von Abhörprotokollen und anderen Quellen. Einen Teil dieser »verlässlichen Quellen« machen oft Zusammenfassungen von Artikeln aus, die in Hamburger Printmedien erschienen waren, oder es handelt sich von vornherein schlichtweg um Erfindungen. Nur so ist zu erklären, wie die Stasi über einen Zeitraum von sechzehn Jahren regelmäßig das nahe Ende der Regierung Kohl voraussagen konnte.

Der Untersuchungsausschuss, aber auch Journalisten und Wissenschaftler haben ein großes Interesse daran, diese Akten einzusehen und auszuwerten. Helmut Kohl wehrt sich dagegen, weil das Stasi-Unterlagen-Gesetz die Opfer schützen soll und nicht die Täter, es soll also ihn und seine Familie als Bespitzelte davor bewahren, dass Akten, die möglicherweise falsche oder erlogene Informationen enthalten, ans Licht der Öffentlichkeit gezerrt werden, während die für die Bespitzelung verantwortlichen Täter meist ungeschoren bleiben.

So beginnt eine Auseinandersetzung mit der Gauck-Behörde, die die Stasi-Unterlagen verwaltet. Die Behörde setzt Helmut Kohl zum einunddreißigsten Dezember 2000 eine Frist. Bis dahin soll er die Akteneinsicht zu journalistischen und wissenschaftlichen Zwecken freigeben. Weit entfernt davon, dieser Forderung nachzukommen, kündigt er in einem Artikel in der »FAZ« vom neunten Dezember 2000 stattdessen eine Klage gegen die Gauck-Behörde beim Berliner Verwaltungsgericht an.

Zu dieser Zeit ist Hannelore Kohl bereits schwer krank. Konnte sie anfangs noch im Dämmerlicht spazierengehen, muss sie jetzt warten, bis es draußen völlig dunkel ist. Im Sommer kann sie das Haus nicht vor zehn Uhr abends verlassen. Hinzu kommt, dass die schmerzfreien Zeiten immer kürzer und seltener werden. Zusätzlich zu den Schmerzen in den Schleimhäuten und im Zahnfleisch leidet sie auch öfter unter Atemnot. An solchen Tagen kann sie kaum etwas Sinnvolles tun. Linderung können ihr dann nur Schmerzmittel verschaffen.

Obwohl sie unter diesen stark eingeschränkten Lebensbedingungen sehr leidet, versucht sie das Beste daraus zu machen. An guten Tagen hält sie diszipliniert an ihrem Tagesablauf fest. Den Morgen beginnt sie meistens mit einem leichten Gehtraining auf dem Laufband im Keller. Danach kleidet sie sich sorgfältig an und schminkt sich. Bevor sie zum Frühstück hinunter in die Bauernstube geht, ruft sie von ihrem Schlafzimmer im ersten Stock unten bei Hilde Seeber an und sagt: »Bitte lassen Sie alle Rollläden runter, ich komme jetzt.« Meistens frühstückt sie zwischen zehn und elf Uhr vormittags. Weil sie nur nachts etwas unternehmen kann, hat sie sich angewöhnt, den Tagesablauf in die Nacht zu verlagern. Morgens schläft sie dann etwas länger.

»Trotz meiner Krankheit versuche ich das Beste aus meinem Leben zu machen«, sagt sie einmal. »Das Schönste wäre natürlich, gesund zu sein. Gesundheit ist das wertvollste Gut des Menschen. Man spürt sie nur nicht, wenn man sie hat. Aber ich hoffe, dass auch ich wieder gesund werde. Aufgeben ist das Letzte, was man sich erlauben darf.«

Nach dem Frühstück erledigt sie ihre Korrespondenz. Auch jetzt setzt sie sich nach wie vor stark für das Kuratorium ZNS und die Hannelore-Kohl-Stiftung ein. Oft telefoniert sie mit ihrer Sekretärin Hannelore Moos und dem Geschäftsführer Rolf Wiechers, um auf dem Laufenden zu bleiben. Und sie spricht auch mit möglichen Spendern und mit den Leitern von Kliniken.

Am Nachmittag erhält sie meist Arztbesuche. Aber es kommen auch viele Bekannte oder Freundinnen zu Besuch, die oft für ein paar Tage bei ihr bleiben. Häufig kommt ihr Freund und langjähriger Hausarzt Professor Dr. Helmut Gillmann vorbei. Er ist ein enger Vertrauter, mit dem sie auch ihre existenziellen Sorgen besprechen kann. Sie selber kann niemanden besuchen gehen, das ist für sie praktisch unmöglich geworden.

Abends geht sie in der Umgebung spazieren. Am liebsten ist sie im Oggersheimer Bruch oder in den Rheinauen unterwegs. Oft begleiten sie entweder ihr Mann, die Ramstetter-Brüder oder eine ihrer Freundinnen. Wenn möglich besuchen sie ihre Söhne, mit denen sie täglich telefoniert.

Im Juli 2000 reist sie mit ihrem Mann an den Wolfgangsee. Sie fahren nachts. Helmut Kohls Fahrer Ecki Seeber erzählt: »Ihr Privatwagen hatte damals schon speziell getönte Scheiben, an denen sich doppelt genähte Vorhänge befanden, die natürlich zugezogen waren.« Auch das gemietete Ferienhaus in St. Gilgen muss komplett abgedunkelt werden. Für Hannelore Kohl, die ihren Ferienort liebt und tagsüber gerne im Wolfgangsee schwimmen geht, ist das kaum zu ertragen. Aber auch hier macht sie das Beste daraus. Weil sie nicht nur nachts schwimmen will, trägt sie in der Dämmerung einen Neoprenanzug, der sie vor der Lichteinstrahlung schützt. Wenn sie von Nachbarn gefragt wird, warum sie das tut, antwortet sie: »Ich schwimme gerne lange, und durch den Anzug kühle ich nicht so schnell aus.«

Wieder zu Hause, konsultieren sie und ihr Mann erneut verschiedene Ärzte. Mit wenig Erfolg. Die Mediziner stehen ihrer Krankheit hilflos gegenüber. Für Hannelore Kohl ist jede Feststellung eines Arztes, er wisse sich auch keinen Rat mehr, ein herber Rückschlag. Aber sie gibt die Hoffnung nicht auf und glaubt fest daran, dass es ihr eines Tages wieder besser gehen werde. Belastend sind jedoch ihre an Dauer und Intensität zunehmenden Schmerzphasen, die sie als sehr zermürbend empfindet.

Entsetzt über ihre Lebensumstände und ihre Krankheit sind auch Hannelores Freunde und Bekannte. Im August erreicht Rena ein Anruf von Hannelore, die fragt: »Kannst du nicht mal ein paar Tage zu mir kommen?« Am vierten September 2000 reist die Freundin dann nach Oggersheim.

»Obwohl ich wusste, dass sie sehr krank ist, ist mir doch erst bei diesem Besuch klargeworden, wie schrecklich diese Lichtallergie ist und welche Einschränkungen sie für Hannelore mit sich bringt«, sagt Rena. »Wir konnten nur abends spazierengehen und haben tagsüber in dem abgedunkelten Haus gesessen, geredet und Karten gespielt. Als ich damals bei ihr war, stand mir eine Hüftgelenksoperation bevor, und ich musste deswegen eine spezielle präoperative Gymnastik machen. Dabei hat sie immer mitgemacht. Das waren sehr lustige Momente.«

Doch Rena gibt sich keinen Illusionen hin. »Als ich am sechsten September wieder wegfuhr, war ich sehr in Sorge um sie. Nach meiner Operation hat mich Hannelore fast täglich angerufen und sich nach meinem Befinden erkundigt. Und sie hat sich sehr mit mir gefreut, als es mir wieder besser ging.«

Eine anderer Besucher in dieser Zeit ist Irene, die Ende September für fünf Tage zu Besuch kommt. Ein paar Tage, nachdem sie wieder abgereist ist, am neunundzwanzigsten September, erhält sie einen Brief von ihrer Freundin. Hannelore schreibt in ihrem Brief unter anderem:

> *»Heute verstehe ich umso besser, was es heißt, eine ›dicke Haut‹ zu haben, sozusagen eine Oberfläche, an der die schweren Dinge des Lebens abprallen oder abgleiten. Die Fähigkeit, mit anderen zu leiden und Anteil zu nehmen, ist sicherlich sozusagen eine Tugend. Ich habe aber an mir selbst nun erlebt, dass dies auch zu einer gewissen Zerstörung und Zerreibung der eigenen Kräfte werden kann – schlussendlich hilft man keinem. Auch beim Nachdenken komme ich zu dem Schluss, dass ein gewisser solider Egoismus Kräfte spart und vor allem die eigenen Nerven nicht zerrüttet. Die früher mir etwas banal erscheinenden Strophen jenes Songs aus einer Operette ›Wer vergisst, was nicht ist, und dann zufrieden ist‹ – einmal etwas abgewandelt – scheinen mir eine große Wahrheit auszusprechen. Irgendwann muss*

man Abschied nehmen. Das Alpha und Omega des Lebens kennt keiner vorher.«

Ihr Computer, auf dem sie diesen Brief schreibt, ist eines der Dinge, mit denen sich Hannelore Kohl in dieser Zeit häufig beschäftigt. Der PC wurde ursprünglich mit einem handelsüblichen strahlungsarmen Monitor geliefert, dessen Strahlung sie aber nur kurze Zeit ertragen kann. Also wird ein strahlungsfreier Flachbildschirm angeschafft. Mit siebenundsechzig Jahren erlernt sie den Umgang mit Computern und dem Internet. Michael Waldbrenner, ein Schulfreund von Peter Kohl, kommt regelmäßig vorbei, um sie in der neuen Technik zu unterrichten.

Am siebenundzwanzigsten November 2000 eröffnet die Bonner Staatsanwaltschaft wegen des Verdachts der Untreue ein zweites Ermittlungsverfahren gegen Helmut Kohl. Es geht um Fraktionsgelder in Höhe von zweihundertfünfundsechzigtausend Mark, die für die Partei bestimmt waren, aber von ihm an den Parteigremien vorbeigeleitet und nach eigenem Gutdünken verwendet worden sein sollen. Erst am fünfundzwanzigsten April 2001 stellt die Staatsanwaltschaft Bonn nach vorheriger Zustimmung des Landgerichts Bonn vom achtundzwanzigsten Februar 2001 das Verfahren gegen eine Zahlung von dreihunderttausend Mark ein, die je zu fünfzig Prozent an die Staatskasse und an die Mukoviszidose-Hilfe von Christiane Herzog gehen.

Mit der Zahlung ist Helmut Kohl sowohl in dieser Sache als auch wegen der anonymen Spendengelder aus den Jahren 1993 bis 1998 vom Vorwurf der Untreue befreit. Für ihn gilt weiter die Unschuldsvermutung, er ist nicht vorbestraft.

Ende November 2000 erscheint »Mein Tagebuch 1998 bis 2000«, in dem Helmut Kohl seine persönlichen Erfahrungen und Beobachtungen, auch im Zusammenhang mit der Parteispendenaffäre schildert, angefangen von der Nacht der verlorenen Bundestagswahl bis zum dritten Oktober 2000, dem zehnten Jahrestag der deutschen Einheit. Hannelore Kohl hat das Buchprojekt ihres Mannes nachdrücklich unterstützt und im Rahmen ihrer gesundheitlichen Möglichkeiten fast täglich daran mitgearbeitet.

In der Vorweihnachtszeit wird Hannelore Kohl von einigen ihrer Freundinnen und Bekannten besucht, darunter auch Ursula. Sie berichtet: »Nachts sind wir oft nach Mannheim, Neustadt, Speyer oder Heidelberg gefahren. Wenn wir durch die Straßen liefen, musste sie auch immer darauf achten, dass sie nicht dem grellen Licht der Straßenlampen ausgesetzt war. Ende November, Anfang Dezember sind wir abends mal losgefahren, um Weihnachtsgeschenke zu kaufen. Das war grausam. Denn sie konnte auch nicht mehr in die hellerleuchteten Schaufenster gucken. Während sie im Dunkeln auf mich wartete, habe ich mir angeschaut, was dort ausgestellt ist, und mir die Preise gemerkt. Danach bin ich wieder zu ihr zurück und habe ihr erzählt, was ich gesehen habe. Wenn sie der Meinung war, dass was für sie in Frage kommt, bin ich in das Geschäft rein und habe es für sie gekauft. Irgendwann haben wir dann auch einen Laden gefunden, in den sie gehen konnte. Dort haben wir dann verschiedene Weihnachtsgeschenke besorgt. Ob sie diesen Besuch wirklich so gut vertragen hat, glaube ich übrigens nicht. Sie hat zwar nichts gesagt, aber sie hat, als wir wieder raus waren, sehr nach Luft gerungen.«

Am sechzehnten Dezember 2000 fährt Helmut Kohl mit seinen beiden Söhnen zu den Eltern von Peters Freundin Elif nach Istanbul. Er will nach türkischer Tradition bei Elifs Vater für Peter um ihre Hand anhalten. Die Familie Kohl möchte der Familie Sözen den Respekt erweisen. Peter erzählt: »Meine Mutter wollte sehr gerne ihr Versprechen einlösen und Elifs Familie in Istanbul einmal besuchen fahren. Als wir die Reise vorbereitet haben, haben wir auf Wunsch meiner Mutter die Wetter- und Sonnenscheintabellen für Istanbul für den Monat Dezember studiert. Danach hat sie sich entschlossen, nicht mitzufahren. Es zeigte sich, dass sie gut daran getan hatte, denn am Ende war das Wetter an dem betreffenden Wochenende sehr sonnig und fast wolkenfrei.«

Anfang 2001 wird ein neues Buchprojekt in Angriff genommen: die Memoiren ihres Mannes, mit denen sich Hannelore Kohl von Anfang an stark identifiziert, denn dabei geht es ja auch um ihr gemeinsames Leben, das beide seit über einem halben Jahrhundert miteinander teilen. Zusammen mit dem Historiker Dr. Theo Schwarzmüller nimmt sie, soweit es ihre Gesundheit erlaubt, an vielen Sitzungen mit Helmut Kohl in einem Raum im Keller des Hauses teil. Ihr Mann beantwortet die Fragen des Historikers und spricht seine Erinnerungen an Ereignisse und persönliche Begegnungen auf Band. Wenn er sich manchmal bei einem Namen oder einem Datum nicht ganz sicher ist, unterbricht er und fragt seine Frau. In vielen Fällen kann Hannelore die fehlende Information ergänzen oder ihm helfen, sich zu erinnern.

Mit Beginn des Jahres 2001 reagiert Hannelore Kohl zusätzlich zu ihrer Lichtempfindlichkeit auch immer allergischer auf Wärmestrahlung. Das hat zur Folge, dass die Räume, in denen sie sich aufhält, zunehmend gekühlt werden müssen, bevor sie sie betreten kann. Als es draußen wieder wärmer wird, läuft die Klimaanlage in ihrem Schlafzimmer Tag und Nacht.

Ihre Familie und einige Freunde suchen verzweifelt im Ausland nach Ärzten, die sie vielleicht heilen können. Doch immer wieder wird ihre Hoffnung auf Heilung enttäuscht.

Mit wachsender Verzweiflung beobachtet Helmut Kohl, wie sich ihr Zustand zusehends verschlechtert: »Für mich war es schrecklich und sehr bedrückend, wenn ich sie alleine lassen musste. Aber sie wollte ja auch, dass ich meiner Arbeit weiter nachgehe. Wenn sie es nicht merkte, bin ich tagsüber manchmal in den Garten hinausgegangen, weil es für mich schwer war, immer im verdunkelten Haus zu leben. Trotz alledem haben wir in diesen schweren Wochen und Monaten versucht, soviel Normalität wie möglich zu leben.«

»Ganz besonders grausam war für meine Frau, als sie feststellen musste, dass alle ihre geliebten Pflanzen nacheinander eingingen«, erzählt Helmut Kohl. »Das war für sie ein ganz schlimmes Symbol: Die Dunkelheit hat ihr alles genommen. Um sie wenigstens ein bisschen aufzuheitern, habe ich ihr, wie in den ganzen Jahren unserer Ehe, sehr oft frische Blumen mitgebracht. Allerdings durften es in den letzten Monaten keine Blumen mehr sein, die duften, weil meine Frau mittlerweile auch auf Düfte allergisch reagierte.«

Wie extrem Hannelore Kohl unter dem Verlust ihrer Pflanzen leidet, erzählt Ursula: »Manchmal hat sie mir gesagt: ›Schau mal, nicht mal meine Blumen mögen bei mir bleiben. Aber irgendwie kann ich es auch verstehen. In absoluter Dunkelheit und nur mit Kunstlicht hält es keine Pflanze auf Dauer aus.‹«

Mit Ursula fährt Hannelore Ende Januar nach Mannheim, um ein Lokal für das Klassentreffen auszusuchen, das für den vierten März 2001, zum fünfzigsten Jahrestag ihres Abiturs, geplant ist. »Wir sind natürlich nachts hingefahren und kamen uns schon etwas seltsam vor, wenn wir von draußen durch die Scheiben in die Restaurants hineinschauten, um zu prüfen, was sich dort für Lampen beziehungsweise Strahler befinden. Zwei Frauen, die sich an den Fensterscheiben die Nase platt drücken, das sah schon etwas komisch aus. Wir entschieden uns dann für ein italienisches Restaurant. Bei unserer Feier wurde das Licht dann bis zur untersten Grenzen heruntergedimmt. Bis auf Hannelore haben sich dort alle ab siebzehn Uhr getroffen. Sie selbst kam erst gegen neunzehn Uhr. Es war eine lustige und harmonische Feier, und

Hannelore hat an diesem Abend viel gelacht. Es hat mich sehr glücklich gemacht, dass sie sich so gut amüsierte, denn sonst hörte man sie ja nicht mehr so oft lachen.«

»Wenn wir abends spazieren gegangen sind«, fährt Ursula fort, »hat sie manchmal gesagt: ›Eigentlich möchte man nicht so leben wollen.‹ Bei einem anderen Treffen, an dem es ihr nicht so gut ging und sie sehr traurig war, meinte sie, als wir uns verabschiedeten: ›Heute war es für dich kein so netter und lustiger Tag.‹ Aber ich habe sie getröstet, in den Arm genommen und gesagt: ›Warum sollst du nicht auch mal traurig sein dürfen? Du bist immer so tapfer, und tapfer sein kostet doch viel Kraft.‹ Da hat sie mich lange angeschaut und erwidert: ›Es kostet mich sehr, sehr viel Kraft.‹ Dieses Gespräch fand nicht lange vor ihrem Tod statt. Und ich glaube, dass sie am Ende diese Kraft durch ihre schwere Krankheit, die mit rasenden Schmerzen verbunden war, nicht mehr hatte.«

Im Lauf der Zeit ist Hannelore Kohl durch ihre Erkrankung immer mehr in ihrer Bewegungsfreiheit eingeschränkt und zusehends ans Haus gefesselt. Ihre Freunde und Bekannten machen sich Sorgen um sie und beginnen sie immer öfter zu Hause zu besuchen. Es ist ein Kreis von zwanzig bis fünfundzwanzig Personen – Schulfreundinnen, andere Freunde und Freundinnen, Nachbarn und Bekannte –, der nicht nur per Telefon mit ihr in Kontakt steht, sondern abwechselnd zu ihr nach Oggersheim kommt. Nicht wenige ihrer Freundschaften haben viele Jahrzehnte überdauert und reichen zurück bis in ihre Kindheit, in ihre Schulzeit oder ihre Zeit bei der BASF. Jetzt, wo es ihr schlecht geht, stehen all diese Freunde ihr bei.

»Eines der wenigen Dinge, die meine Mutter in ihrer schrecklichen Lage wirklich geschätzt hat, waren die Freundschaften, die zum Teil so viele Jahre und Ereignisse überdauert haben«, sagt Peter Kohl. »Mit einigen pflegte sie immer eine enge freundschaftliche Beziehung, mit anderen war das früher so, aber wie das manchmal im Leben so ist, hat man sich etwas aus den Augen verloren. Einige alte Freundinnen haben dann die Krankheit meiner Mutter zum Anlass genommen und wieder an gute alte Zeiten mit ihr angeknüpft. Obwohl sie das selbst nicht so wahrhaben wollte, war meine Mutter, im Sinne der Freundschaft, ein reicher Mensch.«

Zu Hannelore Kohls letztem Geburtstag bei ihr zu Hause kommen die meisten aus diesem Kreis. Ursula erzählt: »Es war ein sehr netter, sehr gelungener Abend. Trotz allem haben wir viel gelacht, und Frau Seeber hat für uns gekocht.«

Trotz ihres sich verschlechternden Gesundheitszustands bemüht sich Hannelore Kohl, ihr Engagement für das Kuratorium ZNS und ihre Stiftung aufrechtzuerhalten. Rolf Wiechers erzählt: »Auch wenn sie nicht mehr so oft bei uns sein konnte, hat sie doch immer den Kontakt zum Büro gehalten und sich verstärkt in die Bearbeitung der Vorgänge eingeschaltet. Wenn ein Brief rausging, hat sie stets nach einer gewissen Zeit gefragt, wie es aussieht. Und sie hat auch viel mit potentiellen Spendern und Förderern telefoniert. Dadurch hat sie es auch ganz gut hinbekommen, dass man nicht den Eindruck hatte, dass sie ganz in der Versenkung verschwunden war. Reisen in die Kliniken waren natürlich nicht mehr möglich, weil der Gang vom Parkplatz in die Kliniken schon zu viel für sie gewesen wäre. Allerdings haben wir uns sehr gefreut, dass sie bei unserem Neujahrsempfang im Januar 2001 in unserer Geschäftsstelle dabei war. Natürlich war die Beleuchtung dementsprechend.« Danach hat sie die Geschäftsstelle des Kuratoriums ZNS allerdings nicht mehr besucht. »Das meiste wurde telefonisch und per Fax erledigt. Die Briefe haben wir ihr zum Unterschreiben nach Hause geschickt«, berichtet Hannelore Moos.

Am siebenundzwanzigsten März ist sie wieder einmal in Bonn, um mit Hannelore Moos, Rolf Wiechers und den Vorständen über künftige Projekte zu sprechen. »Weil Frau Kohl zunehmend auch auf Wärmestrahlung allergisch reagierte und wir keine Klimaanlage haben«, erzählt Hannelore Moos, »verlegten wir die Treffen ins Hotel Maritim. Vor ihrer Ankunft wurden in den Räumen ihrer Suite alle starken Birnen in den Stehlampen gegen solche mit schwacher Strahlung ausgetauscht. Damit nicht zufällig jemand die starke Deckenbeleuchtung anknipst, wurden die Schalter mit Klebestreifen zugeklebt. Die Vorhänge waren natürlich immer zugezogen. Aber es gab nicht viele dieser Treffen.«

An diesem Tag Ende März, in dieser düsteren Atmosphäre, bei schwachem Licht, zugezogenen Vorhängen und kühler Raumtemperatur, empfängt sie auch Dona Kujacinski und den Fotografen Paul Schirnhofer im Hotel Maritim für ein Interview. Schirnhofer darf beim Fotografieren kein Blitzlicht benutzen. Eine weitere Bedingung: Es dürfen nur Fragen nach dem Kuratorium ZNS und der Hannelore-Kohl-Stiftung gestellt werden. Keine nach ihrer Gesundheit.

Es ist ein sonniger Frühlingstag. »Als ich den abgedunkelten Raum im Hotel Maritim betreten habe, wurde mir klar, dass es ihr schlechter gehen muss, als ich vermutet hatte. Doch sie kam lächelnd und voller Freude auf mich zu«, berichtet Dona Kujacinski. »Ich habe in ihrem Gesicht nach äußeren Anzeichen der Lichtallergie gesucht, aber ich konnte keine entdecken. Nur ein bisschen schmaler kam sie mir vor. Wie verabredet, haben wir über ihr soziales Engagement gesprochen. Nach einer Weile fiel mir auf, dass sie oft schwer atmet.«

Trotzdem erzählt Hannelore Kohl bewegt von ihren Erfolgen und schildert eine Begebenheit, bei der sie einmal ein Fast-Erwachen eines Patienten aus dem Koma erlebt hat: »Es war das einzige Mal, dass ich eine solche Situation erleben durfte. Bei dem Patienten handelte sich es um einen fünfundzwanzigjährigen jungen Mann, der mit seinem Vater, mit dem er einen Gemüsewarenhandel betreibt, gerne Bergsteigen ging. Bei einem solchen Ausflug glitt der junge Mann aus, stürzte ab und zog sich eine sehr schwere Hirnverletzung zu. Danach lag er lange Zeit im Koma. Für den Vater war das eine Katastrophe. Hinzu kam, dass der Sohn die Buchhaltung des Gemüsewarenhandels auf Computer umgestellt hatte und sie mit einem Passwort, das aus vier Buchstaben bestand, sicherte, das der Vater nicht kannte, weil er von dieser Technik nichts wissen wollte. Als der Sohn nach Wochen in der Klinik kurzfristig zu sich kam, waren sein Vater und ich dabei. Dann geschah das Unglaubliche: Mit den Fingern machte er auf der Bettdecke immer wieder die gleichen Bewegungen. Alle dachten, er will Klavier spielen, aber sein Vater sagte: ›Nein, er denkt, er hat eine Computertastatur vor sich und will mir das Passwort zeigen.‹ Der Vater hatte Recht, das Passwort stimmte. Für mich habe ich daraus abgeleitet, dass ein starker Wille zur Konzentration kurzzeitig siegen kann. Es war wie ein Wunder.«

Nachdem sie ungefähr eine Dreiviertelstunde über ihr soziales Engagement gesprochen hat, macht sie eine kurze Pause. Und dann kommt sie doch noch auf ihre Krankheit zu sprechen. Sie tut es zum ersten Mal. Sie sagt: »Bedingt durch meine Lichtallergie darf ich momentan leider keine offiziellen Termine wahrnehmen. Ich darf nur noch ins Freie, wenn die Sonne nicht scheint. Wenn es bewölkt ist, mitunter schon. Und ich muss grelles Licht meiden, auch bei Lampen. Diese Lichtallergie ist die Folge einer Penicillin-Medikation aus dem Jahr 1993. Lassen Sie mich das so erklären: Einer verträgt fünf Brote mit dick Schmalz drauf, dem anderen wird es schon nach einem schlecht. Meine Ärzte wissen nicht, was man gegen die Lichtallergie tun kann, und ich auch nicht. Wann ich wieder offizielle Termine wahrnehmen kann, weiß ich nicht. Ab und an ist es natürlich schlimm für mich, immer zu Hause zu sitzen. Wie gern wäre ich zum Beispiel wieder mal in meiner Wohnung in Berlin, die ich mit viel Liebe eingerichtet habe. Meine dortigen Freunde und das kulturelle Angebot der Stadt vermisse ich sehr. Aber ich fahre nicht hin, weil unser Haus in Oggersheim größer ist und ich darin mehr Bewegungsfreiheit habe.«

»Es gibt auch immer etwas zu tun«, fährt sie fort. »Nicht nur in Bezug auf das Kuratorium ZNS und meine Stiftung. Ich helfe meinem Mann bei der Erstellung seiner Memoiren. Das ist sehr viel Kleinarbeit, weil jede Menge Fakten überprüft werden müssen. Ich habe gemerkt, dass ich mich durch Arbeit am besten ablenken und entspannen kann. Außerdem habe ich viele abrufbare Freunde, mit denen ich viel unternehme. Zudem versuche ich so oft es geht, Sport zu machen. Ich trainiere auf meinem Hometrainer, schwimme und gehe jeden Abend an die Luft. Manchmal gehe ich nur spazieren, manchmal mache ich auch Power Walking. Obwohl ich achtundsechzig bin, hänge ich dabei die meisten Leute ab.«

Auch in diesem Jahr fährt Helmut Kohl Anfang April zum Fasten nach Bad Hofgastein, wo er über Ostern bleibt. Allerdings lässt er seine Frau nur ungern allein, und sie musste ihn unter Hinweis auf seine eigene Gesundheit richtiggehend drängen zu fahren. Für die Zeit seiner Abwesenheit haben sich verschiedene Besucher bei Hannelore Kohl angesagt. Am sechsten April, kurz nachdem er abgereist ist, kommt Irene, die bis zum dreizehnten bleibt.

»Als ich in das Gästeapartment kam«, erzählt sie, »lag in meinem Bett ein süßer Osterhase, den Hannelore bis zum Hals zugedeckt hatte. Sie hat ihre Freundinnen gern verwöhnt und für sie alles mit viel Liebe hergerichtet.«

Irene beschreibt, wie sie die Tage verbrachten: »Tagsüber haben wir wie immer im Dunkeln gesessen. Morgens haben wir spät gefrühstückt und dann die Post gemacht. Danach haben wir Karten gespielt. Rommé-Cup und Streitpatience. Rommé-Cup spielte sie nicht so gerne wie Streitpatience, weil ich dabei mehr verlor. Wenn es dunkel wurde, sind wir rausgegangen. Wenn ein Sicherheitsbeamter dabei war, konnten wir auch im Wald spazieren gehen. Sie lief immer sehr schnell. Anschließend fuhren wir manchmal nach Neustadt, Heidelberg oder Mannheim zum Essen. Vorher hat sie immer in den Restaurants angerufen, damit das Licht heruntergedreht wird. Und sie hat darum gebeten, dass die Kerzen vom Tisch entfernt werden, weil sie mittlerweile auch auf deren Wärmestrahlung allergisch reagierte.«

»Oft sprachen wir auch über ihre Krankheit, und sie erzählte mir, dass sie wieder neue Ärzte im In- und Ausland in Anspruch nimmt, die ihr mit immer neuen Behandlungen zu helfen versuchen. Einmal war auch eine Sache dabei, wo sie nachts ins Krankenhaus gefahren wurde und eine Infusion bekam. Dass die Behandlungen immer wieder abgebrochen wurden, weil sie ihr nichts nützten, hat ihr schwer zugesetzt«, berichtet Irene.

Bald nach Irenes Abreise kommt Annegret, um die Osterfeiertage mit Hannelore Kohl zu verbringen. »Weil ich nicht so gut zu Fuß bin«, erzählt Annegret, »ist Hannelore abends mit einem jungen Polizisten losgegangen, um an der frischen Luft ein leichtes Gehtraining zu machen. Morgens hat sie das auf ihrem Laufband getan. Wir haben an diesen beiden Tagen natürlich auch über unser letztes Klassentreffen und über unsere Schulzeit gesprochen, und sie hat mir ihre Gedichte vorgelesen. Während unserer Gespräche wurden wir häufig unterbrochen, weil ihr Mann sehr oft anrief. Was mich in den zwei Tagen am meisten betroffen gemacht hat, war ihre Hilflosigkeit gegenüber ihrer Krankheit. Hannelore hat ja in Bezug auf Heilung wirklich jeden Strohhalm ergriffen. Aber die Ärzte konnten ihr nicht helfen. Ich habe mir auch immer überlegt, wie ich ihr eine Freude machen kann. An Ostern hatte ich ihr einen Kirschkuchen gebacken, den sie gerne aß und den sie sich gewünscht hat. Oft habe ich sie aber einfach nur in den Arm genommen und gedrückt.«

In diesem April spitzt sich Hannelore Kohls Krankheit dramatisch zu. Nicht nur, dass sie auf Licht- und Wärmestrahlung und auf Düfte allergisch reagiert, jetzt nimmt auch ihre Allergiereaktion auf verschiedene Gewürze zu. Und als wäre das nicht schon schlimm genug, hat sie auch beim Kauen starke Beschwerden, weil das Zahnfleisch unglaublich schmerzt. Das Brennen in ihrem Körper kommt und geht in immer schlimmeren Wellen. Dann muss sie eine höhere Dosis Schmerzmittel nehmen.

Hilde Seeber macht sich große Sorgen um ihre Chefin. »Obwohl sie zusehends schwächer geworden ist, hat sie nie geklagt, aber sie hat mir oft erzählt, dass sie starke Schmerzen hat. Als sie eines Morgens aus ihrem Schlafzimmer zu mir hinunter in die Küche kam, war sie etwas unwirsch. Als ich erstaunt schaute, sagte sie: ›Seien Sie mir bitte nicht böse, wenn ich manchmal etwas ungehalten bin. Das tue ich nicht absichtlich. Daran sind die Schmerzen schuld. Und heute geht es mir überhaupt nicht gut.‹«

»Frau Kohl ging es wirklich extrem schlecht«, sagt Hilde Seeber. »Selbst die kleinen Dinge des Lebens waren unmöglich geworden. Sie konnte zum Beispiel kein Parfüm mehr benutzen, und als sie eines Morgens Besuch von zwei Damen bekam, von denen eine stark parfümiert war, mussten wir sie wieder wegschicken. Es war furchtbar. Wenn man sich immer wieder anhören muss: ›Ihnen ist nicht zu helfen‹, muss das furchtbar sein. Äußerlich hat man Frau Kohl ja nichts angesehen. Nur ihr Kinn wurde manchmal ganz dick und rot.«

Maria, ihre Freundin aus BASF-Zeiten, erzählt von einem Besuch aus dieser Zeit: »Wenn wir abends gelaufen sind, hat sie mich manchmal ganz fest gepackt und gesagt: ›Lauf ein bisschen schneller, ich muss mich richtig bewegen.‹ Doch meist blieb sie kurze Zeit später wieder stehen, weil sie nicht mehr konnte. Sie hat auch sehr darunter gelitten, ihren Garten bei Tageslicht nicht mehr sehen zu können. Nachts haben wir oft auf der Terrasse gesessen, und dann hat sie ein bisschen die Gartenbeleuchtung angemacht, um wenigstens etwas von seiner Schönheit mitzubekommen.«

»Obwohl sie so krank war, war es ihr oberstes Anliegen, dass es den Menschen, die sie liebte, gut ging«, sagt Maria. »Sie hat auch immer versucht, es ihrem Mann zu Hause, trotz der Dunkelheit, so gemütlich wie möglich zu machen. Umgekehrt war es genauso. Dass es Gerüchte darüber gab, dass die Ehe nicht mehr intakt sei, darüber haben wir natürlich auch gesprochen. Das hat sie tief verletzt.«

Natürlich weiß auch Helmut Kohl, dass über seine und Hannelores Ehe hässliche Gerüchte verbreitet werden. »Für meine Frau«, sagt er, »war das entsetzlich. Als sie hören musste, sie sei aus unserem gemeinsamen Haus in Oggersheim ausgezogen und hätte sich in Mannheim eine Wohnung genommen, weil sie angeblich mit jemandem ein Verhältnis hat, war sie zutiefst getroffen. Gleichzeitig wurde verbreitet, ich sei aus unserem Haus ausgezogen, das sehe man leicht daran, dass die Rollläden seit Monaten geschlossen seien. Selbst Journalisten, die eigentlich in meinen Augen eine gewisse Reputation hatten, beteiligten sich an diesen Diffamierungen. Wir wurden praktisch nie gefragt. Offensichtlich hat man sich auch nicht die Mühe gemacht, die Sonderwache, die das Haus seit Jahrzehnten rund um die Uhr bewacht und alle Bewegungen in und um das Haus registriert, zu überprüfen.«

Hannelore Kohl sagt zu diesen Verdächtigungen: »Dass über mich überall derartige Gerüchte verbreitet werden, ist furchtbar. Was soll ich denn machen? Mein Mann und ich wohnen seit 1971 in Oggersheim. Er ist oft bei mir, und dass die Rollläden heruntergelassen sind, liegt an meiner Lichtallergie. Um es mal klar zu sagen: Mein Mann kümmert sich sehr um mich und hilft mir, wo er kann.«

Im Mai 2001 verschlechtert sich Hannelore Kohls Zustand weiter. Dennoch fährt sie am achtzehnten Mai nachts nach

Bonn zur Vorstandssitzung des Kuratoriums ZNS, die im Hotel Maritim stattfindet. Bei dieser Sitzung werden unter anderem zwei Werbespots vorgeführt, die auf Video aufgenommen wurden. Doch bevor ihre Sekretärin Hannelore Moos den Fernseher anmacht, verlässt Hannelore Kohl den Raum. Seit einiger Zeit verträgt sie auch dessen Strahlung nicht mehr. Das bedeutet: Noch nicht einmal mehr Fernsehen kann sie.

Mitte Mai ruft Dona Kujacinski Hannelore Kohl an, um sich zu erkundigen, wie es ihr geht. Darauf sagt sie nur: »Lassen Sie uns nicht über meine Krankheit reden. Sprechen wir lieber über Sie.« Nach einer Weile erzählt sie ihr dann doch noch ihre ganze Krankheitsgeschichte. Auf die Frage, ob es denn wirklich keinen Arzt mehr gebe, der ihr helfen kann, sagt sie leise: ›Nein, die Ärzte haben mich aufgegeben.‹

Am sechsundzwanzigsten Mai feiern Peter und Elif in Istanbul Hochzeit. Aus Deutschland sind neben dem Vater des Bräutigams Walters Familie, das Ehepaar Weber und die Seebers mit angereist. Es findet eine standesamtliche, eine katholische und eine islamische Trauung statt. Fritz und Erich Ramstetter nehmen die katholische Trauung vor, und Walter Neuer ist einer der standesamtlichen Trauzeugen. Zur anschließenden Hochzeitsfeier versammelt man sich im Hotel Kempinski, einem alten osmanischen Palast am Bosporus.

Bevor der Hochzeitstermin festgelegt wurde, hat die Familie mehrere Ärzte zu Rate gezogen und intensiv darüber diskutiert, ob Hannelore Kohl vielleicht zu einem anderen, mit Rücksicht auf ihre Gesundheit günstigeren Termin nach Istanbul kommen könne. Leider endeten all diese Gespräche immer am selben Punkt: Sie konnte bei ihrem Gesundheitszustand tagsüber das Haus nicht mehr verlassen, gleich zu welcher Jahreszeit.

Den Hochzeitstag von Peter und Elif verbringt Hannelore Kohl mit ihren Freundinnen zu Hause in Oggersheim. Dabei ist auch Maria: »Sie saß pausenlos am Telefon und ließ sich über jedes Detail informieren. Für sie war es ganz, ganz schrecklich, dass sie bei dieser Hochzeit nicht dabei sein konnte. Am Abend war sie sehr still und in sich gekehrt.«

Am nächsten Tag reist ihr Mann in Begleitung von Erich und Fritz Ramstetter nach Hause zurück. Er bittet die beiden ausdrücklich darum, dass auch sie seiner Frau von dem festlichen Ereignis berichten. »Während er sich umzog«, erzählt Fritz Ramstetter, »haben wir mit ihr über die Hochzeit gesprochen und ihr mitgeteilt, dass wir überzeugt davon sind, dass die beiden ein gutes Paar sein werden. Da sind ihr die Tränen gekommen, und sie sagte: ›Ich freue mich schmerzlich.‹ Als Helmut Kohl herunterkam, verabschiedeten wir uns. Als ich ihr ›Auf Wiedersehen‹ sagen wollte, nahm sie plötzlich meine Hand, küsste sie und schaute mich dabei ganz merkwürdig an. Das hat mich sehr irritiert, weil sie das in dieser Art und Weise noch nie getan hat. In der zeitlichen Distanz möchte ich heute sagen, dass Hannelore in diesem Augenblick vermutlich von uns Abschied genommen hat.«

Von Helmut Kohls Sorge um seine Frau erzählt Erich Ramstetter: »Auf dem Höhepunkt der Spendenaffäre hat Helmut oft zu mir gesagt: ›Der Gesundheitszustand meiner Frau macht mir größere Sorgen als die Spendenaffäre.‹ Aber damals hat man ja noch nicht ahnen können, dass das Ganze ein so dramatisches Ende nimmt. Er hat immer und immer wieder überlegt und auch mich gefragt, welche Ärzte man noch einschalten könnte.«

»Meine Mutter«, sagt Walter Kohl, »war damals schon sehr schwach. Selbst kurze Wege machten ihr sehr zu schaffen. In Gesprächen spürte man, dass sie kaum mehr einen Ausweg aus ihrer Situation sah. Die vielen Therapieversuche, die sie meist mit großer Hoffnung und manchmal auch mit Skepsis startete, hatten sich alle als Fehlschlag erwiesen. Das gespannte Warten auf die Diagnosen und die regelmäßig darauf folgende Enttäuschung darüber, dass man ihr nicht helfen kann, haben sie zermürbt. Hinzu kam, dass ein neuer Sommer vor der Tür stand und sie nach wie vor nur in der Dunkelheit das Haus verlassen konnte. Sie hat mir oft gesagt: ›Was habe ich denn eigentlich getan, dass ich so krank sein muss und dass man mich so behandelt?‹«

Christine, Walters Frau, erinnert sich: »Sie hatte unseren Sohn Johannes, der immer ›Oma Lu‹ zu ihr sagte, sehr lieb. Leider hat sie ihn nicht sehr oft gesehen. In der Zeit, als er noch klein war, war mein Schwiegervater politisch ja noch sehr aktiv, und somit hatte auch meine Schwiegermutter wenig Zeit. Das hat sie immer sehr bedauert. Später, als es ihr gesundheitlich immer schlechter ging und wir sie besuchen kamen, fehlte ihr oft die Kraft, sich über längere Zeit mit ihm zu beschäftigen. Ihre Krankheit erlaubte es ihr nicht, mit ihm tagsüber auf den Spielplatz zu gehen oder einfach nur im Garten herumzutollen.«

Am sechsten Juni fährt Hannelore Kohl, obwohl sie schon sehr, sehr schwach ist, noch ein letztes Mal nach Bonn, um Rolf Wiechers zu treffen. »Wir waren ganz allein und haben uns über die Berliner Symposien ›Computer helfen heilen und leben‹ und über den Beitrag zur Jahrestagung der Deutschen Gesellschaft für Unfallchirurgie unterhalten«, erzählt er. »Sie sagte: ›Schade, dass ich nicht nach Berlin kommen kann. Ich würde auch gerne mal wieder meine Wohnung sehen. Aber so ist das Leben.‹«

Zurück in Oggersheim, telefoniert sie mit Schwester Maria Crucis und fragt sie, ob sie im Umkreis von Ludwigshafen noch irgendeinen Arzt kennt, der vielleicht zu ihr kommen könnte. Offensichtlich geht es ihr sehr schlecht. Die Priorin erinnert sich auch an Gespräche mit Helmut Kohl über seine Frau: »Dabei hat er einmal erwähnt, dass sie gesagt hat: ›Warum habt ihr mich damals nicht sterben lassen?‹ Mit ›damals‹ meinte Frau Kohl 1993.«

Vom zwölften bis fünfzehnten Juni bekommt Hannelore Besuch von Annegret. Auch diese merkt, dass die Kräfte ihrer Freundin sehr abgenommen haben. »An einem Morgen ist sie auf ihr Laufband im Keller gegangen. Aber sie musste das Training nach wenigen Minuten bereits abbrechen, weil sie einfach zu schwach war. Ich habe mir unheimliche Sorgen um sie gemacht. Als wir uns voneinander verabschiedeten, hat sie mich ganz fest in den Arm genommen, gedrückt und gesagt: ›Ich hab dich lieb.‹«

Helmut Kohl hat Angst um seine Frau, weiß aber auch nicht mehr, was er noch tun könnte: »Die wirkliche Katastrophe begann, als sie kaum noch Treppen steigen konnte. Daraus hat sie dann für sich den Schluss gezogen: Der Zerstörungsprozess geht immer weiter, und die Schmerzen nehmen zu. In dieser Zeit könnte sie bereits zu dem Schluss gekommen sein, in den Freitod zu gehen. Auf eine Intensivstation zu kommen und dort zu sterben, das wollte meine Frau auf gar keinen Fall. Das hat sie mir und unseren Kindern immer wieder gesagt.«

Als ihr Rena bei einem Telefonat mitteilt, dass sie nicht wie geplant am achtzehnten Juni zu einem dreitägigen Besuch zu ihr kommen könne, weil sie wegen eines akuten eingeklemmten Nierensteins ins Krankenhaus muss, ist Hannelore Kohl zwar sehr traurig, aber sie scheint sich dennoch mehr Sorgen um Renas Gesundheit zu machen als um ihre eigene.

»Anfangs hat sie bei unseren Telefonaten stets gesagt, dass sich nichts wirklich verbessert hat«, erzählt Rena. »Zum Schluss wurde sie immer zurückhaltender mit Auskünften über sich. Ihr Standardsatz war: ›Frag nicht, was soll ich dir sagen? Frag nicht.‹ Ich war in sehr großer Sorge. Ihr letztes Telefonat erreichte mich am neunzehnten Juni im Krankenhaus. Hannelore wollte wissen, wie die Operation verlaufen ist und wie es mir geht. Wie immer hatte sie großes Verständnis und verabschiedete sich mit den Worten: ›Mach's gut. Alles Gute für dich.‹«

Weil Rena nicht kommen kann, lädt Hannelore am neunzehnten Juni Ursula ein, sie zu besuchen. »Viel haben wir nicht gemacht, weil es ihr nicht sehr gut ging. Zum Abschied hat sie mich lange umarmt. Im Nachhinein würde ich sagen, länger als sonst.«

Am dreiundzwanzigsten Juni 2001, vier Tage vor dem einundvierzigsten Hochzeitstag der Kohls, reist Irene für ein paar Tage zu Hannelore nach Oggersheim. »Als ich ankam, hat sie mich gefragt: ›Na, Irene, wie sehe ich aus?‹ Daraufhin meinte ich: ›Du bist zwar ein bisschen schlanker geworden, aber sonst siehst du wie immer sehr gut und sehr gepflegt aus.‹ Wir haben das Gleiche gemacht wie immer, wenn wir uns trafen: Hinter heruntergelassenen Rollläden Karten gespielt, Karten gespielt, Karten gespielt. Bis der Abend kam. Gegen zweiundzwanzig Uhr sind wir im Wald spazieren gegangen oder in irgendeine Stadt gefahren. Wenn es ihr nicht ganz so schlecht ging, haben wir danach manchmal noch draußen auf der Terrasse gegessen. Dann hat sie im Garten immer das Licht angemacht, damit wir die wunderschönen Pflanzen sehen konnten. Auch der Swimmingpool war hellblau erleuchtet. Dieses Licht konnte sie vertragen.«

Die Momente, in denen Hannelore dank entsprechender Medikamente schmerzfrei ist, sind seltener geworden. »An einem dieser Abende ging es ihr sehr gut«, erzählt Irene. »Im Swimmingpool haben wir erst getanzt und dann ein Wettrennen gemacht, wer zuerst am anderen Ende ankommt. Dann hat sie mich auf einmal gepackt, mich gedrückt und durch das ganze Bassin getragen. Das ging ganz gut, weil Wasser ja trägt. Ich bin als Erste raus, und Hannelore hat zu mir gesagt: ›Guck mal, das ist doch hier wie in Florida, mein Garten sieht doch toll aus!‹ Gegen zwei Uhr nachts sind wir dann zu Bett gegangen. Wie immer.«

Am sechsundzwanzigsten Juni bekommen die beiden Besuch von Maria. »Hannelore hatte sich sehr hübsch gemacht, trug eine goldfarbene Bluse und eine Kette mit lila Steinen«, erzählt sie. »Als ich ihr darüber ein Kompliment machte, hat sie sich sehr gefreut. Gegen Abend habe ich mich dann von ihr verabschiedet.«

Einen Tag später, am Mittwoch, dem siebenundzwanzigsten Juni, kommt Helmut Kohl von einer Reise in die USA zurück. In der Hand hält er einen großen Rosenstrauß. »Unseren Hochzeitstag«, hat Hannelore tags zuvor zu Maria und Irene gesagt, »hat mein Mann noch nie vergessen. Und er hat sich auch immer bemüht, dass wir an diesem Tag zusammen sind.«

Gemeinsam mit Irene verbringt das Ehepaar Kohl einen ruhigen Abend. »Wir saßen im Wohnzimmer und haben uns gut unterhalten und ein Glas Wein getrunken. Hannelore hat an ihrem allerdings nur genippt«, erinnert sich Irene. »Am nächsten Morgen ist ihr Mann nach Berlin geflogen. Am Freitag, dem Tag meiner Abreise, kam er jedoch schon wieder zurück. An diesem Tag ging es ihr wirklich sehr schlecht. Zu den Schmerzen kamen auch noch Magenbeschwerden und Übelkeit. Sie lag auf dem Sofa in der Bauernstube und trug nur einen leichten Morgenmantel, weil ihr alles zu warm war, obwohl die Klimaanlage auf vollen Touren lief und es eiskalt im Zimmer war. Um sie aufzuheitern, habe ich sie dazu überredet, Karten zu spielen. Das hat sie dann auch gemacht. Als ich irgendwann merkte, dass es ihr ganz, ganz schlecht geht, habe ich mitten im Spiel gesagt: ›Hannelore, du gehst jetzt ins Bett und ruhst dich aus, und wenn dein Mann heute Abend nach Hause kommt, bist du wieder fit.‹ Sie stimmte mir zu.«

Als Hannelore Kohl am Samstag, dem dreißigsten Juni, mit ihrem Mann und Thüringens Ministerpräsident Bernhard Vogel im Restaurant »Schwarzer Hahn« vom Deidesheimer Hof ihren einundvierzigsten Hochzeitstag feiert, wirkt sie sehr gelöst. Wie immer kommt sie erst nach Einbruch völliger Dunkelheit ins Restaurant. Die Lampen über ihrem Tisch sind vorher mit schwachen Birnen ausgestattet worden. Der Abend endet gegen ein Uhr früh.

Am ersten Juli ruft Erich Ramstetter bei den Kohls an und fragt, ob er mit seinem Bruder vorbeikommen kann. Doch weil Hannelore mit ihrem Mann an den Memoiren arbeitet, erhält er zur Antwort, dass es gerade nicht so gut passt. Als er Hannelore daraufhin fragt, wie es ihr geht, sagt sie: »Bitte frag mich nicht mehr. Ich will nicht darüber reden.«

»Als ich trotzdem weiter insistiere«, sagt Erich Ramstetter, »wird sie sogar etwas böse und meint: ›Du sollst mich doch nicht mehr fragen. Aber wenn du es wissen willst: Es geht mir schlecht.‹« Besorgt erzählt Erich seinem Bruder von diesem Telefonat, doch dieser beruhigt ihn mit den Worten: »›Trotzdem glaube ich, dass alles in Ordnung ist. Die Hannelore ist ja eine willensstarke Frau, und eine Arbeit, die sie angefangen hat, wird sie auch zu Ende führen.‹ – Da haben wir uns getäuscht.«

Am Abend desselben Tages ruft Hannelore Kohl Dona Kujacinski an: »Wie immer erkundigt sie sich ausführlich nach meinem Befinden. Auf die Frage, wie es ihr geht, antwortet sie: ›Ganz schlecht.‹ Danach erzählt sie, dass sie wieder einmal eine Therapie erfolglos abbrechen musste. Trotz ihrer Krankheit schien sie bisher immer von Willenskraft erfüllt gewesen zu sein. Bei diesem Telefonat jedoch kommt sie mir anders vor. Hannelore Kohl klingt erschöpft, mutlos, ja zutiefst verzweifelt. Danach reden wir noch eine Weile über Belanglosigkeiten, bis sie plötzlich sagt: ›Ich will Sie nicht länger stören. Wir telefonieren diese Woche noch einmal.‹ Dazu kommt es nicht mehr.«

Am nächsten Tag, einem Montag, telefoniert Hannelore Kohl mit ihrer Sekretärin Hannelore Moos. »Sie wollte am zehnten Juli nach Bonn kommen. Daraufhin habe ich das Hotelzimmer reserviert, Briefe vorbereitet und Termine gemacht.

Unter anderem war ein Zahnarztbesuch um zweiundzwanzig Uhr dabei. Frau Kohl war sachlich wie immer. Über ihre Krankheit haben wir nicht gesprochen. Über dieses Thema wollte sie in den letzten Wochen generell nicht mehr reden.«

An diesem zweiten Juli rufen auch Maria und Ursula bei ihr an. Mit Maria will sie an diesem Abend spazieren gehen. Aber weil ihre Freundin nur eine Stunde Zeit hat, sagt Hannelore: »Das rentiert sich nicht, dann gehe ich lieber im Schwimmbad schwimmen.« Als Maria daraufhin erklärt, ab Dienstag habe sie die ganze Woche Zeit für sie, erwidert Hannelore, dass sie am Dienstag schon etwas vorhabe und sich am Mittwoch bei ihr melden werde. »Das«, sagt Maria, »hat sie nicht getan, und ich habe den ganzen Tag ständig versucht, sie zu erreichen. Leider erfolglos.«

Ähnlich ergeht es Ursula. »Wir wollten uns eigentlich am Dienstag treffen, aber sie rief an und sagte mit den Worten ab: ›Es geht nicht, die Mitarbeiter meines Mannes sind da, wir arbeiten an den Memoiren.‹ Daraufhin habe ich den Mittwoch vorgeschlagen, aber sie sagte: ›Nein, der Mittwoch geht bei mir auch nicht.‹ Einen Grund hat sie nicht genannt.«

Am Mittwoch, dem vierten Juli, soll in Berlin das Urteil in dem Stasiakten-Verfahren verkündet werden. Helmut Kohl muss selbst nach Berlin fahren, um im Fall einer negativen Entscheidung für eine öffentliche Reaktion sofort präsent zu sein. Am Dienstagvormittag verabschiedet er sich von seiner Frau: »Hannelore ging es an diesem Tag wieder einmal sehr schlecht. Als ich sie in den Arm nahm, hat sie mich mit ihren kranken Augen so traurig angesehen, dass ich am liebsten bei ihr geblieben wäre. Aber sie sagte: ›Fahr nach Berlin. Heute kommt das Urteil. Ich komme schon zurecht.‹ Das war das letzte Mal, dass ich meine Frau lebend gesehen habe.«

Kurz nachdem ihr Mann weg ist, geht Hannelore Kohl in den Keller, wo Hilde Seeber gerade die Wäsche bügelt. Diese erinnert sich: »Bevor sie runterkam, rief sie mir zu: ›Frau Seeber, lassen Sie bitte die Rollläden runter, ich komme jetzt zu Ihnen.‹ Als sie sich an die Wäschemangel setzen wollte, bat ich sie, das nicht zu tun, weil sie doch die Wärme nicht mehr vertrug. Aber sie sagte: ›Nein, setzen Sie sich neben mich, ich mache das jetzt. Ich will bei Ihnen sein, ich will da oben nicht alleine sein. Ich will mich mit Ihnen unterhalten.‹ Für mich war es sehr schrecklich, sie so leiden zu sehen. Vor ein paar Monaten ist mein Mann oft noch mit ihr spazieren gegangen. Dabei lief sie so schnell, dass er Mühe hatte hinterherzukommen. Zum Schluss ist sie kaum noch gelaufen.«

Als Hilde Seeber gegen halb eins das Haus verlässt, nimmt Hannelore Kohl sie in den Arm. »Dabei hat sie mich ganz fest gedrückt und sich wie so oft bei mir bedankt, dass ich immer da bin. Und dann hat sie noch gesagt: ›Frau Seeber, Sie kommen doch weiterhin zu uns?‹ Ich entgegnete: ›So lange ich kann.‹ Da hat sie mich lange angesehen und gesagt: ›Ich weiß gar nicht, was noch werden soll. Es wird immer schlimmer. Wenn ich die Treppen hochgehe, fühle ich mich so, als ob ich gerade den Garten umgegraben oder ein paar Bäume gefällt hätte.‹ Ich erwiderte: ›Frau Kohl, geben Sie die Hoffnung doch nicht auf. Vielleicht findet man ja doch noch etwas gegen Ihre Krankheit.‹ Aber sie schüttelte nur den Kopf und meinte: ›Nein, es gibt nichts. Die Schmerzen werden immer schlimmer, und die Ärzte haben mir alle Hoffnung genommen.‹«

Am Mittwoch, dem vierten Juli, ruft sie gegen halb elf Ecki Seeber an. »Sie sagte mir: ›Ecki, du denkst doch daran, dass wir in vierzehn Tagen nach St. Gilgen fahren. Hast du schon die schwarze Folie besorgt, mit der wir die Fenster im Haus in St. Gilgen zukleben können?‹ Ich sagte: ›Nein, aber ich werde heute noch nach Wiesbaden fahren, um sie zu besorgen.‹«

Am späten Nachmittag fällt das Berliner Verwaltungsgericht sein Urteil zur Frage der Herausgabe der Stasiakten von Helmut Kohl: Die Gauck-Behörde darf diese Akten nun nur mit seiner Einwilligung herausgeben. Alle in der Familie, besonders aber Hannelore, haben gehofft, dass er gleich in der ersten Instanz Recht bekommt. Eine freie Einsichtnahme durch Dritte, ohne Genehmigung der Familie, in diese zum Teil völlig willkürlich fabrizierten Unterlagen hätte nach allem, was sich die Stasi in Jahrzehnten gegenüber ihrer Familie geleistet hat, Hannelores Gerechtigkeitssinn völlig widersprochen.

Zwischen neunzehn und zwanzig Uhr kehrt Ecki Seeber an diesem Mittwoch aus Wiesbaden zurück und will Hannelore Kohl mitteilen, dass er die Folie bekommen hat. Aber sie ist nirgendwo zu sehen.

»Auf der Suche nach ihr bin ich auch nach oben gegangen«, berichtet Ecki Seeber, »und sah einen Zettel vor der Tür liegen, auf dem stand: ›Ich will länger schlafen, bitte nicht stören.‹ Weil sie des Öfteren solche Zettel hingelegt hat, dachte ich mir nichts dabei. Ich bin hinunter in die Küche gegangen und habe ein Muster der Folie auf die Ablage gelegt. Weil meine Frau am Mittwoch und am Donnerstag freihatte und Frau Kohl wegen ihrer Lichtallergie ja nicht selbst hinaus zum Briefkasten gehen konnte, um die Post und die Zeitungen hereinzuholen, habe ich dies dann getan und alles zu der Folie in die Küche gelegt.«

Zwischen dreiundzwanzig und vierundzwanzig Uhr in dieser Nacht stirbt Hannelore Kohl an einer Überdosis von Morphiumsulfat, einem extrem starken Schmerzmittel. Zusätzlich nahm sie Schlaftabletten. Morphium war in den letzten Monaten ein Teil ihrer Schmerztherapie geworden.

* * *

Am nächsten Morgen, dem fünften Juli, kommt Ecki Seeber gegen sieben Uhr früh in das Haus in der Marbacher Straße, um den Rasen zu mähen. Wie schon in den letzten Wochen verspricht auch dieser Tag sonnig und sehr heiß zu werden.

Es sind Temperaturen von bis zu fünfunddreißig Grad angekündigt.

Ecki Seeber berichtet, was er vorfand: »Als ich ins Haus kam, sah ich, dass die Post noch so da lag, wie ich sie hingelegt hatte. Das hat mich dann doch stutzig gemacht, weil Frau Kohl doch jeden Abend gegen zweiundzwanzig Uhr spazieren ging und somit auch die Post hätte sehen müssen. Daraufhin beschlich mich ein mulmiges Gefühl, und ich rief meine Frau an und sagte: ›Da stimmt was nicht, die Post liegt noch genauso da wie gestern Abend.‹«

Hilde Seeber fährt sofort in die Marbacher Straße. »Dabei stellte ich fest, dass das Haus genauso aussah, wie ich es am Dienstagmittag verlassen hatte«, sagt sie. »Daraufhin bin ich hochgegangen und habe dann auch den Zettel vor ihrer Tür gesehen und gelesen. Ich habe ihn aufgehoben und ihn mit runter in die Küche genommen. Danach bin ich erst mal wieder nach Hause gefahren, weil auch ich eben dachte, dass Frau Kohl länger schlafen will. Aber irgendwie ließ mir das Ganze keine Ruhe. Gegen zehn rief ich bei ihr an. Aber sie meldete sich nicht. Nach fünfzehn Minuten habe ich es noch einmal versucht. Wieder ohne Erfolg. Dann bin ich wieder in die Marbacher Straße gefahren. Ich bin die Treppe hoch, habe an ihre Zimmertür geklopft, und als ich keine Antwort bekam, öffnete ich vorsichtig die Tür und habe sie gesehen.«

»Mein erster Gedanke war: Ach Gott, sie sieht aus wie tot. Doch ich wollte es nicht glauben. Ich bin zu ihr hingegangen und habe meine Hand auf ihr Gesicht gelegt und gerufen: ›Frau Kohl, Frau Kohl, was ist denn bloß los?‹ Ihr Gesicht war eiskalt. Da wusste ich, dass mich mein erster Eindruck nicht getäuscht hatte. Hannelore Kohl war nicht mehr am Leben.«

»Sie trug einen Seidenpyjama«, vermerkt Hilde Seeber. »Aufgrund ihrer Empfindlichkeit gegen Wärme konnte sie nachts zuletzt nur noch Seide auf ihrer Haut vertragen, weil sie so schön kühl war. Auf dem Boden vor dem Schreibtisch lag ein großer Zettel, auf dem stand: ›Wer mich findet, möchte bitte unseren Hausarzt Professor Dr. Gillmann benachrichtigen.‹ Daraufhin bin ich wie von Sinnen aus ihrem Schlafzimmer gerannt und habe meinen Mann angerufen, der sich zu diesem Zeitpunkt bereits wieder bei uns zu Hause befand.«

* * *

Als Hannelore Kohl von Hilde Seeber gegen elf Uhr fünfzehn gefunden wird, ist sie bereits seit Stunden tot. Vor ihrem Bett stehen die gerahmten Bilder ihrer Familie. Auf dem Schreibtisch liegt ein dicker brauner Umschlag. Darin befinden sich die zwanzig Abschiedsbriefe. Alle tragen das Datum »heute«.

An ihre Söhne schreibt die Mutter:

> *»Glaubt es mir, ich kann und will nicht in Dunkelheit ein langes Siechtum ertragen. Ich will es mir und Euch ersparen. Die Unheilbarkeit ist nun erwiesen.«*

KAPITEL 11

IHR LETZTER WEG

Als Hannelore Kohl von Hilde Seeber am fünften Juli gegen elf Uhr fünfzehn tot in ihrem Bett aufgefunden wird, ist Helmut Kohl gerade auf dem Weg in den Berliner Reichstag. Dort erreicht ihn kurz danach die Nachricht, dass seine Frau nicht mehr am Leben ist. Juliane Weber bucht ihn sofort auf den nächsten Flug nach Mannheim, wo er gegen dreizehn Uhr fünfundvierzig landet.

Noch vor ihm trifft sein Sohn Walter in der Marbacher Straße ein. »Ich befand mich gerade in einer Sitzung in meinem Büro in Frankfurt, als gegen elf Uhr dreißig meine Sekretärin hereinkam und sagte, dass ich sofort im Büro meines Vaters in Berlin anrufen solle. Schon als ich rausrannte, hatte ich ein sehr ungutes Gefühl. Ich dachte, dass etwas Schreckliches passiert ist. Als ich Juliane Weber zurückrief, sagte sie nur: ›Deine Mutter ist tot.‹ Mehr haben wir nicht gesprochen. Ein paar Minuten später saß ich bereits im Auto. Ich habe nicht mal mein Jackett mitgenommen. Als ich auf der Autobahn war, rief ich meine Frau und meinen Bruder an. Christine hat mich inständig gebeten, langsam zu fahren. Auf dem Weg nach Oggersheim riefen dann auch schon die ersten Freunde auf dem Handy an, weil sie aus den Medien vom Tod meiner Mutter erfahren hatten. Mit ihnen sprechen konnte ich nicht. Ich habe immer nur gesagt: ›Jetzt nicht‹, und habe aufgelegt.«

Als er in der Marbacher Straße ankommt, stehen bereits die ersten Fotografen und Kameraleute vor der Tür, meist von der örtlichen Presse. Walter bittet die Polizisten der Sonderwache in der Marbacher Straße, die Straße an beiden Enden abzusperren und nur noch Anwohner durchzulassen. Der von den Seebers herbeigerufene Notarzt hat, wie es in solchen Fällen routinemäßig üblich ist, wegen des Verdachts der Selbsttötung die Polizei benachrichtigt, und diese hat wiederum die zuständige Staatsanwaltschaft in Frankenthal informiert.

Walter findet das Haus voller fremder Menschen vor: Sanitäter, Polizisten und Beamte der Staatsanwaltschaft. Er geht sofort zu seiner Mutter. »Wie ein kleines Mädchen lag sie in ihrem Bett. Ihr Gesichtsausdruck war sehr friedlich und völlig entspannt. Die Schmerzen haben sie nicht mehr gequält. Vor ihrem Bett standen die Bilder von uns allen und die Bücher meines Vaters, auf den Seiten aufgeschlagen, auf denen er ihr persönliche Widmungen geschrieben hatte. Auf dem Schreibtisch lag ein großer dicker Umschlag. Darin waren kleinere, bereits adressierte und verschlossene Umschläge, in denen sich ihre Abschiedsbriefe befanden. Außerdem hatte sie auf DIN-A4-Bögen handschriftlich ihre letzten Anweisungen sowie eine Patientenverfügung hinterlassen.«

»Ich habe lange bei meiner Mutter gesessen. Irgendwann bin ich hinuntergegangen und habe die Fragen der Staatsanwaltschaft beantwortet. Kurz darauf kam mein Vater und ging sofort zu ihr nach oben. Er wurde dann auch von der Staatsanwaltschaft befragt. Später saßen wir beide gemeinsam bei ihr.«

Helmut Kohl sagt: »Den Zeitpunkt ihres Todes hat sich meine Frau genau überlegt und alles gründlich vorbereitet. Sie wusste, dass am Mittwoch das Urteil in dem Stasiakten-Verfahren fällt und ich an diesem Tag nicht zu Hause sein konnte. Die vielen Abschiedsbriefe, die alle das Datum ›heute‹ tragen, muss sie schon einige Zeit vor diesem Mittwoch geschrieben haben. Zwanzig Abschiedsbriefe und die ganzen Verfügungen kann man nicht an einem Tag schreiben.«

Gegen siebzehn Uhr dreißig trifft schließlich auch Peter aus London kommend in Oggersheim ein. Als das Auto in die Marbacher Straße einfährt, wird er von den vielen Blitzlichtern und Fernsehscheinwerfern geblendet. Er hält sich zum Schutz sein Anzugjackett über den Kopf. Mittlerweile haben sich über hundertfünfzig Journalisten, Fotografen und Kameraleute hinter den Absperrungen an beiden Enden der Straße versammelt.

In den Tagen bis zur Beerdigung versucht man bei jeder sich bietenden Gelegenheit, mit Teleobjektiven das Geschehen vor dem Eingang des Hauses zu fotografieren und zu filmen. Für die Familie ist das kaum zu ertragen.

Peter berichtet: »Als ich im Haus meiner Eltern angekommen bin, waren alle Staatsanwälte, Polizisten und der Notarzt bereits wieder weg. Ich habe meinen Vater umarmt. Er befand sich in einem schlimmen Zustand. Mir wurde es angst und bange um ihn. Mein Bruder war außer sich vor Verzweiflung. Es war grauenhaft. Danach bin ich zu meiner Mutter nach oben gegangen. Ich habe mich einfach zu ihr gesetzt und ihre Hand gehalten. Draußen war es immer noch extrem heiß, und in ihrem abgedunkelten Zimmer kühlte die Klimaanlage auf Hochtouren.«

* * *

»Am Donnerstagabend haben wir erstmals über den Ort und Zeitpunkt der Beerdigung gesprochen«, sagt Peter. »Niemand konnte vorhersehen, wie viele Menschen und welche Ehrengäste kommen würden. Deshalb haben wir uns überlegt, dass Erich und Fritz Ramstetter den Trauergottesdienst im Speyrer Dom zelebrieren sollten, eine Genehmigung durch den Bischof vorausgesetzt. Wir haben dann den Bischof von Speyer, Dr. Anton Schlembach, in seinem Urlaub in Italien erreichen können. Der Bischof war sehr gerne bereit, uns zu helfen, und hat uns sofort jede Unterstützung zugesagt. Danach haben wir den Begräbnistermin für Mittwoch, den elften Juli, festgelegt.«

»Schon am Donnerstag fing das Telefon an zu läuten und hörte tagelang nicht mehr auf«, fährt Peter fort. »Viele der ehemaligen Kollegen meines Vaters, von Bill Clinton bis Michail Gorbatschow riefen persönlich an. Die ganze Welt schien bei uns in Oggersheim anzurufen. Dann setzte eine Lawine von tausenden von Kondolenztelegrammen und Beileidsbriefen aus Deutschland und der ganzen Welt ein. Das meiste davon ging gleich an das Büro meines Vaters nach Berlin, wo seine Mitarbeiter monatelang mit der Bewältigung dieser Flut von Post beschäftigt waren. Für sie alle war das eine enorme emotionale Belastung. Wir sind ihnen für ihren ungeheuren Einsatz sehr dankbar.«

Walter erzählt: »Als mein Bruder angekommen war, haben wir beide beschlossen, für unsere Mutter einen würdigen Abschied zu organisieren. Unserem Vater ging es nicht gut. Wir haben uns die Aufgaben dann geteilt. Schnell wurde klar, dass diese Beerdigung das Ausmaß einer Großveranstaltung erreichen würde. Ich war für die Organisation der externen Abläufe in Speyer und auf dem Friedhof und Peter weitgehend für den Rest verantwortlich. Das Büro meines Vaters hat sich dann mit viel Einsatz um die Ehrengäste gekümmert. Wir haben, bis auf die wenigen Teilnehmer an der Beerdigung, niemanden eingeladen, sondern einfach in den Todesanzeigen über Ort und Zeitpunkt des Trauergottesdienstes informiert. Alle, die daran teilgenommen haben, sind gekommen, weil sie selbst es so wollten. An diesem Freitag riefen mein Vater und ich gemeinsam den rheinland-pfälzischen Ministerpräsidenten Kurt Beck an, der am Ende des Telefonats nur einen Satz sagte: ›Wir machen alles so, wie Sie es für richtig halten.‹ Das war hochanständig!«

* * *

Am Freitag gegen dreizehn Uhr verlässt Hannelore Kohl für immer ihr Zuhause. Als der Leichenwagen die Absperrung passiert, fährt er an Blumensträußen und brennenden Kerzen vorbei, die dort für sie niedergelegt worden sind.

* * *

Am Nachmittag hat Walter einen Termin mit Freddy Leiner, dem Polizeipräsidenten von Ludwigshafen, um mit ihm die Organisation der Gedenkfeier in Speyer zu besprechen. Walter Kohl erinnert sich: »Im Zimmer des Polizeipräsidenten saßen rund fünfzehn Personen um einen langen Besprechungstisch. Als wir es betraten, herrschte Totenstille. Nachdem mich der Polizeipräsident begrüßt und mir sein Beileid ausgesprochen hatte, bedankte ich mich bei den versammelten Damen und Herren für ihre Unterstützung und Hilfe und zeigte ihnen dann eine Skizze für die Einsatzplanung beim Speyrer Dom. Das Gespräch mit diesen Menschen hat mir psychisch sehr geholfen. Sie hatten auch Verständnis dafür, dass ich zwischendurch weinen musste. Am meisten hat mich jedoch ein Satz einer der Teilnehmer gerührt. Er sagte: ›Wir kannten Ihre Mutter, und das machen wir jetzt für sie.‹ Diese Einstellung werden wir ihm und seinen Kollegen nie vergessen.«

Dieser Freitag und das folgende Wochenende waren für die Familie sehr schwer, vor allem für Peter, der eine Reihe von Telefonaten führte: »Wir wollten, im Sinne meiner Mutter, eine Beerdigung im kleinen Kreise. Deshalb musste ich mir eine ausreichend kurze Teilnehmerliste überlegen, was wegen des ausgedehnten Freundes- und Bekanntenkreises meiner Mutter nicht einfach war. Zunächst habe ich alle diejenigen angerufen, an die meine Mutter einen Abschiedsbrief geschrieben hatte. Ich habe mir den Empfang jedes einzelnen Briefes bestätigen lassen und den Empfänger dann zur Beerdigung eingeladen. In einigen Fällen war der Brief meiner Mutter erst wenige Minuten vor meinem Anruf geöffnet worden. Ich habe mit allen persönlich gesprochen, zum Teil waren es sehr lange Gespräche. Mein Vater konnte es nicht. Hinterher fühlte ich mich vollkommen elend.«

»Neben der nächsten Verwandtschaft haben wir persönliche Freunde, die Mitarbeiter und Mitarbeiterinnen meiner Mutter und meines Vaters, die Damen und Herren vom Kuratorium ZNS, darunter die drei Vizepräsidenten und den Vorsitzenden, zur Beerdigung eingeladen. Am Ende waren es neunzig Personen.«

* * *

Walter Kohl sagt über den Freitod seiner Mutter: »Sie konnte sich aus ihrem Gefängnis aus Schmerzen und Dunkelheit anders nicht mehr befreien und hatte Angst, auf einer Intensivstation sich selbst und anderen zur Last zu werden. Nach den vielen Therapieversuchen hatte sie überhaupt keine Hoffnung auf Besserung mehr. Weil ihr das völlig klar war, hat sie diesen Schritt sehr bewusst vorbereitet und schließlich auch getan. Für sie war ganz wichtig, in Frieden aus dieser Welt zu gehen. Deshalb hat sie diese vielen Abschiedsbriefe geschrieben, in denen sie ihre Entscheidung erklärte. Durch ihren Brief an mich habe ich so auch Klarheit und Verständnis für ihren Entschluss gefunden. So schlimm ihr Tod für mich auch ist – ich kann den Schritt meiner Mutter sehr, sehr gut verstehen.«

Peter schildert seine Gedanken so: »Ein Selbstmord ist immer auch eine Katastrophe für die betroffene Familie, die Freunde und die Ärzte. Für mich persönlich ist Suizid keine Lösung. Aber ich habe beim Tod meiner Mutter mit tiefer Erschütterung erlebt, dass man sich sehr hüten muss, ein verallgemeinerndes Urteil zu fällen. Und dass es wichtig ist, dieses schwierige Thema im Geist der Barmherzigkeit und der Liebe zu betrachten.«

»Bei meiner Mutter war ab einem gewissen Zeitpunkt die Willenskraft aufgebraucht. Das hing auch mit dem psychischen Druck zusammen, dem sie in den letzten Jahren durch äußere Ereignisse ausgesetzt war. Sie hat ihr ganzes Leben lang gekämpft und, egal, wie schwierig und problematisch sich eine Situation auch darstellte, immer gesagt: ›Das schaffen wir, das stehen wir durch, und am Ende kommen wir sogar noch gestärkt dabei raus.‹ Sie hat niemals die Hoffnung aufgegeben. In den letzten Wochen hat meine Mutter jedoch feststellen müssen, dass ihre Hoffnung auf Heilung durch die vielen niederschmetternden medizinischen Diagnosen immer weniger wurde und schließlich ganz zerbrach.«

* * *

Der Montag ist für alle ein schwerer Tag. Mit der Polizei, den Beamten der Stadtverwaltung Speyer und den Mitgliedern der Diözese trifft Walter sich am Speyrer Dom, wo die »Generalprobe« für die Beerdigung am Mittwoch stattfindet. »Dort«, sagt er, »haben wir über die Sicherheitsvorkehrungen gesprochen und sind alle Stationen abgegangen, vom Dom in Speyer bis zum Friedhof in Friesenheim und dann zum ›Deidesheimer Hof‹, wo der Trauerempfang nach der Beerdigung stattfinden sollte. Für den Trauergottesdienst gab es bereits Bombendrohungen. Ein anonymer Schwerkranker drohte damit, sich während des Trauergottesdienstes im Dom umzubringen. Alles in allem waren bei dem Probedurchgang vierzig Mann dabei, die sich alle sehr anständig verhalten haben. Dennoch habe ich selten so gelitten wie an diesem Tag.«

* * *

Am Mittwoch, dem elften Juli, findet um vierzehn Uhr im Kaiserdom zu Speyer das Requiem für Hannelore Kohl statt. Für ganz Ludwigshafen hat der Oberbürgermeister an diesem Tag Trauerbeflaggung angeordnet. Es ist ein heißer und sonniger Tag. Bereits seit zehn Uhr dreißig ist der Sarg im Dom aufgebahrt. Einige der Sicherheitsbeamten, die Hannelore Kohl zum Teil über Jahrzehnte gut gekannt und begleitet haben, stehen auf eigenen Wunsch an ihrem Sarg Wache. Weit über viertausend Menschen haben sich im und vor dem Dom versammelt, um ihr die letzte Ehre zu erweisen.

Im Inneren des Doms nehmen, vorne auf der linken Seite, die Familie und die zum Begräbnis eingeladenen Gäste Platz. Auf den Plätzen vorne rechts haben sich katholische und evangelische Geistliche eingefunden sowie namhafte Repräsentanten aus der Politik, die aus dem In- und Ausland angereist sind.

Als Helmut Kohl mit seinen Söhnen Walter und Peter, seinen Schwiegertöchtern Christine und Elif sowie deren nächsten Familienangehörigen kurz vor vierzehn Uhr das Kirchenschiff betritt, erheben sich die Gäste schweigend von ihren Bänken.

Nacheinander treten Helmut Kohl und seine Familie an den rosenbedeckten Sarg. Anschließend gehen einige Trauergäste zur Bankreihe der Familie hinüber, um Helmut Kohl und seinen Angehörigen persönlich ihr Beileid auszusprechen.

Dann ertönt der Introitus von Verdis Requiem, den Domkapellmeister Professor Krämer mit hundert Sängern aufführt. Monsignore Erich Ramstetter, sein Bruder Fritz und sechs weitere katholische Geistliche zelebrieren diesen Trauergottesdienst gemeinsam. Für die vielen Menschen, die im Inneren des Doms wegen Überfüllung keinen Platz mehr gefunden haben, wird der Gottesdienst über Lautsprecher auf den Domplatz übertragen. Im Dom sind während des Trauergottesdienstes Kameras verboten.

Nach der Lesung aus dem Evangelium beginnt Erich Ramstetter mit seiner Ansprache. Nach dem Hohepriesterlichen Gebet Jesu für seine Jünger richtet er seine Worte an die Familie und an die Trauergemeinde:

»Zu jeder Zeit erleben wir nicht nur aufbauende und frohmachende Lebenskräfte um uns und in uns, son-

dern wir sind auch mit den zerstörenden und auf Vernichtung zielenden Kräften konfrontiert.
Was dies heißt, habt ihr, lieber Helmut, lieber Walter und Peter, bis in diese Stunde in maßloser und extremer Weise erlebt und erlitten.
Hannelore hat dieses schwere Schicksal in partnerschaftlicher Liebe und Treue geteilt und bis zuletzt zu euch gehalten. Sie hat, wie sie einmal sagte, immer neben dir und hinter dir, lieber Helmut, gestanden. Alle Unterstellungen, Verleumdungen und Hasserfahrungen wurden zu eurem gemeinsamen bitteren Leid. Ich weiß nicht, ob es denen bewusst ist, was es bedeutet, einem Menschen die Ehre rauben zu wollen. Dies zielt immer auf Leben und Lebenskraft.
Lieber Helmut, ›ich weiß, dass mein Erlöser lebt‹, spricht Hiob. Dies glauben zu können ist entscheidend in dieser eurer Lebenssituation.
Wir sind überzeugt, für Hannelore ist dies zu lebenspendender Wahrheit geworden. Die Fülle des Leids an Seele und Leib hat sie diesen Schritt auf den unbegreiflichen und liebenden Gott vollziehen lassen.
In der Feinfühligkeit, die ihr auch zu Eigen war, hat sie sich von dir, lieber Helmut, verabschiedet. Sie wusste, welchen Schmerz sie dir, Walter und Peter bereitet, aber sie stand unter den Zwängen der Krankheit. Ihre Liebe und Treue, ihre Dankbarkeit für das lange gemeinsame Leben bringt sie in ergreifender Weise zum Ausdruck. Wer denkt hier nicht an die Worte des Johannes: ›Wer in der Liebe bleibt, der bleibt in Gott und Gott in ihm.‹ Diese Worte sollen euch, lieber Helmut, lieber Walter und Peter, Trost sein. Sie steht euch nach wie vor nahe, das zeigen die ganz persönlichen Briefe an euch.«

Danach fährt er fort:

»Wer könnte das starke soziale Engagement von Hannelore Kohl vergessen. Wir erinnern nicht zuletzt an ihr Werk ZNS zur Hilfe von Verletzten des zentralen Nervensystems. Hier hat sie gerade an das schwere Schicksal junger Menschen gedacht. Ihr Einsatz erwuchs aus ihrer Mitmenschlichkeit, ihrem Mitleid und ihrer Menschenliebe.
Zuletzt zwang ihre Krankheit sie, das Licht zu meiden und in der Dunkelheit zu leben. Es war ein Martyrium, weil sie dadurch vom Leben abgeschnitten wurde und nicht mehr am gesellschaftlichen Leben teilnehmen konnte.
Wie schmerzlich war es für sie, nicht an der festlichen Hochzeit von dir, lieber Peter und Elif, teilnehmen zu können. Als mein Bruder und ich gleich nach der Rückkehr aus der Türkei ihr von der feierlichen und großartigen Hochzeit berichten konnten und ihr sagten, dass wir überzeugt sind, Peter und Elif würden ein glückliches Paar, da weinte sie in Glück und Schmerz, weil sie bei diesem Schritt auf euer gemeinsames Leben außen vor bleiben musste.«

Zum Schluss seiner Ansprache sagt Monsignore Ramstetter:

»Wer in der Dunkelheit leben muss, sehnt sich nach dem Licht!
Hannelore Kohl hat sich nach dem unvergänglichen Licht gesehnt, nicht nach den untergehenden Sonnen.
Wir glauben und beten, dass Gott sie seine Herrlichkeit schauen lässt. Dass er ihre Tränen trocknet und ihr den Frieden und die ewige Ruhe schenkt.«

Zu dem alten Kirchenlied ›Nun danket alle Gott‹ zieht der Sarg, hinter ihm die Familie Kohl und alle Begräbnisgäste, aus dem Dom aus.

Als der Sarg vor dem Dom ankommt, halten die vielen Menschen auf dem Domplatz schweigend inne.

»Diese Beerdigung und der Trauergottesdienst waren unser Abschiedsgeschenk an unsere Mutter. Wir haben einen Menschen, dem man die Würde nehmen wollte, noch im Tod geholfen, sie zu behalten. Unsere Mutter ist in Würde gegangen«, sagt Walter.

* * *

Nach dem Trauergottesdienst wird der Sarg zum fünfundzwanzig Kilometer entfernten Friedhof in Ludwigshafen-Friesenheim gebracht. Dort wird Hannelore Kohl nach einer kurzen Andacht in der Trauerhalle im Familiengrab beigesetzt. Zu diesem Begräbnis haben sich siebzehn katholische Geistliche aus Ludwigshafen und Mannheim eingefunden. Gemeinsam mit den beiden Brüdern Ramstetter halten sie Andacht und beerdigen die Protestantin Hannelore Kohl. Unter den neunzig Gästen befinden sich auch die Mutter und die Schwester von Christine sowie Elifs Eltern und ihre Schwester. Alle, Katholiken, Protestanten und Moslems, beten gemeinsam, jeder auf seine Art, am Grab von Hannelore Kohl.

Die Gefühle der Familie Kohl an diesem Tag lassen die Worte erahnen, die in der Todesanzeige und im Trauerheft stehen:

> *»Sie schenkte unserer Familie ihre ganze Kraft, ihre Liebe und ihre Hingabe. Sie diente in unvergleichlicher Weise unserem Land und tat Gutes für ihre Mitmenschen, wo immer sie konnte. Wir danken Gott, dass es sie gab.«*

11. Juli 2001: Tausende von Menschen haben sich im und vor dem Kaiserdom in Speyer versammelt, um Hannelore Kohl die letzte Ehre zu erweisen.

ANHANG

KURATORIUM ZNS – DAS SOZIALE ENGAGEMENT VON HANNELORE KOHL

Bereits 1971 hatte Hannelore Kohl – noch als Frau des Ministerpräsidenten von Rheinland-Pfalz – die Schirmherrschaft des Walter-Poppelreuther-Hauses in Vallendar übernommen. Als Ehefrau von Bundeskanzler Dr. Helmut Kohl sah sie 1983 die Chance, ihr Engagement auszudehnen. Ihren bundesweiten Bekanntheitsgrad wollte sie nutzen, um auf die Situation Hirnbeschädigter aufmerksam zu machen, einen Beitrag zur Verbesserung der Neuro-Rehabilitation zu leisten und für diesen Zweck Spendengelder zu sammeln. Deshalb gründete Hannelore Kohl am einundzwanzigsten Dezember 1983 das Kuratorium ZNS für Unfallverletzte mit Schäden des Zentralen Nervensystems, dessen Präsidentin sie wurde.

Was ist das Kuratorium ZNS?

Das Kuratorium ZNS ist ein gemeinnütziger Verein, eingetragen im Vereinsregister des Amtsgerichts Bonn unter der Registernummer VR 4949.

Beim Kuratorium ZNS handelt es sich um eine Hilfsorganisation für Unfallverletzte mit Schäden des zentralen Nervensystems (ZNS), die Hirnverletzten durch Verbesserung der Rehabilitation den Weg zurück in Familie, Schule, Beruf und Gesellschaft erleichtert.

Wie setzt sich das Kuratorium ZNS zusammen?

Das Kuratorium ZNS wird von einem ehrenamtlichen Vorstand mit derzeit zwölf Mitgliedern geführt. Beraten wird der Vorstand durch einen ebenfalls ehrenamtlich tätigen Beirat mit zur Zeit vierzig Mitgliedern aus den Bereichen Banken, Versicherungen, Verbänden, Medien und Medizin sowie von projektbezogenen Ausschüssen. Zentrale Ansprechstelle ist die Geschäftsstelle mit ihren sieben hauptamtlichen Mitarbeitern.

Was macht das Kuratorium ZNS genau?

Das Kuratorium ZNS arbeitet als überregionale Zentrale von Bonn aus. Hier können von Interessierten und Betroffenen nicht nur alle aktuellen Rehabilitationsmöglichkeiten abgefragt werden, hier werden von der zentralen Auskunfts- und Vermittlungsstelle auch Rehabilitationsplätze vermittelt. Außerdem führt das Kuratorium ZNS Symposien, Fachtagungen und Informationsveranstaltungen durch, um zur Weiterentwicklung der Neuro-Rehabilitation beizutragen. Bis zum einunddreißigsten Dezember 2000 konnte das Kuratorium ZNS über 20 000 Anfragen beantworten und 36,9 Millionen DM für 385 Projekte an 172 verschiedene Einrichtungen weitergeben. Ein besonderes Augenmerk legt das Kuratorium auf vorbeugende Maßnahmen zur Unfallverhütung.

Welche Projekte lagen Hannelore Kohl besonders am Herzen?

»Computer helfen heilen«:
Bislang wurden 64 Einrichtungen mit 7,4 Millionen DM gefördert, um 214 Therapieplätze zu schaffen – von der Frührehabilitation bis zur beruflichen und schulischen Wiedereinglie-

derung von Hirnverletzten. Mit Hilfe dieses Projekts werden die Patienten schon in einem sehr frühen Stadium der Rehabilitation durch ein an die jeweiligen Fähigkeiten angepasstes Eingabesystem (zum Beispiel spezielle Tastaturen und Sensoren) an das Erlernen so elementarer Fertigkeiten wie Sprechen, Lesen, Schreiben und Rechnen herangeführt. Außerdem können damit Aufmerksamkeit, Gedächtnis, logisches Handeln und Kommunikation gefördert werden. Die Lernprozesse können individuell an die Leistungsfähigkeit des jeweiligen Patienten angepasst werden. Durch den Einsatz von moderner Technik haben die Patienten einen besonderen Motivationsanreiz beim Wiedererlernen auch einfachster Dinge. Zusätzlich gewinnt der Therapeut mit dem Computer als Werkzeug Zeit für menschliche Zuwendung gegenüber den Patienten.

Frührehabilitation:
Je früher mit der Rehabilitationsbehandlung begonnen werden kann, desto größer ist erfahrungsgemäß der spätere Heilungserfolg. Die Frührehabilitation sollte deshalb bereits auf der Intensivstation einsetzen und einen nahtlosen Übergang von der Akut- in die Reha-Behandlung gewährleisten. Das Kuratorium ZNS hat deshalb 39 Einrichtungen mit 13 Millionen DM zur Errichtung von 454 Betten gefördert.

Bildkommunikationssystem:
Mittels dieses Systems ist es möglich, mehrere Akutkrankenhäuser mit der Zentrale in einer Neurochirurgischen Klinik zu vernetzen. So können per Datenfernübertragung auf einen Bildschirm übermittelte Patientendaten aus bildgebenden Verfahren (Röntgen, CT, MRT, PET) ohne Zeitverlust analysiert und Diagnosen über größere Distanzen hinweg von Unfallchirurgen und Neurochirurgen diskutiert werden. Bislang wurden 12 Zentralen mit 45 angeschlossenen Allgemeinkrankenhäusern mit 1,9 Millionen DM gefördert.

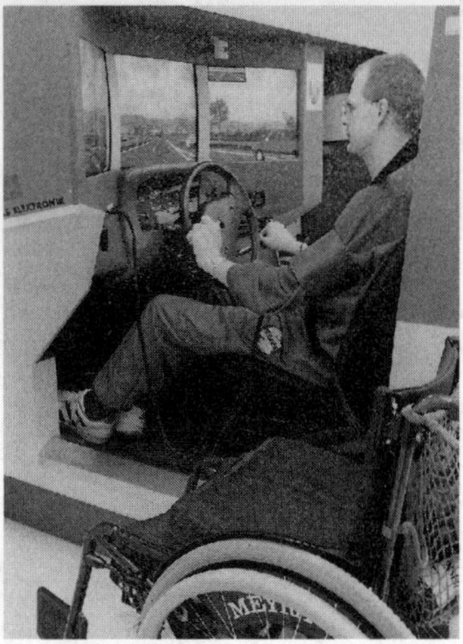

Der Fahrsimulator.

Fahrsimulator:
Mobilität ist ein wichtiges Element bei der Wiedereingliederung eines Hirnverletzten in Beruf und Gesellschaft. Entsprechend hoch ist häufig der Stellenwert einer Fahrerlaubnis für den Straßenverkehr. Um den Reha-Patienten wieder an die aktive Teilnahme am Straßenverkehr zu gewöhnen, wurde ein Fahrsimulator entwickelt. Der Patient sitzt in einem Pkw-Fahrerstand, und ein Computer simuliert auf Bildschirmen eine künstliche Landschaft und ein dynamisches Verkehrsgeschehen. Durch die Simulation verschiedener Situationen im Straßenverkehr (Missachtung der Vorfahrt, Ampelwechsel, Überholvorgänge usw.), unterschiedlicher Streckenabschnitte (Autobahn, Landstraße, Stadtverkehr), wechselnder Verkehrsdichte und Witterung kann der Schwierigkeitsgrad variiert werden. Seit 1998 steht im Bonner Reha-Zentrum »Godeshöhe« der Prototyp eines Fahrsimulators, dessen Bewertungsbericht Anfang 2002 veröffentlicht wird.

Warum ist die Prävention für das Kuratorium ZNS so wichtig?

Jeden Tag passieren Unfälle: im Straßenverkehr, bei Freizeitaktivitäten, im Haushalt und bei der Arbeit, durch Krankheiten und Gewalttaten. 8,99 Millionen Unfälle hatten nach Angaben der Bundesanstalt für Arbeitsschutz im Jahr 1999 einen Personenschaden zur Folge und machten eine ärztliche Behandlung erforderlich. Das heißt: 11 Prozent der deutschen Bevölkerung waren 1999 von einem ernstzunehmenden Unfall betroffen. Der höchste Anteil – 5,25 Millionen (58 Prozent) – entfiel auf den Bereich Heim- und Freizeitunfälle. In Schule und Beruf ereigneten sich 3,21 Millionen Unfälle (36 Prozent), im Straßenverkehr waren es »nur« 520 000 (6 Prozent). Häufig führen diese Unfälle zu Verletzungen des Schädel-Hirn-Bereichs, die schlimme Folgen haben.

Obwohl es jeden von uns von einer auf die andere Sekunde betreffen kann, bleibt das Thema Hirnverletzte oft noch eine Tabuzone. Deshalb wirbt das Kuratorium ZNS in der Öffentlichkeit um Verständnis und aktive Hilfe für Unfallverletzte mit Schäden des Zentralen Nervensystems. Infobroschüren zu verschiedenen Themen können beim Kuratorium ZNS angefordert werden.

Gleichzeitig setzt das Kuratorium ZNS auf die Vorbeugung von Unfällen. So finanzierte das Kuratorium ZNS zum Beispiel einen Videofilm »Mit Helm is' doch klar!«, der zum Tragen von Helmen beim Fahrradfahren und von entsprechender Schutzkleidung beim Inlineskaten aufruft. Dieser Videofilm wird vorwiegend im Bereich der Verkehrserziehung und Jugendarbeit eingesetzt.

Hier können Sie sich über das Kuratorium ZNS informieren:

Kuratorium ZNS, Rochusstraße 24, 53123 Bonn
Telefon: 0228/978 45 – 0
Telefax: 0228/978 45 – 55
E-Mail: info@kuratorium-zns.de
Internet: http://www.kuratorium-zns.de

DIE HANNELORE-KOHL-STIFTUNG

Aufgabe der »Hannelore-Kohl-Stiftung für Unfallopfer zur Förderung der Rehabilitation Hirnverletzter e. V.« ist es, Projekte von Wissenschaft und Forschung zur Verbesserung von Neuro-Rehabilitationsverfahren zu fördern, damit Hirnverletzte möglichst keine Pflegefälle oder Frührentner werden. Es handelt sich dabei um Langzeitprojekte mit hohem finanziellem Aufwand. Das Kuratorium ZNS kann solche Summen nicht zur Verfügung stellen, da das jährliche Spendenaufkommen nicht im Voraus kalkulierbar ist und die zweckgebundenen Spenden-, Mitglieds- sowie Bußgelder *zeitnah* dem Verwendungszweck zugeführt werden müssen; so schreibt es das Gemeinnützigkeitsrecht vor. Deshalb übernimmt das Kuratorium ZNS die Tagesgeschäfte sowie die Projektabwicklung, während die Hannelore-Kohl-Stiftung hauptsächlich Forschungsprojekte mit mehrjährigen Laufzeiten fördert.

Spenden als Zustiftungen an die Hannelore-Kohl-Stiftung:
Zustiftungskonto 247 190 227 bei der Deutschen Bank Essen, BLZ 360 700 50

BILDNACHWEIS

Fotos im Text

S. 10: © Paul Schirnhofer/
Agentur Focus
S. 27: Privatbesitz
S. 28: Privatbesitz
S. 30: © Rena Krebs
S. 31: © Rena Krebs
S. 33: Privatbesitz
S. 35: Privatbesitz
S. 39: Privatbesitz
S. 43: Privatbesitz
S. 44: Privatbesitz
S. 48: © Stadtarchiv Ludwigshafen
S. 54: Privatbesitz
S. 62: Privatbesitz
S. 67: Privatbesitz
S. 80: Privatbesitz
S. 82: Privatbesitz
S. 83: Privatbesitz
S. 85: Privatbesitz
S. 89 (3 x): Privatbesitz
S. 92: Privatbesitz
S. 96: Privatbesitz
S. 102: © stern/Robert Lebeck
S. 103: © Irene Ludwig
S. 115: © Klaus Benz, Mainz
S. 117: © Klaus Benz, Mainz
S. 120: © R. Bechteler, Sonthofen
S. 130: © Klaus Benz, Mainz
S. 138: © dpa
S. 149: © Fotoagentur Sven Simon,
Essen
S. 162: Privatbesitz
S. 168: © Schulze-Vorberg
S. 180: Privatbesitz
S. 190: © Kuratorium ZNS
S. 208: © Kuratorium ZNS
S. 211: © Paul Schirnhofer/
Agentur Focus
S. 222: © Bundesbildstelle Bonn/
L. Schaack [Bild-Nr.: 73 146/5]
S. 232: *oben links* Privatbesitz;
oben rechts Privatbesitz;
unten links © dpa;
unten rechts © dpa
S. 233 (4 x): Privatbesitz
S. 252: Privatbesitz
S. 283: © Kuratorium ZNS
S. 284: Privatbesitz
S. 288 (2 x): © Paul Schirnhofer/
Agentur Focus
S. 293: © Paul Schirnhofer/
Agentur Focus
S. 298: © Paul Schirnhofer/
Agentur Focus
S. 370: © dpa/Boris Rössler
S. 376: © Kuratorium ZNS

Fotos im separaten Bildteil

S. I: Privatbesitz
S. II: © Ursula Schönig
S. III: © Klaus Benz, Mainz
S. IV: © Klaus Benz, Mainz
S. V: Privatbesitz
S. VI (2 x): Privatbesitz
S. VII: © Bundesbildstelle Bonn/ L. Schaack [Bild-Nr.: 73 149/30]
S. VIII *oben:* © Fotoagentur Sven Simon, Essen
S. VIII *unten:* Privatbesitz
S. IX: Privatbesitz
S. X (2 x): Privatbesitz
S. XI: Privatbesitz
S. XII: Privatbesitz
S. XIII: © Marc Darchinger (Ausschnitt), Bonn
S. XIV: Privatbesitz
S. XV: Privatbesitz
S. XVI: © Hans-Peter Kruse, München

Es konnten trotz gewissenhafter Recherche nicht alle Urheber ermittelt werden. Wir empfehlen Rechteinhabern, die hier nicht aufgeführt sind, sich beim Verlag zu melden.

Maja Ueberle-Pfaff

Das Inspirationsbuch für Mütter

HERDER spektrum

Band 4968

Das Buch:
Muttersein: nichts einfacher als das, und nichts schwieriger. Momente voller Glück über eifrige Kinderfragen, ein zärtliches „Mama, ich hab dich lieb bis es nicht mehr geht und dann noch zweimal" oder die aufrichtige Begeisterung über eine gelungene Überraschung, voller Stolz über das Selbständigerwerden der Kinder, voller Staunen über ihre Fähigkeiten. Und Tage voller Anstrengung – warum streiten die Geschwister *ständig* miteinander? –, voller Machtkämpfe, voller Selbstzweifel. Da gibt es die Augenblicke, in denen man sein Kind fest in den Arm nehmen und nie mehr loslassen möchte, und andere, in denen man es am liebsten aus dem Fenster werfen würde. Eintönig ist der Alltag mit Kindern nicht, trotz der vielen Wiederholungen immer desselben, und langweilig kann es nicht werden: weil die Kinder wachsen und sich verändern – und mit ihnen die Eltern. Vor zwei Monaten noch kam die Kleine nicht an den Lichtschalter, heute bedient sie die Hifi-Anlage. Was gestern noch galt, wird heute in Frage gestellt. Was die Eltern für die Tagesgestaltung vorhaben, hat auf den ersten Blick wenig zu tun mit den Plänen der Kinder.
Mütter bewegen sich in dem spannenden Raum von aufregenden privaten Beziehungen, öffentlicher Pseudo-Anerkennung, von eigenem Anspruch und ständigem Konfrontiertsein mit idealen Müttern aus dem Fernsehen, den „Rama-Mamas", vom Wunsch und der Notwendigkeit, für andere da zu sein und der Hoffnung, sich selbst nicht zu verlieren. Weil die Rollenbilder nicht mehr ganz so starr sind, ist – theoretisch – vieles möglich für Mütter.
Das vorliegende Buch ist kein Sachbuch und kein Ratgeber, sondern ein inspirierendes Buch, das Mütter unterstützt, ihren Job als positive Herausforderung zu sehen. Neben Themen, die sich an der Alltagspraxis orientieren und konkrete Anregungen geben, stehen schwerpunktmäßig Texte, die sich mit Grundfragen des Lebens mit Kindern, des Lebens in Beziehungen, der menschlichen Existenz überhaupt befassen. Ein Buch, das Spaß macht und Mut, das inspiriert und auf neue Gedanken bringt, das zur Meditation und zur Aktion anregt.

Die Autorin:
Maja Ueberle-Pfaff, geb. 1954, ist Mutter von zwei Kindern, freie Autorin, Lektorin und Übersetzerin und lebt bei Freiburg im Breisgau. Zu ihren Veröffentlichungen zählt u. a.: Jeder Tag ist mein Tag. Das große Meditationsbuch für Frauen; Wie gut, dass es die Oma gibt; Umarmt von der Schöpfung – Weisheit der Kelten.

Maja Ueberle-Pfaff

Das Inspirationsbuch für Mütter

Herder

Freiburg · Basel · Wien

Ich danke den vielen Müttern und Freundinnen, die mich beim Schreiben dieses Buches unterstützt haben und mich in langen Gesprächen an ihren Erfahrungen und Gedanken teilhaben ließen – in erster Linie Claudia, Lissa und Ute. Besonders herzlich danke ich Sigrun Günther, Waltraud Hachmeister, Victoria Langelott, Julia Pfaff und Katharina Wojciechowski für ihre schriftlichen Beiträge.

Gedruckt auf umweltfreundlichem, chlorfrei gebleichtem Papier

Satz: Barbara Herrmann, Freiburg
Druck und Bindung: Freiburger Graphische Betriebe 2000
Umschlaggestaltung und Konzeption:
R·M·E München / Roland Eschlbeck, Liana Tuchel
Umschlagbild: © The Stock Market
ISBN 3-451-04968-6

Gib dich nicht zufrieden mit
Geschichten, wie es bei anderen war.
Entfalte deinen eigenen Mythos.
– Rumi

Inhalt

Anfänge

Gute Nachrichten

Meine Freundin Gisela hatte eine Tochter bekommen. Die war gerade einen Tag alt, da reiste die exzentrische Patentante an. Sie beugte sich über das Bettchen, schnalzte anerkennend mit der Zunge und fragte:

„Was willst du zuerst hören? Die gute oder die schlechte Nachricht?"

Gisela starrte sie entsetzt an. „Die schlechte!" stieß sie benommen hervor.

„Also gut", meinte die Tante, „fange ich mit der schlechten an: Mit dem ersten Kind wird alles anders. Nichts bleibt, wie es ist, und alle halten das für ganz normal."

Gisela war perplex. „Und die gute?" Die Tante grinste: „Mit dem ersten Kind wird alles anders. Nichts bleibt, wie es ist, und alle halten es für ganz normal." –

Ich weiß nicht, ob sich die Geschichte wortwörtlich oder nur sinngemäß so abgespielt hat. Gisela war noch zu entgeistert, als sie sie mir erzählte.

Aber im Grunde ist damit schon fast alles gesagt. Als erprobte Mutter wissen Sie genau, was gemeint ist, und als werdende Mutter können Sie sich nicht früh genug damit vertraut machen. Verabschieden wir uns von Legenden und Vorstellungen, wie Muttersein auszusehen hat, es wird sowieso alles ganz anders. Hören Sie sich an, was erfahrene Frauen zu sagen haben, aber stellen Sie sich darauf ein, dass nur ein Bruchteil dessen auf Sie und Ihr Kind zutreffen wird. An Mutteridealen und Erziehungskonzepten mangelt es nicht, sie wechseln sich seit Jahrhunderten in schöner

Regelmäßigkeit ab, und je weniger wir uns von ihnen einengen und auf sie festlegen lassen, desto besser sind wir in der Lage, das zu genießen, was beim Zusammenleben mit Kindern, großen wie kleinen, an Erstaunlichem geschieht.

Mutterschaft ist weder eine endlose Leidenszeit voller Aufopferung und Selbstverleugnung noch ein Zustand anhaltender, ungetrübter Euphorie. Die Wahrheit liegt irgendwo dazwischen – und manchmal auch in den Extremen. Kinderhaben macht weder automatisch glücklich noch automatisch unglücklich, es ist in vielem ein Hindernislauf zwischen Versuch und Irrtum, und das darf es auch sein.

Rückbesinnung

Dies ist, wie Sie sicher schon gemerkt haben, kein Erziehungsratgeber und schon gar nicht noch ein Buch, das Ihnen sagen will, wie Sie Ihre Mutterrolle zu füllen haben. Hin und wieder gibt es Anregungen für den Umgang mit kleinen und größeren Kindern, aber im Wesentlichen geht es um Selbstbesinnung, oder besser gesagt um Rückbesinnung auf das Eigene, das bei Müttern gerne auf der Strecke bleibt.

In einem seiner lesenswerten Bücher erzählt Anthony de Mello die Geschichte eines Jungen, der still und nachdenklich unter seinen lebhaften Mitschülern sitzt und dadurch der Lehrerin auffällt.

„Was hast du für Kummer?" fragt sie.

„Um meine Eltern", erwidert er. „Mein Vater arbeitet den ganzen Tag, um mich zu kleiden und zu ernähren und in die beste Schule der Stadt zu schicken. Und er macht Überstunden, damit ich einmal studieren kann. Meine Mutter kocht und putzt, bügelt und kauft ein, so dass ich mich um nichts zu kümmern brauche."

„Warum machst du dir dann Sorgen?"
„Ich habe Angst, sie könnten versuchen, davonzulaufen."

Was dem Jungen da plötzlich aufgeht, ist frappierend. Er hat etwas für selbstverständlich gehalten, was in der Tat überhaupt nicht selbstverständlich ist: zwei Erwachsene richten ihr gesamtes Leben danach aus, ihm einen bequemen Alltag und eine gesicherte Zukunft zu ermöglichen. Vor seiner eigenen messerscharfen Schlussfolgerung, dass da etwas nicht stimmen kann, kann man nur respektvoll sagen: Hut ab! Könnte das am Ende bedeuten, dass Kinder gar nicht *wollen,* dass wir uns für sie aufopfern? Macht es ihnen gar Angst, wenn wir so ganz auf sie bezogen sind und uns nur ihrem Wohl und Wehe verschreiben?

> *Wir brauchen nur den einen bescheidenen Schritt zurückzugehen und uns vergegenwärtigen, dass unsere Eltern, ehe sie sich kennen lernten, jeweils ihr eigenes, einander völlig fremdes Leben führten. Damals waren wir noch nicht einmal ein kurzes Aufleuchten in ihren Augen.*
> – John O'Donohue

Überleben?

Wenn ich Buchtitel wie „Überlebenstraining für Mütter" lese, denke ich unwillkürlich an einen gefährlichen Dschungel, in dem kleine, zähe Wilde im Hinterhalt liegen, die mir an den Kragen wollen, um mich hinterher genüsslich zu verspeisen. Dagegen muss ich mich mit schwerer Rüstung wappnen und mir unbedingt rechtzeitig ein Arsenal an Waffen zurechtlegen, mit denen ich die Attacken abwehren kann.

Zwanzig Jahre Nahkampf – düstere Aussichten! Außerdem macht es nicht viel Freude, die eigenen Kinder als Gegner zu sehen, oder?

Ist es ein allzu ketzerischer Gedanken, dass Muttersein auch mal Spaß machen darf? Muss ich wirklich immer nur vernünftig und vorbildlich sein und alle Situationen mit fester Hand „im Griff" haben? Bin ich etwa Mutter geworden, um immer seriöser und lustloser zu werden und von meinen Kindern zu hören: „So wie du will ich auf keinen Fall leben"?

Und wenn man Mutterschaft schon unbedingt als die neue Kampfsportart betrachten will – darf ich beim Gerangel mit den kleinen „Vandalen" nicht auch erfinderisch und frech sein? Wenn die Zweijährige einen Wutanfall bekommt und mit hochrotem Kopf brüllt, bis sich unter dem Fenstern die besorgten Nachbarn versammeln, die schon am liebsten das Jugendamt rufen würden – warum soll ich nicht herumhüpfen und johlen wie eine Apachen-Squaw oder mir eine Tüte Gummibärchen aus dem Schrank holen und eins nach dem anderen schmatzend in den Mund stecken? Kinder lassen sich von absurden Einfällen herrlich ablenken, und mir klingeln hinterher vielleicht die Ohren, aber mein Gefühlshaushalt ist nicht wesentlich angegriffen.

Mutterschaft scheint nicht lustig zu sein. Es gibt unzählige ernst gemeinte Ratgeber über Frauen und Beruf, Kindererziehung, Problembewältigung der einen oder anderen Art. Den Spaß muss jede Mutter für sich finden. Aber wo? Darüber schweigen sich die meisten pädagogischen Ratgeber aus.

Es stimmt, Muttersein ist oft ein haarsträubendes Auf und Ab der Gefühle, eine emotionale Achterbahn aus Liebe, Verwirrung, Wut und vager Sehnsucht. Eine Achterbahn ist aufregend und manchmal beängstigend schnell – eines ist sie nicht: langweilig. Und wenn wir schon drinsitzen, könnten wir doch versuchen, die Fahrt zu genießen, so gut es geht.

Verwandeln

Mütter sollten aber doch eigentlich ernsthaft, verlässlich, gesetzt, gesittet, konsequent, unerschütterlich und sanftmütig sein? Sicher – nur alles zu seiner Zeit und bitte nicht ausschließlich. Wann diese Qualitäten wirklich erforderlich sind, merken Mütter selbst am besten. Es ist uns durchaus Unterscheidungsvermögen zuzutrauen, und wir werden bei echten Konflikten und schwierigen Entscheidungen nicht gerade unserer kindlich-albernen Seite freien Lauf lassen.

Andererseits gibt es unendliche Möglichkeiten, den trockenen Alltag mit etwas Phantasie immer wieder in Vergnügen zu verwandeln. Das mag eine – meine – ganz persönliche Art sein, sich ungeliebte Arbeiten zu versüßen und es gibt bestimmt andere, aber solange ich die Arbeit selbst nicht abschaffen kann, verzichte ich gerne auf die Unlustgefühle, die sie so oft begleiten.

Kinder finden ständig Wege, Aufgaben in Spiele zu verwandeln. Geschirr spülen, abtrocknen und wegräumen zum Beispiel assoziiere ich immer noch mit Spaß, seit mein phantasiebegabter großer Bruder und ich uns nach jedem Mittagessen gegenseitig einredeten, dass unter dem Spülbecken eine Zeitbombe versteckt sei, die in genau zwanzig Minuten explodieren würde. Erst trödelten wir, dann wurde die Zeit knapp, und die Aufräumarbeiten erledigten wir im Zeitraffer mit dem Blick auf die Uhr, bis die letzte halbe Minute anbrach. Zuletzt zählten wir rückwärts „dreißig, neunundzwanzig, achtundzwanzig ..." und rasten kreischend und wie von Dämonen gehetzt ins Kinderzimmer, wo wir uns, wieder einmal gerade noch davongekommen, unter dem Bett versteckten und bei „null" gemeinsam ein ohrenbetäubendes „Bääannggggg" brüllten.

Die Mutterrolle ist heute keineswegs klar umrissen. Schon der Begriff „Mutterschaft" löst erhitzte Diskussionen aus.

„Mutter werden", schreibt Sheila Kitzinger, „ist ein biologischer Vorgang; es ist jedoch auch ein gesellschaftlicher Wandlungsprozess, der mit zu den dramatischsten und weitreichendsten Dingen gehört, die eine Frau im Leben erfahren kann."

Widersprüche

Es gibt kaum eine Mutter, die ernsthaft sagt, dass sie es bereut, Kinder zu haben, wenn die äußeren Umstände dies einigermaßen zulassen und sie nicht Angst haben muss, dass sie ihr Kind nicht angemessen versorgen kann. Keine möchte ihre Kinder hergeben, keine die Erfahrungen missen, die sie mit ihnen gemacht hat.

Kinder um sich zu haben und sich mit ihnen weiterzuentwickeln, ist ein grandioses Abenteuer, in dem, wie Vimala McClure sagt, „unsere Seelen unzählige Möglichkeiten erhalten, sich Stärke, Weisheit und Heiterkeit zu erwerben". Durch das Zusammenleben mit Kindern lassen sich Qualitäten entwickeln, die durchaus nicht nur im häuslichen Bereich von großem Wert sind – Flexibilität, Ausdauer, Mut, Geduld, Sensibilität und vieles mehr.

Aber der Ehrlichkeit halber muss auch gesagt werden: Muttersein ist Knochenarbeit, selbst wenn wir sie uns erleichtern, wo es nur geht. Im Großen und Ganzen sind die Mütter und Hausfrauen die einzigen arbeitenden Menschen, die keine geregelte Freizeit haben. Ihr Feierabend fängt oft erst dann an, wenn sie schon längst zu müde sind, um noch etwas zu unternehmen.

Das Erstaunliche ist: sie beklagen sich nur selten über dieses Arrangement, da die Begriffe ‚Mutter' und ‚Freizeit' offenbar nicht zusammenpassen, und reagieren mit der Zeit auf die Realitäten, indem sie ihre Ansprüche immer weiter herunterschrauben. Kein Wunder, dass dann die gestohlene Stunde hie und da nicht die ersehnte Erholung bringt. So schnell lässt sich der innere Motor, der 24 Stunden läuft, eben nicht abstellen. Und dann passiert das, was alle Mütter kennen: sie machen endlich wieder einmal einen Einkaufsbummel, um sich einen schicken Rock zu kaufen, und kommen mit einem Babymützchen und einem Bilderbuch nach Hause. Von solchen Ausrutschern können auch die emanzipiertesten Mütter berichten – in den ersten Monaten und Jahren scheint der Versorgungstrieb jeder Anwandlung von gesundem Egoismus raffiniert in den Rücken zu fallen. Doch hier ist die gute Nachricht: Das gibt sich. Nach ein, zwei weiteren Jahren werden Sie die Einladung zur Kreuzfahrt durch die Ägäis nicht mehr ausschlagen, nur weil Sie es nicht ertragen, ein paar Wochen von ihrem kleinen Liebling getrennt zu sein.

Alleinsein

„Jeder Mensch, besonders aber jede Frau, sollte einmal im Jahr, einmal in der Woche, einmal am Tag allein sein. Wie revolutionär das klingt, und wie undurchführbar!"

Das wurde 1955 von Anne Morrow Lindbergh geschrieben, und nichts hat sich daran geändert.

Die Kinder abgeben, um ungestört Einkäufe zu machen, ja. Kinder abgeben, um mit dem Mann zum Geschäftsessen zu gehen, ja. Aber Kinder abgeben, um einfach nur allein zu sein? Oho – das riecht nach Umsturz! Das ist kein Gedanke, den eine „richtige" Mutter hegt! Oder doch?

Zugegeben, anfangs ist es nicht ganz leicht, sich von dem bedürftigen, womöglich noch laut protestierenden Winzling loszureißen, weil jede Mutter natürlich – und nicht ganz zu Unrecht – glaubt, sie verstehe ihr Kind am besten und könne jede Nuance seiner Äußerungen am besten interpretieren.

Vielen Frauen ging es so. Franziska Gräfin zu Reventlow, die 1897 mit 26 Jahren ihren Sohn Rolf bekam, notierte sechs Wochen nach seiner Geburt: „Zum ersten Mal aus.

Wurde mir sehr schwer, den Kleinen für eine Stunde zu verlassen." Und zwei Tage später: „Morgens in die Stadt, mochte wieder nicht fort. Aber draußen kam ich mir wie bei einem Triumphzug vor und hätte allen Leuten zurufen mögen: Ich hab ein Kind."

Sehen Sie es einmal so: Es können Situationen auftreten, in denen Sie gezwungen sind, Ihr Baby für kurze Zeit von einem anderen Menschen betreuen zu lassen. Sie müssen den älteren Bruder zum Arzt bringen oder Sie werden selbst krank – und dann ist es ein großer Vorteil, wenn es Menschen gibt, die Ihr Kind kennen und auf die Sie sich verlassen können. Das Baby für eine halbe Stunde einer freundlichen Seele anzuvertrauen – auch ohne zwingenden Grund – ist für Mütter möglicherweise eine größere Tortur als für alle anderen, aber es zahlt sich aus. Auch wenn Sie eine halbe Stunde nervös im Café sitzen und auf die Uhr starren, wann Sie denn endlich wieder nach Hause dürfen!

Drei Briefe

Bäume ausreißen (1993)

Liebe Gitta,
Ich komme gerade vom Arzt, und er hat bestätigt, was ich eigentlich schon wusste. Ich bekomme ein Kind! Werner weiß noch nichts davon, ich werde ihn von zu Hause aus gleich anrufen.

Ich bin so begeistert, dass ich Bäume ausreißen könnte! Auf dem Fahrrad habe ich laut vor mich hingelacht, und die Leute haben mich ganz komisch angesehen. Ein Kind ist genau das, was ich mir noch gewünscht hatte. Jetzt ist alles so gekommen, wie ich es gehofft habe: ich werde eine Frau sein, die ein Kind hat.

Du weißt ja, ich hatte in letzter Zeit jede Menge Energien, Ideen, Pläne! Daran hat sich nichts geändert. Ein

Kind wird mir dabei schon nicht in die Quere kommen. Wenn ich ausgehe, nehme ich es einfach mit, Kindern tut es gut, wenn sie unter Menschen sind. Ich werde nicht endlos am Bügelbrett stehen und Breichen kochen. Von mir wird kein Mensch hören: Ich bin heute zu überhaupt nichts gekommen!

Ich werde ein Kind bekommen und dann mein Leben so weiterführen wie bisher, arbeiten, lesen, ins Kino gehen, Freunde einladen. Ich werde versuchen, eine geduldige, verständnisvolle Mutter zu sein, werde mein Kind nie zu spät vom Kindergarten abholen, nie stundenlang telefonieren, wenn es mit mir spielen will, es nie anschreien.

Meine Arbeit werde ich mir so einteilen, dass ich immer genug Zeit für mein Kind habe. Ein bisschen Schlaf weniger wird mir nichts ausmachen, schließlich bin ich gesund und noch jung genug, ich werde mich einfach zwischendurch am Tag etwas hinlegen. Ich werde jedenfalls keine von denen sein, die nach zwei Monaten jammern: „Ich kann nicht mehr" und nach der Oma rufen.

Ich verstehe überhaupt nicht, warum sich so viele Frauen total verändern, sobald sie Mutter werden. Mir wird das nicht passieren.

Ich umarme dich, nein, WIR umarmen dich!

Deine Hilke

Bäume ausreißen II (1995)

Liebe Gitta,
Du hast lange nicht von mir gehört. Ehrlich gesagt, schreibe ich kaum noch Briefe. Ich hatte mir nicht vorgestellt, dass es so viel Arbeit ist. Marcel schläft extrem wenig, ich hätte nie gedacht, dass ein Kind mit so wenig Schlaf auskommt. Ich kann mich kaum noch erinnern, wie ich es mir vorher ausgemalt habe, jedenfalls war ich

noch nie im Leben so müde. Wie das Mütter mit mehr als einem Kind nur schaffen?

Als ich schwanger war, hatte ich mir gedacht, es wird im Prinzip so bleiben wie bisher, nur hätte ich eben noch ein Kind im Tragetuch auf dem Rücken. Mein Kind würde überall mit dabei sein, friedlich glucksend, wie ein zusätzliches, erfreuliches Element in meinem Leben. Die Leute würden mich bewundernd ansehen, wann immer wir zwei gut gelaunt und zufrieden auftauchen.

Solange er ganz klein war, ging es noch am besten, aber als er sich dann selber bewegen wollte, war nichts mehr mit Tragetuch. Erst wollte er rein in den Buggy, dann wieder raus und nur noch laufen, laufen, und es hat Stunden gedauert, bis ich alles erledigt hatte, was ich wollte. Ganz oft habe ich auch einfach aufgegeben und bin wieder nach Hause gefahren.

Dass ich so oft genervt bin, macht mich selbst ganz fertig. Ich wollte doch ausgeglichen und für mein Kind ein ruhender Pol sein.

Im Moment ist jede Fahrt in der Straßenbahn eine Tortur. Marcel krabbelt auf den Sitzen herum, tritt den Leuten auf die Füße und kreischt in den höchsten Tönen, wenn ihm etwas gefällt oder auch nicht gefällt. Ich habe mich schon daran gewöhnt, aber ständig muss ich mir von älteren Frauen anhören, dass er so schrecklich lebhaft ist, und so wie sie das sagen, meinen sie damit laut und ungezogen.

Die wenigsten Freunde verstehen, dass ich um zehn Uhr müde werde und nicht mehr mit ihnen sitzen und diskutieren möchte. Am Anfang haben sie mich oft angerufen und gefragt, ob ich ins Kino mitgehen will oder am Wochenende zum Wandern. Als ich dann immer wieder sagen musste, so schnell finde ich niemanden, der auf Marcel aufpasst, waren sie erst enttäuscht und dann irgendwie sauer, als wäre es meine Schuld, dass ich nicht mehr so spontan sein kann wie früher.

Und wenn ich ganz ehrlich bin, haben sich auch meine

eigenen Bedürfnisse verändert. An manchen Abenden gehe ich viel lieber früh ins Bett und lese noch ein bisschen als in eine verräucherte Kneipe.

Besonders als Marcel noch klein war, hatte ich gar nicht oft Lust wegzugehen, ich bin viel lieber bei ihm geblieben, und das kam mir dann auch wieder merkwürdig vor.

Und Werner? Na ja, der wohnt immer noch drei Stunden Autofahrt weg und kommt an den Wochenenden. Aber das ist ein Thema für sich.

Danke für die süßen T-Shirts und vergiss mich nicht ganz.
Deine Hilke

Bäume ausreißen III (1999)

Liebe Gitta,
Du wolltest wissen, was sich für mich verändert hat, seit ich Mutter bin. Das ist eine schwere Frage, ich weiß gar nicht, wo ich anfangen soll.

Um fair zu sein, muss ich zugeben, dass ich vor der Geburt gar nicht hören wollte, dass sich überhaupt etwas ändern würde. Ich habe immer behauptet, niemand hätte mich gewarnt. Oh, doch, alle haben sie gewarnt. Alle haben gesagt: Mach dich darauf gefasst, dass es ganz anders wird als du erwartest. Du wirst manches viel weniger schlimm finden, als du glaubst (dass du abends nicht mehr so oft weggehen kannst, zum Beispiel, denn das willst du dann gar nicht mehr) und anderes schlimmer als in deinen bösesten Ahnungen.

Nein, es wäre falsch zu behaupten, dass niemand vorsichtig angedeutet hat, ein Kind werde mein Leben vollkommen durcheinander rütteln. Da war die Freundin mit den drei Kindern und dem wissenden Lächeln, die mir tröstlich den Arm um die Schulter gelegt hat, da war die ältere Kollegin, die mir ihre Wiege angeboten hat und meinte, ich solle doch lieber gleich kündigen, Säugling und Arbeit, das sei nicht zu schaffen. Manche klangen aufrichtig besorgt, andere eher ein bisschen schadenfroh. Unkenrufe und Freudenschreie haben sich abgewechselt, und mir kam es vor, als wäre ich auf einen Mütterplaneten versetzt worden, auf dem andere Gesetze gelten, die ich aber noch nicht kenne, und auf dem man jeden Schritt vorsichtig abwägen muss.

Ich wollte mich nicht in die anonyme Zahl der Mütter einreihen, die alle diese angeblich so geheimnisvolle Verwandlung durchlaufen haben. Mein Erlebnis würde einzigartig sein und sich nicht in ein Klischee fügen. Selbstbestimmt leben, das war mein erklärtes Ziel, und daran würde sich auch durch ein Kind in meinem Bauch und in der Wiege nichts ändern.

Das Großartige und Verrückte ist: mein Erlebnis war einzigartig und ist es noch. Mein Sohn ist anders als alle Kinder, die ich sonst kenne. Heute ist er sechs, und ich bin froh, dass ich die Warnungen nicht ernst genommen habe. Wer weiß, ob ich ihn sonst hätte.

Alles Liebe, Deine Hilke

Anfänge

Muttersein bedeutet, im Zentrum einer überwältigenden Erfahrung zu stehen, die universell und gleichzeitig sehr privat und intim ist.

Wann und wie hat eigentlich alles angefangen? Mit der Geburt? Mit der Schwangerschaft? Der Zeugung? Mit der Überzeugung, den Mann gefunden zu haben, mit dem ich Kinder haben möchte? Mit dem Wunsch, Mutter zu werden, weil das zu meiner Lebensplanung gehört?

Kinder begleiten uns in Gedanken, lange bevor sie auf der Welt sind. Der Wunsch nach einem Kind mag uns vertraut sein, seit wir denken können, er mag lange schlummern und plötzlich dringend werden oder erst mit der Schwangerschaft ins Bewusstsein rücken: Ja, tatsächlich, ich will ein Kind, auch wenn ich es nicht geplant habe. Wenige Kinder entstehen durch wohlbedachte, rationale Entscheidungen.

Wir machen uns Bilder von unseren zukünftigen Kindern, und es kommt auch vor, dass sie sich auf andere Weise ankündigen, durch Vorahnungen, Wünsche, innere Bilder.

Isabel Allende erschien ihre Tochter Paula, über deren Leben und Tod sie ein bewegendes Buch schrieb, als Zweijährige im Traum, bevor ihre Schwangerschaft vom Arzt bestätigt worden war. „In dem Traum warst du zwei Jahre alt und hießest Paula. Du warst ein zartes kleines Mädchen mit dunklem Haar, großen schwarzen Augen und dem schmachtenden Blick wie die Märtyrer auf den mittelalterlichen Fenstermalereien mancher Kirchen."

Viele Frauen sind überzeugt, dass sie den genauen Zeitpunkt der Empfängnis kennen und überraschen ihre Ärzte mit detaillierten Berechnungen.

Meine Fragen führen zurück zu der Zeit, in der sich die ersten Hoffnungen und Befürchtungen regten, sich die ersten Ansätze einer künftigen Wirklichkeit bildeten.

Wo ist für Sie der Beginn, das erste bewusste Zur-Kenntnis-Nehmen des neuen Menschen, der sich in Ihnen angekündigt hat? Wem haben Sie zuerst davon erzählt?

Wann haben Sie – trotz aller Befürchtungen und Schwierigkeiten, die es vielleicht gab – zum ersten Mal gelächelt, als Sie an die gemeinsame Zukunft dachten?

Schwanger sein

Da geschieht etwas, das es seit Beginn der Menschheit gibt, es stellt mich in die lange Reihe von Frauen, verbindet mich mit Vergangenheit und Zukunft, es war so, ist so, wird voraussichtlich trotz aller Genmanipulation noch eine Weile so sein. Ich bin eine Frau wie viele, bin durch mein Geschlecht befähigt, Kinder zu gebären, mein Körper verhält sich so, wie es notwendig ist, alles ist danach ausgerichtet.

Wo aber bin ich als Individuum?

Ich empfinde das, was in meinem Körper geschieht – gerade, wenn es das erste Mal ist –, als außergewöhnlich und bemerkenswert. Ich registriere jede Veränderung und jede neue Empfindung als etwas, das zu mir gehört, das anderen nicht ohne weiteres mitteilbar ist: das Besondere.

Solange sich meine Figur noch nicht für alle sichtbar verändert, trage ich ein Geheimnis mit mir herum und kann selbst wählen, wem ich es anvertrauen will.

In einem Brief an Gilbert Imlay, den Vater ihres ungeborenen Kindes, beschreibt die englische Schriftstellerin und Frauenrechtlerin Mary Wollstonecraft 1793, welche Empfindungen die Schwangerschaft in ihr auslöst:

„Seit du mich zuletzt sahst, als ich einer Ohnmacht nahe war, spüre ich leise Regungen, die mir den Gedanken nahelegen, dass ich ein Wesen nähre, welches bald meiner Sorge teilhaftig werden wird. Dieser Gedanke hat nicht nur einen Überfluss zärtlichster Gedanken an dich hervorgebracht, sondern lässt mich auch sehr darauf achten, dass ich mein Gemüt erquicke und für mein Wohlergehen sorge, damit ich nicht ein Wesen schädige, für das wir ein gemeinsames Interesse hegen, wie du weißt …"

Zweihundert Jahre nach ihr ringt Sophia Loren nach Worten, mit denen sie diese einzigartige Erfahrung mitteilen kann:

„Du bist voll und ganz mit deinem Körper und dem Leben, das er birgt, beschäftigt. Es ist, als wärst du einer ungebändigten Macht ausgeliefert; als hätte dich eine Welle ergriffen und über alle anderen hochgehoben. Daher bleibt ein Teil der schwangeren Frau immer unerreichbar und der Zukunft vorbehalten."

Erste Begegnung

Ich habe dein Bild gesehen, Kind. Nur schemenhaft zwar, als heller Fleck im dunklen Oval Deiner Fruchtblase auf dem Ultraschall, und doch hat es mich zu Tränen gerührt. Dein Herz ist ein pulsierender Lichtpunkt.

Die Ärztin hat sagt, Du seist vier Millimeter groß und etwa fünf Wochen alt. Sie sagte auch, ich solle mir keine Sorgen machen, Du sorgtest jetzt schon für Dich selbst.

Als ich danach durch die Stadt ging, dachte ich, ich müsse leuchten, jeder müsse mir von weitem ansehen, dass ich Dich in mir trage. Doch niemand hat etwas gemerkt und ich war sehr enttäuscht.

Die Kolleginnen reagierten nicht auf meine Andeutungen. Ich hätte so gern meine Freude, meine Ängste mit ihnen geteilt. Aber ich hielt mich zurück. Sie schienen mir nicht bereit für die Nachricht. Später, später werde ich es ihnen sagen, wenn ich etwas mehr Sicherheit habe, dass du wirklich bei mir bleibst. Jeder fünfte Embryo, las ich, überlebt die ersten Monate nicht.

Zu Hause habe ich in einem Buch nachgesehen, wie Du jetzt aussiehst. Du hast eine markante weiße Linie auf einer Seite, die Anlage des Rückenmarks. Ich blätterte in den Heften, die mir die Ärztin mitgegeben hatte, und ärgerte mich über die stereotypen, technischen Beschreibungen Deines Wachstums.

Es ist so eigentümlich, dass ich Dich nicht spüre. Nur indirekt, durch die Übelkeit, die mich den Tag über begleitet. Plötzlich mag ich keine gekochten Karotten mehr, keine Zwiebeln, keinen Reis. Frauen, die mehrere Kinder bekommen, müssen verrückt sein. Diese ersten Wochen sind keine angenehme Zeit. Mein Körper muss sich erst auf Dich einstellen, verstehst Du? Und Du musst dich auf mich einstellen. Spürst Du mich denn? Spürst Du mein Herzklopfen, meine Aufregung?

Ich bin so aufgeregt. Da sind tausend Fragen: Werde ich

die Aufgaben des Mutter-Seins überhaupt bewältigen? Was für eine Mutter werde ich sein? Und wenn ich Fehler mache, wie wirst Du damit umgehen? Ich werde arbeiten müssen, weißt Du, und Papa wird bei Dir sein. Werdet ihr euch miteinander vertragen? Wirst Du mich vermissen? Ich bin schon jetzt unendlich dankbar für die Zeit, die wir nun zusammen sein dürfen und die uns niemand mehr nehmen kann.
– Victoria Langelott

Entwickeln

Menschliche Beziehungen, auch die zwischen Müttern und Kindern, fallen nicht vom Himmel; sie beginnen an einem Punkt, wachsen, verändern sich, kennen Phasen der innigen Nähe und der schmerzlichen, unfreiwilligen oder notwendigen Distanz. Sowenig ein Säugling als fertiger Mensch zur Welt kommt, sowenig verwandelt sich eine Frau über Nacht auf wundersame Weise zur Allround-Mutter, die von nun an vollständig in einem anderen Wesen aufgeht.

Auch Mütter werden in gewisser Weise geboren, und manchmal ist diese Geburt schwieriger als die des Babys. Die Forderung nach einer natürlichen Geburt macht das nicht unbedingt leichter, denn sie birgt die Gefahr, dass Mütter, die – durch welche Umstände auch immer – nicht in der Lage sind, dem Neugeborenen ein glückseliges, sanftes In-die-Welt-kommen bei Kerzenschein und meditativer Musik zu bescheren, sich gleich von Anfang an als Versagerinnen fühlen.

Die Liebe auf den ersten Blick gibt es, bei Kindern wie bei Erwachsenen. Wir beschreiben sie nicht so sehr als ein Kennenlernen denn als ein Wieder-Erkennen: nicht das Fremde steht im Vordergrund, sondern das unerklärlich Vertraute. Es kommt uns vor, als hätte wir schon eine lange Zeit miteinander verbracht, ohne uns daran zu erinnern. Eine Mutter drückt es so aus:

„Ich hatte nicht erwartet, dass ich mein Kind so sehr lieben würde – sofort. Ich weiß noch, wie ich bei anderen Eltern immer dachte: Du meine Güte, wie halten sie das nur aus, warum machen sie das mit? Aber bei meinem eigenen Kind war es wie Liebe auf den ersten Blick."

Nicht immer ist es so leicht, einen anderen Menschen auf der Stelle und bedingungslos anzunehmen und zu lieben. Unsere körperliche und psychische Verfassung spielt eine Rolle und vieles mehr. Auch wenn wir, wie das bei einem Neugeborenen der Fall ist, wissen und spüren, dass es trotz der körperlichen Trennung bei der Geburt für immer zu uns gehört und wir die Verantwortung annehmen, kann es Tage und Wochen dauern, bis wir die Veränderung verkraftet haben und ein ehrliches Interesse entwickeln. Deshalb ist keine Frau eine schlechtere Mutter.

Für immer

Für immer

„Die Entscheidung, ein Kind zu haben, ist von großer Tragweite. Sie bedeutet, sich dafür zu entscheiden, dass das Herz für immer außerhalb des Körpers herumspaziert." Elizabeth Stone beschreibt einen Zustand, der faszinierend und beängstigend zugleich ist: eine enorme Erweiterung des Selbst und ein „Lebenslänglich" – dementsprechend schwankt die innere Befindlichkeit zwischen Jubel und Beklemmung.

Es kann sehr erschütternd sein, eines Tages festzustellen, dass es eine Art von Fremdbestimmung gibt, die nicht einfach in Bausch und Bogen abzulehnen ist. Es gibt Bedürfnisse eines anderen menschlichen Wesens, über die ich nicht diskutieren kann. Das ist unabhängig von Nähe und Ferne: selbst auf der anderen Seite des Erdballs werde ich nicht so tun können, als gäbe es diesen Menschen nicht, der aus mir entstanden ist und mit mir, selbst wenn ich ihn nie wieder sehen sollte, auf immer verbunden ist.

Die amerikanische Schriftstellerin Sara Maitland erlebte einen heftigen Widerstreit der Gefühle, als ihr Tochter noch klein war und häufig weinte: „Manchmal ging ich wütend und widerwillig hin, um sie aufzuheben, und wenn ich sie anfasste oder sah, schmolz ich vor körperlicher Liebe und Zärtlichkeit." Das brachte sie an den Rand der Verzweiflung: wie kann ein einzelnes, winziges Wesen so stürmische Gefühle auslösen? War mit ihr etwas nicht in Ordnung, dass sie nicht ganz einfach Mutter sein und sich daran erfreuen konnte? Sie dachte lange darüber nach und kam endlich für sich selbst zu dem Schluss, dass es mit Kindern nicht möglich ist, sich selbst und die Situation immer unter Kontrolle zu haben: „Ich muss mich der Tatsache stellen, dass ich nicht Superfrau bin."

Muttersein ist, wie es eine Freundin formulierte, „lebenslänglich" haben, lebenslänglich die Balance zwischen Lieben, Stützen, Hinhören und Abgrenzen, Zumachen, Ichselber-Sein immer wieder neu finden müssen.

Lebenslänglich

Als sie geboren war, ganz klein und rosig, war ich verzweifelt über ihre Abhängigkeit von mir, wie wichtig und unersetzlich ich war. Aber wie süß konnte sie im Schlaf lächeln, wenn sie meine Armreifen klimpern hörte.

Nach drei Jahren glaubte ich es geschafft zu haben, der Kindergarten war ein Schritt von mir weg. Morgens in Ruhe arbeiten, Abstand finden, Zeit für mich. Nachmittags die kleine Nörglerin, wenn sie müde war, aber nicht schlafen wollte, wenn sie Vorschläge machte und ich keine Lust hatte oder umgekehrt – eine kleine Persönlichkeit entstand. Aber wie zärtlich war sie, wenn sie aus vollem Herzen glücklich und zufrieden war!

Nach sechs Jahren die Schule, ein großer Schritt ins Erwachsenenleben. Bald ging und kam sie allein, mein Freiraum weitete sich. Dann kamen die ersten Noten, der Stress der Anpassung, Mitwollen – Mitmüssen. Sie fühlte sich dem allem nicht gewachsen, wollte zurück auf meinen Schoß, klein sein und Augen zu. Es war ihr entschieden nicht egal, wer sie in solchen Momenten im Arm hielt. Meine kleine Kerkermeisterin weigerte sich auch damals noch, mir endlich die Schlüssel zu übergeben. Ich wollte wieder kommen und gehen können, wann ich wollte. Aber wie stolz war ich auf sie, wenn ich sie im Kreis von Freundinnen spielen sah.

Nach zehn Jahren dachte ich, einen kleinen Schulprofi vor mir zu haben. Höhere Schule, Selbständigkeit, großes Kind. Jetzt, zwei Jahre später, die Pubertät. Lachen und Kichern bis zum Umfallen. Das eigene Spiegelbild wird wichtig, Telefongespräche mit Freundinnen wichtiger als Gespräche mit mir. Aber anwesend musste ich sein. Alle Abende weg, alle Abende vertieft in meinen Kram lässt sie nicht zu. Ich empfinde eine heikle Balance zwischen Freiräume nützen und im richtigen Moment ganz da sein und zuhören. Wie schön ist es dann, wenn sie sich öffnet, einige ihrer Geheimnisse preisgibt und sogar meinen Rat will.

Wenn sie sechzehn ist, werde ich mich mit ihr verabreden müssen, um sie überhaupt noch zu sehen. Und dann? Irgendwann dann wird sie mir die Schlüssel zu meinem Kerker in die Hand drücken und sagen, jetzt reicht es, geh, aber hinterlasse bitte einen Zettel, damit ich dich erreichen kann, wenn es sein muss. Und ich denke, dass sie mich nur wird erreichen wollen, wenn ich mütterlich genug war, ohne zu fest zu halten, wenn ich ihr genug Freiraum ließ, ohne die Kontrolle völlig aufzugeben; nur dann wird sie wieder kommen.

Zum Beispiel dann, wenn sie selber Mutter ist – lebenslänglich.

– Sigrun Günther

Eine Mutter ist …
… eine Frau, die Kinder versorgt
… eine Frau, die Lippenstift kauft
… eine Frau, die Urlaub macht
… eine Frau, die Gott hergestellt hat
(sagen Schüler der 3. Klasse)

Erinnern

Jedes Neugeborene erinnert an die Geburt der eigenen Kinder. Selbst neunzigjährige Frauen erzählen noch gerne davon, wie sie diese Stunden erlebt haben.

So direkt an der Erschaffung des neuen Lebens beteiligt zu sein, ist ein überwältigendes Erlebnis. Es muss immer wieder von Neuem erinnert und besprochen werden. Es ist eine einmalige Erfahrung, die niemand aus dem Gedächtnis verlieren möchte. Ich habe einmal Leben weitergegeben, ein zweites Mal ist es bei diesem Menschen nicht mehr möglich. Jetzt kann ich nur noch bewahren und vertrauen, dass die Stärke des Kindes ausreicht, seinen Weg zu machen. Aber das Wunderbare, das in einer Geburt sichtbar wird, gehört von da an untrennbar zu mir.

Es wirft auch weitergehende Fragen auf: Woher ist dieses Kind gekommen, warum bin gerade ich seine Mutter geworden? Gibt es eine Seele, die vor der körperlichen Existenz bestand und danach weiterbestehen wird?

Diese Fragen haben sich Menschen schon immer gestellt. Im 13. Jahrhundert formulierte der persische Mystiker Jellaludin Rumi sie in Gedichtform:

Den ganzen Tag denk ich darüber nach,
am Abend sag ich's dann.
Woher kam ich, und was erwartet man von mir?
Ich habe keine Ahnung.
Meine Seele stammt von woanders her,
dessen bin ich sicher,
und dort zu enden ist mein Ziel.
... Doch wer ist das eben jetzt in meinem Ohr,
der meine Stimme hört?
Wer sagt Worte mit meinem Mund?
Wer blickt umher mit meinen Augen?
Was ist die Seele?

... Wer immer mich hierher gebracht hat,
wird mich zurückversetzen müssen.

Aufschreiben

Die eigene Geburtsgeschichte aufzuschreiben, ist eine spannende Reise in die Familiengeschichte: Was hat man mir davon erzählt? Was kann ich darüber jetzt noch erfahren? Wie könnten meine ersten Stunden ausgesehen haben? Möchte ich, wenn das noch möglich ist, meine Mutter fragen, wie sie die Geburt erlebt hat?

Es gibt eine bewährte Methode, sich einem Thema anzunähern. Was dabei herauskommt, ob ein Prosatext, ein Gedicht, ein Brief, das ist zweitrangig.

Beim Clustering (nach *cluster* = Anhäufung, Bündel) führt ein einziger Begriff durch das freie Spiel der Assoziationen zu immer weiteren Begriffen. Dabei beginnen Sie mit dem „Kernwort", das Ihnen zuerst einfällt. Sie schreiben es auf eine leere Seite und ummalen es mit einem Kreis. Sobald sich weitere Worte einstellen, schreiben Sie diese auf und kreisen Sie ein. Die Kreise verbinden Sie miteinander. So ergeben sich, ausgehend vom Kern, mehrere Ideenketten. Sie sind das Gerüst, aus dem Ihr Text besteht und das Sie ganz nach Lust und Laune weiter verwenden.

Wirtschaftswunderkind

Der Vater schwenkte die Oma auf der Straße herum.
Ein Mädchen, rief er strahlend, ein Mädchen!

Erschöpft lag die Mutter in der Frauenklinik.
„Du hast mich fast das Leben gekostet", sagte sie oft.

Mondgesicht nannten die Brüder mich
mit der ruppigen Zärtlichkeit der Halbwüchsigen.

Ich bekam alles: süßen Brei und Beachtung.
Ich hatte es gut, hieß es, mir hat es an nichts gefehlt.

Und heute gebe ich dir, mein Mädchen,
den Mangel weiter und das geschenkte Leben.

Dabeisein

Früher waren Geburten Ereignisse, bei denen mehrere Frauengenerationen zusammenkamen und die Kontinuität eine große Rolle spielte. Mutter oder Schwiegermutter unterstützten die Hebamme bei Hausgeburten, manchmal halfen auch Nachbarinnen oder Verwandte bei der Entbindung.

Dass es auch heute noch so sein kann und wie aufregend es für eine werdende Großmutter sein kann, bei der Geburt ihres Enkelkindes dabei zu sein, beweist die folgende Geschichte einer Mutter, die ihrer Tochter zum ersten Kind gratulieren wollte und unversehens mitten in das Geschehen hineingeriet:

Meine Tochter, die ganz in unserer Nähe wohnte, erwartete ihr erstes Kind. Wir telefonierten täglich miteinander. Eines Nachmittags verabredeten wir uns zum Essen für den nächsten Mittag, denn der Termin der Entbindung war erst auf zwei Tage später errechnet. Als am nächsten Morgen gegen acht Uhr das Telefon läutete, hatte ich schon so eine Ahnung. Aber es war eine Nachbarin meiner Tochter, die wissen wollte, ob sie schon gratulieren könne. Ich war verblüfft, weil ich keine Ahnung hatte, dass meine Tochter und mein Schwiegersohn bereits am Abend vorher in die Klinik gefahren waren.

Da ich der festen Überzeugung war, dass eine Nacht ausreichen müsse, um ein Kind zu bekommen – ich ging dabei von den schnellen und unkomplizierten Geburten meiner beiden Kinder aus – wollte ich meine Tochter und ihren Mann nebst dem Neugeborenen in der Klinik überraschen. Die sollten Augen machen und sich wundern, wenn ich ohne Benachrichtigung als erste zum Gratulieren erscheinen würde!

Als ich jedoch in der Klinik auf der Neugeborenen-Station nach meiner Tochter fragte, wusste niemand etwas von ihr. Ich erklärte, dass meine Tochter bereits am Abend vorher gekommen sein. Dann sei sie sicher noch „unten", meinte eine Krankenschwester. Wo unten? Im Kreißsaal. Man ermunterte mich, hinunterzugehen und dort nachzufragen. „Unten" war ein langer Gang mit mehreren Türen links und rechts, am hinteren Ende standen zwei Sessel und ein Tischchen. Die „Warteecke". Dorthin begab ich mich in der Hoffnung, dass sich irgendwann eine Tür öffnen und eine Schwester auftauchen würde. Hinter der einen Tür vernahm ich plötzlich lautes Stöhnen und Jammern. Eiskalt rieselte es mir den Rücken hinunter. War das womöglich meine Tochter? Hatte sie vielleicht doch noch nicht alles hinter sich?

Aufgeregt lief ich den Gang auf und ab, als unvermutet eine Tür aufging. Mein Schwiegersohn stand vor mir.

„Komm ruhig herein", meinte er. „Die Hebamme hat gesagt, du kannst helfen." Wie benommen und ohne eigenen Willen stand ich unerwartet in einem geräumigen Kreißsaal. Viel größer als die Räume, in denen ich meine Kinder zur Welt gebracht hatte, dachte ich.

Meine Tochter lag bäuchlings auf einem großen Gymnastikball. „Hallo, Mama", begrüßte sie mich, „wie hast du das mit Bernd und mir bloß so schnell hingekriegt? Ich wehe hier schon die ganze Nacht herum und es geht nicht voran." Die Hebamme widersprach: Es sei schon gut vorangegangen, jetzt müsse nur noch der Rest geschafft werden.

Der Rest sollte noch eine anstrengende, kräftezehrende, zweistündige Prozedur werden. Die Wehen verstärkten sich wieder, ein Arzt tauchte auf, beurteilte den Fortgang der Geburt und stieß die Fruchtblase auf. Die Wehen nah-

men noch mehr zu, und meine Tochter fing an zu pressen. Sie presste unzählige Male, aber das Kind saß fest, der Geburtskanal war noch enger als angenommen.

Wieder erschienen Ärzte, und man sprach von einer Saugglocke. Die Herztöne wurden laufend überwacht. Ich stand hinter meiner Tochter und stützte ihr den Rücken beim Pressen, mein Schwiegersohn fasste ein gebeugtes Knie, und so arbeiteten wir alle zusammen, während die Hebamme unten schaffte und kopfschüttelnd meinte: „Es will nicht."

Allmählich war meine tapfere Tochter am Ende. Flehentlich sah sie mich an, aber ich konnte ihr nur helfen, indem ich sie beruhigend streichelte und aufmunternd lächelte: Gleich hast du's geschafft, bestimmt!

Aber es ging weiter: immer noch mal pressen und immer noch einmal. Es war jetzt über eine Stunde vergangen, und ich hatte während der Verschnaufpausen unzählige Gebete gen Himmel geschickt. Dann endlich – inzwischen waren noch ein Arzt und eine Schwester erschienen – quälte sich das Kleine ans Licht der Welt. Es war ein Mädchen, dunkelrot-bläulich gefärbt, mit unförmigem Köpfchen. Noch keine Schönheit, aber gesund, und ich liebte sie vom ersten Augenblick an.

Geburtstag

Vor allem in den ersten Jahren, wenn die Erinnerung an die aufregenden Stunden der Geburt und all die damit verbundenen Gefühle noch frisch sind, ist jeder Kindergeburtstag auf jeden Fall auch ein Muttergeburtstag und will gebührend gefeiert werden.

Aber auch später schadet es nichts, wenigstens eine halbe Stunde zurückzudenken und sich bewusst zu machen, dass dieses Kind, das jetzt den unbestreitbaren Mittelpunkt bildet, schließlich nicht von alleine auf die Welt gekommen ist.

Wenn alles überstanden ist, die zertretenen Chips aufgefegt sind, das zerfetzte Geschenkpapier eingesammelt ist und die Horde die Wohnung verlassen hat, ist es Zeit für den eisgekühlten Sekt und die Erinnerungen an den Tag, der hier gerade so übermütig begangen wurde.

Klopfen Sie sich kräftig auf die Schulter, wenn es kein anderer tut: Sie haben es geschafft! Sie haben
a) mal wieder ein Kinderfest überstanden und
b) es fertig gebracht, dass sich aus einem abhängigen, kleinen Menschenbündel ein immer selbständigeres, aktives, neugieriges Wesen entwickeln konnte. Das ist nicht allein Ihr Verdienst, aber doch zu einem guten Teil.

Wie könnten Sie sich belohnen? Sicher nicht dadurch, dass Sie um neun Uhr erschöpft ins Bett fallen. Organisieren Sie sich schon im Voraus einen Babysitter und gehen Sie aus, irgendwohin, wo Sie sich ohne weitere Anstrengung wohlfühlen. In die Lieblings-Pizzeria, in der der Kellner immer so nette Komplimente macht, oder in die neueste amerikanische Beziehungskomödie, die keine einzige Ihrer grauen Zellen beansprucht. Schleppen Sie, wenn Sie gerne Gesellschaft haben, ohne Skrupel Ehemann, Freundin, Ex-Lover oder Oma mit. Einer Mutter darf man an ihrem Geburtstag nichts abschlagen.

Erneuerung

Im weiteren Sinn ist Geburt ein immerwährender Vorgang, jeden Moment wird etwas Neues in uns geboren, etwas manifestiert sich, was bisher noch verborgen war.

Wir erfahren uns selbst immer wieder neu, wachsen, entfalten und verändern uns. Das hört nie auf. Einmal erwachsen, bleiben wir nicht stehen. Kinder glauben gerne, das Erwachsensein sei ein statischer Zustand, und sobald sie ihn endlich erreicht haben, dürften sie alles, könnten sie alles. Wenn sie dann mit 16, 18 die magische Grenze erreicht haben und überschreiten, stellen sie enttäuscht fest, dass sich doch nicht über Nacht die große Freiheit eröffnet.

Sicher gibt es im Lebenslauf Verdichtungen, Umbrüche und Übergänge, durch die sich Türen öffnen; nur bedeuten sie selten, dass man sich lange auf dem Erreichten ausruhen kann.

Glauben wir insgeheim auch noch daran, dass wir irgendwann einmal fertig geformt und geprägt sind, dass es dann keine Überraschungen und Aufbrüche mehr geben kann?

Eine mögliche Antwort gibt die erfolgreiche französische Schriftstellerin George Sand, die 1869 in ihr Tagebuch schrieb:

„Nun bin ich sehr alt, ich gehe auf mein fünfundsechzigstes Jahr zu … Mein Leben im Alter ist keusch in Gedanken wie in Taten. Ich sehne mich nicht nach der Jugend zurück, erstrebe keinen Ruhm und verlange nicht nach Geld, nur ein wenig hätte ich gerne, um es meinen Kindern und Enkeln zu hinterlassen. Meinen Freunden gegenüber führe ich keine Klagen. Meine einzige Sorge ist, dass die Menschheit nicht rasch genug fortschreitet.

Wenn ich diese Gedanken und Gefühle niederschreibe, so tue ich dies auf der Grundlage der Theorie, an die ich einst glaubte. Ich stellte mir vor, ich könnte meine Identität von Zeit zu Zeit aufheben und weitertragen. Kann man sich selbst neu beginnen? Kann man sich selbst kennen? Ist man zu irgendeiner Zeit jemand geworden? Ich bin mir dessen keineswegs mehr sicher. Heute scheint mir, dass man sich von Tag zu Tag wandelt und dass man alle paar Jahre ein neues Wesen wird."

„Jeder Geburtsakt verlangt Mut, etwas loszulassen, die Brust loszulassen, den Schoß loszulassen, die Hand loszulassen, schließlich alle Sicherheiten loszulassen und sich nur auf eines zu verlassen: die eigene Kreativität. Kreativ sein bedeutet, den gesamten Lebensprozess als einen Geburtsprozess zu begreifen und kein Lebensstadium als endgültig zu betrachten", schreibt Erich Fromm in „Die Kunst des Liebens".

Wie könnten wir uns darauf vorbereiten, tatsächlich so zu leben, dass wir das Unvermeidliche nicht fürchten müssen? Dass die große Leere – nicht mehr gebraucht zu werden – ein neuer Anfang und nicht ein Schreckgespenst ist?

Zunächst einmal: stolz sein auf das, was wir bisher geleistet haben. Wir sind nicht dazu aufgefordert, Kinder als fertige Produkte in die Welt zu schicken – wir entlassen sie als Personen, die möglichst gute Ausgangsbedingungen haben. Deshalb müssen wir nicht restlos alles geregelt haben, bevor wir sie ziehen lassen. Es genügt, ihnen einen guten Start zu geben. Und was ein guter Start ist, definieren wir zum Teil selbst. Ob wir glauben, dass sie als flexible, anpassungsfähige Menschen lebenstüchtig werden, ob wir vor allem ihre Kritikfähigkeit und Selbständigkeit fördern wollen oder ihre Talente, ob wir ihnen Respekt vor allem Lebendigen beibringen wollen – was immer wir für richtig halten, wir verfolgen unsere Ziele nach bestem Wissen und Gewissen und nach Kräften. Das muss genügen. Mütter sind auch nur Menschen.

Außerdem können wir darauf vertrauen, dass es einen Teil von uns gibt, der in der Zeit der intensiven Mutterschaft ruht oder wartet – wie immer wir das nennen wollen – und der nicht verloren geht. Viele Frauen berichten, dass sie nach einer Zeit der Trauer und des Abschiednehmens wieder feststellen, dass ihnen das Leben noch sehr viel zu geben hat. Wenn wir Freundschaften als lebenslange Beziehungen betrachten und entsprechend pflegen, werden sie gerade in dieser Phase sehr kostbar.

Wichtige Entdeckungen stehen bevor, wie Shelley Bovey ermutigend schreibt. Es geht um eine psychologische Reise, um die Frau in der Mutter zu finden. Oder sie wiederzufinden. Noch schöner ist es, wenn sie nie verloren gegangen ist.

Die zweite Chance

Wie entsteht die Bindung zwischen Mutter und Kind?

Haben Sie auch gehört, dass die ersten zehn Minuten entscheidend sind für das weitere Schicksal des Neugeborenen?

Aber was passiert, wenn Sie eine Narkose hatten und noch nicht wieder ganz bei sich sind oder wenn Sie sich krank und erschöpft fühlen oder das Baby in den Brutkasten muss? Müssen Sie sich ein Leben lang mit dem Gefühl abplagen, gleich vom ersten Augenblick an etwas versäumt zu haben?

Nein. Liebe entsteht langsam oder schnell. Frauen sind keine Maschinen, die auf Knopfdruck Gefühle erzeugen. Es kann sein, dass Sie von Staunen und Glück überwältigt werden, sobald das Baby auf Ihrem Bauch liegt, aber vielleicht passiert das erst auch nach drei Tagen oder ganz plötzlich beim ersten Lächeln oder beim ersten Zahn. Lieben hat mit kennen und erkennen zu tun. Vor der Geburt kennen Sie das Kind als Teil von sich, danach wird es ein Gegenüber, ein Individuum. Das ist eine große Umstellung.

Zudem sind sich Entwicklungspsychologen gar nicht mehr so sicher, dass die Zukunft des Kindes von den ersten Stunden, Wochen und Monaten vorbestimmt wird. Immer mehr setzt sich die Ansicht durch, dass es, vom psychologischen Standpunkt her gesehen, „ein Leben nach der Kindheit" gibt. Folglich spielt das Erziehungsverhalten der Mütter nicht die entscheidende Rolle, die ihm lange zugeschrieben wurde.

Dass kindliche Erfahrungen Einfluss auf das Seelenleben haben, wird niemand bestreiten. Es macht einen Unterschied, ob Kinder gestreichelt und angelächelt werden, ob sie angesprochen werden oder längere Zeit sich selbst überlassen bleiben.

Aber: es gibt eine zweite Chance. Versäumnisse lassen sich im späteren Leben ausgleichen, schlechte frühkindliche Erfahrungen müssen nicht bedeuten, dass ein Mensch für sein Leben geschädigt ist. Mütter sind also doch nicht, wie Rousseau behauptete, allein für die Gesundheit der Gesellschaft verantwortlich. Ist das nicht schon wieder eine gute Nachricht?

Umbrüche

Der wichtigste Mensch

Auf die Frage „Worauf sind Mütter nicht vorbereitet?" antworteten Frauen im Jahr 2000:

„Das Gefühl der Dünnhäutigkeit. Plötzlich machen mir Dinge etwas aus, mit denen ich früher locker umgehen konnte. Ich breche in Tränen aus vor Mitleid. Ich empfinde Angst in Situationen, die ich früher mit Bravour gemeistert habe. Auf hohe Türme steigen? Kein Problem, ich bin doch schwindelfrei. Mit einem Kind auf hohe Türme steigen? Plötzlich klopft mein Herz, die Knie zittern, ich kann den Ausblick nicht genießen und habe nur noch Augen für zu niedrige Geländer und rutschige Treppen."

„Nachrichtensendungen im Fernsehen machen mich fertig, denn plötzlich sehe ich, in was für einer Welt mein Kind leben wird, wenn ich es nicht mehr beschützen kann. Bei jeder Kindesentführung schwanke ich zwischen tiefstem Mitleid mit den betroffenen Eltern und selbstsüchtiger Erleichterung: Gott sei Dank ist es nicht meines."

„Ich hätte nie gedacht, dass ich so mitleiden würde. Mein Sohn hat eine Zahnspange bekommen und sein Zahnfleisch war eine Weile wund. Da war es dann so, als hätte ich selbst eine Spange, ich bekam keinen Bissen herunter, wenn ich sah, wie er sich mit dem Essen abgequält hat."

„Sie sind halt mein Fleisch und Blut. Mit anderen Kindern konnte ich noch nie viel anfangen, ich meine, ich muss nicht in jeden Kinderwagen gucken und „eideidei" machen. Deshalb war es mir oft zuviel, was die Mütter für ein Theater um ihre Minis machen. Aber jetzt, bei meinem eigenen, bin ich kein bisschen anders. Ich finde auch, dass es das absolut süßeste Kind auf der Welt ist und bin wahnsinnig stolz."

„Diese Art von Liebe. Ich habe Dinge über mich selbst erfahren, von denen ich nie gewusst hatte, dass ich sie in mir hatte."

Mutterliebe

Selten denken wir über die verschiedenen Arten von Liebe nach, und über die vielbeschworene Mutterliebe schon gar nicht, bevor wir selbst Mutter geworden sind, und dann bleibt nicht mehr viel Zeit zum Nachgrübeln. In früheren Jahrhunderten haben sich hauptsächlich Männer über sie geäußert und sie verherrlicht. Es hat etwas Anrührendes, aber auch Beunruhigendes, wenn der längst erwachsene Heinrich Heine am Ende seines Gedichts „An meine Mutter" bekennt, dass er zeitlebens nach ihr auf der Suche war:

Und immer irrte ich nach Liebe, immer
Nach Liebe, doch die Liebe fand ich nimmer,
Und kehrte um nach Hause, krank und trübe.

Doch da bist du entgegen mir gekommen,
Und ach! Was in deinem Aug geschwommen,
Das war die süße, langgesuchte Liebe.

Auch der Schriftsteller Albert Cohen schildert in seinem „Buch meiner Mutter" eine Liebe, die geradezu überirdisch ist – bedingungslos, ewig, unsterblich, erhaben, von vollkommener Güte: „Liebe meiner Mutter, die keiner anderen gleicht. Sie verlor jedes Urteilsvermögen, wenn es um ihren Sohn ging ... Meine Tochter liebt mich, aber sie hat ihr Leben und lässt mich allein. Für meine Mutter gab es nichts Wichtigeres als neben mir zu sitzen und zu nähen. Sie schluckte ein wenig Speichel, nähte, und dann sahen wir uns an, und ich fühlte mich an meinem Platz, sicher, ein Sohn."

Das sind Worte, die man von Töchtern selten hört. Vielleicht weil sie selten so vergöttlicht wurden wie Söhne und deshalb dem hehren, überhöhten Mutterideal kritischer gegenüberstanden?

Frauen hatten offenbar stärker das Bedürfnis, sich ihren Müttern zu erklären und um deren Verständnis zu werben, das sie nicht ohne weiteres voraussetzen durften. Wenn sie Wege beschritten, die mit dem Frauenbild ihrer Zeit nicht übereinstimmten, war ihnen die Liebe der Eltern keineswegs sicher. Sie mussten Überzeugungsarbeit leisten, Versprechungen machen und immer wieder beteuern, dass sie trotz aller Abweichungen eine loyale Tochter zu bleiben gedachten.

Die Schriftstellerin Malwida von Meysenburg, die sich für die Ideale der Revolution von 1848 begeisterte, schreibt ihren Eltern 1852: „Soll ich nicht endlich auch ungestört am Mutterherzen die Stelle finden, nach der ich verlange, wo ich friedlich ruhen kann, weil ich weiß: die Mutter glaubt ganz an deine edle Natur und lässt dich im Segen deine Pfade gehen, weil sie weiß, du suchst auf deine Weise das Rechte ... Wenn ich wirklich dein liebes Kind bin, so glaub auch, dass ich dieser Liebe wert bin, sonst entzieh sie mir lieber, denn ich kann sie nicht freudig besitzen, wenn Du am mir zweifelst oder Dich ewig um mich grämst."

Seit Elisabeth Badinters bahnbrechender Studie „Mutterliebe“ ist der Begriff in die Diskussion geraten. Gehörte „Lieben“ schon immer sozusagen zum Beruf der Mutter? Gehört sie zur biologischen Grundausstattung von Frauen? Wieviel Liebe brauchen Kinder, wann wird sie zum Hindernis für ihre freie Entfaltung? Und vor allem: Wer bestimmt das?

Medien-Mütter

Einen Teil unserer Vorstellungen, wie Mütter sind oder sein sollten, haben wir von früheren Generationen übernommen, anderes aus Büchern, vieles aus den Mütterbildern, die uns durch die Medien vermittelt werden. Da begegnen sie uns Tag für Tag:

Die tränenreiche, leidgeprüfte Übermutter,
die strahlende Pampers-Mami
die pflichtvergessene Hyäne, die ihrer Tochter den Freund ausspannt
das Luxusweibchen im Tennisdress
die ewig junge Disco-Mama, beste Freundin ihrer Tochter
die gefühlskalte Karrierefrau
die Erpresserin
die Therapeutin
die Überängstliche
das Superweib.

Ich habe einen Vorschlag: Sehen Sie sich an einem verregneten Tag alle Fernsehsendungen, die gerade über den Bildschirm flimmern, einmal daraufhin an, welche Muttertypen Ihnen präsentiert werden. Es könnte sein, dass Ihnen der Fernsehkonsum dadurch auf Wochen hinaus vergällt wird. Auf jeden Fall werden Sie hinterher vermutlich genauer wissen, was Sie nicht sein wollen.

Die Sendungen, die man uns vorsetzt, sind ein guter Spiegel der Erwartungen, mit denen wir täglich unausgesprochen konfrontiert werden. Besondere Aufmerksamkeit verdient die Frage, welche Rolle die Mutter innerhalb der Familie spielt. Was gilt heute als Aufgabe der modernen Mutter? Wie sieht sie aus, wo liegen ihre Stärken und Schwächen, ist sie Haupt- oder Nebenfigur?

Zwei Tipps zum Schluss:
1) Vergessen Sie die Werbung nicht.
2) Achten Sie darauf, in welchen Sendungen keine Mutter vorkommt. Die nicht-existente Mutterschaft ist ein besonders interessantes Phänomen. Oder können Sie sich die Tatort-Kommissarin mit Kinderwagen vorstellen?

Mutter-Macht

Mutterliebe ist nicht nur sanftmütig und opferfreudig, sie hat ein wildes Element in sich, das gut in dem zum Ausdruck kommt, was Alice Thomas Ellis darüber sagt:

„Als ich mein erstes Kind bekam, merkte ich plötzlich, dass diese Art von Liebe anders war als jede andere. Zum ersten Mal spürte ich, dass es jemanden gab, für den ich sterben oder töten könnte, und nie zuvor habe ich für irgend jemanden so empfunden."

Das sind starke Worte. Mütter sind zu allerhand fähig, und wenn sie sich zudem noch zusammenschließen, geht ihre Wirkung weit über den privaten Bereich hinaus. Ein gutes Beispiel dafür sind die „Mütter von der Plaza de Mayo", die in Argentinien zur Zeit der Militärdiktatur unermüdlich auf das Verschwinden ihrer Töchter und Söhne aufmerksam machten. Zuerst wurden sie nicht ernst genommen, schließlich waren es „nur Mütter", und es geschieht häufig, dass das energische Auftreten von Müttern ins Lächerliche gezogen wird, gerade weil es so archaische Züge hat. Bald jedoch galt ihr unbeugsamer Wille als politisches Signal des Widerstandes, der immer weitere Kreise zog.

Die starke Liebesfähigkeit von Müttern kann produktiv werden, sie kann in Widerstand und Auflehnung gegen Ungerechtigkeit münden. Sie birgt ein Veränderungspotential, das in die Gesellschaft eingreift. Aus der Redensart „die Hand an der Wiege regiert die Welt" spricht der Respekt vor einem Machtpotential, das schwer zu kontrollieren ist.

Im alten Griechenland waren die Klagegesänge der Mütter, denen Kinder gestorben waren, nicht selten mit Anklagen gegen die Gesellschaft verbunden, die sie ihnen geraubt hatte. Die Trauer bildete einen Schutzraum, in dem auch unbequeme Wahrheiten laut gesagt werden konnten. Waren Söhne im Krieg gestorben, mischte sich in den Kummer über ihren Verlust der Zorn über die sinnlose Vergeudung des Lebens, und so wurde die Totenklage zur Anklage.

Eine in weiten Teilen von Männern regierte Welt braucht dringend Frauen, die sich nicht einschüchtern lassen. Warum sollen Mütter nicht ihren Einfluss auf die Nachkommen nutzen, um die Erde zu einem gerechteren und lebenswerteren Ort zu machen?

Intuition

Heute wird der Instinkt „emotionale Intelligenz" genannt, und das ist vielleicht auch gut so. Intuition ist schließlich kein paranormales Phänomen, sondern schlicht und einfach die ausgeprägte Fähigkeit, Zeichen zu lesen und unmittelbar, ohne zeitliche Verzögerung durch einen Denkprozess, zu interpretieren – aber diese Zeichen sind manchmal so winzig, dass wir gar nicht merken, wie wir sie aufnehmen. Und für andere wirkt das dann fast unheimlich.

Als ich mich vor Jahren einmal beim Sonnenbaden im Schwimmbad genau in dem Augenblick misstrauisch umdrehte, als mein Freund mir seine nasse, kalte Hand auf den Rücken legen wollte, entlockte ihm das ein verblüfftes Kopfschütteln und ein fast unwilliges: „Diese Frauen!"

Viele Männer sehen Vorfälle, bei denen „weibliche Intuition" am Werk ist, mit einer Mischung aus Bewunderung und Unbehagen, als sei Instinkt etwas, von dem sie sich vor Jahrtausenden abgekoppelt hätten.

Dabei ist die Intuition lediglich ein Zusammenwirken verschiedener Fähigkeiten, die wir alle mehr oder weniger stark besitzen und ausbauen können:

- das Erkennen und Deuten von Körpersprache und Umweltveränderungen
- das Einfühlungsvermögen in andere Menschen und eine gute Wahrnehmung der eigenen Gefühle
- das schnelle Begreifen von Problemen auf intellektueller Ebene
- das Erfassen unterschwelliger Motive.

Intuition ist Wissen, ohne zu wissen warum. Sie steht allen menschlichen Wesen zur Verfügung, die sie ernst nehmen und sich ihrer bedienen wollen, denn sie steht in enger Verbindung mit dem Selbsterhaltungstrieb. Kinder profitieren sehr davon, wenn ihr intuitives Wissen gestärkt wird und die Mutter ihre direkten Eingebungen aufgreift. Kinder sehen sich ohnehin im Zusammenhang mit allem um sie her, wir brauchen ihren „ganzheitlichen Ansatz" deshalb nur noch anzuerkennen.

Mutter Natur

Erschaffe jeden Tag neu, indem du dich in Himmel und Erde kleidest, dich in Weisheit und Liebe badest und dich in das Herz der Mutter Natur begibst.
– Morihei Ueshibe

Tönende Worte, die eine tiefe Wahrheit beinhalten: Mutter Natur ist eine schützende und kontrollierende Macht, ein kapriziöses, unberechenbares Wesen, das einmal Schneestürme und Überschwemmungen verursacht, ein andermal mit Erdbeeren und Sonnenschein lockt. Dass sich Frauen, die Kinder auf die Welt bringen, ihrem schöpferischen Aspekt nahe fühlen, ist nicht verwunderlich. Ein enge Verbundenheit mit der Natur ist außerordentlich heilsam, wie wir immer dann feststellen, wenn wir uns zu weit von ihr entfernen, sei es innerlich oder äußerlich.

Wo aber ist die Verbindung zu uns, zu unserer täglichen Erfahrung mit dem Muttersein? Es nützt uns nämlich nichts, wenn von Mutter Natur gesprochen wird, und die einzige Auswirkung, die das auf uns hat, ein Gefühl der Minderwertigkeit ist, weil wir uns als Durchschnitts-Mütter auf keinen Fall mit der Übermutter Natur messen können. Durch die Mutterschaft wachsen uns zweifellos neue Kräfte zu, aber wir bleiben Menschen mit Unzulänglichkeiten und Unsicherheiten. Bei uns läuft nicht alles immer rund und vorhersehbar, im Rhythmus von Jahreszeiten und wiederholbaren Abläufen.

Die Gleichsetzung der Menschenmutter mit der Natur hat ihre problematischen Seiten. Sie ist ein Zeichen der Bewunderung und der Anerkennung für die enge Beziehung zwischen der, die Leben hervorbringt, und dem immer wieder erneuerten Leben selbst. Wie die Natur ist für Kinder die Mutter das Bergende, Kreative; aber auch Mütter wollen sich geborgen fühlen in einem Größeren und nicht immer nur selbst der Urgrund der Geborgenheit sein.

Die „Erdmutter“ ist nur ein Typ Frau von vielen. Und dazu eine Männerphantasie. Wir brauchen uns ihm nicht um jeden Preis anzugleichen und uns mit ihr messen.

Und ebenso wenig brauchen wir uns schuldig fühlen, dass etwas so Natürliches wie ein Kind bekommen unser Leben auf den Kopf stellt. Die „Große Mutter“ steckt vielleicht in uns, aber besondere Größe liegt, wie wir wissen, in der Fähigkeit, Schwächen zuzugeben.

Heute ist nicht gestern

Es gab einmal ein Leben vor dem Kind. Da waren noch keine Flecken auf der Seidenbluse, und am Samstagmorgen durchwehte eine himmlische Stille die Wohnung, während der Geruch nach Kaffee und Toast uns auf ein langes Wochenende im Grünen einstimmte.

Vorbei.

Was vorher galt, gilt nun eine Weile nicht mehr oder wird zur hoch geschätzten Ausnahme. Die Wanderung um den See, einst in flotten zwei Stunden absolviert, wird zur minuziös geplanten Expedition, die dann doch nach einem Drittel der Strecke abgebrochen werden muss, weil die Windeln nicht dicht sind und der Tragesack tropft.

Einer dieser Familienausflüge hat die englische Fernseh-Moderatorin und mehrfache Mutter Libby Purves auf eine umwerfend schlichte Wahrheit gebracht: „Wenn man kleine Kinder hat, muss man die Ansprüche herunterschrauben, die man an normale Vergnügungen hat.“ Auch wenn in ihrer Anekdote der Regen in den Kahn prasselt, die Babys schreien, die beiden Zweijährigen sich gefährlich weit über die Bordwand beugen und der Ehemann, grimmig durch den Schlamm stakend, von Champagner und Erdbeeren und Bootsfahrten mit zarten, weißgekleideten Mädchen träumt: die beiden jungen Mütter genossen die Abwechslung und traten den Heimweg „in der beglückenden Gewissheit an, dass zumindest die Kleinkinder todmüde waren und nach dem Mittagessen schlafen und uns ermöglichen würden, die Sonntagszeitungen zu lesen."

Wir können uns selbst zum Unglücklichsein programmieren, wenn wir uns immer nur daran erinnern, wie es einmal war, als wir noch richtige Ausflüge machen und stundenlang philosophische Gespräche führen konnten. Und so richtig schön niedergeschlagen werden wir dann, wenn wir erwarten, auf dieselbe Weise anerkannt und wahrgenommen zu werden wie bisher. Mütter sind ein wenig beachteter Dienstleistungsbetrieb, solange ihre Kinder klein sind. Das ist bedauerlich, aber wahr. Nur von wenigen Menschen werden Sie die Anerkennung bekommen, die Sie gewohnt waren, und hinterherpfeifen wird Ihnen so schnell niemand mehr, solange Sie einen Buggy mit kreischendem Inhalt schieben.

Die Frage lautet deshalb: Wie sieht die Rangfolge Ihrer Glücksmomente aus? Was brauchen Sie unbedingt, um einen Tag als gelungen betrachten zu können? Was ist dringend notwendig und was vorübergehend entbehrlich? Verzichten Sie auf das Entbehrliche und konzentrieren Sie sich voll und ganz auf das Notwendige – die Sonntagszeitung, ein Mittagsschläfchen oder eine Tasse Kaffee auf dem Sofa. Kein Kind ist über Bord gefallen, zu Hause gibt es trockene Kleider, und in ein paar Jahren sind auch Champagner und Erdbeeren wieder machbar.

Fürsorge

In dem Jahr nach der Geburt eines Kindes ordnet sich alles dessen Bedürfnissen unter. Das nehmen Mütter meist als selbstverständlich hin. Sie schlafen nicht genug, essen unregelmäßig, gehen abends kaum aus, sind zu müde zum Lesen, passen sich ganz dem Rhythmus des Säuglings an. Das ist alles andere als „natürlich", es ist eine Überforderung.

Auch wenn sich an den Bedürfnissen selbst nichts ändern lässt, besteht kein Grund zur Resignation. Sicher ist in dieser ersten Zeit der intensiven Kinderbetreuung jedes noch so bescheidene Ziel mit heimlichen Zweifeln verbunden: „Lohnt es sich wirklich, den Babysitter zu bestellen, nur um zwei Stunden ins Kino zu gehen? Ich bin eigentlich viel zu erledigt." – „Wozu soll ich mir zum Weggehen eine andere Hose anziehen, diese ist doch viel bequemer, auch wenn sie ein bisschen bekleckert ist." – „Gymnastik? Um Himmels Wissen – wann denn? Da müsste ich ja noch früher aufstehen."

Was uns durch solche Einflüsterungen mit der Zeit abhanden kommt, ist die Fähigkeit zu erkennen, was uns gut tut und Entscheidungen zu unserem eigenen Wohl zu treffen. Manchmal ist der Unterschied wichtig zwischen der Frage „Was will ich?" und „Was brauche ich?"

Ihr Wohlergehen ist wichtig für Sie selbst und die ganze Familie. (Damit meine ich nicht, dass Sie sich fit halten sollen, um für zusätzliche Strapazen gerüstet zu sein.) Fürsorge und Sorge für sich sollten sich ergänzen, sonst haben Sie an einem bestimmten Punkt das Gefühl, dass Sie im Grunde nicht mehr selbst über Ihr Leben bestimmen.

Schreiben Sie sich in einer ruhige Minute (doch, die gibt es!) fünf Aktivitäten auf, die ein stabiles Gleichgewicht begünstigen würden und nicht nach Pflichterfüllung riechen. Das kann Bewegung sein, Entspannung, Musik, Malen, einen Brief schreiben, eine Blume umtopfen, eine Radiosendung hören, einen Tisch abschleifen, sich zum Kaffee verabreden, sich die Haare tönen, eine Lampe reparieren …

Bald nach einer Geburt ist ein solches Aktionsprogramm besonders wichtig, damit sich die Selbstsabotage gar nicht erst einschleicht. Sie können aber natürlich auch an jedem beliebigen Tag damit beginnen, sobald Sie das Gefühl haben, Sie kommen im Familiengefüge zu kurz.

Versprechen Sie sich, dass Sie die Liste nach einem Monat wieder ansehen. So werden Sie die persönlichen Interessen nicht aus dem Blick verlieren, die Sie in Ihr Muttersein integrieren wollen. Ohne sie verlieren wir leicht an Statur. Sie bewahren zu wollen ist keine Überheblichkeit und kein Größenwahn. In unserem Muttersein sind wir Menschen, ohne die das Leben nicht weitergehen würde.

Das bringt Hildegard von Bingen in ihrem Gedicht über die Schöpfung voller Poesie zum Ausdruck:

Ich – Feuer des Lebens –
zünde hin über alle Schönheit der Gefilde,
leuchte auf den Gewässern,
brenne in der Sonne
und strahle in Mond und Gestirnen
und erwecke mit dem Windhauch die Lüfte
jedwedes lebenerfüllte Ding.

Dieser mein Anhauch ist die Lebendigkeit
in allem Grünen und Blühen:
Die Wasser strömen nun dahin
als hätten sie selber Leben,
die Sonne lebt wie im eigenen Licht,
und der Mond wird neu an der Sonne entzündet,
gleichsam lebendig, geben die Sterne
in ihrem Licht hellen Schein.

Ich zeuge verborgen in aller Wirklichkeit.
Alle Wesen brennen in mir.

So bin ich denn in allem eine verborgen flammende Kraft,
durch mich erglüht und entbrennt das All.
Dieses alles lebt nun in seinem innersten Wesen.
Kein Tod ist darin zu finden,
denn ich bin das Leben.

Verbundenheit

Durch die gesamte Kunstgeschichte zieht sich das Motiv „Mutter mit Kind" – es ist, unabhängig von der individuellen und stilistischen Ebene, ein zeitloses Symbol für Verbundenheit, Liebe, Fürsorge, Zärtlichkeit, aber auch Sorge, Schmerz, Trauer, Verlust.

Da ist die Madonna mit dem Jesuskind, eine Mutter-Kind-Beziehung, an der Generationen von Frauen gemessen wurden. Nicht immer war sie die von Engeln umgebene Muttergottes auf dem Thron, die allem Irdischen weit entrückt scheint. Im Mittelalter gab es in mehreren Nonnenklöstern Darstellungen der schwangeren Maria, und auch ganz intime häusliche Szenen fehlten nicht, die zeigten, wie Maria im Wochenbett liegt, den kleinen Jesus badet, oder mit ihm an der Hand zum Schreibunterricht geht.

Gerade Künstlerinnen suchten in ihrer Lebenswelt nach geeigneten Sujets und fanden sie nicht selten in dem, was sie täglich sahen: ihre Mütter, Geschwister und Kinder. Von Berthe Morison beispielsweise stammt das zarte, lichtdurchflutete Gemälde „Die Wiege", das eine junge Mutter zeigt, die in die Betrachtung ihres schlafenden Säuglings versunken an dessen Bettchen sitzt. Die Amerikanerin Mary Cassatt nahm sich des Themas „Mutter und Kind" in immer neuen Variationen an.

Wo finden Sie Ihr inneres Bild vom Muttersein wieder? In der kleinen Hand, die sich vertrauensvoll in eine große legt? In der Mutter mit dem kleinen Kind auf dem Schoß? In den idyllischen Szenen der Romantik oder den Familienporträts der alten Meister?

Wo ist Ihre Vorstellung von Nähe und Verbundenheit am besten ausgedrückt? In jedem Museum, in jeder Kirche, in allen Bibliotheken finden sich Abbildungen, die wir betrachten können – kritisch, offen, aufmerksam, auf der Suche nach etwas, das uns unmittelbar anspricht.

Irgendwo finden Sie das Bild einer Beziehung, die Sie als

echt empfinden, die das spiegelt, was Sie mit Ihrem Kind leben oder gerne leben würden. Kaufen Sie sich eine Postkarte davon oder besorgen Sie sich eine Reproduktion und betrachten Sie sie immer wieder. Es kann Ihnen viel über sich selbst und Ihre Vorstellung vom Muttersein verraten.

Lebensbaum

In früheren Zeiten glaubte man, dass die Bäume der Sitz der Götter oder Naturgeister seien, und deshalb ist es nur natürlich, dass man sie wählte, um die wichtigsten Übergänge im Leben zu markieren.

Bäume zu pflanzen, um besondere Ereignisse zu feiern, ist eine uralte Tradition bei Kulturen auf der ganzen Welt. Bei der Geburt eines Babys hat dies noch den zusätzlichen Effekt, dass das Kind, wenn es größer wird, einen starken inneren Bezug zu seinem oder ihrem Baum und damit zu einem besonders heilsamen Aspekt der natürlichen Umgebung bekommt. Einem Baum lassen sich Geheimnisse anvertrauen, man kann ganze Nachmittage auf ihm verbringen, an ihm schaukeln, in seinem Schatten schlafen, seinen Stamm umarmen, an ihm den Wechsel der Jahreszeiten beobachten.

Nach einer alten jüdischen Tradition wird bei der Geburt eines Kindes ein Baum gepflanzt – eine Zeder für einen Jungen und eine Kiefer oder ein Apfelbaum für ein Mädchen. Wenn ein Paar heiratete, wurden ihre jeweiligen Bäume gefällt und das Holz für die Hochzeitlaube benutzt.

In ländlichen Gegenden der Schweiz ist es üblich, bei der Geburt eines Jungen einen Apfelbaum zu pflanzen und einen Nussbaum, wenn es ein Mädchen ist. In Schweden wird der Familienzuwachs durch das Pflanzen eines *världträd*, des „Schicksalsbaumes" begangen. Als Goethe geboren wurde, setzte sein Großvater prompt in seinem Frankfurter Garten einen Birnbaum.

Wer nach der Weisheit greift, dem ist sie ein Lebensbaum;
Und wer sie festhält, ist glücklich zu preisen!
In ihrer Rechten hält sie langes Leben;
In der Linken Wohlstand und Würde.
Ihre Wege sind freundliche Wege
Und auf all ihren Pfaden ist Wohlergehen.
– Sprüche 3, 16–18

Lernen

Es ist eine Binsenweisheit, dass wir am besten durch Erfahrungen und nicht durch das Lesen von Handbüchern lernen. Doch Erfahrungen machen heißt Fehler machen, und das würden wir bei unseren Kindern am liebsten ganz vermeiden.

Als Mütter stehen wir unter Druck, in möglichst kurzer Zeit möglichst viel über ein ganz neues Lebensgebiet zu lernen, bei dem wie überall Theorie und Wirklichkeit weit auseinander klaffen.

Bei ausführlichen Gesprächen mit Müttern stellt Bruno Bettelheim fest, dass es für Frauen heutzutage eine enorme Aufgabe ist, sich nach der Geburt des ersten Kindes an das häusliche Leben zu gewöhnen. Für ihn liegen die Gründe deutlich auf der Hand: „In früheren Zeiten und in anderen Gesellschaften war das Leben der Mädchen vor der Eheschließung eine einzige lange Vorbereitung auf das häusliche Leben. Heute in unserer Kultur unterscheidet sich die Erziehung und Ausbildung nicht wesentlich von der der Jungen, sie ist berufsorientiert; die Führung des Haushalts nimmt nach Studium/Ausbildung und/oder Arbeit oft den letzten Platz ein. Auf das, was mit einem Kind tatsächlich auf sie zukommt, sind sie nicht vorbereitet."

Freilich schadet es nichts, kluge Bücher über Geburtsvorbereitung, Stillen, Kinderkrankheiten und Erziehungsstile zu lesen, wenn wir uns dadurch sicherer fühlen. Die eigentliche „Mutterwerdung" findet jedoch mitten in der Praxis statt: Ich lerne, indem ich mich Schwierigkeiten stelle, andere um Rat frage und ausprobiere, was meiner Situation am besten entspricht.

Das braucht Zeit, und die nehme ich mir. Sollte mich die Ungeduld packen, glaube ich denjenigen älteren Müttern, die mir sagen: Nimm es leicht, das geht vorüber. Mach dich nicht verrückt, es lohnt sich nicht.

Umbrüche

Frauen werden Mütter, Männer werden Väter und Eltern werden Großeltern.

Diese simple Aussage enthält eine Menge Sprengstoff, vor allem, wenn einer oder mehrere der Betroffenen noch Schwierigkeiten mit seiner oder ihrer neuen Rolle hat – und das kommt häufig genug vor.

Wenn ein Kind da ist, sehe ich meinen Partner in einer neuen Rolle und möchte anderes von ihm als bisher. Wenn ich vom anstrengenden Tag mit den Kindern entnervt bin, erwarte ich Verständnis und Mitgefühl und möglichst tatkräftige Hilfe. Ich möchte, dass mein Kind einen guten Vater hat, aber was ist ein guter Vater?

Viele junge Mütter empfinden eine ungewohnte emotionale Abhängigkeit vom Partner: mit einem Mal ist er nicht nur ein Mensch, mit dem sie ihr Leben teilen, sondern auch der Vater ihres Kindes und auf eine bestimmte Weise für immer mit ihnen verbunden. Das ist eine ganz neue Qualität, die sehr positive Seiten hat, wenn sich beide Eltern darauf einlassen können. Andererseits ist sie für selbstbewusste Frauen nicht immer leicht zu verkraften. Alleinerziehende Frauen erleben sich zusätzlich noch im Konflikt zwischen Kind und Ex-Partner, zwischen dem Wunsch ihres Kindes nach Kontakt zum Vater und dem eigenen Verlangen, ein neues Kapitel im Leben aufzuschlagen.

Das spannungsreiche Zusammenleben in der Kleinfamilie oder Einelternfamilie ist zu folgenschwer, um daraus eine Privatangelegenheit zu machen. Nichts ist so erleichternd, wie die Feststellung, dass es auch anderen so geht wie mir – dass die Nachbarin von rechts ebenso erbost ist über die häufigen Dienstreisen ihres Mannes und die Nachbarin von links auch ein hyperaktives Kind hat, das keinen Abend vor elf einschläft.

Die Solidarität von Müttern untereinander verändert die bestehenden Strukturen nicht, sondern bestärkt sie, das ist wahr. Frauen helfen sich gegenseitig und entlasten dadurch ihre Männer von der Familienarbeit – ein uraltes Muster und ein Rückfall in vor-emanzipierte Zeiten. Richtig.

Aber: Realistisch gesehen, gibt es heute noch keinen Ersatz. Mit-Mütter sind absolut unentbehrlich. Sie haben schon so manche Frau vor dem Nervenzusammenbruch bewahrt.

Achtsamkeit

Mit den Augen eines kleinen Kindes sehen

Mein Blick, ein Meter fünfundsechzig über dem Erdboden, ist ein erwachsener Blick. Er sucht, was getan werden muss und was mir wichtig vorkommt. Er ist geeicht auf das, was noch zu erledigen ist, auf schnelle Bewegungen. Selten verweilt er oder wandert müßig über die Oberfläche der Dinge.

Ohne die Notwendigkeit, noch einmal mit anderen, jüngeren Augen zu sehen, von unten nach oben und ganz aus der Nähe – was hätte ich nicht alles übersehen.

Wie groß ein Haus ist
Wie hoch die Möbel sind
Die Ameise auf der Steinplatte
Die Vogelspuren im Schnee
Die Rillen im Holzboden
Den seit langem verlorenen Ring unter dem Teppich
Die Biegsamkeit eines Löffels
Die Regentropfen am Tannenzweig
Das Muster der Bettdecke
Das Lächeln der Nachbarin
Die gebogene Spitze der Grashalme
Das Gehen Schritt für Schritt
Die Spiegelung der Wolken in der Pfütze
Den Nagel in der Schuhsohle
Das Zehnpfennigstück im Rinnstein
Das Schokoladenei im Pantoffel

Pflanzen

Wir messen das Vergehen der Zeit gerne an den Kindern und ihrem Wachstum. Dadurch scheint die Zeit Sprünge zu machen – ein Wachstumsschub von drei Zentimetern – also sind schon wieder zwei Monate vergangen. Du lieber Himmel! Und was ist mit der Zeit dazwischen geschehen?

Wir klagen häufig, dass uns die Zeit unter den Händen zerrinnt. Was aber wäre ohne das Vorrücken der Sekunden, Minuten und Stunden? Stillstand.

Um uns selbst und unseren Kindern immer wieder klar zu machen, dass Zeit kein Feind ist, sondern eine Voraussetzung, damit etwas Neues entsteht, könnten wir zum Beispiel gemeinsam Gras, Kresse oder schnell wachsende Blumen säen und beobachten, wie sich schon bald die Keimlinge durch die Erde schieben.

Mit etwas mehr Geduld ist auch ein Baum oder Strauch denkbar. Wenn Sie selbst keinen Platz haben, fragen Sie Bekannte mit Garten oder suchen Sie sich ein Fleckchen im Freien, wo Sie sicher sein können, dass niemand den zarten Trieb gleich wieder ausreißt.

Kinder nehmen ihre Umgebung viel weniger selbstverständlich hin als wir das tun, sie sind offen für Entdeckungen und alles, was sie mit eigenen Händen greifen, eigenen Augen sehen, eigenen Ohren hören, der eigenen Nase riechen und dem eigenen Mund schmecken können.

Sich über ein Pflänzchen beugen, das aus einem selbstgepflanzten Samen entstanden ist, ist eine ungetrübte Freude, die Mutter und Kinder teilen, und diese Freude schafft eine Verbindung, die nicht auf Macht oder Überlegenheit beruht. Die Konzentration auf etwas Drittes tut der Beziehung in jedem Fall gut und entschärft Konflikte. Wie oft erleben sonst Kinder, dass sie auf gleicher Ebene und mit gleichem Erfolg schöpferisch sein können wie die Erwachsenen?

Mit ein wenig Pflege wächst die Pflanze wie von allein, an ihr lässt sich wunderbar ablesen, wieviel von Anfang an in einem organischen Wesen angelegt ist, das sich auch ohne ständige Aufmerksamkeit und Sorge entwickelt.

Ist das nicht ein Gedanke, der eine schwere Last von unseren Schultern nimmt? Wir können uns darauf verlassen, dass auch unseren Kindern eine Kraft innewohnt, die auf Reifung angelegt ist und die gestützt und gefördert, aber nicht ununterbrochen mühsam gepäppelt werden muss.

Rituale

In der menschlichen Kultur spielen Rituale von jeher eine wichtige Rolle. Ihr Potential ist immens, und oft wird in der heutigen Welt der Mangel an Ritualen beklagt, durch den Wendepunkte und Übergangszeiten im Leben nicht mehr angemessen erlebt und gefeiert werden können.

Was Rituale bewirken:

Sie verleihen dem Leben einen Rhythmus
Sie sind eine Einbindung in größere Zusammenhänge
Sie helfen, Ängste abzubauen
Sie bereichern die Phantasie
Sie teilen die Zeit in überschaubare Abschnitte
Sie geben Orientierung
Sie fördern das Gemeinschaftsgefühl

Kindern vermitteln Rituale ein Gefühl der Sicherheit und Verlässlichkeit, und Ihnen erleichtern sie einen regelmäßigen Tagesablauf.

Wenn sie allerdings einmal geschaffen und eingeführt sind, sind sie nur sehr schwer wieder zu durchbrechen. Wir können leicht in sie hineinrutschen, ohne es so recht zu merken: Drei Wochen hintereinander sonntags im Bett gefrühstückt, ohne sich viel dabei zu denken, und schon mault die Tochter am vierten Sonntag, an dem Ihnen die Krümel auf die Nerven gehen und Sie lieber am Tisch essen wollen: „Aber warum denn? Wir frühstücken doch sonntags *immer* im Bett!"

Da Sie bei jedem Ritual gefordert sein werden, vergessen Sie bitte nicht zu überlegen, was Ihnen selbst gefallen würde. Sie müssen sich schließlich auch damit wohlfühlen, und einmal einführte Gewohnheiten sind äußerst zählebig.

Singen Sie gerne jeden Abend ein Gute-Nacht-Lied? Sitzen Sie gerne ein Weilchen im Wohnzimmer, während sich Ihr Kind an Sie kuschelt, und hören gemeinsam Musik? Erzählen Sie gerne Geschichten? Lassen Sie sich lieber abends berichten, was tagsüber passiert ist? Welche Reime, Fingerspiele und Kinderlieder mögen Sie wirklich, und welche Bilderbücher sortieren Sie lieber gleich aus, bevor Sie sie jeden Tag zweimal vorlesen müssen?

Warum?

Mama, warum ist das Meer blau?
Mama, wie lang ist der größte Wal der Welt?
Mama, gibt's den Gott wirklich?
Mama, warum fliegen Raketen?
Mama, warum kann mein Kaninchen nicht sprechen?
Mama, wieviel Kilometer sind es bis zum Mars?
Mama, warum …

Fragen sind dazu da, um beantwortet zu werden. Oder? Manchmal sind sie auch ein aufregendes Spiel, vor allem die beliebten Warum-Fragen, mit denen Kinder in einer bestimmten Entwicklungsphase Ihre Ohren zum Klingeln bringen. Später kommen dann die Wissensfragen: die echten, bei denen belesene Eltern Punkte sammeln können, und die unechten, die dazu dienen, dass der kleine Schlauberger seine eigenen Kenntnisse anbringt.

Fühlen Sie sich von diesen vielen Fragen manchmal unter Druck gesetzt? Sind Ihnen die oben gestellten Fragen un-

b[illegible]imlich nachts im Kinderlexikon, da-
n[illegible]stehen und Ihren Zweit-
l[illegible]

[illegible]l selbst die Frage:

[illegible]igenschaft, uns mit den [illegible]orenheiten der eigenen [illegible]nd nicht allwissend. Aber [illegible]och nicht über alles gründ-[illegible]uf die Grundfragen des Le-[illegible]vorten.

[illegible] als Spiel betrachten, das uns [illegible]licht, einem Gedanken nach-[illegible]ei kann sich totlaufen oder zu [illegible]ck werden. Wenn wir uns da-[illegible]uchen wir nicht bis ins Unend-[illegible] Kindern ohne weiteres zuzumu-[illegible] Reiz für sie nur noch darin, dass sich [illegible] schön anstrengen. Man kann die Großen sogar au[illegible]en, indem man immer schneller fragt, oder ab und zu einwirft: „Aber Papa hat gesagt …“

Ernst genommen – für mich selbst – führt jede Frage, über die ich stolpere, zu einem Meer weiterer, unbeantworteter Fragen.

Entweder werde ich selbst neugierig, informiere mich, lese nach, verstehe Zusammenhänge so gut, dass ich sie erläutern kann.

Oder ich beschränke mich auf das, was ich schon weiß, und nutze die Gelegenheit zu einem Ausflug in die Phantasie. Statt mich unter Druck zu setzen, lasse ich meiner Imagination freien Lauf – und mache ein Spiel daraus. Warum ist das Meer blau? Hat es jemand angemalt?

Oder ich stelle selbst Fragen, über die wir gemeinsam in eine Welt der Visionen und Assoziationen eintauchen können:

Was würden Kinder anders machen, wenn sie bestimmen dürften?
Woraus werden in hundert Jahren die Häuser gebaut?
Wärst du gerne ein Schmetterling?
Was ist heute, in dieser Minute, dein größter Wunsch?
Werden eines Tages Roboter die Welt beherrschen?
Was würden Fische sagen, wenn sie reden könnten?
Welche neuen Berufe wird es im nächsten Jahrhundert geben?
Was würde passieren, wenn wir nicht schlafen müssten?
Was würdest du gerne erfinden?

Verzeihen

Kinder sind selten in jeder Hinsicht genau so, wie Mütter sie gerne hätten.

Einerseits sind sie ein Wunder, eine Freude, ein Mysterium.

Andererseits sind sie stur, laut, fordernd, streitlustig, anstrengend, eigensinnig, patzig.

Es gibt tausend Anlässe, mit ihnen zu schimpfen und tausend, es nicht zu tun. Oder sollten wir nicht besser sagen: es gibt tausend Anlässe, ihnen böse zu sein und tausend, ihnen zu verzeihen? Oder zuerst das eine und dann das andere zu tun?

Kinder sind auf unsere Verzeihung angewiesen, auch noch, wenn sie uns um einen Kopf überragen. Sie müssen darauf vertrauen, dass wir ihre kleinen Verfehlungen nicht auftürmen und die Tür zu unserem Verständnis schließen. Kränkungen führen zu berechtigtem Groll, das verstehen sie sehr gut. Im Groll verharren führt zu Verhärtungen in der Beziehung und in einem selbst, und davor haben Kinder berechtigte Angst.

Es ist im Kleinen wie im Großen ein enormer Vorteil, wenn Kinder lernen, zu ihren Handlungen zu stehen und dann erleben, wie Versöhnung möglich wird. Wir können ihnen am eigenen Beispiel zeigen, wie es ist, Verzeihung zu üben; nicht durch ein verdruckstes „'Tschuldigung" und auch nicht durch Schweigen und die stille Hoffnung, dass die Zeit schon über die Verstimmung hinweggehen wird.

Es gehört zum Schwersten, einen Menschen aufrichtig um Verzeihung zu bitten, wenn wir ihn verletzt haben und zu dieser Person laut und deutlich zu sagen: Verzeih mir bitte, es tut mir Leid. Wer das schafft, ist einen bedeutsamen Schritt vorangekommen – unabhängig davon, ob ihm verziehen wird oder nicht. Verzeihen ist kein Akt, mit dem wir anderen einen Gefallen tun. Wir heilen uns damit selbst und befreien uns von überflüssigem emotionalem Gepäck.

Im Zusammenleben von Menschen sind die Rollen von Opfer und Täter selten eindeutig verteilt. Das gilt auch für Eltern und Kinder, und wenn wir ehrlich sind, wissen wir das schon längst.

Nahrung

Stillen in der Nacht

Ich hätte gar nichts dagegen,
dein Nachtcafé zu sein, wenn du
in Ruhe austrinken würdest
und gingest dann höflich zu Bett.

Es sind die Nächte, wo du
Den ersten Drink schlürfst, dann den nächsten verlangst
Und guckst so beleidigt
Verziehst so dramatisch den Mund,
wenn ich dir sage, du hast genug.

Da überleg ich mir,
ob ich sie nicht für immer schließen soll, die Bar.
– Susan Eisenberg

Heute können Säuglinge auch ohne ihre Mütter physisch überleben, wenn sich andere Menschen ihrer annehmen. Die Muttermilch ist nicht mehr das einzige Überlebensmittel. Trotzdem hat „mütterlich sein" immer noch viel mit „Nahrung geben" zu tun. (Nicht umsonst ist „Mamma" der medizinische Begriff für die weibliche Brust.) Aber das sind weder vollgehäufte Teller noch ewige Mahnungen „Nun iss doch, Kind!". In unseren Land leiden wir keinen Mangel an Essen und müssen unsere Kinder nicht ständig füttern. Nahrung betrifft den Körper *und* den Geist, vermittelt Wärme, Geborgenheit, Trost. Das ist es, was wir alle suchen und manchmal im Essen zu finden glauben.

Dabei kommt Nahrung auch aus so vielen anderen Quellen – aus Sonne, Freude, Luft, Bewegung. Eine Zeit lang kann ich sogar von Luft und Liebe leben, denn wenn ich von einem starken Gefühl erfüllt bin, ist mir nicht nach Essen zumute. Kraft und Lebenslust fließen durch viele Kanäle.

Trost

„Wie einen eine Mutter tröstet" – das ist es, was wir uns alle wünschen. Der Komponist Johannes Brahms verwendet in seinem *Deutschen Requiem* einen Bibelvers, in dem göttlicher Trost der tröstlichen körperlichen Gegenwart einer stillenden Mutter gleichgesetzt wird: Jemanden haben – oder wiederfinden – bei dem alles wieder gut wird.

Dafür ist nur Da-Sein erforderlich, die Arme um einen Menschen legen, ein paar Worte murmeln oder schweigen. Einige Minuten, so lange, wie die Arie dauert, deren Worte dem Propheten Jesaja entlehnt sind, der die wahre Heimat, das neue Jerusalem, wie eine Mutter darstellt.

Ihr sollt auf dem Arme getragen werden, und auf den Knien wird man euch freundlich halten, lässt Jesaja Gott versprechen, und dann: „Ich will euch trösten, wie einen seine Mutter tröstet."

Danach ist alles wieder gut, die Tränen sind geflossen, die Tränen sind getrocknet worden, die Welt ist wieder in Ordnung.

Nicht nur Kinder brauchen das, wir brauchen es auch. Die Tatsache, dass wir Mütter sind, die imstande sind zu trösten, befreit uns nicht von dem tiefen Wunsch, selbst getröstet zu werden, in diesem allumfassenden Sinn.

Was gibt uns Rückhalt und Orientierung? Wo finden wir die Zuversicht, dass alles einen Sinn hat, auch wenn wir oft überhaupt nicht wissen, wofür wir uns tagtäglich abstrampeln?

Jede Frau weiß selbst am besten, wo sie ausatmen und Kraft schöpfen kann. Das Wichtigste ist, sich nie davon abbringen zu lassen und immer wieder den Schmerz zuzulassen, aus dem die Sehnsucht geboren wird. „Es ist nie falsch, sich nach dem aufzumachen, was die Seele braucht", steht über meinem Schreibtisch.

Jede Frau und jeder Mann hat Sehnsucht nach einem Menschen, der ihr und ihm dieses Urvertrauen in die Welt vermittelt. Wenn die eigene Mutter es nicht konnte und kann, gibt es andere Frauen, die uns mütterlich in die Arme nehmen und uns sagen, was wir hören wollen: dass alles wieder gut wird. Sie lassen sich finden – wenn wir bereit bin, uns so zu zeigen, wie wir sind. In unserer ganzen Bedürftigkeit und Verletzlichkeit.

Wenn wir großes Glück haben, leben wir mit einem Mann zusammen, der diese mütterlichen Seiten in sich gefunden hat und sie uns nicht vorenthält.

Ein Gefühl mütterlicher Geborgenheit kann uns auch ein Ort geben oder eine schöne Erinnerung und vor allem eine spirituelle Heimat, in der unser Wunsch nach einer Zugehörigkeit außerhalb von Zeit und Raum erfüllt wird.

Fellchen von meinem Fleisch,
in meinem Schoß gewebt hab ich dich.
Fellchen, das zittert vor Kälte,
schlaf eng geschmiegt an mich.

Das Rebhuhn schläft im Klee
Und hört, wie's in ihm klopft.
Fürchte dich nicht wenn ich atme,
schlaf eng geschmiegt an mich.

Mein kleines zitterndes Gräschen,
das erschreckt ist, dass es lebt,
lass meine Brust nicht gehen,
schlaf eng geschmiegt an mich.

Weil ich alles verloren habe,
hab ich jetzt Angst vor dem Schlaf.
Fall nicht aus meinem Arme,
schlaf eng geschmiegt an mich.

– Gabriela Mistral
aus: *Zwei Wiegenlieder*

Achtsamkeit

Für mich ist die einzige Antwort, die eine Frau auf die zerstörerischen Kräfte der Welt geben kann, kreativ sein. Und die ekstatischschste Form der Kreativität ist es, neues Leben zu schaffen.
– Jessie Barnard

Manchmal glaubt eine Mutter, sie müsse ihre Kinder um Vergebung bitten, weil sie sie in eine so unvollkommene, gefährdete Welt hineingeboren hat. Das ist ein Zeichen tiefer Liebe und Verantwortung. Wer aber sollte Veränderungen bewirken, wenn nicht die nächste Generation? Und wer soll es ihr ans Herz legen, wenn nicht wir, die Eltern?

So leicht wie Mütter hat es niemand, einem Kind ökologisches Bewusstsein beizubringen. Es ist kaum eine Mühe, gleich von Anfang an gegen Verschwendung und Nachlässigkeit anzugehen. In den kleinsten Verrichtungen kann sie den Grundstein für einen bewussten, sorgsamen Umgang mit Dingen und Menschen legen.

Indem sie das Kind bittet, die Blume nicht zu zertreten. Indem sie ihm beibringt, nicht mehr Lampen einzuschalten als nötig. Indem sie sich mit ihm eine Mandarine so achtsam teilt, wie der buddhistische Mönch Thich Nhat Hanh es beschreibt:

„Kinder, eine Mandarine achtsam zu essen, bedeutet, wirklich in Berührung mit ihr sein, während ihr sie esst. Euer Geist jagt nicht den Gedanken von gestern oder morgen hinterher, er bleibt vielmehr vollkommen im gegenwärtigen Moment. Die Mandarine ist wirklich gegenwärtig. In Achtsamkeit und Bewusstheit leben bedeutet im gegenwärtigen Moment leben; euer Geist und Körper verbleiben wirklich im Hier und Jetzt.

Ein Mensch, der achtsam ist, kann Dinge in der Mandarine erkennen, die andere nicht erkennen können. Ein bewusster Mensch kann den Mandarinenbaum sehen, die Mandarinenblüte im Frühjahr, das Sonnenlicht und den Regen, die beide die Mandarine nährten. Schaut ihr ganz genau, könnt ihr zehntausend Dinge sehen, die die Mandarine möglich gemacht haben. Betrachtet ein Mensch eine Mandarine mit Bewusstheit, so kann er alle Wunder dieses Universums darin erkennen; ebenso kann er sehen, wie die Dinge aufeinander einwirken."

Beschützen

Manchmal überkommt einen als Mutter der Wunsch, das Kind unter den Schutz mächtiger Wesen zu stellen. Ob wir sie Schutzengel nennen mögen, ist Glaubenssache. Der Wunsch aber, dass das Kind behütet sein möge, auch wenn wir selbst nicht bei ihm sein können, ist uralt und jeder Mutter bekannt.

Schon das Geburtsgebet der Omaha erbittet den Segen höherer Mächte für das Wohlergehen des Neugeborenen:

Ho! All ihr Himmlischen,
ihr Wesen der Luft
und der Erde
Ich bitte euch, mich anzuhören!
In eure Mitte kam ein neues Leben,
nehmt es auf, ich bitte euch, seid ihm gewogen.
Ebnet seinen Pfad.

Und aus der keltischen Tradition stammt das Gebet, das einen Menschen begleitet, der uns verlässt und in die Welt aufbricht – was unsere Kinder eines Tages tun werden:

Möge die Straße dir freundlich entgegenkommen.
Mögest du den Wind immer im Rücken spüren.
Mögen die milden Strahlen der Sonne dein Gesicht wärmen,
der sanfte Regen deine Felder tränken.
Und mögest du, bis wir uns wiedersehen,
sicher und geborgen in Gottes Hand ruhen.

Solche Segenssprüche können wir auf ganz persönliche Weise ergänzen oder abwandeln, damit die Persönlichkeit des Menschen, dem wir sie zugedacht haben, und unser Verhältnis zu ihr oder ihm darin sichtbar werden.

Sich anstecken lassen

Ansteckung lässt uns an Krankheit denken. Viren und Bakterien wirbeln durch die Luft, attackieren uns, machen uns schwach. Doch nicht nur Krankheiten sind ansteckend. Sie sind sogar nur ein ganz kleiner Teil dessen, was ansteckend wirkt. Es passiert zum Beispiel viel öfter, dass wir uns von Gelächter anstecken lassen als von einem Schnupfen. Und Kinder können ununterbrochen anstecken – mit ihrer Lebensfreude und ihrem Entdeckergeist.

Für die meisten Erwachsenen ist es gar nicht so einfach, zu werden wie die Kinder, wir brauchen Anleitung und Vorbilder. Nichts leichter als das – wir haben die LehrmeisterInnen ja in der eigenen Wohnung, 24 Stunden am Tag. Kinder sind das Beste, was uns passieren kann, wenn wir lernen wollen, spontaner und lustvoller zu leben.

Wir glauben manchmal, Bequemlichkeit und materielle Sicherheit seien die wichtigsten Erfordernisse des Lebens, dabei brauchen wir, damit wir wirklich glücklich sind, nur etwas, für das wir uns begeistern können.

Da, wo wir nicht merken, dass die Zeit vergeht, liegt die Spur, die zu unserem ureigensten Vergnügen führt. Nicht, wenn wir töpfern, weil alle Freundinnen das gerade schick finden, oder Französisch lernen, damit wir der Tochter bei den Hausaufgaben helfen können.

In seinem weltberühmten Buch „Der Prophet" schreibt der libanesische Dichter Khalil Gibran über das Vergnügen:

„Oft, indem ihr euch Vergnügen versagt,
verlagert ihr bloß das Verlangen danach in die dunklen Winkel eures Seins.
Wer weiß, ob was heute ausgelassen scheint,
nicht auf morgen wartet.
Selbst euer Körper kennt sein Erbe und seine berechtigten Bedürfnisse
Und will nicht betrogen werden.
Und euer Körper ist die Harfe eurer Seele,
Und es ist an euch, süße Musik aus ihm zu locken
Oder wirre Töne."

Die Begeisterung ist etwas, das ich nicht mit Bedacht planen kann, ich kann nur aufmerksam wahrnehmen, wann ich diese „süße Musik" höre, ein Kribbeln im Bauch spüre und mein Herz schneller schlägt. Sobald das passiert, bin ich auf dem richtigen Weg.

Auf dem Boden

Mit den Kindern kommen wir dem Boden wieder näher. Wir knien, hocken, kauern, beugen uns hinunter, legen uns hin.

Damit ändert sich unweigerlich unsere Anschauung der Welt. Eine Mutter, die sich auf die Ebene des Kindes begibt, ist nicht mehr die Riesin, die hoch aufragt und alles kann. Sie kommt im übertragenen Sinne auf den Boden zurück. Den Boden, der nicht nur ihr Kind, sondern auch sie selbst trägt.

Die Muskeln entspannen sich, etwas von der Nähe zu den Ursprüngen der Schöpfung wird fühlbar.

Von den alten Kulturen der Welt wurde die Erde schon immer als Mutter verehrt. Gerade die nordamerikanischen Indianer legten großen Wert auf eine Verbindung zur Erde und zur Natur, die sie als heilig betrachteten und ohne die ihnen ein sinnerfülltes Leben nicht vorstellbar war. Luther Standing Bear schrieb über sein Volk:

„Die Lakota waren schon immer Naturmenschen – Liebhaber der Natur. Sie liebten die Erde und alles, was sie hervorbrachte, und ihre Bindung an sie nahm mit den Jahren zu. Die alten Leute empfanden eine starke Liebe zum Erdboden und saßen oder lagen auf dem Boden mit dem Gefühl, einer mütterlichen Kraft nahe zu sein. Es tat der Haut gut, die Erde zu berühren, und die alten Leute zogen am liebsten ihre Mokassins aus und gingen mit bloßen Füßen über die heilige Erde. Sogar die Vögel, die durch die Luft flogen, ruhten sich auf der Erde aus, und sie war der endgültige Ruheplatz für alles, was lebte und wuchs. Die Erde war lindernd, stärkend, reinigend und heilend.

Deshalb sitzen alte Indianer auf der Erde, anstatt sich auf Stühlen von ihren lebensspendenden Energien zu entfernen. Wenn ein Mensch auf dem Boden liegt oder sitzt, kann er tiefer und besser denken und intensiver fühlen; er bekommt einen klareren Einblick in die Rätsel des Lebens und erlebt die Verwandtschaft mit den anderen Lebewesen um ihn her viel stärker."

Viele unserer ersten sinnlichen Erfahrungen in der Kindheit machen wir mit der Erde und dem, was sie hervorbringt. In besonderen Zeiten zieht es uns wieder zu ihr. Im Alter, wie es Luther Standing Bear beschrieben hat, bei Krankheiten, wenn wir ruhebedürftig sind oder auch in der Schwangerschaft, wenn uns das Gehen und Stehen zunehmend schwer fällt.

Die französische Schriftstellerin Colette erinnerte sich besonders gerne an die letzten Monate ihrer Schwangerschaft.

„Der sechste Monat, der siebente Monat ... Die ersten Erdbeeren, die ersten Rosen ... Ich weiß noch ganz genau, wie mich zu den merkwürdigsten Zeiten die Müdigkeit einholte und mich, ganz wie in meiner Kindheit, das Bedürfnis überkam, auf dem Erdboden, im Gras, auf dem sonnenwarmen Heu zu schlafen. Ein einzigartiges und gesundes Verlangen."

Malen

Irgendwann in unserem Leben haben wir alle gerne gemalt und nicht darüber nachgedacht, ob das Ergebnis irgendwelchen objektiven Maßstäben gerecht wurde. Es hat uns genügt, kräftige Farben auf das Papier zu bringen, am liebsten Rot, Gelb, Blau, wir wollten weder originell sein noch berühmte Vorbilder imitieren, und welche Techniken Picasso und Van Gogh in ihren Gemälden anwandten, hat uns nicht sonderlich interessiert.

Mit der Zeit wird es immer schwieriger, unbefangen mit kreativen Impulsen umzugehen. Zu sehr wirken die inneren und äußeren Urteile auf die Spontaneität ein und hemmen ihre freie Entfaltung. Ein leeres, weißes Blatt kann uns geradezu einen Schrecken einjagen. Die innere Messlatte wird mit den Jahren immer höher, und irgendwann geht gar nichts mehr.

Deshalb ist es eine gute Chance, mit Kindern gemeinsam zu malen. Sie haben weniger Scheu vor leeren Blättern und lassen uns gerne Ideen einbringen und mitgestalten. Sogar das Ausmalen von Bildern in Malbüchern ist nur scheinbar ein Gehen auf vorgezeichneten Pfaden. Wir wählen immerhin das Motiv, die Farbtöne, die wir verwenden wollen, die Stifte oder Pinsel, können „naturgetreu" malen oder der Phantasie freien Lauf lassen. Dann bekommt Aschenputtel violette Haare und das Rotkäppchen wird zum Grünkäppchen.

Beim Ausmalen von Mandalas, von denen es einfache und kompliziertere Vorlagen gibt, stellt sich noch eine ganz besondere Wirkung ein: Kinder und Erwachsene werden immer stiller und konzentrierter. Der Tanz um die Mitte des Bildes ist ein Symbol für die Suche nach der eigenen Mitte, nach Ganzheit und Kraft. Darum zählt nicht das Ergebnis, sondern das Tun, und es soll auch auf keinen Fall Druck entstehen. Wenn wir eine Zeit vereinbaren, die wir dem Malen reservieren, und in dieser Zeit nicht fertig werden, ist das ganz in Ordnung. Es geht nicht darum wer früher fertig ist oder „besser" gemalt hat.

> *Alles, was die Kraft der Welt tut, vollzieht sich in einem Kreis. Der Himmel ist rund, und ich habe gehört, dass die Erde wie eine Kugel rund ist, und so sind alle Sterne. Der Wind, wenn er seine höchste Macht entfaltet, bildet Wirbel. Die Vögel bauen sich runde Nester, denn ihre Religion ist die gleiche wie die unsrige. Die Sonne kommt hervor und geht wieder in einem Kreise nieder. Der Mond tut dasselbe, und beide sind rund. Selbst die Jahreszeiten bilden ihren wechselnden Gang in einem großen Kreis und kehren immer dorthin zurück, von wo sie gekommen. Eines Menschen Leben ist ein Kreis von Kindheit zu Kindheit, und so verhält es sich mit allem, darin Kraft sich regt. Unsere Tipis waren rund wie Vogelnester, und diese wurden stets in einem Kreise angelegt, dem Ring des Volkes, einem Nest von vielen Nestern, wo der Große Geist wollte, dass wir unsere Kinder hegen.*
>
> – Schwarzer Hirsch

Schönheit

Gemeinsames Malen, gemeinsames Gestalten überhaupt ist eine wunderbare Gelegenheit, über Schönheit zu sprechen. Was empfinden wir als schön? Warum ist für uns ein Bild schön oder eine Landschaft oder ein Mensch? In Vielem werden wir wahrscheinlich mit unseren Kindern übereinstimmen: dass der Vollmond schön ist, der Sonnenuntergang über dem Meer, eine blühende Rose. Interessant wird es bei den Unterschieden in unserem Empfinden. Da, wo uns Unscheinbares plötzlich berührt und das so genannte Hässliche einen stärkeren Eindruck hinterlässt als das Glatte, Symmetrische.

Wir haben viele Möglichkeiten, bei Kindern den Sinn für Schönheit wachsen zu lassen – zum Beispiel, indem wir gemeinsam Bilder ansehen, über sie sprechen, sie auf Formen und Farben aufmerksam machen.

Das, woran wir uns nicht sattsehen können, ist eine Labsal für Sinne und Seele. Kinder sind schön für ihre Eltern, auch wenn sie nicht der Norm vom guten Aussehen entsprechen. Nicht umsonst sagt man: „Schönheit liegt im Auge des Betrachters." Zerknautschte, rotgesichtige kleine Babys sind für alle diejenigen schön, die sie mit Liebe betrachten. Auch das ist wichtig für Kinder zu wissen: Niemand muss vollkommen sein, um geliebt zu werden.

Auch Mütter und Väter sind in gewissem Sinne schön für ihre Kinder, auch wenn diese das so nicht ausdrücken würden. Vertrautheit, sich angenommen fühlen, innere Nähe – das macht Menschen schön füreinander, die in einer Menschenmenge nie durch äußere Vorzüge auffallen würden.

Ich bin der Wind, der über dem Meer atmet
Ich bin das Flüstern der raschelnden Blätter
Ich bin die Kraft der hoch aufstrebenden Bäume
Ich bin die Schnelligkeit des springenden Salms

Ich bin die Größe der mächtigen Eiche
Ich bin die Gedanken aller Menschen
Die meine Schönheit und Anmut preisen.
– aus dem Walisischen

Nacht

Die Dunkelheit ist mehr als die Abwesenheit von Licht.

Wir haben Einfluss darauf, ob unsere Kinder die Nacht als eine unheimliche, unbekannte Größe erleben, vor der sie sich am besten unter die Bettdecke verkriechen, oder als einen Raum, in den man sich immer weiter hinaus wagen kann, in dem Bewusstsein, dass bei der Rückkehr ein sicheres Zuhause auf einen wartet.

Immer mehr Bilderbücher zeigen Kindern, dass die Nacht nicht nur dunkel und bedrohlich ist, sondern eine Zeitspanne, in der interessante Dinge geschehen. Viele Kinder lieben es, in der Dunkelheit in die Ferien loszufahren. Der leichte Nervenkitzel, verbunden mit der vertrauten Nähe zu Eltern und Geschwistern schaffte ein angenehmes Kribbeln im Bauch. Es ist wie ein Abenteuer, bei dem schon im Voraus sicher ist, dass das gruselige Monster den Kürzeren ziehen wird.

Warum sollen Kinder die Nacht nicht auch kennen lernen? Wir können sie nach draußen mitnehmen und ihnen zeigen, dass nachts Züge fahren, dass Menschen zur Arbeit gehen, dass Tiere aktiv werden. Mond und Sterne geben in klaren Nächten so viel Licht, dass man den Weg über ein Feld ohne weiteres findet, und wir merken, dass wir Geräusche viel besser wahrnehmen, wenn wir durch das Sehen nicht so stark abgelenkt werden.

Die Anregung, einen gemeinsamen Ausflug in die Nacht zu unternehmen, wird von nicht mehr ganz kleinen Kindern bestimmt begeistert aufgegriffen werden. Die beleuchteten Straßen der Stadt kennen sie schon, aufregend wird es, wenn sich auf dem Land die Augen erst an die Dunkelheit gewöhnen müssen. Es ist eine andere Dunkelheit als die im Kinderzimmer – sie ist geheimnisvoll und lebendig, sie regt unser Vorstellungsvermögen an und lässt uns Gegenstände auf neue Weise sehen. Nachtgedanken haben – auch für Kinder – eine andere Qualität als Taggedanken. Darüber lässt sich gut sprechen, wenn wir von einem Nachtspaziergang zurückgekommen sind und in der warmen, hellen Wohnung zusammensitzen.

Mit guter Stimmung, etwas zu essen und zu trinken für unterwegs, einer Taschenlampe und Hand in Hand ist der Ausflug in die Nacht ein kleiner Triumph über Ängstlichkeit und Selbstzweifel. Er soll keine Mutprobe sein, sondern eine Erweiterung des Erfahrungsfelds, die Lust macht, bisher Unbekanntes zu erforschen.

Lachen

Manchmal sind unsere Nerven so strapaziert, dass nichts mehr geht. Dann neigen wir dazu, die geringfügigsten Ereignisse zu dramatisieren und vervielfachen dadurch ihre negative Auswirkung. So nehmen sie eine Bedeutung an, die in keinem vernünftigen Verhältnis zum Anlass mehr steht.

Fast immer kann ein drohender (und unnötig scharfer) Konflikt beigelegt werden, wenn wir die Situation aus einer leichten, amüsierten Distanz betrachten. Das ist eine Haltung des Nicht-Involviert-Sein, die man entwickeln kann.

„Gesegnet sind die, die über sich selbst lachen können, denn sie werden nie aufhören, sich zu amüsieren", las ich kürzlich. Gut zu wissen, aber noch mehr Spaß macht es, über andere zu lachen. Damit meine ich nicht die Schadenfreude, sondern das Vergnügen an den komischen Einfällen, die andere uns zur Verfügung stellen – Karikaturisten, Regisseure, Pantomimen, Kabarettisten.

Wenn alles andere versagt, lachen Sie. Leihen Sie sich

Videos aus – „Die Ferien des Monsieur Hulot" oder Charlie Chaplins „Goldrausch", einen Stummfilm mit Buster Keaton, die Marx Brothers oder wen immer Sie umwerfend komisch finden. Oder sehen Sie sich einen Comicband an, der Sie auch nach dem zehnten Mal noch zum Kichern bringt. Für einen respektlosen Blick auf den Alltag mit Kindern ist die gute alte Claire Brétécher zu empfehlen, auch Franziska Becker, Eva Heller und Peter Gaymann.

Mit dem Lachen treten wir einen kurzen Moment aus dem gewöhnlichen Leben heraus. Es ist eine Form des Spielerischen, das keinen messbaren Nutzen hat und uns eine erfrischend ungewöhnliche Sicht auf die Realität erlaubt. Auch über Erziehung darf gelacht werden.

Ein Mann hatte einen Papagei, der immer unanständige Sachen sagte. Als alle Versuche nichts nützten, dem Vogel das abzugewöhnen, nahm der Mann den Papagei, steckte ihn in den Eisschrank und sagte zu ihm: „Da bleibst du drin, bis du gelernt hast, anständig zu reden." Nach einer Stunde machte der Mann den Eisschrank wieder auf. Der Papagei hockte zitternd in der Kälte. „Na", sagte der Mann, „willst du in Zukunft reden, wie es sich gehört?" „Ja, ja, ich verspreche es", antwortete der Papagei. „Aber was hat denn das Huhn hier Schlimmes gemacht?"

Singen

Es gibt überraschend viele Bereiche, in denen das, was Müttern Spaß macht, sich auf ganz unkomplizierte Weise mit dem trifft, was Kindern Spaß macht. Als enorm anstrengend empfinden es viele Frauen, wenn sie sich den ganzen Tag auf die Ebene der Kinder begeben, sich „zusammenreißen" und eigene Bedürfnisse hintanstellen müssen. Soviel Zurückhaltung und „kindgerechtes" Verhalten sind aus der Sicht der Kinder gar nicht notwendig. Sie freuen sich mehr über eine Mama, die singend durch die Wohnung braust als eine, die mit saurer Miene neben ihnen auf dem Boden sitzt und widerwillig Klötzchen baut.

Singen, tanzen, hüpfen – das kann man beim Bettenmachen, beim Tisch aufräumen, beim Kleider in den Schrank hängen. Solange es Ihre Stimme hört, ist auch das ängstlichste Kind beruhigt, dass Mama sich nicht heimlich davongemacht hat – und ist eine gute Übung für Ihren Atem. Zwingen Sie den lieben Kleinen ruhig Ihren Musikgeschmack auf, stellen Sie ihren Lieblingssender ein. Wünsche nach „Häschen in der Grube" werden ein andermal erfüllt. Mit älteren Kindern werden Sie wahrscheinlich verhandeln müssen: eine Kassette *dein* Benjamin Blümchen und dann eine Kassette *meine* Diane Ross. Das ist ein akzeptabler Kompromiss.

Nun will ich nichts tun als lauschen,
um aufzufangen in diesem Gesang,
was ich höre,
um Laute herbeizulocken für ihn.
Ich höre Jubellieder…
höre den Laut, den ich liebe,
den Laut der menschlichen Stimme.
Ich höre alle Laute zusammenfließen,
vereint, verschmolzen …

– Walt Whitman

Pläne machen

Mutterglück

Ein ganz normaler Morgen in einem ganz normalen Vorortzug. Im Abteil sitzt eine junge, blonde Frau mit einem schweren Rucksack, neben ihr eine aufgeweckte Dreijährige. Die beiden sprechen leise miteinander, aber die Frau wirkt geistesabwesend und schaut immer wieder lange zum Fenster hinaus, als liefe dort ein Film, der sie mehr interessiert als das, was im Abteil vor sich geht. Sie sieht keine der Mitreisenden an, an Kontakt scheint ihr nicht zu liegen. Sehr geduldig, aber offenkundig lustlos spielt sie mit der Kleinen auf dem ausklappbaren Tischchen „Max und die Mümmelmänner", hebt die Würfel auf, wenn sie auf den Boden fallen, packt das Spiel wieder zusammen, holt ihrer Tochter Malstifte und Block aus dem Rucksack, liest ihr aus einem Buch vor, versorgt sie mit belegten Broten und Trinkflasche, legt ein Puzzle vor sie hin und hilft beim Verschieben der Teile. Das kleine Mädchen beschäftigt sich zufrieden mit ihren Spielsachen und lehnt sich zwischendurch an die Mutter an.

Diese hält die ganze Zeit über ein Buch auf dem Schoß, das einen Bibliotheksaufkleber auf dem Rücken hat. Wann immer ihre Tochter sie gerade einmal zwei Minuten nicht braucht, schlägt sie es auf und vertieft sich hinein. Als sie es wieder einmal zuklappt, weil ihre Tochter sie am Ärmel zupft und ihr eine Frage stellt, gelingt es mir, einen Blick auf den Titel zu werfen.

Er heißt: „Mutterglück. Eine schwarze Komödie."

Später, zu Hause, interessiert mich, worum es in diesem Buch geht und ich schlage nach. Es ist die Geschichte einer Mutter, die „ihren Kindern eine gnadenlose Lektion in Sachen Erwachsenwerden" erteilt. Sie ist der Meinung, sich lange genug für die Familie aufgeopfert zu haben und verkauft den großen Garten, das Kindheitsparadies ihrer Söhne und Töchter, an ein Hotel zur Bebauung.

Eine Vertreibung aus dem Paradies der Kindheit. Warum findet die Mutter einer Dreijährigen Gefallen an einer solchen Lektüre? Ist es die Aufgabe von Müttern, ihren Kindern ein Paradies zu schaffen – lebenslang?

Schuldgefühle

An einem anderen Tag: In einem heißen, überfüllten Zug steht eine junge Mutter mit einem anderthalbjährigen Mädchen auf dem Arm. Den Kinderwagen hat sie neben sich stehen, und sie versucht immer wieder, das Kind hineinzusetzen, aber es wehrt sich dagegen und schreit. Wegen der Enge auf dem Gang müssen sich die Passagiere, die durch den Waggon gehen, am Kinderwagen vorbeidrücken, und die junge Mutter fängt einige böse Blicke auf.

Über eine Stunde steht die Mutter mit dem völlig übermüdeten, sich windenden kleinen Mädchen auf dem Arm am Fenster und versucht mit größter Geduld, sie abzulenken. Sie spricht mit ihr, sie singt leise, sie geht auf und ab, sie zeigt ihr Spielzeug, sie schaukelt und wippt. Immer wenn der Zug in einen Tunnel einfährt, wird es stockdunkel, denn die Innenbeleuchtung im Waggon funktioniert nicht, und das Kind schreit erschrocken noch lauter.

Als der Zug dann in ihren Zielbahnhof einfährt, beugt sich die junge Frau verlegen zu den Mitreisenden hinüber und entschuldigt sich für die Störung.

Warum glauben Mütter immer, sich für ihre Kinder entschuldigen zu müssen? Kleinkinder sind, wie wir alle wissen, notorische Lärmverursacher. Wenn man sie nicht gerade knebelt, ist daran nun einmal nichts zu ändern. Die Tatsache selbst ist es auch gar nicht, die Mütter so unter Strom setzt, sondern die ungnädigen Reaktionen der Umgebung, auch wenn es „nur" missbilligende Blicke sind.

Wenn wir nicht aufpassen, kann in einem langen Mutterleben alles zu einer Quelle von Schuldgefühlen werden: der schreiende Säugling (sicher mache ich etwas verkehrt, weil er sich nicht beruhigen lässt), die schlechten Noten in der Schule (ich hätte mich mehr um die Hausaufgaben kümmern müssen), die Prügelei des Sohnes auf dem Spielplatz (ich bin unfähig, ihm fehlt die „starke Hand").

Die Theologin Christa Mulack zieht daraus einen harten Schluss: „Die unendlich lange Liste der mütterlichen Schuldgefühle bestätigt die psycho-soziale Unzumutbarkeit des Mutterseins heute."

Anders gesagt, Mütter rackern sich für den Fortbestand einer Gesellschaft ab, die ihnen ihre Mühe nicht lohnt und ihre immense Leistung nicht anerkennt. Sie sollen in einer auf Konsum und Medien ausgerichteten Umgebung Kinder heranziehen, die in sich ruhen, Verzicht üben können, Verantwortungsbewusstsein entwickeln und sich reibungslos einfügen. Das ist ein Widerspruch in sich und außerdem ein Ding der Unmöglichkeit.

Kinder funktionieren nicht nach Prinzipien der Berechenbarkeit und rationalen Logik. Sie durchbrechen das Ordnungsgefüge. Und Mütter sind häufig die Pufferzone und meinen, zwischen den Widersprüchen vermitteln zu müssen.

Ist das wirklich ihr Job?

Montag, Spätnachmittag

Mama, kann ich noch raus?
Ja, aber du weißt, dass du auf dem Hof nicht kicken darfst.
Dann fahr ich auf den Platz beim Schulhof.
Ja, aber der ist doch jetzt schon abgeschlossen.
Mist. Dann fahr ich halt Skateboard.
Ja, aber vergiss die Knieschützer nicht.
Kann ich mir noch ein Eis kaufen?
Ja, aber wir essen bald zu Abend.
Ich weiß. Also, ich geh dann.
Ja, aber der Papa kommt um sieben, sei pünktlich zurück.
Okay. Ich nehm deine Uhr mit, meine ist kaputt.
Ja, aber pass gut auf, dass du sie nicht verlierst.
Logo. Weißt du, wo meine Knieschützer sind?
…
WO SIND MEINE KNIESCHÜTZER? ICH HABS EILIG!
Schrei nicht so.
Dann geh ich halt ohne.
Das kommt nicht in Frage. Du ziehst sie an!
Manno!!! (Türenknallen)
… (Aber wenn er sich jetzt die Kniescheibe bricht? Dann bin ich schuld, weil ich ihn so rausgelassen habe.)
Stopp mal. Komm zurück, wir suchen sie zusammen.
Na guuuut.

Pläne machen

Alles eine Frage der Planung, sagen die Väter. Eine ordentliche Struktur in den Tag gebracht, und schon läuft alles wie geschmiert.

Jaja, plan du nur, sagt die Freundin mit den vier Kindern. Du wirst schon sehen, was dabei herauskommt.

Wer hat recht?

Dem Leben mit Kindern ist eine Dynamik eigen, die die schönsten Pläne zunichte macht. Sollen wir sie deshalb aufgeben, die Pläne für die Zukunft, die Pläne für den Wiedereinstieg in den Beruf, die Pläne für die Ferien? Für Mütter müsste es analog zur Reiserücktrittsversicherung eine Planänderungsversicherung geben, forderte eine Freundin neulich. Keine schlechte Idee, aber welche Versicherung würde da mitspielen?

Nehmen wir einen beliebigen Tag: Sie stehen um sieben auf, denn um 8.30 ist Routine-Untersuchung beim Kinderarzt. Das sollte reichen, um Ihr Kind um 9.30 beim Kindergarten abzuliefern, denn um 10 sind Sie mit dem Steuerberater verabredet und Sie sollten vor 12 noch bei der Bank sein, um die gesperrte Kreditkarte zu entsperren und Geld abzuheben.

Theoretisch klappt das ohne weiteres. Tatsächlich will Ihr Kind noch spielen, trödelt beim Anziehen und kleckert sich beim Frühstück Kakao über den Pulli. Mit zehn Minuten Verspätung kommen Sie beim Kinderarzt angehetzt, dort ist gerade ein Notfallpatient gekommen, und natürlich haben Sie Verständnis. Also sitzen Sie erst viertel nach neun im Sprechzimmer, kommen um 10 an den mittlerweile geschlossenen Kindergarten, müssen sich eine hastige Entschuldigung abringen, beim Steuerberater anrufen, der einen neuen Termin vorschlägt. Sie verhandeln mit ihm, weil Sie nicht wollen, dass das Finanzamt Ihnen Versäumnisgebühren aufbrummt, und er lässt sich gnädig herab, Sie um Viertel nach elf einzuschieben. Das mit der Bank können Sie vergessen, und als Sie um zehn nach zwölf mit hängender Zunge am Kindergarten anlangen, steht Ihr Kind in Tränen aufgelöst allein vor dem Tor.

Und so weiter, und so fort.

Das ist ein eher harmloses Beispiel. Kaum ein Tag vergeht, an dem nicht etwas ganz anders verläuft, als wir geplant hatten.

Eine mehrfache Mutter hat sich eine Maxime zurechtgelegt, mit der es ihr gelingt, sich nicht darüber zu ärgern, sondern das latente Chaos positiv zu deuten:

„Wohin der Tag dich trägt. Das ist das Leben einer Mutter. Denn meine Kinder haben mich gelehrt, dass das, was sich von allein entwickelt, weit interessanter ist als alles, was ich mir ausgedacht und geplant habe."

Können Sie das so sehen? Ganz ehrlich? Können Sie sich so dem Strom der Ereignisse überlassen, ohne das Gefühl zu verlieren, selbst noch Herrin Ihrer Zeit zu sein?

Da, wo ich Unbehagen empfinde, weil ich meine Zeit nicht selbst gestalten kann, sondern sie als zerrissen und mir entrissen erlebe, ist eine Grenze erreicht.

Plan-Spiel

Beim nächsten Mal könnte ich:
Mich zurücklehnen
Ausatmen
Sagen: Heute nicht
Kein schlechtes Gewissen dabei haben
Um Hilfe bitten
Kein schlechtes Gewissen dabei haben
Lücken lassen
Mir nicht zuviel zumuten
Einen Gang zurückschalten
Kein schlechtes Gewissen dabei haben
Lächeln:
Ich bin auch nur ein Mensch
Wissen:
Ich bin auch ein Mensch

Einschlafen

„Schlaflos in Seattle" hat Tausende Kinobesucher zu Tränen gerührt, heißt es. Ich kenne noch einen Film, für den alle Mütter das Drehbuch schreiben könnten. Sein Titel ist „Schlaflos im Kinderzimmer", und er ist eine Reality Soap mit mindestens 200 Folgen. Alternativ könnte man ihn auch als „Big Brother Show" gestalten, nach dem Motto: Wer hält am längsten durch?

Das Ritual des Ins-Bett-Bringens wäre auch hervorragendes Material für einen Psychothriller: hellwache Kinder, die endlos Händchen halten wollen oder jedes Mal aufschrecken, wenn die Eltern auf Zehenspitzen den Raum verlassen und Eltern, die mit Ringen unter den Augen und minütlich angespannter darauf warten, dass sie endlich den verdienten Feierabend genießen können.

Die Beschäftigung mit dem Schlafen ist ein Dauerbrenner in der Erziehung. Wie wichtig ist ein liebevolles Einschlafzeremoniell? Wie oft soll ich nachts zu meinem Baby gehen, wenn es schreit? Darf ich es ins eigene Bett holen? Ab wann sollte ich Schlafprobleme nicht mehr auf die leichte Schulter nehmen?

Wenn ich das Baby bei mir im Bett schlafen lassen, fürchte ich, die Entwicklung seiner Eigenständigkeit zu behindern. Wenn ich es nachts schreien lasse, fürchte ich, dass es sein Leben lang unter dem Trauma des Verlassenwerdens leidet. Weder ein sehr inniges Verhältnis noch eine sehr frühe Selbständigkeit werden in unserer Gesellschaft für gut erachtet – eine unerschöpfliche Quelle von Unsicherheiten und Schuldgefühlen für Mütter und Väter.

Es bleibt jeder Frau überlassen, welcher pädagogischen Richtung sie glauben mag. Die Expertenmeinungen ändern sich ohnehin alle paar Jahre. Wenn ich die Wahl hätte, würde ich das glauben, was mir langfristig mehr Gelassenheit und Ausgeglichenheit verschafft.

Angenommen, mir tut diese halbe Stunde wirklich gut,

es gefällt mir, im verdunkelten Raum bei einem schlafenden Kind zu sitzen und meinen eigenen Gedanken nachzuhängen – sollte das nicht auch ein Aspekt sein? Ich kann diese Zeit im Voraus einkalkulieren und habe in meinen Tagesablauf schon eines der wichtigsten Elemente eingebaut – den Ruhepol im täglichen Karussell. Gerade berufstätige Mütter erleben es als ausgesprochen erholsam, am Abend noch eine gewisse Zeit mit ihren Kindern zu verbringen, in der sie selbst zur Ruhe kommen und sich eine gefühlsmäßige Balance zwischen Beruf zu Zuhause einpendeln kann.

Macht mich das Einschlaf-Ritual aber eher ungeduldig, weil ich schon genug Zeit mit den Kindern verbracht habe, und kann ich es kaum erwarten, bis sich die Kinderzimmertür endlich hinter mir schließt, werde ich mit Beharrlichkeit darauf hinwirken, dass meine Kinder möglichst selbständig ins Bett gehen, sobald sie das können, und mit einem Gute-Nacht-Kuss zufrieden sind.

Einschlaflied

Sieh nur die Sterne, der Tag schläft schon ein,
und deine Augen sind müde und klein.
Schlaf, bis der Himmel die Träume verweht,
schlaf, bis am Himmel die Sonne aufgeht.
Sieh nur, die Sterne, sie leuchten so hell.
Sieh nur, die Wolken, sie fliegen zu schnell.
Hör, wie der Wind seine Lieder dir singt.
Schlafe, schlaf' gut, bis der Morgen beginnt.
Sieh nur, die Sterne, so klein und so weit,
sie stehen still, doch so schnell geht die Zeit.
Bald bist du groß und kannst alles allein,
aber bis dann schläfst du hier bei mir ein.

Unterbrochen werden

Frauen mit kleinen Kindern entwickeln untereinander eine bewundernswerte und verblüffend pragmatische Art des Gesprächs: Sie fangen an zu reden, werden von den Kindern unterbrochen, führen den Satz an derselben Stelle weiter, werden wieder unterbrochen, greifen den Faden wieder auf, werden unterbrochen, und so weiter.

Das hört sich dann an wie Dialoge aus einem absurden Theaterstück, ist aber im Grunde eine ungeheure Konzentrationsleistung, die von Außenstehenden selten gewürdigt wird. Aus unzähligen Ablenkungen wird immer wieder der Bogen zurück geschlagen, auch wenn zwischendurch Streit geschlichtet, Pflaster aufgeklebt, Sand aus dem Auge gewischt oder ein Aufsatz gelesen werden muss.

So manche kinderlose Freundin versteht nicht, dass die Frau, mit der sie nächtelang über feministische Literaturtheorie diskutierte, nur noch auf die – wie sie meint – belanglosen und egozentrischen Bedürfnisse ihrer Kinder eingeht und man mit ihr nicht mehr „vernünftig" sprechen kann. Da die Rückkehr der langen, weinseligen Nächte noch auf Jahre hinaus auf sich warten lassen wird, gestalten sich solche Kontakte zumindest eine Zeit lang sehr mühsam. Mütter wiederum fühlen sich leicht von zwei Seiten unter Druck gesetzt und sehen sich zu Entschuldigungen und Ausflüchten genötigt.

Patentlösungen gibt es nicht, aber durchaus unterschiedliche Arten, mit dem Dilemma fertig zu werden:

- Sie kehren zum Erziehungsstil der Jahrhundertmitte zurück und bläuen Ihren Kindern ein: „Du redest nur, wenn du gefragt wirst!"
- Sie brechen in Tränen aus und schreien: „Alle wollen ständig was von mir!"
- Sie versuchen, allen Anforderungen gleichzeitig gerecht zu werden und haben abends grässliche Kopfschmerzen.

- Sie sagen klar und deutlich: „Ich würde auch gerne mal wieder einen Satz zu Ende sprechen. Wir sehen uns dann in zehn Jahren wieder. Tschüs."
- Sie finden jemanden, der sich für Sie auf den Spielplatz setzt und gehen Kaffee trinken.

Routine

Alles ist immer neu. Man steigt nie zweimal in denselben Fluss. Über diesen Satz lohnt es sich nachzudenken. Es gibt in Wahrheit keine Wiederholungen. Es gibt Ereignisse und Handlungen, die sich, oberflächlich gesehen, gleichen. Doch ich selbst bin nicht die gleiche, denn bereits durch die Tatsache, dass ich etwas schon einmal gemacht habe, verändert es sich beim zweiten Mal.

Jedes Kind ist natürlich etwas ganz und gar Eigenes, nie Dagewesenes. An Kindern lässt sich am besten erkennen, wie einzigartig Menschen sind. Aber auch jedes Frühstück ist es, jeder Gang zum Briefkasten, jeder Brei, den ich anrühre, jede Umdrehung des Schlüssels im Türschloss.

Zu manchen Zeiten ist Leben scheinbar nichts als eine Aneinanderreihung von Wiederholungen, die Gereiztheit und Langeweile auslösen. Immer um sechs aufstehen, immer die Flasche richten, immer wickeln oder immer Frühstücksbrote streichen, immer Schulgeschichten anhören, immer über die Lautstärke der Musik im Kinderzimmer streiten.

„Genieße die Zeit, die du mit den Kindern hast", hören junge Mütter oft, „sie ist so schnell vorbei!" Freilich ist das beherzigenswert, denn es ist immer eine gute Idee, ganz in der Gegenwart zu leben, so schwierig oder lästig sie auch gerade sein mag. Doch die Wünsche – auch die Wünsche, der unbarmherzigen Routine gelegentlich zu entfliehen – sind nun einmal stark und lassen sich nicht beliebig verdrängen oder durch die Hoffnung auf eine ferne Zeit überbrücken, in der das alles in einem anderen Licht erscheinen wird.

Tatsächlich ist nie alles wie gewohnt. Richten wir unser Augenmerk auf das, was sich verändert hat, kommt nicht mehr so schnell Überdruss auf. Und wenn das auch nur heißt: ich bin in jedem Augenblick eine andere. Mal gut aufgelegt, mal genervt, mal geduldig, mal in Eile. Das immerhin kann ich mir in Erinnerung rufen und bewusst darauf achten, warum mir manche Verrichtungen an einem Tag leicht von der Hand gehen und mich am anderen Tag soviel Mühe kosten.

Warum ist das so? Was brauche ich, um die kleinen Handgriffe mit Leichtigkeit oder sogar Genuss zu bewältigen?

Sorgen

Sorgen begleiten das Leben mit Kindern, daran lässt sich nichts ändern. Die Sorge um die kleinen Kinder mündet übergangslos in die Sorge um die größeren Kinder, und schließlich machen wir uns Gedanken um die erwachsenen Kinder, auch wenn sie schon aus dem Haus sind.

Glücklicherweise erweisen sich die meisten Sorgen im Nachhinein als unnötig, und mit der Zeit sagt uns die Erfahrung, dass das wenigste von dem, was wir befürchten, wirklich eintrifft. Trotzdem haben wir das Bedürfnis, unsere Kinder vor Schaden zu bewahren und sind nie ganz sicher, wie gut sie schon auf sich selbst aufpassen können. Ihre Kompetenzen ändern sich laufend, manchmal buchstäblich über Nacht. Plötzlich können sie krabbeln, dann laufen, irgendwann gehen sie das erste Mal alleine einkaufen oder fahren mit dem Fahrrad ohne uns ins Schwimmbad. Dann die erste Bahnfahrt ohne Begleitung, die erste Urlaubsreise ohne Eltern. Es kommt für alles ein erstes Mal, das für sie selbst, aber vor allem für uns mit Unsicherheit verbunden ist: Ist es zu früh, werden sie der neuen Erfahrung gewachsen sein, haben wir sie ausreichend darauf vorbereitet?

Bedeutet das nun, dass ich ein Leben lang dazu verdammt bin, mir Sorgen zu machen und dazu womöglich noch als überbeschützende Mutter karikiert werde?

Stellen Sie sich folgendes Szenario vor: Die 16-jährige Tochter ist am Freitagabend in die Disco gegangen und hat gesagt, sie käme mit dem letzten Bus um ein Uhr morgens nach Hause. Der letzte Bus ist gerade vorübergefahren, sie war nicht drin. Nach ein Uhr gibt es keine öffentlichen Verkehrsmittel mehr. Was jetzt? Um halb zwei ruft die Mutter sie auf ihrem Handy an – das die Tochter nach zähen Verhandlungen unter anderem genau für solche Fälle bekam – und erreicht sie nicht. Der Apparat ist abgestellt. Die Mutter erzählt dem Ehemann davon, der gerade am Einschlafen ist und hört ein gebrummtes „Sie wird schon kommen. Jetzt kann man ja doch nichts machen", worauf er sich auf die andere Seite dreht.

Die Tochter kommt dann zehn Minuten später, weil sie noch eine Freundin nach Hause begleitet und vor der Tür ein bisschen geschwatzt hat.

Das kommt vor. Ich kenne keine Familie mit heranwachsenden Kindern, in der so etwas nicht vorgekommen wäre. Die Frage ist nur: wie reagiere ich darauf? Und vor allem: was sagt es mir für die Zukunft? Wie kann ich einerseits meine eigenen Ängste ernst nehmen – und meinen Ärger, dass ich von einem anderen Menschen in Sorge versetzt wurde, denn das löst auch immer Ärger aus – und gleichzeitig den Jugendlichen ihren Bewegungsspielraum lassen?

Durch bessere Absprachen? Strengere Regeln? Eine Verständigung durch Gespräche? Die Ankündigung von Strafmaßnahmen? Durch die Überprüfung meiner Maßstäbe, den Vergleich mit anderen Familien?

Das sind die offensichtlichen Bahnen, auf die ich meine Gedanken schicken kann und durch die sich vermutlich für konkrete Situationen auch sinnvolle Lösungen finden lassen.

Vieles wird berührt in diesen schwierigen Situationen. Viele Fragen gehen mir durch den Kopf, während ich voller Unruhe warte: Werde ich meiner Verantwortung als Mutter gerecht? Hätte ich etwas anders machen sollen? Bin ich überängstlich? Bin ich schuld, wenn etwas passiert ist? Sollte ich mehr Vertrauen haben?

Alte, unbewältigte Gefühle werden aktiviert. Das ist nicht angenehm, aber alles, was unter Druck hervorbricht, kann angeschaut und bearbeitet werden. Das ist eine große Chance für mein ganzes weiteres Mutterdasein.

Geht es bei der Angelegenheit nicht eigentlich auch um mich? Bin ich wütend, wenn mein Partner viel gelassener reagiert als ich (und damit sogar Recht behält)? Fühle ich mich nicht ernst genommen in meiner Sorge, finde ich, die anderen leben sich auf meine Kosten aus? Möchte ich mich bei meiner Forderung nach klaren Absprachen besser durchsetzen, denn schließlich werden mir Schlaf und Energie geraubt? Bin ich es leid, der Flugplatz zu sein, der der Familie zum Starten und Landen zur Verfügung steht? Fühle ich mich in meinem Wunsch nach einem freieren Umgang mit meiner Zeit beeinträchtigt, weil erwartet wird, dass ich für ein stabiles Zuhause sorge, obwohl es immer weniger genutzt wird?

Wenn Sie auch nur eine Frage mit ja beantworten, dann ist es Zeit, sie auf die Tagesordnung zu setzen. Nicht nachts um halb zwei, wenn der Streit vorprogrammiert ist, sondern zu einem Zeitpunkt, den Sie bestimmen.

Loslassen

Es gibt zwei Situationen, die heranwachsende Kinder ganz besonders als Test dafür empfinden, wie weit ihre Eltern ihnen vertrauen:

1) Die Eltern verreisen und lassen sie längere Zeit allein zu Hause.
2) Sie selbst verreisen längere Zeit ohne die Eltern und andere Erwachsene.

Teresa Bloomingdale schildert, wie sie im ersten Fall eine dreiseitige Liste von Anweisungen vorbereitete, die ihre Kinder auf alle Wechselfälle des Lebens ohne elterliche Aufsicht vorbereiten sollte – von „Thermostat niedriger drehen" bis „auf dem Schulweg keine Süßigkeiten kaufen". Ihr Mann, der gesagt hatte, er wolle „noch ein bisschen redigieren", strich alles zusammen auf:

- steht am Morgen auf
- geht zur Schule
- geht abends zu Bett
- ruft im Notfall an.

Tatsächlich sollte das reichen. Wenn nicht, ist es vielleicht doch noch keine so gute Idee, den Teenies sturmfrei zu geben – zur Schonung der eigenen Nerven.

Aber was ist, wenn sie zum ersten Mal alleine in die Welt aufbrechen wollen und dem vernünftigerweise nichts entgegenzusetzen ist? Wie können wir ihnen helfen, ohne sie zu gängeln, und wie die Sorgen im Zaum halten und realistisch bleiben? Wie also einen Kompromiss finden zwischen ihrem Wunsch nach größtmöglicher Selbständigkeit und unserem nach größtmöglichem Kontakt?

Das könnte so aussehen:

- sich mit der Reisegegend vertraut machen und sich die Route zeigen lassen

- die Gesundheitsvorsorge besprechen: Impfungen planen und Erste Hilfe zusammenstellen
- eine Reiseversicherung spendieren
- beim Gepäck beraten, z. B. separater Geldgürtel, Ersatzbrille etc., Währungen, Notfalladressen
- Grundregeln über Telefonkontakt aufstellen: maximale Zeit zwischen Anrufen festlegen und überlegen, was unternommen wird, wenn das nicht klappt
- die Eltern der ReisebegleiterInnen kennenlernen und eventuell vereinbaren, dass man sich gegenseitig auf dem Laufenden hält.

Und schließlich:
- Loslassen und Vertrauen beweisen: es ist ein Abenteuer und soll eines bleiben. Die Gewissheit haben: ich habe mein Teil getan.

> *Ich sitze am Schreibtisch und fühle das Glück, das Glück, Leben zu schenken (doch darunter ist das Unglück).*
> *Mein Kind, verlasse deine Mutter, wenn es die Zeit ist, wer weiß, vielleicht ist es eines Tages ganz einfach, und vor allem lächle, lächle, wenn du an deine Mutter denkst.*
> *Mein Sohn liebt mich. Noch führe ich ihn, führe sein Leben. Aber eines Tages wird er gehen und mich allein lassen. Er wird sein Leben führen.*
> – Barbara Bronnen

Ängste

Eine der schwierigsten Konfrontationen ist die mit unseren eigenen Ängsten. Kinder sind Weltmeister darin, unbewusste Ängste ans Tageslicht zu befördern. Ihre Geradlinigkeit, ihr Drang, als eigenständige Person wahrgenommen zu werden, ihr direkter Blick und ihr Ungestüm durchdringen unsere Abwehr und machen uns unsicher.

Wollen wir den Blick abwenden oder uns dem vielköpfigen Ungeheuer stellen? Wollen wir unsere Ängste vererben oder den Kindern zeigen, dass es möglich ist, Angst zu haben, sie ehrlich zuzugeben und sie dennoch zu überwinden?

Die Angst, durchschaut zu werden
Die Angst, Ansprüchen nicht zu genügen
Die Angst, Fehler zu machen
Die Angst, egoistisch zu sein
Die Angst, nicht ernst genommen zu werden
Die Angst, langweilig zu sein
Die Angst, Vergleichen nicht standzuhalten
Die Angst, unangenehme Frage beantworten zu müssen
Die Angst, alles andere als vollkommen zu sein
Die Angst, vor einer Anforderung öffentlich zu versagen
Die Angst, jemanden zu enttäuschen

Unsere Kinder verlangen nicht, dass wir perfekt sind und ihnen die Über-Mutter vorspielen. Sie sind erstaunlich genügsam in dieser Hinsicht und lieben uns mit all unseren Fehlern und Mängeln. Wen wollen wir also beeindrucken? Wer jagt uns so einen Schrecken ein, dass wir in Hektik geraten? Von wem fühlen wir uns so beobachtet und beurteilt?

Konkurrenz

Warum treten Mütter, sobald sie zusammen sind, immer in einen so bizarren Wettstreit?
Mein Kind krabbelt schon, und Ihres?
Mein Kind zieht sich an allem hoch. – Ach was?
Meiner sagt schon Mama und Papa.

Später wird der Wettstreit mit Schulnoten, sportlichen Leistungen,
musischen Fähigkeiten ausgetragen.
Und es geht weiter, selbst wenn die Kinder erwachsen sind.
„Meine Tochter ruft jede Woche an", sagt dann die eine, und die andere
erwidert: „Meine kommt jeden Abend vorbei."

Mein Kind, wirst Du mir helfen, mich daran zu erinnern,
dass ich diesen Wettstreit nicht mitmachen will?
Was immer Du tust – es ist weder mein Verdienst
noch meine Schuld. Es ist wie es ist.
Du bist ein eigenständiges Wesen.
Wirst Du mir helfen, mich daran zu erinnern?
– Victoria Langelott

Schwächen zeigen

Wir sprechen viel von der Überforderung und von den Strapazen des Mutterseins. Aber wie häufig erleben wir, dass eine Mutter einmal in Tränen ausbricht und ihren Gefühlen freien Lauf lässt?

Lieber beißen wir noch einen Tag die Zähne zusammen, schultern noch eine Last und hoffen darauf, dass am nächsten Tag alles wieder etwas freundlicher aussieht. Das mag ja sehr tapfer sein, gesund ist es auf die Dauer nicht.

Als Mutter bin ich in meinem ganzen Menschsein gefordert, dabei häufig isoliert, übe eine sehr differenzierte Tätigkeit aus und ringe um meine Identität.

Das sollte genügen, um mir hin und wieder ein kleines Tief zu gestatten.

Die indianische Schamanin Tela Star Hawk Lake sieht in den Tränen ein wichtiges Mittel, um wieder ins Gleichgewicht zu kommen:

„Wenn eine Frau weint, lässt sie die Gefühle von Angst und Scham, von Schuld, Schmerz und Leid entweichen. Und fallen ihre Tränen zu Boden, wird Mutter Erde sie aufnehmen, die Kräfte der Natur werden Mitleid mit ihr empfinden und ihr helfen, und es kommt zu einer Reinigung – in gleicher Weise, wie auch die Erde weint, wenn sie verletzt ist oder ihr Schaden zugefügt wurde, und der Regen als Reinigungselement wirkt. Eine derartige Reinigung bringt die Welt, die Erde und die Menschen wieder ins Gleichgewicht."

Durch Tränen rücke ich keineswegs von meinen Kindern ab, im Gegenteil, ich komme ihnen näher, denn dass jemand weint, wenn sie oder er traurig ist, braucht ihnen niemand zu erklären. Viel schwieriger zu verstehen und zu verkraften ist eine stumme, resignierte Trauer.

Mit dem Beginn des Mutterseins wird eine Frau nicht automatisch stark und allwissend. Warum glauben wir, dass wir es sein müssten?

Brief an mein Kind

Tausenderlei geht mir durch den Kopf, das ich meinen Kindern in einer ruhigen Minute erzählen möchte, von mir, von meinem Leben, von dem, was sich durch sie verändert hat. Einmal alles sagen können, was wirklich wichtig ist, nicht nur das, was in der Hektik des Alltags wirklich zu sein scheint. Einmal die unsichtbare Wand der Gereiztheit, der Eile, der Oberflächlichkeit durchbrechen.

Ich könnte meinem Kind einen Brief schreiben. Es würde ein sehr langer Brief werden, weil ich immer wieder etwas hinzufügen würde. Ich würde aufschreiben, was mir durch die Geburt geschenkt wurde: die Aufregung, die Erwartung, die Freude, die ganz neue Art von Liebe, die mit nichts zu vergleichen ist.

Dass mir sein Glück am Herzen liegt, auch wenn ich müde und angespannt bin. Dass mir oft die richtigen Worte gefehlt haben. Dass mein Wunsch, ein eigenständiges Leben zu führen und noch etwas anderes zu sein als Mutter, keine Kriegserklärung ist. Wie froh mich der Gedanke macht, dass es auf der Welt ist.

Der Brief könnte in meiner Schublade liegen bleiben oder später einmal, wenn die Zeit reif ist, eines Tages bei meiner Tochter oder meinem Sohn auf dem Tisch liegen. Darüber muss ich jetzt noch nicht nachdenken.

Ich könnte noch einmal die „Briefe an ein nie geborenes Kind" von Oriana Fallaci lesen und mich von ihren Fragen und Zweifeln, aber auch ihrem Enthusiasmus anregen lassen:

„Sogar in Momenten, wenn ich über meine Misserfolge, meine Enttäuschungen und Nöte weine, komme ich zu dem Ergebnis, dass leiden immer noch dem Nichts vorzuziehen ist. Und wenn ich das auf das Leben erweitere, auf das Dilemma, geboren oder nicht geboren zu werden, muss ich am Ende mit aller Bestimmtheit sagen, dass geboren werden doch besser ist als nicht geboren werden."

Wünsche

Mutterschaft = Mutter schafft?

Die Jahre vergehen, die ersten Hürden sind überwunden, der Tagesablauf mit Kindern hat sich eingespielt und nicht selten schleicht sich eine Unausgewogenheit in der Arbeitsteilung ein, die mit der Zeit unweigerlich zu einer einseitigen Belastung führt. Dann wechseln Tage, an denen wir uns auf die Schulter klopfen und zu unserer schier unerschöpflichen Energie gratulieren („Was bin ich doch für eine Superfrau") ab mit immer häufigeren Momenten, in denen wir alles satt haben und am liebsten den Kopf in den Sand oder wenigstens unter die Bettdecke stecken würden („Was bin ich doch für ein armes Schwein").

Das Wort „Mehrfachbelastung" führen wir alle im Munde, nur auf uns selbst wenden wir es selten an. Wir sollen liebevolle, entspannte und kompetente Mütter sein und gleichzeitig womöglich erfolgreich, leistungsorientiert und verfügbar im Beruf. Und das sind nur zwei der vielen Rollen, die Frauen heutzutage abverlangt werden. Mütter sind es gewohnt, mit vielen Bällen zu jonglieren, und setzen manchmal sogar ihren ganzen Stolz darein, alles möglichst alleine zu schaffen. Das ist sehr praktisch für die Familie, denn sie profitiert davon und sieht keinen Grund, an diesem bequemen Arrangement etwas zu ändern.

Etwa 40 Prozent aller Mütter schulpflichtiger Kinder arbeiten Vollzeit, sie betreuen ihre Kinder durchschnittlich sechseinhalb Stunden täglich, während ihre berufstätigen Männer sich drei Stunden mit den Kindern beschäftigen. Bis es in unserem Land genügend staatliche Betreuungseinrichtungen für Kinder geben wird, stricken wir vermutlich Pullover für unsere Urenkel.

Erwarten Sie keine Wunder. Weder die neuen Väter noch die neuen Politiker werden Ihnen Ihr Los freiwillig und dauerhaft erleichtern – das kostet nämlich: persönlichen Einsatz oder Geld. Wir müssen ihnen schon kräftig auf die Zehen treten, damit etwas passiert. Und dazu müssen wir wissen, was wir wollen.

Wer bin ich

„Wer bin ich denn eigentlich?" Das ist eine oft gehörte Frage von Müttern, wenn wieder einmal alle gleichzeitig etwas wollen und nörgeln, dass es nicht schnell genug geht, wenn wieder einmal überall die schmutzige Wäsche herumliegt und von allen Seiten ungeduldige Fragen hageln: Wo ist mein blaues T-Shirt? Gib mir doch mal schnell meine Autoschlüssel! Wann ist das Essen fertig?

Dem empörten „Wer bin ich denn eigentlich?" folgt gerne noch: „Bin ich etwa eure Putzfrau/Köchin/Sekretärin?"

Die Arbeit von Familienfrauen besteht aus so vielen Puzzlestücken, dass von allem etwas wahr ist. Warum nicht mal eine Liste machen und aufschreiben, was ich alles bin? Köchin und Putzfrau vermutlich auf jeden Fall, Sekretärin in der Regel auch, und was noch?

Kindermädchen bestimmt, Telefonistin, Krankenschwester, Chauffeurin, Nachtwache, Vorleserin, und das ist noch lange nicht das Ende. Ärztin, Schamanin , Pädagogin, Psychologin, Zirkusdirektorin, Handwerkerin, Ernährungsberaterin, Fotografin, Gastgeberin, Hilfslehrerin, Waschfrau, Spielgefährtin, Requisiteurin, Trainerin, Lagerverwalterin, Herren- und Kinderausstatterin, Umweltschützerin, Sängerin, Entertainerin, Detektivin, Therapeutin, Buchhalterin, Arbeitgeberin, Tierpflegerin.

Fällt Ihnen noch etwas ein?

....

....

Was davon sind Sie gerne? Was fällt Ihnen schwer? Was würden Sie am liebsten ganz streichen? Ordnen Sie die Liste nach Ihren Prioritäten und arbeiten Sie darauf hin, die ganz und gar ungeliebten Jobs mit der Zeit abzugeben – an den Partner, an ältere Kinder, Verwandte, Babysitter, Omas.

Was will ich

Wenn man mit Müttern, vor allem mit Müttern kleinerer Kinder, spricht, stehen ganz bestimmte Wunschvorstellungen an oberster Stelle. Sie wollen:

1) mehr Zeit für sich selbst,
2) mehr Unterstützung von der Gesellschaft,
3) weniger allein sein mit den Kindern,
4) eine größere Sicherheit, was „richtig" und was „falsch" ist,
5) mehr Verständnis dafür, wie anstrengend Familienarbeit sein kann.

Nummer eins ist das A und O, wir kommen darauf zurück.

„Die Gesellschaft" können wir nicht so ohne weiteres im Handstreich ändern. Dazu braucht es ein gutes Maß an Solidarität und gemeinsamer Anstrengung, die aber auch erst dann möglich sein wird, wenn im täglichen Ablauf Raum für Zukunftspläne entsteht.

Nummer drei lässt sich organisieren. Die Welt ist voller Menschen, zwei oder drei sind bestimmt darunter, die für Abwechslung in der Bude sorgen. Jedes Alibi ist erlaubt, auch der Kostenvoranschlag für eine neue Einbauküche, die Sie sich nie im Leben leisten könnten. Vereinsamt mit einem Baby in der Wohnung sitzen, ist, so hart es klingen mag, der erste Schritt in die Depression.

Nummer vier: Das ist das Rätsel, dessen Aufklärung jeder Mutter sehr am Herzen liegt und für das es keine einfache Lösung gibt. Die einzige Sicherheit, die sich vielleicht erwerben lässt, ist die, dass es ein pauschales „richtig" und „falsch" nicht gibt und es deshalb auch sinnlos ist, sich allzu viele Gedanken darum zu machen.

Und zu Nummer fünf: Verständnis ist gut, Vereinbarungen sind besser. Ohne eine klare Aufgabenverteilung nützen alle schönen, tröstlichen Worte wenig.

Handeln

Wichtig ist, zu wissen, was wir wollen, oder es möglichst bald herauszufinden, Punkt für Punkt. Mit nagender, aber unklarer Unzufriedenheit tun Sie sich keinen Gefallen. Beständiges Lamentieren geht bei Männern und Kindern bald zum einen Ohr rein und zum anderen wieder raus – so berechtigt es inhaltlich sein mag. Das Ergebnis ist die allseits bekannte Nörgel-Mutter, die immer schimpft und klagt und keine Anstalten macht, wirklich etwas an ihrer Situation zu ändern.

Niemand ändert etwas für Sie. Das ist nun mal eine Tatsache. Wenn Sie einen Wunsch haben, werden Sie die Initiative ergreifen müssen. Sonst regiert weiter das Gesetz der Trägheit. Jammern und Klagen können ignoriert werden, Handlungen nicht.

Dass Tatkraft und Entschlossenheit auch Kindern Respekt abnötigen, klingt in Erich Kästners Erinnerungen an. Seine Mutter hatte, als er noch in die Schule ging, beschlossen, einen Beruf zu erlernen.

„Und wenn meine Mutter etwas beschlossen hatte, gab es niemanden, der es gewagt hätte, sich ihr in den Weg zu stellen. Kein Zufall und kein Schicksal wären so vorlaut gewesen! ... Der Innungsmeister, den sie aufsuchte, machte viele Einwände. Sie ließ keinen Einwand gelten, und so galt keiner. Sie wurde an Herrn Schubert, einen renommierten Damenfriseur der Strehlener Straße verwiesen. Hier lernte sie mit Talent und Feuereifer alles, was es zu lernen gab, und kam wochenlang erst abends nach Ladenschluss heim. Müde und glücklich."

Sohn Erich wurde kurzerhand zum Schlüsselkind. Er holte Kohlen aus dem Keller, machte Schularbeiten, Kartoffeln und las. Der berufliche Ehrgeiz seiner Mutter scheint ihm nicht geschadet zu haben.

Einbeziehen

Es gibt immer Möglichkeiten, die Familie mit in die Hausarbeit einzubeziehen. Der Umfang hängt natürlich vom Alter der Beteiligten ab. Wenn jüngere Kinder ihre „Pflichten" im Haushalt als ein Teil ihres Erwachsenwerdens betrachten, das ihnen zu Anerkennung und Selbständigkeit verhilft, sind sie meist recht gut zu motivieren. Mit Älteren lassen Sie sich am besten nicht auf spitzfindige Diskussionen ein und erklären Sie ihnen auch nicht, es sei zu ihrem Besten und diene ihrer Lebenstauglichkeit. Lassen Sie einfach alles liegen, was sie eigentlich tun sollten. Muffelnde T-Shirts, leere Shampooflaschen und das schmerzliche Fehlen von Tiefkühl-Pizzas im Kühlschrank treiben auch extrem beschäftigte Teenager in den Supermarkt und an die Waschmaschine.

Doch bevor wir das in Angriff nehmen, müssen wir uns erst einmal klar machen, dass es ohne Konflikte nicht abgehen wird. Die Kinder werden nicht friedlich mit dem Kopfe nicken und „Ja, Mama" sagen. Der Partner wird, je nach

Typ, eine Leidensmiene zur Schau tragen und kooperieren oder sich drücken, wo er nur kann. (Wie immer bestätigen löbliche Ausnahmen die Regel.)

Alle werden sie maulen, Vereinbarungen ignorieren, Arbeiten auf die lange Bank schieben, und wenn sie tatsächlich einmal tun, was besprochen ist, einen Kniefall vor Dankbarkeit erwarten.

Der Anfang ist eine Durststrecke, in der Sie mehr als einmal versucht sein dürften, das Handtuch zu werfen, weil es viel nervenschonender wäre, die ganze Arbeit einfach selber zu erledigen. Hoffen Sie nicht auf lächelnde Gesichter und spontane Einsicht. Bleiben Sie konsequent und gelassen, und vor allem: Geben Sie nicht auf! Wie es in dem chinesischen Orakelbuch *I Ging* so häufig heißt: Fördernd ist Beharrlichkeit.

Machen Sie eine ausführliche Liste, welche Arbeiten im Haushalt anfallen und vergessen Sie auch die Bewirtung der Arbeitskollegen und das Blumengießen nicht. Rechnen Sie Ihrem Partner ruhig vor, was ihn eine Haushälterin und ein Kindermädchen kosten würden, auch wenn Ihnen das kleinkariert und kindisch vorkommt. Finanzielle Argumente ziehen oft erstaunlich gut.

Bei Kindern hilft es, wenn sie zunächst selbst aussuchen dürfen, wie sie im Haushalt mithelfen. Sie selbst haben Vorlieben und Abneigungen, und Kindern geht es ebenso. Ein kleiner Muskelmann holt wahrscheinlich lieber stolz den Sprudel aus dem Keller als das Waschbecken zu putzen. Warum sollte die 14-jährige Tochter beim Bügeln nicht fernsehen? Und wenn Ihr Mann steif und fest behauptet, beim Spiegelei hörten seine Kochkünste auf und zum Fensterputzen müsse man geboren sein, überlassen Sie ihm das Staubsaugen und das Abkochen von Nudeln. Mit der Zeit wird sich hoffentlich bei ihm der Ehrgeiz entwickeln, zu höheren Haushaltsweihen aufzusteigen.

Wie gesagt: es wird kein Zuckerschlecken werden und es wird Rückfälle geben. Es dauert eine Zeit, bis sich alte Muster auflösen und neue Denkweisen einschleifen. Wichtig ist, dass Sie selbst nicht insgeheim das Gefühl haben, Sie muten der Familie zu viel zu.

Lernziele

Delegieren
Verhandeln
Nein-Sagen

Grenzen setzen
Über Geld reden
Beharrlich bleiben

Spannung aushalten
Eindeutig formulieren
Unbeliebtsein ertragen

Fortschritte anerkennen
Überhöhte Ideale aufgeben
Pannen nicht zu ernst nehmen

Sich helfen lassen

Als Mutter stelle ich plötzlich fest, dass ich andere Menschen brauche. Sie müssen mir helfen, den Kinderwagen in die Straßenbahn zu heben, sie müssen kurz auf den älteren Bruder aufpassen, wenn die kleine Schwester von der Schaukel fällt und ich mir ihr zum Kinderarzt muss. Ich muss sie bitten, mir Türen aufzuhalten, heruntergefallene Tüten aufzuheben und am Telefon lauter zu sprechen, weil ich durch das Gekreische im Hintergrund kein Wort verstehe. Die Nachbarn sollten möglichst nicht den Rasen mähen, wenn das Baby endlich eingeschlafen ist, und da sie das nicht wissen können, muss ich sie freundlich darauf aufmerksam machen.

Das fällt schwer, wenn man an Unabhängigkeit gewöhnt ist. Deshalb ist es sinnvoller, wenn wir gleich zu Anfang des Mutterseins einen Schalter im Kopf umlegen und uns sagen: es ist mein gutes Recht! Ich muss nicht jedes Mal vor Dankbarkeit zerfließen, wenn mir jemand die Tür aufhält. Es ist normal und richtig, dass man auf mich Rücksicht nimmt, ich vollbringe eine gute Tat für den Fortbestand der Gesellschaft und Menschheit, ich könnte jetzt auch in Hawaii am Strand liegen und den Surfern zuschauen.

Dass ich ein Kind herumtrage, schiebe, füttere, wickle und dies notgedrungen manchmal auch in der Öffentlichkeit tue, ist keine Zumutung, und es ist nicht notwendig, dass ich mich als Mutter möglichst unsichtbar mache.

Sicher, manche Schonräume, zum Beispiel Spielplätze, die Kindern vorbehalten sind, haben ihren Sinn, weil sie dazu dienen, ihnen in unserer anstrengenden Welt Orte zu bieten, an denen sie Erfahrungen machen können, ohne dass wir sie ständig auf Gefahren hinweisen und ihnen Grenzen setzen müssen. Grundsätzlich sollte aber das impulsive, anarchische Element, das Kinder so radikal verkörpern, auch in unserer geordneten, disziplinierten Welt einen Platz haben. Von der spontanen Lebendigkeit der Kinder können Erwachsene profitieren, wir brauchen uns nicht mit ihnen in Reservate zurückziehen und die kommende Generation abschirmen, als sei sie eine Belastung für die Umwelt.

Verantwortung

Eine Berufstätigkeit außer Haus macht es Müttern unmöglich, Kindern vierundzwanzig Stunden Liebe und Aufmerksamkeit zu geben. Womit wir uns aber vermutlich abfinden müssen, ist, dass es an uns hängenbleibt, vierundzwanzig Stunden Liebe und Aufmerksamkeit zu *arrangieren* – mit dem gesamten Hilfspersonal, das uns zur Verfügung steht: Mann, Freundin, Freund, Oma, Nachbarin, Babysitter, Rentnerin von gegenüber, Krippe, Tagesmutter, Spielgruppe, Au Pair, Hort, Kindergarten etc.

Diesen Job haben wir als Mütter nun einmal, und bisher hat mir noch niemand einen brauchbaren Tipp gegeben, wem ich ihn aufhalsen könnte. Das Gute ist, dass ich daraus nun wirklich fürs Leben lerne. Meine organisatorischen Fähigkeiten wachsen ins Unermessliche, mit jedem Kind nehmen meiner Managerinnenqualitäten zu.

„Ach, du hast eine Kinderfrau?“, staunte eine Bekannte vor mehreren Jahren, als ich mich noch an feste Bürozeiten halten musste. „Ja, dann …“

Mit Kinderfrau ist natürlich alles ganz einfach, klang da durch. Sie schmeißt den Haushalt, und deine Probleme sind gelöst.

Wenn das so einfach wäre. Schließlich sind Kinderfrauen, Tagesmütter, oder wie man sie nennt, Menschen und keine Maschinen. Die Zeiten sind vorbei, in denen Mütter Bedienstete hatten, denen sie knappe Anweisungen erteilten. Die Mit-Betreuerinnen ihrer Kinder sind Frauen, die ihre eigenen Vorstellungen von Erziehung haben und als Mensch wahrgenommen werden wollen. Mit Recht. Und das bedeutet Beziehungsarbeit. Einmal mehr.

Deshalb ist es sehr notwendig, mir von Anfang an zu überlegen, was ich brauche und was ich investieren kann, nicht nur materiell, sondern auch emotional. Wie stelle ich mir die Person vor, der ich mein Kind gerne anvertrauen würde? Ist es eine Frau oder ein Mann? Welche Eigenschaften hat sie? Wie alt ist sie? Warum sind mir bestimmte Qualitäten wichtiger als andere? Brauche ich eine besonders zuverlässige Person, der ich viel Verantwortung übergeben kann? Brauche ich eine Frau, die flexibel ist und auch einmal einspringen kann, wenn ich außer der Reihe verreisen muss?

Ist es wahrscheinlich, genau diese Person zu finden? Wo bin ich bereit, Abstriche zu machen, und was kann ich auf keinen Fall akzeptieren?

Kann ich mir vorstellen, einer Betreuerin einen gewissen Handlungsspielraum zu lassen oder möchte ich jeden Schritt ganz genau mit ihr absprechen?

Dann kommen die praktischen Probleme:

Gibt es in der Nähe eine schon bestehende Betreuungsmöglichkeit? Eine Krippe, eine Tagesmutter, die noch ein Kind nehmen würde, eine Krabbelgruppe, Frauen, die ihre Kinder gegenseitig betreuen? Will ich mich überhaupt in eine Gruppe einklinken und selbst Zeit für die Betreuung anderer Kinder aufwenden?

Gibt es ein Mütterzentrum, das mir weiterhelfen könnte? Eine Einrichtung wie das Rote Kreuz, die ausgebildete Babysitterinnen vermittelt? Will ich mich an das Jugendamt wenden?

Welche Freundin hat schon Erfahrungen mit Betreuerinnen?

Wieviel Geld kann ich überhaupt ausgeben? Suche ich jemanden ausschließlich für das Kind oder hätte ich gerne etwas Mithilfe im Haushalt?

Wage ich mich auch auf ungewöhnliche Wege und bemühe mich um eine Familien-Patin oder Leih-Großmutter, die manche Eltern-Kind-Zeitschriften vermitteln?

Ein Modell allerdings führt häufig zu Spannungen und ist nur für sehr belastbare Paare zu empfehlen: die Betreuung nach dem Ping-Pong-Prinzip. Damit meine ich das scheinbar so praktische Kinder-Verschieben zwischen Mutter und Vater, nach dem Motto: „Ich habe sie von zwei bis sechs, Punkt sechs übernimmst du und hast sie bis halb neun, dann bin ich wieder an der Reihe und bringe sie ins Bett, und wenn nachts etwas los ist, stehst du auf."

Abgesehen davon, dass sich dieses Modell in den wenigsten Partnerschaften praktisch verwirklichen lässt, ist es vielleicht als Versuch lobenswert, aber langfristig zum Scheitern verurteilt. Es führt nämlich zu einer Art Staffellauf. Jeder ist froh, wenn er die Verantwortung weiterreichen kann, und die Gefahr ist groß, dass einer oder beide mit der Zeit den Verdacht haben, mehr zu übernehmen als der andere.

Außerdem bedeutet die fliegende Übergabe, dass die Eltern kaum noch ein Wort miteinander wechseln, geschweige denn etwas zusammen unternehmen, ständig auf die Uhr schauen und sich vorrechnen, auf wieviel Überstunden es jeder schon gebracht hat. Eine dritte, vierte oder fünfte feste Bezugsperson entzerrt dieses konfliktträchtige Modell ganz wesentlich.

Damit plädiere ich natürlich nicht für den abwesenden Vater – im Gegenteil. Je besser er Bescheid weiß und sich in der Erziehungsarbeit – auch dem täglichen Kleinkram – auskennt, desto bereichernder und entspannter erleben er, seine Partnerin und die Kinder die Zeit, in der er anwesend ist.

Als Anreiz für zögerliche Väter mag eine Erkenntnis aus Yolanda Cadalbert-Schmids Buch *Aber Papa hat's erlaubt* dienen:

„Familienergänzende und -unterstützende Institutionen ersetzen heute nicht die Mutter, sondern den Vater. Die moderne Mutter gibt sich mit Sicherheit zeitlich sehr viel mehr mit ihrem Kind ab als jede Generation Mütter vor ihr, die Väter hingegen sehr viel weniger. (...) Männer, die an der Ernährerrolle festhalten, ohne sich anders und erweitert auf die Familie einzulassen, machen sich mit der Zeit schlicht überflüssig."

Wo ist Mama?

Die Trennung von Familienleben und Arbeitswelt ist relativ neu und kann durchaus in gewissem Rahmen durchbrochen werden. Kinder sind neugierig, wo und wie ihre Eltern arbeiten, und diese Neugier kann man produktiv einsetzen. Es gibt im Grunde keinen Arbeitsplatz, den Kinder nicht zumindest kennenlernen können und sehr oft ist es möglich, dass sie eine gewisse Zeit dort verbringen.

Das hat eine Reihe von Vorteilen:

- Wenn die Mutter arbeiten geht, wissen die Kinder, wohin sie geht und sie kennen die Kolleginnen und Kollegen, mit denen sie ihre Zeit verbringt. Das Arbeitsfeld ist keine unbekannte Größe mehr, sondern wird zum Teil ihres bekannten Bereichs. Das macht es ihnen leichter, sie gehen zu lassen.
- Das Mutterbild wird um einen ganz wesentlichen Bereich erweitert. Wie die Mutter sich in der Wohnung bewegt, welchen Arbeiten sie nachgeht und welche Rolle sie im Familiengefüge spielt, ist für Kinder durchschaubar. Damit wachsen sie in der Regel auf. Dass sich ein Teil ihres Lebens außerhalb dieses Areals abspielt und sie dort eine Person ist, die selbstbewusst auftritt und als Chefin oder Mitarbeiterin ihre feste Position hat, trägt sehr dazu bei, dass Töchter und Söhne ein Frauenbild bekommen, in dem Familienarbeit und Berufstätigkeit sich ergänzen.

- Ein Kinderbesuch zu einem günstigen Zeitpunkt lockert die Atmosphäre auf, man kommt mit den Kollegen über andere Themen ins Gespräch und entdeckt vielleicht ähnliche Wünsche und Probleme in Bezug auf die Aufteilung der Arbeitszeit, Möglichkeiten zum Jobsharing und ähnliches.
- Indem Kinder die Arbeitswelt kennen lernen, bevor sie selbst sich für einen Beruf entscheiden müssen, lernen sie, dass das Leben von Erwachsenen, wie ihres auch, aus verschiedenen Facetten besteht, die verschiedene Fähigkeiten erfordern und Erwachsene manchmal sehr beansprucht. Sie können mehr Verständnis aufbringen, wenn ihre Eltern müde sind und sich ausruhen wollen.
- Kinder, die miterleben, dass ihre Mutter in ihrem Beruf anerkannt ist, sehen sie mit anderen Augen. Der Beruf ist kein Feind mehr, der ihnen die Mama raubt, sondern ein Freund, der sie aufwertet, und ein weiterer Grund, stolz auf sie zu sein.

Sprechen

Es war meine Mutter, die mir meine Stimme gab. Sie tat das, wie ich jetzt weiß, indem sie einen Raum schuf, in den meine Worte fallen, wachsen und dann ihren Weg zu anderen finden konnten.
– Paula Giddings

Miteinander sprechen ist notwendig wie Sonne, Brot und Wasser, und mehr als das – es gibt uns die Sicherheit, nicht allein zu sein auf der Welt. Die Stimmen, die uns von klein an begleiten, schaffen eine Geborgenheit in der Gemeinschaft der Menschen. Die vertrauten Geräusche, die Stimmen der Familienmitglieder sind für kleine Kinder die Verbindung zwischen Tag und Nacht. Sie erleichtern ihnen das Einschlafen, lassen sie wissen, dass sie in guter Obhut sind.

Ein gutes Gespräch zu führen, ist eine Kunst, die sich miteinander lernen lässt. Monologe sind nicht beliebt, außer bei denen, die sie führen. Wenn Eltern Monologe halten, ist das eine absolut sichere Methode, die Kinder dazu zu bringen, dass sie auf Durchzug schalten.

Eine Zeit lang waren Familienkonferenzen sehr en vogue. Das einzige, was mich daran stört, ist der Begriff „Konferenz" – er klingt nach kahlem Sitzungszimmer, schalem Mineralwasser und einer ermüdenden Tagesordnung.

Wie wäre es mit einem Familienkreis statt einer Konferenz?

Einmal wöchentlich am Abend, wenn es draußen ruhiger geworden ist, werden Stühle im Kreis gestellt oder Kissen auf den Boden gelegt und eine Kerze oder ein anderer Gegenstand, der reihum ausgesucht wird, in die Mitte gestellt. Jedes Familienmitglied darf zehn Minuten zusammenhängend über die Freuden und Nöte der vergangenen Woche sprechen, und niemand unterbricht.

Wen das zu esoterisch anmutet, der kann wenigstens bei den wöchentlichen Sitzungen die Pflicht mit dem Vergnügen verbinden und das Besprechen wichtiger Themen mit dem Vernaschen einer Schale voller Schokoladenkekse oder einer üppig belegten Pizza verbinden. Kleine Lockmittel wirken Wunder, und zwar nicht nur bei Kindern.

Notbremsen

Sonntagnachmittag, vier Uhr. Es regnet seit dem Morgen. Papa ist am Wochenende wieder einmal beruflich unterwegs. Am Abend vorher wurde Omas Geburtstag auswärts gefeiert, und die Kinder kamen erst gegen Mitternacht ins Bett. Entsprechend unausgeschlafen und grantig sind sie. Das Monopoly-Spiel am Vormittag endete in Tränen und Streit, das Mittagessen war auch kein Erfolg, weil Sie eigentlich sowieso keine Lust hatte zu kochen und auf die übliche Mäkelei noch gekränkter reagierten als sonst. Ihre Ankündigung, dass es zum Kaffee einen Apfelkuchen gibt, wird mit einem gelangweilten „ähhh, schon wiiiiieder" begrüßt.

In jedem Mutterleben gibt es Augenblicke, in denen nichts mehr geht. Die Fronten sind verhärtet, die Nerven liegen blank und jede Stunde hat mindestens hundertfünfzig Minuten.

In diesem Fall helfen nur noch Notbremsen. Damit meine ich das, was wir normalerweise ablehnen und mit heroischer Konsequenz nicht erlauben.

Zum Beispiel:

Ins Kino gehen, Cola und eine Riesentüte Popcorn kaufen und *keinen* pädagogisch wertvollen Film aussuchen.

Den Tisch mit Mohrenköpfen, Keksen, Gummibärchen, Chips, Salzstangen, Schokolade und Saft beladen und eine Naschorgie feiern, bis allen schlecht ist und sie keine Forderungen mehr stellen, außer nach heißem Kamillentee.

Kind und Kegel einpacken und bei einer alten Freundin einen unangekündigten Überraschungsbesuch machen.

Einen Spaziergang in den Wald machen und herausfinden, wer am lautesten schreien kann.

Die Uhr um zwei Stunden vorstellen und die Kinder ins Bett schicken. Das klappt nur bei jüngeren Kindern und lässt sich nicht beliebig oft wiederholen, aber der Effekt ist traumhaft.

Geschehen lassen

Bei mir sein

An manchen Tagen fühlen wir uns, als würde morgens ein Motor angestellt, der bis abends durchläuft und uns unbarmherzig von einer Tätigkeit in die nächste treibt. Nicht einmal nachts kommen wir recht zur Ruhe, weil uns schon wieder die Aufgaben des nächsten Tages auf der Seele liegen. Wir benehmen uns wie übereifrige Super-Pfadfinderinnen: nicht nur eine gute Tat pro Tag, sondern gleich Dutzende.

Steht dahinter die Vorstellung, dass man von uns unermüdlich Leistung erwartet? Haben wir das Bild der unermüdlichen, nie kranken, immer verfügbaren Mutter so verinnerlicht oder fehlt es uns nur an Ideen, wie wir uns kurz und wirkungsvoll aus der Hetze ausklinken und dadurch regenerieren könnten?

Fünf Minuten zwischendurch sind nicht viel, um nach den Motiven zu forschen, aber sie sollten reichen, um sich folgende Fragen zu stellen:

Warum tue ich das?
Ist es notwendig?
Ist es wichtig *für mich?*
Warum ist es wichtig?

Wenn wir unsere Motive nicht kennen, haben wir ständig das Gefühl, wir müssten uns um immer neu ausbrechende Brandherde kümmern, die nur wir allein entdecken und löschen können.

Manchmal ist das sicher richtig, aber manchmal handelt es sich auch um falschen Alarm. Das zu unterscheiden, ist ein entscheidender Durchbruch zu mehr Zeit und Ruhe.

Achten Sie einen Tag lang darauf, wieviel von dem, was Sie tun, jetzt absolut notwendig ist, wieviel zu einem anderen Zeitpunkt erledigt werden könnte, wieviel ein anderer für Sie übernehmen könnte und bei welchen Tätigkeiten Sie sich besonders lustlos und schlapp fühlen.

Es geht dabei nicht um richtig und falsch, nur darum, zu merken, wie Sie sich fühlen.

Musik

Wir brauchen Klänge, Stimmen, Laute, um uns in der Welt zurechtzufinden und zu kommunizieren, allerdings können wir selten auswählen, was uns da Tag für Tag zugemutet wird. Da wir unsere Ohren nicht einfach zuklappen können, sind wir ständig Geräuschen ausgesetzt, die wir in ihrer Kombination und Lautstärke als störend empfinden.

Das sind nicht nur vorbeifahrende Autos oder die Rasenmäher am Samstagnachmittag – wenn wir ehrlich sind, können auch durchdringende Kinderstimmen ordentlich an den Nerven zerren. Und das nicht nur im übertragenen Sinne – tatsächlich setzt der alltägliche Lärm unserem Nervensystem heutzutage so zu, dass die Anfälligkeit für Hörminderungen und Tinnitus immer weiter zunimmt. Umgekehrt können Klänge Angst lösen, geistig anregen und emotionale Ausgeglichenheit fördern.

Das alles zeigt, wie wichtig es ist, Klanginseln zu schaffen, in denen wir uns ganz bewusst mit Tönen umgeben, die uns wohltun. Wir können uns zum Beispiel nach und nach verschiedene Tonbänder mit unserer Lieblingsmusik zusammenstellen, eines mit entspannenden, eines mit aufmunternden und eines mit konzentrationsfördernden Stücken.

Wer klassische Musik mag, könnte als eher beruhigende Stücke die *Nocturnes* von Chopin nehmen, *Clair de Lune* von Claude Debussy, Flötenkonzerte, Mendelssohns Musik zum *Mittsommernachtstraum*.

Zur Förderung der Konzentration eignen sich Barockkonzerte von Vivaldi, Albinoni, Corelli, Torelli und anderen, Händels *Wassermusik* und sicher auch die *Brandenburgischen Konzerte* oder das *Wohltemperierte Klavier* von Bach.

Die meisten Musikhandlungen führen mittlerweile CDs, auf denen Naturgeräusche zu hören sind: der Klang fließenden Wassers, die Brandung der Meereswellen, die Vogelstimmen im Wald, die Geräusche des Regenwalds, das Rauschen von Gewitter und Regen und vieles mehr. Legen Sie eine CD ein und lassen Sie innere Bilder in sich aufsteigen.

Vergessen Sie hin und wieder die Stille nicht.

29 Stunden Schweigen

Kürzlich las ich in einem Buch, das die wohltuende Wirkung der Stille pries, die erstaunliche Geschichte einer Bauersfrau, die zu einem bekannten Therapeuten kam, um dreißig Therapiestunden zu nehmen. Der Gang in die Praxis, kann man annehmen, war ihr nicht leicht gefallen.

Sie kam, setzte sich hin und schwieg. Der Therapeut saß ihr gegenüber, aufmerksam schweigend.

Neunundzwanzig Stunden lang kam sie pünktlich und schwieg. Zur dreißigsten Stunde erschien sie in ihre alte Festtracht gekleidet, tanzte und sang vor dem Therapeuten und erklärte, dass sie die Sitzungen nun beenden wolle. Neunundzwanzig Stunden habe sie Zeit gehabt, sich zu erinnern, ihr Leben zu überdenken und vieles zu bearbeiten, was vorher unklar gewesen war. Jetzt sei es gut so und sie brauche nicht mehr kommen. Sie bedankte sich freundlich, ging, und kam nie mehr wieder.

Zeit und Schweigen sind gerade für Frauen manchmal eine wirksamere Therapie als endlose Gespräche. Das Sprechen hat seine Zeit, aber auch das Schweigen ist eine sehr effektive Hilfsquelle für unsere psychische Gesundheit.

Eine Mutter, deren drei kleine Kinder für eine Woche bei der Oma waren, meinte hinterher, nichts sei für sie wohltuender gewesen als im Schaukelstuhl zu sitzen und vor sich hin zu starren. Das habe sie drei Tage lang getan, und dann erst den Wunsch gehabt, je wieder etwas anderes zu tun.

Es ist eine gute Gewohnheit, sich und den Kindern ab und zu eine Aus-Zeit zu verordnen, um sich die Ausgeglichenheit zu bewahren und die vielen Reize verarbeiten zu können. Rücksichtnahme auf unser Wohlbefinden ist Balsam für unsere Seele. Eine Aus-Zeit ist nicht zum Grübeln da; aktivieren Sie lieber bewusst Erinnerungen oder Vorhaben, die Sie in gute Laune versetzen.

Dreiundzwanzig Jahre lang habe ich das Schweigen gebrochen und habe ihm doch kaum einen Riss beigebracht. Das Schweigen ist ohne Ende; Reden ist nur sein Anfang.
– Henry David Thoreau

Ordnen

Nichts verändert das Aussehen einer Wohnung schneller und nachhaltiger als die Anwesenheit kleiner Kinder. Selbst Frauen, die gerne putzen und aufräumen, stoßen irgendwann an ihre Grenzen. Die besten Vorsätze, nach denen sich das Leben der Kinder im Kinderzimmer abspielen soll, sind zum Scheitern verurteilt. Wenn man nicht ununterbrochen aufpasst und räumt, ist alles immer überall – Bauklötze, Autos, Bilderbücher, Schulhefte, Stifte, Radiergummis, Bälle, Comic-Hefte …

Solange wir das Bild einer blitzsauberen, aufgeräumten „erwachsenen" Wohnung noch im Kopf haben, setzt uns dieser Zustand unter Stress. Besser gewöhnen wir uns gleich an den Gedanken: wir haben keine perfekte Vorzeige-Wohnung mehr. Das Chaos lässt sich nur eindämmen, nicht völlig beseitigen.

Wahrscheinlich haben Sie trotzdem das Bedürfnis, Methoden zu entwickeln, dank derer Ihnen das Chaos nicht über den Kopf wächst und Sie samt Kindern unter sich begräbt.

Dazu müssen Sie herausbekommen, wie Sie sich vor Überlastung schützen. Brauchen Sie klare Strukturen, damit Sie verschiedene Lebensbereiche vereinbaren können? Neigen Sie dazu, sich zuviel aufzubürden und sich dann schuldig zu fühlen, weil Sie hinter Ihren eigenen Ansprüchen zurückbleiben?

Geht es Ihnen besser, wenn Sie Listen schreiben und Pläne machen, die Sie dann vielleicht nicht alle verwirklichen können, oder wenn Sie sich nichts oder ganz wenig vornehmen und dann mehr schaffen als gedacht?

„Alles in unserem Leben, was wir wirklich akzeptieren, wird sich verändern", schrieb Katherine Mansfield. Die Erfahrung legt nahe, dass es in der Tat so ist: einen Zustand, den ich als negativ bewerte, kann ich nicht objektiv betrachten und nehme deshalb auch nicht wahr, warum er so ist, wie er ist und wie eine echte Veränderung aussehen könnte.

Ich versuche deshalb, die Wohnung als Lebensraum zu sehen, der neuen Erfordernissen entspricht. Ich suche nach individuellen Lösungen, die mir das Leben erleichtern. Wenn das bedeutet, dass die Wiege in der Küche steht oder das Gästebett als Spielhöhle dient – warum nicht?

Grenzen

Was brauchen Kinder? Über dieses Thema lässt sich trefflich diskutieren, wie es seit mindestens zweihundert Jahren getan wird. Zur Debatte stehen für uns bestimmt nicht die elementaren Dinge – Körperkontakt, für Kinder sorgen, ihnen Essen und Kleidung geben, ihnen zuhören, sie beschützen, ihnen Geborgenheit vermitteln.

Vielleicht sollte die Frage besser heißen: „Was braucht mein Kind nicht?“ Müssen wir auf jedes noch so zarte Talent-Pflänzchen lauern, um es gebührlich zu fördern?

Müssen wir unbedingt und zu jeder Zeit kostbare Energien einsetzen, um all die Aktivitäten mitzutragen, die die Freizeit zur Unfreizeit machen? Schaffen wir uns durch unzählige Termine nicht selbst ein Gefängnis, während die Kinder froh wären, einmal wieder einen Nachmittag frei zu haben?

Ich habe den Verdacht, dass in einigen Jahren die – wissenschaftlich untermauerte – Meinung vorherrschen wird, dass unsere Kinde gar nicht all die Fördermaßnahmen und Stimulanzien brauchen, die so viel von unserer Zeit und Energie fressen.

Wenn Mütter sich ihren Tag in viele kleine Zeithäppchen zerlegen lassen, bleibt unweigerlich wenig für ihre eigene Erholung und ihre eigenen Interessen übrig. Kinder lernen daraus: „Mütter haben nicht dieselben Bedürfnisse wie andere Erwachsene.“ Was wiederum zu der unbewussten Schlussfolgerung führen kann: „Ich brauche ihre Grenzen nicht zu respektieren, kann sie Tag und Nacht beanspruchen, ihre Klagen und Proteste haben keine Konsequenzen.“

Wie wäre es mit einer neuen, provokanten Gleichung: für jeden Termin, den ich für ein Kind organisiere, habe ich Anspruch auf einen eigenen Termin gleicher Länge? Für anderthalb Stunden Leichtathletik-Training einmal Kino? Für jede Stunde in der Reithalle inklusive Chauffeurdienst eine Stunde Schwimmen?

Im Grunde wäre das nur recht und billig, denn Kieferorthopäde, Friseurbesuch, Schuhe kaufen, Elternabend, Kindergarten-Bastelstunde, Geburtstagsgeschenke besorgen und tausenderlei weitere Erledigungen sind noch nicht mit eingerechnet.

Die Gleichung wird so nicht aufgehen. Sie ist als Denkanstoß gedacht.

Streiten

Streiten geht an die Substanz, und wie oft wünschen wir uns mehr Gelassenheit!

Auch da investieren wir viel Kraft, die nicht immer wirklich notwendig ist. Es gibt die heißen Eisen, die immer wieder für Zündstoff sorgen, dann gibt es die Dauerbrenner, die auf einen tiefer sitzenden Konflikt schließen lassen. Es gibt die kleinen Explosionen, die durch Müdigkeit und Überforderung begünstigt werden, und es gibt das Gezänk, bei dem hinterher niemand mehr weiß, worum es eigentlich ging.

Sie könnten sich bei Gelegenheit fragen:

- Worüber streite ich mich mit den Kindern und was muss wirklich sein?
- Welche Schlachtfelder möchte ich endlich verlassen, wo kann ich Toleranz üben oder einfach darauf vertrauen, dass sie alt genug sind, um zu wissen, was sie tun?
- Wo kann ich mich entspannen, weil es keine so große Rolle spielt, ob sie Fehler machen, da ihnen nicht viel passieren kann?
- Wo setze ich Schwerpunkte und bleibe unter allen Umständen konsequent?

Welches sind meine Reizthemen?

- Schlafengehen (in der Woche, am Wochenende, in den Ferien)
- Kleider (Stil, Größe, Farbe, Signalwirkung)
- Benehmen (am Tisch, am Telefon, mit Gästen)
- Essen (wieviel, was, wann, wo)
- Haare (Länge, Farbe, Stil)
- Hausaufgaben (unbegrenzte Möglichkeiten)
- Musik hören (Art, Lautstärke, Zeit)
- Badezimmer (wie lange, wann, wie oft)
- Telefon (desgleichen)
- Taschengeld (Höhe, Häufigkeit, wofür)
- Hilfe im Haushalt (was, wie regelmäßig)
- Ordnung (im eigenen Zimmer, in der Wohnung)
- Haustiere (welche, wieviele, wer versorgt sie)
- Fernsehen (wie lange pro Tag, welche Sendungen)
- Computer (welche Spiele, wie häufig)
- anderes?

Geschehen lassen

Es ist erstaunlich zu beobachten, wie die Dinge von selbst geschehen. Wir können eine Knospe nicht zum Blühen bringen, indem wir die Blätter auseinanderziehen; ebensowenig können wir einem Kind von sechs Monaten mit Gewalt das Laufen beibringen. Das versteht sich von selbst. Entwicklungsphasen haben ihre eigene Gesetzmäßigkeit.

Irgendwann ist es soweit: das Baby zieht sich hoch, krabbelt vorwärts und nicht mehr nur rückwärts, steckt nicht mehr alles in den Mund, bewältigt die Treppenstufen, lässt die Blumenerde in Ruhe. Das kann man nicht beschleunigen und auch durch langwierige Erklärungen und Verbote nur begrenzt ändern. Dasselbe gilt für Trotzphasen, Pubertät und was immer unsere Geduld auf eine harte Probe stellt. Eines schönen Tages hört die Dreijährige auf, sich brüllend auf den Gehweg zu werfen, und auch die violetten Haarsträhnen, knallenden Wohnungstüren und Heavy-Metal-Konzerte gehören der Vergangenheit an.

Glücklicherweise ist im Leben mit Kindern nichts von Dauer. Die anstrengendsten Phasen gehen plötzlich zu Ende und nach einer Weile fragen wir uns nur noch kopfschüttelnd, wie wir sie wohl überstanden haben.

Das zu wissen, ist ein Trost in Zeiten, in denen wir selbst vor unseren heftigen Reaktionen erschrecken.

Es ist gut, wenn wir uns immer wieder klarmachen: Gefühle und Empfindungen sind noch keine Handlungen, und es ist nicht nötig, dass wir uns wegen eines Impulses, den wir nicht unkontrolliert ausagieren, schon maßlos schuldig fühlen. Hilflosigkeit macht aggressiv, das ist eine Tatsache. Die stetigen Anforderungen durch Erziehung und Hausarbeit, vielleicht noch verstärkt durch finanzielle Sorgen und Partnerschaftsprobleme, führen leicht dazu, dass sich Konflikte hochschaukeln. Wenn ich nach einem langen Tag voller Geschrei und Ärger am liebsten mein zeterndes Kleinkind aus dem Bettchen nehmen und schütteln würde, bis es endlich still ist, dann ist das ein Alarmsignal, aber es ist noch nicht passiert.

Bevor ich es wirklich tue, hole ich lieber dreimal tief Luft und sage mir, dass es offensichtlich dringend an der Zeit ist für eine Notfallmaßnahme. Also: zum Telefonhörer greifen und a) sich bei der Freundin ausweinen, b) einen Termin bei der Erziehungsberatung vereinbaren und/oder drei (geschlossene) Türen zwischen mich und meinen brüllenden Sprössling, einen Schluck guten Cognac und fünf Minuten in einem bequemen Sessel, vorzugsweise mit den Füßen auf dem Tisch. Entweder ist mein kleiner Schatz inzwischen eingeschlafen oder ich bin wieder locker genug für eine neue Runde „gute Mutter".

Meine Wut bedeutet weder, dass ich eine Rabenmutter bin, noch dass mein Kind ein lebendes Produkt meiner pädagogischen Unfähigkeit ist. Sie bedeutet nichts weiter als dass der Tag lang war und meine Ressourcen erschöpft sind.

Berühren

Die Berührungen, die wir unseren Kindern geben, lassen bei ihnen ein positives Körpergefühl entstehen. Durch Schmusen, auf den Schoß nehmen, Umarmen, Hand in Hand gehen erleben sie sich als liebenswert und lernen, dass ihr Körper in seiner Eigenheit von anderen Menschen gemocht und respektvoll und aufmerksam behandelt wird. Berührungen sind eine Art von Zärtlichkeit, die viel stärker wirkt als jeder verbale oder visuelle Kontakt. Bei Experimenten hat sich eine erstaunliche Tatsache herausgestellt: Wer von einem anderen leicht, fast unmerklich berührt wird, behält diesen Menschen in positiver Erinnerung und fühlt sich von ihm akzeptiert.

Wir unterschätzen oft unser Bedürfnis nach intensiven, häufigen Berührungen. Das Verhältnis von Geben und Nehmen ist nicht immer ausgeglichen. Auch sexuelle Kontakte sind keine Garantie, dass allen Teilen unseres Körpers liebevolle, ungeteilte Aufmerksamkeit geschenkt wird. Was tun?

Lassen Sie sich Massagen verschreiben. Das ist eine gute Möglichkeit, körperliche Zuwendung außerhalb des Konfliktfelds zwischenmenschlicher Beziehungen zu genießen. Sie beruhigen und entspannen, der Kreislauf wird angeregt. Es kommt nicht darauf an, welche Unvollkommenheiten der Körper aufweist; eine Masseurin gibt keine Kommentare über Ihre Maße ab. Ihre persönlichen Grenzen werden erfragt und respektiert.

Und: Massagen sind nicht teuer.

Sollte Ihnen dafür die Zeit fehlen, schieben Sie vorläufig eine Fußmassage ein.

- Geben Sie etwas Massageöl auf die warmen Hände. Verteilen Sie es auf einem Fuß.

- Nehmen Sie die Ferse in die Hand und spüren Sie ihre Beschaffenheit.
- Kneten Sie die Fußsohlen.
- Streichen Sie jede Zehe einzeln aus.
- Spüren Sie die Knochen durch Haut und Muskeln.
- Verteilen Sie das warme Öl auf dem gesamten Fuß und dem Knöchel.
- Wiederholen Sie alles mit dem anderen Fuß.
- Wickeln Sie die Füße in eine Decke und spüren Sie die angenehme Wärme.

Erholung

Woher kommt mein Widerstand gegen sportliche Betätigung? Warum ist mir Joggen zu mühsam, obwohl ich theoretisch vollkommen davon überzeugt bin, dass es eine großartige Sache ist? Warum rede ich seit Monaten davon, dass ich eine Zehnerkarte fürs Fitnessstudio kaufe und komme nie dazu?

Bequemlichkeit ist im Spiel, aber nicht ausschließlich. Ich fürchte, es sind wieder einmal die altbekannten Schuldgefühle. Wieder einmal tendiere ich dazu, mir zuviel vorzunehmen – weil es gut für mich wäre, weil meine Freundinnen es auch tun, weil ich mich schuldig fühle, wenn ich es nicht endlich anpacke – aber nicht, weil ich Lust darauf habe.

Nein, die Aussicht, einen Abend dranzugeben, um in einem stickigen Fitnessraum meinen ganz und gar nicht perfekten Körper im Spiegel anzustarren, reißt mich nicht von Stuhl. Soll ich deshalb mit mir hadern?

Natürlich könnte ich mich austricksen und mein Vorhaben weit und breit ankündigen. Dann würde mir mein Stolz einen Rückzieher verbieten. Noch besser wäre es, wenn ich mich frage, was mir denn nun wirklich Spaß macht. Immer häufiger sieht man junge Mütter und Väter, die joggend geländegängige Kinderwägen vor sich herschieben oder auf Inline Skates mit entzückt quietschenden Kleinkindern in Buggys im Slalom über Feldwege rollen. Ist es das, was mich reizen würde?

Als Mutter gehöre ich bestimmt nicht zu der Menschengruppe, die zuviel sitzt: Kinder herumtragen, hochheben, ihnen Fahrradfahren beibringen, sie auf Schaukeln anschubsen und Kinderwagen treppauf und treppab schieben, ist schließlich auch eine körperliche Anstrengung.

Vielleicht ist jedoch erst einmal etwas ganz anderes angesagt. Ganz oben auf der Wunschliste von Müttern kleiner Kinder steht – schlafen!

Haben Sie keine Angst, dieses Bedürfnis zu äußern und ihm nachzugeben, so oft es sich machen lässt. Lieber als Schlafmütze dastehen (das gibt sich wieder) als tatsächlich zur unausgeschlafenen Nörgelmutter zu werden.

Ein halbstündiger flotter Spaziergang pro Tag, hat sich übrigens herausgestellt, reicht völlig, um gesund zu leben. Na also.

Pausen

Der Stoffwechsel verlangsamt sich, Körper und Geist sammeln Kraft zur Regenerierung: das ist die Wirkung von Pausen, und zwar nur von längeren Pausen. Mütter kennen den fatalen Drang, die kurzen Pausen, in denen die Kinder schlafen oder beschäftigt sind, für Hausarbeiten zu nutzen. Abends geht es ihnen dann nicht anders als gestressten Managern: sie sind völlig abgeschlagen und kommen nicht zur Ruhe, weil der gesamte biologische Rhythmus gestört ist.

Widerstehen Sie der Versuchung! Bleiben Sie nach dem Mittagessen noch fünf Minuten sitzen, bevor Sie den Tisch abräumen. Kochen Sie sich einen Tee oder Kaffee, essen Sie ein Stück Schokolade dazu und sehen Sie aus dem Fenster anstatt auf die klebrigen Teller.

Lassen Sie ein Telefonat ausklingen, anstatt sofort zum Staubsauger zu greifen.

Bleiben Sie, wenn Ihr Kind noch klein ist und mittags schläft, noch eine Weile im dunklen Zimmer sitzen oder liegen und lassen Sie Ihre Gedanken schweifen. Verweilen Sie beim Blumengießen bei den Blüten, die sich neu geöffnet haben und lassen Sie den Blick über die grünen Blätter wandern. Reservieren Sie sich einen Sessel, der nicht mit Kinderspielzeug belegt werden darf und ruhen Sie sich immer wieder ein Weilchen aus, wenn Sie das Gefühl haben, ihre Beine werden schwer. Hören Sie im Radio ein Lied, das Ihnen gefällt, singen Sie laut mit. Setzen Sie sich beim Einkaufen oder Spazierengehen einfach mal auf eine Bank am Wegrand und atmen Sie bewusst ein und aus. Legen Sie sich bei Verspannungen im Rücken auf den harten Boden und schließen Sie die Augen. Spüren Sie, wie sich die Muskeln entspannen und das Rückgrat entlastet wird.

Massieren Sie die Stirn über den Augenbrauen. Machen Sie, in der Mitte beginnend, mit den Zeige- und Mittelfingern kreisende Druckbewegungen hinüber zum rechten und zum linken Haaransatz. Kneifen Sie dann das obere Ende des Nasenknochens, das zwischen den Augen liegt.

Lassen Sie eine Entspannungsübung von einer guten Freundin, deren Stimme Sie mögen, auf Band sprechen und hören Sie sie mindestens einmal pro Woche an.

Phantasie

Für Erwachsene und für Kinder, zum Vorlesen und Imaginieren geeignet ist die folgende Geschichte, die Norbert Gürtler und Doro Kammerer für autogenes Training mit Kindern empfehlen:

Ich liege auf einer grünen Wiese und spüre die warmen Strahlen der Sonne auf meinem Körper. Über mir am blauen

Himmel ziehen die Wolken vorüber. Große und kleine – dicke und dünne – wie bei den Menschen, denke ich. Dicke und dünne, kleine und große, keine ist gleich, jede ist anders. Ich lasse mich einfach treiben. Einfach treiben lassen wie die Wolken am Himmel.

Doch nun sehe ich eine kleine Wolke, die sich ganz stark von den anderen unterscheidet. Die kleine Wolke ist ganz hell, hell wie das Sonnenlicht. Sie treibt auch nicht vorüber wie die anderen Wolken, sondern bleibt einfach über mir stehen, so, als warte sie auf mich. Nun sehe ich die kleine helle Wolke langsam näherkommen. Sie kommt immer näher zu mir auf meine grüne Wiese. Schließlich landet die kleine helle Wolke neben mir auf meiner grünen Wiese. Um mich herum wird es ganz warm und hell.

Ich kann die Helligkeit gar nicht beschreiben, denn es ist kein Licht von dieser Erde. Es ist ein ganz helles Licht, warm und weich.

„Steig ein", sagt die kleine Wolke, und ich stehe auf und lege mich in meine kleine Wolke neben mir.

„Flieg los!" sage ich zu meiner kleinen Wolke, und ich wundere mich über meinen Mut. Ich fühle mich sehr wohl, wie in Watte gehüllt, so warm und weich. Und meine Wolke fliegt los. Denn es ist meine Lichtwolke, und sie gehorcht nur mir. Ich fliege über Wiesen und Felder hinweg, über Wälder und Seen, über schneebedeckte Berge, immer höher und höher, bis ich die Erde nur noch wie einen großen, bunten Ball unter mir sehe. Ich sehe das Blau der Meere, die schneebedeckten Berge und das bunte Grün und Gelb der Wälder und Felder.

Ich fühle mich ganz geschützt und geborgen in meiner Wolke. Es ist, als wenn wir schon immer zusammen gewesen wären, ich und meine Wolke. Mein Körper ist angefüllt mit dem Licht und der Wärme meiner Wolke. Das Licht und die Wärme sind in mir.

Und ich weiß, von nun an ist meine Wolke immer für mich da. Immer, wenn ich sie brauche, kann ich sie rufen.

Es ist meine Wolke, und sie wird mich immer schützen und wärmen. Nur mich.

Nun befehle ich meiner Wolke, wieder auf die grüne Wiese zurückzufliegen. Die Erde kommt immer näher und näher. Ich kann schon alles ganz genau erkennen. Ich sehe meine grüne Wiese, und schon landet meine Wolke ganz sanft. Ich steige aus und liege wieder im grünen Gras der Wiese. Meine Wolke fliegt nach oben, ganz langsam. Ich schaue ihr nach und bedanke mich bei ihr. Und ich weiß, ich brauche sie nur zu rufen und schon kommt sie zu mir. Sie beschützt mich mit ihrem Licht und mit ihrer Wärme.

Jetzt recke und strecke ich mich wie nach einem tiefen Schlaf und fühle mich erholt und frisch. Ich öffne die Augen und bin wieder in meinem Zimmer und ich sehe das Licht, das mich umgibt.

Wenn du darauf vertraust, dass größere Kräfte als die deinen in deinem Leben am Werk sind, wirst du aufhören, das Ergebnis zu verlangen, von dem du glaubst, dass du es willst, und schätzen lernen, was immer du bekommst.
Das ist wahre Freiheit.
– Carol Orsborn

Wellness, Schaumbad und Co.

Schaumbäder im Kerzenschein, das Allheilmittel für gestresste Mütter? Nichts gegen wohlriechende Öle und genussvolle Stunden, aber sie erinnern mich manchmal fatal an die Werbung für Vitaminpillen, Schmerzmittel und sonstige Präparate.

Bild A: eine Mutter mit zwei Kleinkindern an der Hand, die fast unter ihren Einkaufstüten zusammenbricht, von Migräne geplagt und sichtlich am Ende ihrer Kräfte;

Bild B: dieselbe Mutter, nach Einnahme der Tabletten,

strahlend und kraftstrotzend, immer noch mit zwei Kindern an der Hand und Einkaufstüten, aber nun allen Strapazen gewachsen.

Diese Werbung finde ich sehr ärgerlich, denn sie legt die falsche Lösung nahe: es geht hier offensichtlich nicht darum, der Mutter die Kinder oder Einkaufstüten abzunehmen, sondern sie durch Aufputschmittel aller Art in die Lage zu versetzen, diese Lasten mühelos und lächelnd zu bewältigen. Sonst könnte sie ja tatsächlich einmal nicht mehr funktionieren oder gar andere mit ihren Sorgen behelligen.

Daher meine Skepsis. Alles, was von der eigentlichen Richtung – langfristige und selbstbestimmte Entlastungsstrategien – ablenkt, ist Beiwerk, mehr nicht.

Aus der Tradition der Apache-Indianer stammt das folgende Gedicht, in dem eine Frau sich selbst begegnet:

Wenn Changing Woman
Ein bestimmtes Alter erreicht,
bricht sie gen Osten auf.
Nach einer Weile erblickt sie sich selbst
in der Ferne, in der Gestalt eines
jungen Mädchens,
welches ihr entgegengeht.
Beide nähern sich einander,
bis sie sich treffen.
Danach gibt es nur noch eine.
Sie ist wieder ein junges Mädchen geworden.

Weitergeben

Weitergeben

Ich stelle mir einen Korb vor, der mit den verschiedensten Gegenständen gefüllt ist. Ich habe ihn von meinen weiblichen Vorfahren bekommen, er steht vor mir, und ich überlege mir nun, was ich meinen Kindern weitergeben will.

Vielleicht mögen Sie wirklich einen Weidenkorb vor sich auf den Tisch stellen und nach und nach diejenigen Gegenstände hineinlegen, die das symbolisieren, was Sie von der Vergangenheit in die Zukunft hinübertragen wollen.

Was habe ich von meiner Mutter oder der Person, die mich aufgezogen hat, mitbekommen? Darüber habe ich mir bestimmt schon häufig Gedanken gemacht und bin auf manches gestoßen, was mir gar nicht recht ist. Diesmal jedoch lasse ich beiseite, was ich ablehne, und halte mich an die guten Erinnerungen. Irgend etwas ist bestimmt dabei, um das ich froh sein kann:

Festhalten können, loslassen, versorgen,
ein Zuhause schaffen, eine Wohnung einrichten,
nähen, handarbeiten, kochen, sparsam haushalten, reparieren, aus wenig viel machen, die Fäden in der Hand halten, schwierige Zeiten überstehen, trösten, motivieren, Selbstvertrauen geben, gesund pflegen,
mit den Händen arbeiten, mit Pflanzen umgehen, Gäste aufnehmen, Menschen zusammenbringen, organisieren, Musik machen, Geschichten erzählen, Neues lernen.

Niemand zwingt uns, alles in genau dem Zustand weiter zu reichen, in dem wir es erhalten haben. Wir können es verändern, ausschmücken, bearbeiten. In uns treffen sich in diesem Augenblick Vergangenheit und Zukunft, uns bleibt es überlassen, wie sich eine Tradition fortsetzt oder wandelt.

Wir werden nicht in die Falle tappen und die Tätigkeiten als minderwertig einzuschätzen, die lange Zeit vorwiegend von Frauen ausgeübt wurden. Frauen haben ihre Arbeit selbst nie als „typisch weiblich" eingeordnet; das war ihre Umgebung, die nicht selten ein Interesse daran hatte, ihnen einzureden, sie übten keine „richtige" Arbeit aus und dürften deshalb auch keinen – oder nur einen sehr geringen – materiellen Lohn erwarten.

Geben

Kreativität weitergeben – das ist auch ein Wagnis. Wir zeigen uns so, wie wir sind, und setzen uns dem kritischen Blick unserer Kinder aus.

Wir wagen, das, was wir wahrnehmen, empfinden und tun, für wichtig genug zu halten, um es unseren Kindern nahezubringen. Auch wenn es scheinbar altmodisch ist oder erst einmal belächelt wird. Auch wenn wir damit gegen den Strom der Zeit schwimmen.

> *„Schlage ich meiner Mutter Poesiealbum auf (...) weiß ich, ‚sie' war die Dichterin und ich nur die Sagerin ihrer reinen schwärmerischen Gedanken. Ich besuchte noch nicht die Schule, und der häusliche Unterricht bedeutete mir eine Spielerei; aber eine – Belohnung, saßen wir beide, meine allerbeste Freundin, meine junge schöne Mama und ich nebeneinander beisammen am Rosenholztisch und dichteten.*
> *(...) ich war so stolz, vertraute ihrem Urteil und es gelang mir der schwierigste Vers, da ich meine Dichtung in ihrem Schoß aufbaute."*

Die Dichterin Else Lasker-Schüler, aus deren Lebenserinnerungen „Im Hebräerland" dieser Text stammt, gewann spielerisch Vertrauen in den Wert der eigenen Worte, sie wurde von ihrer Mutter auf behutsame, unaufdringliche Weise ermächtigt, einen neuen Umgang mit der Sprache zu erfinden und schrieb später Gedichte, bei denen jede Silbe von einem unnachahmlichen Sprachgefühl zeugt.

Das Wort – ein Geschenk der Mutter.

An sich glauben

Als Wilma Rudolph vier Jahre alt war, bekam sie eine beidseitige Lungenentzündung und Scharlach. Dadurch blieb ein Bein gelähmt. Die Ärzte prophezeiten ihr, sie werde nie wieder gehen können. Doch sie hatte eine starke Mutter, auf die sie zählen konnte: „Meine Mutter brachte mir sehr früh bei zu glauben, dass man alles erreichen könne, wenn man es nur wirklich wolle. Das erste war, ohne Stütze zu gehen." Mit neun Jahren nahm sie die Metallstütze von ihrem Bein ab, vier Jahre später konnte sie problemlos gehen und spielte Basketball. Dann begann sie mit dem Leichtathlethik-Training. Erst verlor sie alle Rennen, doch sie trainierte weiter und eines Tages wendete sich das Blatt. 1960 in Rom holte sie drei olympische Goldmedaillen.

***

„Wenn Mutter jedoch von der Gegenwart sprach und ihren Sinn für staunende Betrachtung auf die gewöhnliche Welt anwandte, die wir kannten, hörten wir zu und fühlten das Geheimnis und die Magie. Sie musste nur zu einem ganz gewöhnlichen Gegenstand sagen: ‚Schaut mal, Kinder, ein Stein', und schon war dieser Stein mit etwas Wunderbarem erfüllt, als sei er heilig. Sie konnte jedes Insekt, jeden Grashalm, jede Blume,

die Gefahren und die Prachtentfaltung des Wetters und der Jahreszeiten mit einer denkwürdigen Bedeutung, aber auch einer Art Ungewissheit und Demut ausstatten, die uns veranlasste, über sie nachzudenken und das Herz von allem erkennen zu wollen. Mutter, die auch Gedichte mochte und sie gerne las, schrieb und uns vorlas, vermittelte uns dasselbe Gefühl in Bezug auf die Welt des geschriebenen und gesprochenen Wortes.“

– Janet Frame, neuseeländische Autorin, über ihre Kindheit in den 30er Jahren

* * *

Die britische Ethnologin Jane Goddall, die lange Zeit unter schwierigen Bedingungen Schimpansen beobachtete, ihr Verhalten studierte und sogar mit ihnen lebte, schildert in ihrer Autobiographie, wie fasziniert sie schon als Kind von den Vorgängen in der Natur war. Auch hier spielte die Mutter eine entscheidende Rolle.

Nachdem die kleine Jane eines Tages zufällig beobachtet hatte, dass Hennen Eier legen, setzte sie sich heimlich vier Stunden lang still in den Hühnerstall und wartete darauf, dass sich das Erstaunliche wiederholen möge. Die Familie suchte sie verzweifelt, schließlich wurde sie bei der Polizei als vermisst gemeldet.

„Meine Mutter, die mich immer noch suchte, sah plötzlich mich aufgeregtes kleines Mädchen zum Haus rennen, und trotz der Sorgen, die sie sich gemacht hatte, schalt sie mich nicht aus. Sie bemerkte, dass meine Augen leuchteten, setzte sich zu mir und hörte sich an, wie ein Huhn ein Ei legte und was für ein Wunder es war, als das Ei schließlich aufs Stroh fiel. Bestimmt hatte ich großes Glück, eine solche Mutter zu haben – die so weise war, meine Liebe zu allem Lebendigen und meinen leidenschaftlichen Wissensdrang zu fördern."

Süßes

Nicht jedes Kind hat einen leichten Zugang zu Büchern. Daran sind nicht unbedingt Eltern, Fernsehen oder Computer schuld. Manchen Kindern, die gerne in Gesellschaft sind, ist das Bücher lesen zu einsam, andere, denen körperliche Bewegung wichtig ist, sitzen nicht gerne lange auf einem Fleck. Wem das Schreiben und Lesen in der Schule Schwierigkeiten macht, der hat keine Lust, sich auch zu Hause noch Zeile für Zeile durch ein Buch zu kämpfen.

Kinder zum Lesen zu motivieren, ist in manchen Fällen ein schwieriges Unterfangen. Gutes Zureden hilft nicht viel, gegenseitiges Vorlesen ist auf die Dauer zeitraubend. Ermahnungen führen eher zu größeren Blockaden.

Wenn es Ihnen – wie mir – trotzdem ein Anliegen ist, Ihrem Kind die unendlich bunte, reichhaltige Welt der Bücher zu eröffnen, aus der es sich später eine Fülle von Ideen, Anregungen und Lebensentwürfen holen wird, verzichten Sie auf Predigten. Es gibt originellere Wege, aus dem „ich muss lesen" ein „ich will lesen" zu machen:

Eine indianische Großmutter gab ihrer Enkelin, die ein Kind erwartete, den Rat: „Wenn das Kind zum ersten Mal etwas liest, gib ihm ein Stück Honigkuchen, etwas Süßes. Sein Geist wird von diesem Augenblick an die beiden Dinge in Verbindung bringen: Lernen und Süße. Vergiss das nicht!"

Die Süße geht in die Handlung über. Und bald schon ist der Kuchen als Anreiz nicht mehr nötig.

Das wünsche ich mir für dich, mein Kind

Den Respekt vor dir selbst
Und vor dem Wert des menschlichen Lebens
Den aufrechten Gang
Den freien Blick in die Augen deines Gegenübers

Die tatkräftige Unterstützung von Schwächeren
Die Fähigkeit, Entscheidungen zu treffen
Die Aufmerksamkeit für kleine Dinge

Dass du die Konfrontation mit Ebenbürtigen wagst
Dass du dich wehrst und nein sagen kannst
Dass du deine eigenen Interessen kennst und vertrittst
Dass du klare Aussagen machst
Dass du Menschen findest, die dich annehmen, wie du bist

Neugier
Zuversicht
Großzügigkeit
Freude, Bewegung, Lust
Gespräche in Toleranz
Dankbarkeit für das Leben

Liebe ohne Angst
Unerwartetes Glück
Ewige Gegenwart

– Sandra Breinach

Vorbild sein

Wie bekommen heranwachsende Kinder Selbstvertrauen, Mut und Optimismus?

In vielen Ratgebern lesen wir, was dazu beiträgt.

- Sie und ihre Aktionen nicht lächerlich machen
- Sie ermutigen, eigene Ansichten und Wertmaßstäbe zu entwickeln
- Daran denken, dass Teenager nicht halb so selbstsicher sind, wie sie tun
- Ihre Fehler akzeptieren und ihnen zugestehen, dass sie daraus lernen

Es fällt schwer, Kindern dabei zuzusehen, wie sie Fehler machen und Wege einschlagen, die uns gefährlich erscheinen. Wir möchten sie vor den Folgen schützen und ihnen Leid ersparen. Außerdem werden wir an alte Enttäuschungen erinnert, vielleicht auch an Verbote, die uns eine freie Entscheidung für diesen oder jenen Lebensweg versperrten.

Die Schriftstellerin und Psychoanalytikerin Lou Andreas-Salomé erinnert sich in ihrem Lebensrückblick an die unbeirrbare Unterstützung, die sie von ihrer Mutter erfuhr, obwohl diese mit ihrem Freiheitsdrang überhaupt nicht einverstanden war: „Von meiner Mutter kann ich nichts aussagen, ohne dessen zu gedenken, was sie, trotz all ihrer Missbilligung meines auswärtigen Mädchenlebens und meiner ihr widerstehenden Denkungsart, für mich geleistet hat … Sogar während der Zeit, wo die Mutter am bittersten darunter litt, weil es am krassesten gegen die damaligen gesellschaftlichen Sitten verstieß, machte Muschka das still mit sich selbst ab: unverbrüchlich zu mir haltend der Welt gegenüber; voller Gram, doch auch voller Vertrauen; den Anschein weckend, dass wir uns absolut verständen, denn dies schien ihr das Wichtigste, was zu tun war, um keine feindlichen Missdeutungen gegen mich aufkommen zu lassen."

Ihr gegenüber nahm die Mutter kein Blatt vor den Mund, aber es gelang ihr, der Tochter eine „heimweh- und reuekranke Jugend" zu ersparen und ihre Eigenständigkeit nicht zu kappen.

Zivilcourage

Ein fünfzehnjähriges Mädchen erzählte kürzlich immer noch empört, aber auch stolz, wie sie sich auf der Bahnfahrt in die Stadt beim Zugschaffner beschwert hat. Er hatte ihr und ihrer Freundin nicht geglaubt, dass sie ihn in den Waggons gesucht hatten, weil die Freundin noch eine Fahrkarte lösen musste. Es gab eine hitzige Diskussion. Die Freundin musste 60 DM Strafe für Schwarzfahren bezahlen, aber die beiden Mädchen hatten festgestellt, dass es sich lohnt, wenn man sich gegen eine Ungerechtigkeit wehrt: sie fühlten sich besser hinterher.

Der Vorfall hatte ihnen klar gemacht, dass es notwendig und gut ist, für die eigenen Rechte einzustehen, auch wenn man am Ende den Kürzeren zieht. Die beiden hatten in der Öffentlichkeit eine schwierige Situation gemeistert, nicht als Siegerinnen zwar, aber immerhin ohne einen Kratzer an ihrer Selbstachtung.

„Nein" ist für Mädchen und Jungen ein wichtiges Wort – nicht aus moralischer Prüderie, sondern als Weg zur Entwicklung einer eigenständigen Persönlichkeit. Ein klares, unpolemisches „Nein" auch zu den Überzeugungen anderer, ein Standhalten gegenüber Autoritätspersonen, die sich in ihrer Macht sonnen.

Für junge Mädchen ist es von unschätzbarem Wert, wenn sich ihre Mütter in der öffentlichen Sphäre behaupten können und ihnen erwachsene Verhaltensweisen demonstrieren, an denen sie sich orientieren können. Frauen, die souverän, freundlich und unaufgeregt auf ihre Rechte pochen, sind ein enormer Gewinn für ihre Töchter.

Vielleicht sollten wir etwas weniger für unsere Kinder und dafür mehr für uns selbst kämpfen, etwas mehr Zutrauen zu unserem eigenen Urteil haben. Zum Beispiel Kleider ins Geschäft zurückbringen, wenn sie nicht richtig passen. Schlechtes Essen im Lokal zurückgehen lassen. Drängler zurechtweisen. Darauf bestehen, dass sich der Arzt Zeit für uns nimmt. Nicht hinnehmen, dass wir am Auskunftsschalter kurz abgefertigt werden.

Nah und fern

Es ist Frühling in Sizilien. Die Insel ist blumenübersät. Die junge Persephone pflückt eine besonders schöne, aber widerstrebende Narzisse und löst dadurch eine Erschütterung der Erde aus, durch die Hades, der Gott des Schattenreichs, auf sie aufmerksam wird. Er bricht mit seinem Wagen aus dem Dunkel hervor, packt das Mädchen und entführt sie in die Unterwelt. Als die Mutter merkt, dass ihr Kind verschwunden ist, durchstreift sie untröstlich neun Tage und Nächte lang die Welt, bis sie endlich erfährt, was geschehen ist.

In dem griechischen Mythos von Demeter und Persephone steht die Beziehung zwischen Mutter und Tochter im Mittelpunkt. Wir hören von einer starken Bindung, die durch einen Akt der Gewalt durchbrochen wird. Beide Frauen sind verzweifelt, müssen sich aber letztlich mit einem Kompromiss zufrieden geben: Persephone bleibt ein Drittel des Jahres bei ihrem Gemahl im Totenreich, die übrige Zeit darf sie bei ihrer Mutter verbringen.

Mutter und Tochter – das ist eine Bindung, über die sich „die Erde freut". Solange Persephone bei ihrer Mutter ist, keimt und wächst das Getreide im Boden. Das Land ist fruchtbar. Während der Zeit der Trennung aber breitet sich Dürre über der Erde aus. Die Trauer der beiden Frauen wird daran sichtbar, dass das Wachstum der Pflanzen aufhört und eine Zeit der Entbehrungen anbricht.

Eine ungebrochen liebevolle, solidarische Beziehung zwischen Mutter und Tochter mag Freud und seinen Anhängern ein Dorn im Auge sein; dass sich die Beziehung zwischen Mutter und Tochter jedoch ab einem bestimmten Punkt auf ihr Konfliktpotential beschränken muss, ist kein Naturgesetz. Persephone ist kein Kleinkind mehr, als sie geraubt wird, sondern im heiratsfähigen Alter, und doch scheint die Zuneigung zu ihrer Mutter ungebrochen zu sein.

Ein Mythos ist kein pädagogischer Ratgeber, aber er drückt eine sehr alte Wahrheit aus – in diesem Fall unter anderem die, dass die gewaltsame Trennung von Mutter und Tochter nichts Gutes verheißt: nicht für die Betroffenen und nicht für die Umwelt, wie wir heute sagen würden. Ihr Verhältnis beinhaltet Trennung und Gemeinsamkeit in wechselndem Rhythmus, lässt Verbundenheit und Erwachsenwerden zu.

Nimm meinen Körper

Ich vererbe mein linkes Schienbein
Meiner Tochter, damit sie daraus macht,
was daraus zu machen ist:
eine weiße Spange für ihr Haar, Knöpfe

für den Lieblingspullover,
eine Halskette aus Monden,
dass die Schönheit
ihr folgt, wie sie

mir gefolgt ist. Einen Federhalter soll sie sich machen
aus meinem rechten Unterarmknochen, der jedes einzelne
ihrer ersten Wörter kennt: Mama,
Papa, nein, warum, darf nicht, Wiedersehn. Aus

Meinem anderen Arm soll sie sich
Einen Brieföffner machen mit
Schlangen und Tigern drauf. Wenn sie
Briefe öffnet von ihren Geliebten, soll

Sie daran denken, wie in ihr die
Wildheit erwacht ist, die Gefährlichkeit.
Aus meinem Brustbein soll sie sich
Ein Messer schnitzen, das sie benutzt, wenn

Gefahr im Verzug ist. Und mein Becken-
Knochen, das Meer, aus dem wir kommen
Und in das wir gehen, wenn wir sterben,
Tochter, wie eine Muschel halt es

Dir ans Ohr und lausche
Den Wogen, die dich wiegen, lausche
Den Stimmen derer, die hinter
Dir sind, die vor dir sind, die dich genährt haben

Gehalten, gewaschen, dich auf die Füße gestellt,
dich losgelassen, dass du strauchelst
und fällst. Der Schädel ist nichts:
den gib der Katze zum Spielen.
– Elizabeth Weber

Glück

„Ich möchte, dass mein Kind glücklich wird." Das ist vermutlich die einzige Aussage, die man jeder Mutter unbedenklich in den Mund legen kann. Doch niemand kann dafür sorgen, dass ein anderer Mensch dauerhaft glücklich wird. Wir sind nicht allmächtig; es gibt vieles, das nicht in unserer Hand liegt, und wir wissen selbst, dass Glück kein Zustand ist, den man mit List und Tücke herbeiführen kann.

Was können wir also unseren Kindern mitgeben: doch höchstens die Fähigkeit, Glück zu empfinden. Wenn das gelingt, können wir äußerst glücklich sein.

Von den Bewohnern Islands wird behauptet, sie hielten sich für die glücklichsten Menschen der Welt. Der Soziologe, der dies herausfand, konnte selbst kaum glauben, was die Statistiken ermittelt hatten und fuhr hin.

Glück – wovon hängt das ab? Offenbar nicht von zweihundert Tagen Sonnenschein pro Jahr oder dem, was wir uns unter einem „leichten Leben" vorstellen. Die grandiose Naturkulisse allein ist es auch nicht, wie der Glücksforscher herausfand.

Es ist etwas anderes: in erster Linie die Bereitschaft, Probleme und düstere Tage als einen integralen Bestandteil des Lebens zu akzeptieren. Wer nicht erwartet, dass es ihr oder ihm stets gut zu gehen hat, wer ohne eine übertriebene Anspruchshaltung lebt, lässt sich durch geringe Anlässe in heitere Stimmung versetzen.

Was zudem ganz wesentlich zum Glück beiträgt, sind Werte wie Toleranz, Gemeinschaftsgefühl und Genügsamkeit – nicht gerade das, was in unserer Gesellschaft selbstverständlich ist.

Die Natur spielt eine Rolle, allerdings nicht als Konsumgegenstand für gefällige Betrachtung. Belebend wirkt vielmehr der stetige Kontakt mit den rauen Naturkräften, die herausfordern und den Kampfgeist wecken. Sie lässt keine Ruhe und fördert gerade dadurch das innere Wachstum.

Begrenze dein Kind nicht auf das, was du gelernt hast,
denn es ist in einer anderen Zeit geboren.
– Weisheit der Rabbiner

Töchter packen aus

Also, wir werden jetzt möglichst offen und ehrlich über ein höchst interessantes Phänomen schreiben. Dieses Phänomen nennt sich „Mutter".

Beginnen wollen wir mit einem für uns Töchter sowie für Mütter sehr wichtigen Thema: Männer! Die Meinungen, was einen „netten Mann" ausmacht, gehen bei Müttern und Töchtern grundlegend auseinander. Im Allgemeinen ziehen Mütter den netten, zuverlässigen Jungen von nebenan vor, Töchter dagegen den sexy Wilden. Nichts macht Müttern mehr Freude, als sich über potenzielle und sichtbare Schwächen des Freundes auszulassen. Ist nun einer gefunden, der von der Mutter akzeptiert wird, wären wir schon beim nächsten Problem gelandet: den Ausgehzeiten! Bei Diskussionen darüber ziehen Mütter gerne den Nothebel und holen den Vater zu Hilfe, um sich hinter dessen strengem Urteil zu verstecken. Haben wir Töchter dann zähneknirschend nachgegeben, bleiben uns verschiedene Möglichkeiten, das Haus zu verlassen, ohne das Gesicht zu verlieren: erstens die Variante „schmollendes Kleinkind", zweitens den „brüllenden Teenager", drittens den „eingeschnappten Erwachsenen" (sie ist besonders würdevoll).

Wollen wir uns davor noch stolz mit dem neuesten Outfit präsentieren, ernten wir meistens nur ärgerliches Grunzen und unwillig erhobene Augenbrauen. Am liebsten würden Mütter uns wahrscheinlich in Strampelanzügen in die Disko schicken, um wenigstens einen Teil ihres kleinen Mädchens zu behalten.

Mamas, die sich in diesem Bereich geschlagen geben, sind umso offensiver, wenn es darum geht, die Menge und Farbe der Hilfsmittel zu bestimmen, die ihre Töchter sich zur Verschönerung ins Gesicht schmieren. Das Problem lösen wir, indem wir uns im Bad verbarrikadieren und dann in einem günstigen Moment getarnt zur Wohnungstür schleichen (empfehlenswert sind Kapuzenpullis).

Lässt man all diese Schwierigkeiten beiseite, gibt es nichts Schöneres für eine Tochter als ein gutes Verhältnis zu ihrer Mutter zu haben. Denn schließlich ist sie ja der Mensch, der im Leben vieler Mädchen die größte Rolle spielt. Sie ist der Mensch, der immer da ist, wenn man ihn braucht und der einem das Leben schöner machen kann.

– Rina und Juli (16)

Lebenslust

Mächtig sein

Im alten Rom wachte eine ganze Legion von Göttinnen über Mutterschaft und Kindheit, die den Fortbestand der Bevölkerung gewährleisten sollten:

Aboena und Adiona: Beschützerinnen des Kindes, wenn es kommt und geht
Camoena: Göttin, die die Kinder singen lehrt
Carna: Göttin, die den Körper der kleinen Kinder stärkt
Cuba: Göttin, die über den Schlaf der Kinder wacht
Cunina: Beschützerin der Wiege und ihres Inhalts
Dea Mens: Göttin des kindlichen Geistes
Diva Edusa: Göttin der Kindernahrung
Diva Potina: Göttin des Tranks für Kinder
Levana: Göttin, die das Kind von der Erde erhebt
Minerva: Göttin, die den Kindern Erinnerung verleiht
Numeria: Göttin, die den Kindern das Zählen beibringt
Ossipaga: Göttin, die die Knochen der kleinen Kinder härtet und kräftigt
Parca oder Partula: Göttin der Geburt
Peragenor oder Agenona: Göttin der kindlichen Handlungen
Rumina: Göttin der Brust
Dea Statina: Göttin der Rangfolge
Venilia: Göttin der Hoffnung, der „kommenden Dinge"
Voleta und Volumnus: Göttin und Gott des Willens und Wünschens

All diese Aspekte – und mehr – vereinen Mütter in sich. Müssen wir uns aber deshalb immer für alle gleichzeitig zuständig fühlen?

Wenn hier die Pflege und Erziehung von Kindern auf achtzehn Göttinnen – hinzu kommen noch einige männliche Gottheiten – verteilt ist, lässt sich daran die Fülle der Aufgaben ermessen.

Wir sind keine Göttinnen und haben außerdem noch anderes zu tun, als uns um Kinder zu kümmern. Wieso sollen wir uns dann alles allein aufbürden und nicht die Hilfe einfordern, die uns zusteht – vom Staat, von der Familie, von allen irdischen und überirdischen Mächten, die uns das Dasein erleichtern könnten?

Wagnisse

„Wenn ich mein Leben noch einmal zu leben hätte, würde ich das nächste Mal versuchen, mehr Fehler zu machen. Ich wäre verrückter ... Ich würde mehr Risiken eingehen. Ich würde mehr Berge besteigen, in mehr Flüssen schwimmen und mehr Sonnenuntergänge betrachten ... Ich würde mehr wirkliche Schwierigkeiten haben und weniger eingebildete ... Wenn ich mein Leben noch einmal zu leben hätte, würde ich im Frühling beginnen, barfuß zu gehen und bis in den Herbst so bleiben ... Ich würde keine so guten Noten bekommen, außer durch Zufall. Ich würde mehr Karussell fahren. Ich würde mehr Gänseblümchen pflücken."

Eine 87-jährige Frau aus Kentucky blickt auf ihr Leben zurück, und ihr Fazit lautet: Hätte ich mich doch weniger von der Vernunft leiten lassen! Dann wäre mehr Raum für das gewesen, was sie „meine Momente" nennt – Augenblicke der Lebendigkeit, in denen wir ganz und gar mit uns eins sind.

Jeden Tag gibt es Augenblicke, in denen ein kleiner Ausflug in die Gefilde der Lebenslust möglich wäre. Meistens versagen wir sie uns, weil gerade etwas anderes vordringlich ist. Sicherlich ist im Prinzip immer etwas anderes zu tun. An Beschäftigung mangelt es Müttern nie. Ich kann doch nicht einfach die Wäsche liegen lassen und mir den Sonnenuntergang ansehen?

Und vor allem: sind Mütter nicht die, die jedes Risiko scheuen? Mütter achten doch in erste Linie auf Sicherheit, sie bremsen und warnen, fragen nach und raten zur Vorsicht. Am liebsten würden sie eine hohe Hecke um ihre Lieben ziehen und sie dahinter auf immer und ewig sicher und beschützt wissen. So sagt die Überlieferung.

Hüten und Wachen ist ein Aspekt der mütterlichen Fürsorge; wenn er aber überbetont wird, geht das auf Kosten der Lebenslust und der Wahrhaftigkeit.

Die Schriftstellerin Katherine Mansfield formuliert es noch radikaler:

„Wie kannst du zögern? Riskiere! Riskiere alles! Kümmere dich nicht mehr um die Meinung der anderen, um deren Stimmen. Tu das, was dir am schwersten fällt. Handle selbst. Sieh der Wahrheit ins Gesicht."

Lebenslust

Im Bezug auf Muttersein scheint es ein Vorher und ein Nachher zu geben, die streng voneinander getrennt sind.

Bevor sie Mutter ist, darf es sich eine Frau hin und wieder leisten, über die Stränge zu schlagen. Das wird ihr vergeben, denn noch hat sie keine Kinder, denen sie damit in den Augen der Gesellschaft Schaden zufügen würde. „Der besondere Vorteil einer Geburt liegt darin, dass die zukünftige Mutter sich dabei zum letzten Mal abscheulich benehmen, fluchen, alle Regeln missachten, kreischen, stöhnen und den Ehemann in die Brust boxen kann und dass man ihr alles verzeihen wird", meint Libby Purves scharfsinnig.

Dann kommt die lange Durststrecke, in der sich die Frau vorbildlich verhalten soll, und erst in ihren späten Jahren darf sie, wie in Brechts Geschichte von der unwürdigen Greisin, wieder auffällig, „unwürdig" werden und ihre eigenen Wünsche verwirklichen, wenn sie das unbedingt noch will. Dazwischen liegen mindestens zwanzig, wenn nicht dreißig oder noch mehr Jahre Anständigsein. Wer kann das aushalten?

Die Zugänge zu den Lebenskräften, die jede von uns in sich hat, werden verschüttet, wenn sie zu lange ungenutzt bleiben. Sie lassen sich auch in späteren Jahren wieder entdecken und freischaufeln – aber wie schade um die vielen Jahre gebremster Vitalität!

***

Aus einer Grabinschrift aus Verona:

Die Jugend ist nicht ein Abschnitt des Lebens,
sie ist ein Zustand der Seele,
der in einer bestimmten Form des Willens besteht,
in einer Bereitschaft zur Phantasie,
in einer gefühlsbetonten Kraft;
im Überwiegen des Mutes über die Zaghaftigkeit
und der Abenteuerlust über die Liebe zur Bequemlichkeit.

Liebe zum Leben

Erich Fromm schreibt über die Mutterliebe, sie sei die bedingungslose Bestätigung des kindlichen Lebens und seiner Notwendigkeiten in zwei Aspekten. Der eine besteht in Fürsorge und Verantwortlichkeit; der andere ist „die Haltung, die dem Kind die Liebe zum Leben einflößt, die ihm das Gefühl gibt: Es ist gut zu leben, es ist gut, ein kleiner Junge oder ein kleines Mädchen zu sein, es ist gut, auf dieser Erde zu sein."

Wie soll das möglich sein, wenn wir nicht selbst dieses Gefühl zum Leben haben? Auf dem Weg vom Mädchen zur Frau und zur Mutter geschehen Verluste, die die Persönlichkeit reifen lassen. Manche Verluste sind nicht zu vermeiden, manche sind unnötig, und sehr traurig ist es, wenn die Freude am Leben unterwegs abhanden kommt. Ohne sie empfinden wir uns als vom Leben getrennt; mit ihr spüren wir immer wieder die Kraftquellen auf, die wir brauchen.

Sie gilt es in erster Linie zu halten, nicht die Gegenstände oder Menschen in unserem Leben. Sie kommen und gehen, und das ist ganz richtig so.

Halte fest, was gut ist
Selbst wenn es nur eine Handvoll Erde ist
Halte fest, woran du glaubst,
selbst wenn es ein Baum ist, der allein steht.
Halte fest an dem, was zu tun ist,
selbst wenn es in der Ferne liegt.
Halte fest am Leben
Selbst wenn es leichter ist, es loszulassen.
Halte meine Hand fest
Selbst wenn ich von dir fortgegangen bin.
– Gesang der Pueblo-Indianer

Wildheit

In der Welt der Säugetiere gilt die Mutter, die ihr Junges verteidigt, als die fürchterlichste Kraft. Ihre Wildheit erkennt keine männliche Stärke und Überlegenheit mehr an. Ähnlich furchterregend sind mütterliche Kriegergöttinnen wie die vedische Göttin Durga, die „Gefahrvolle", Führerin der Mütter, der sich kein Gott oder Dämon zu wiedersetzen vermochte. Herausforderungen, Bitten oder Überredungsversuche der Männer ließen sie kalt. Artemis, Athene, Anath,

Juno Martialis, Ma-Bellona und Ishtar hatten in anderen Kulturkreisen eine ähnliche Funktion.

Die Gleichsetzung weiblicher Macht mit der Dualität von Leben und Tod geht weit zurück. „Welt, Leben, Natur und Seele wurden als gebärendes und nährendes, als schutzgebendes und wärmendes Weibliches erfahren, doch auch der Gegensatz dazu wird am Bild des Weiblichen erlebt, und die Menschheit erfährt Tod und Abgrund, Gefahr und Not, Hunger und Schutzlosigkeit als Preisgegebensein an die dunkle und furchtbare Mutter." So erklärt Erich Neumann in „Die große Mutter" die Tatsache, dass neben den lichten, sanften Muttergestalten äußerst bedrohliche, verschlingende Figuren existiert haben.

Die Doppelgestalt der Mutter können wir auch in uns entdecken. Da im alltäglichen Auftreten die allseits erwünschte freundliche Mutter vorherrscht, darf nun mit der Mutterfigur experimentiert werden, die sich nichts gefallen lässt.

Das bedeutet: den Kopf hoch tragen, auch in alltäglichen Situationen. Nicht hinnehmen, dass meine Kompetenz als Mutter angezweifelt wird. Mich nicht in die Defensive drängen lassen. Mich nicht herabsetzen lassen.

> *Es ist nicht so schwierig, einen Zugang zur eigenen Wildnatur zu finden, wie manche vielleicht glauben. (...) Frauen, die jemals in ihrem Leben als widerspenstig, aufmüpfig, unhöflich, unverschämt, unverbesserlich und rebellisch bezeichnet worden sind, sollten wissen, dass sie auf dem richtigen Weg sind.*
> – Clarissa Pinkola Estés

Offenheit

Eine der anstrengendsten Haltungen ist die, eine Maske zu tragen. Man kann sich gut vorstellen, wie es sich unter einer Maske aus Holz oder Pappe anfühlt: die kleinen Augenschlitze verengen die Sicht, der Atem dringt mühsam durch die Öffnungen, die Haut wird klebrig und heiß. Ebenso unbequem ist es auf Dauer, ein falsches Bild von sich zu geben.

Als Mütter stoßen wir immer wieder an unsere Grenzen, auch an unsere Masken. Schließlich kann es sein, dass wir gezwungen sind, sie aufzugeben, nicht so sehr durch einen hehren Entschluss als durch Erschöpfung.

Immer wieder muss ich erkennen: Ich bin nicht die verkörperte Geduld, ich bin auch nicht die geborene Heldin des Alltags. Meine Bereitschaft zur Selbstaufopferung ist nicht unbegrenzt und ich finde meine Kinder nicht immer nur goldig und aller Mühen wert, sondern auch anstrengend und nervtötend.

Schluss mit dem Kalkül und dem ständigen Schielen nach dem Urteil der anderen. Schluss mit der Manipulation der Wahrheit. Ich befreie mich aus einem Gefängnis, dessen Wärterin ich selbst war.

Kinder wissen genau, wenn etwas nicht stimmt. Ein eindrucksvolles Beispiel gibt Alice Miller, wenn sie von einem jungen Mann erzählt, der unter Depressionen litt, weil er das Wissen um seine alles andere als glückliche Kindheit unterdrücken musste. Erst als sich seine Mutter der Wahrheit stellen konnte, dass sie und ihr Mann ihn durch ihre Erziehungsprinzipien an der freien Entfaltung gehindert hatten, konnte er das intuitive Wissen um seine Vergangenheit zulassen und hatte wieder Freude am Leben. „Und das Erstaunliche ist, dass ich meine Mutter mit ihrem ganzen Versagen, von dem wir beide wissen, jetzt viel menschlicher, lebendiger, näher und warmherziger erlebe, als je zuvor. Auch ich bin jetzt viel echter und freier mit ihr. Die falsche Anstrengung ist weg."

Masken verbergen unsere Gefühle und hindern andere, eine echte Beziehung zu uns aufzubauen. Das haben wir nicht nötig.

Freiheit

Seit der Kindheit haben sich Sätze in uns eingegraben, die wir kaum noch wahrnehmen, obwohl sie unser Verhalten massiv beeinflussen.

Überlegen Sie, ob Ihnen eine innere Stimme einen Satz einflüstert, der mit „Ich muss …" oder „Ich sollte …" beginnt.

Falls Ihnen ein solcher Satz einfällt, drehen Sie ihn versuchsweise zu einer Frage um: „Muss ich …?" „Warum sollte ich …?"

Das Korsett solcher Leitmotive kann uns regelrecht die Luft abschnüren. Natürlich lässt es sich nicht über Nacht abstreifen, auch wenn wir das noch so gerne hätten. Als erstes könnten wir jedoch die eigene Stimme ein kühnes „Ich darf …" aussprechen lassen …

„Ich darf mich verändern", zum Beispiel.

Ich muss mich nicht als Sklavin einmal eingegangener Verpflichtungen fühlen. Ich weiß, dass ich mir meine Entscheidungen nicht leicht mache und dass ich Verantwortung übernommen habe, die ich nicht gedankenlos abstreifen werde. Diese Gewissheit gibt mir auf der anderen Seite die Freiheit, mich den Veränderungen, die innerhalb und außerhalb meiner selbst stattfinden, nicht entgegenzustemmen.

Nichts bleibt gleich, auch meine eigenen Gedanken und Empfindungen ändern sich fast unmerklich. Ich entdecke Neues und löse mich von Vergangenem. Meine Entscheidungen von früher sind mir nicht für immer als Joch auferlegt. Ich nehme sie ernst und unterziehe sie hin und wieder einer Prüfung.

Stimmt das Szenario noch?

Wenn Sie mögen, malen Sie ein Quadrat auf ein Blatt Papier – es könnte aussehen wie ein Haus – und plazieren sich hinein. Wie sieht das aus?

Ich will nicht am Ende meines Lebens ankommen und herausfinden, dass ich es nur der Länge nach gelebt habe. Ich will es auch der Breite nach leben.
– Diane Ackerman

Mütterlich sein

„Warum haben so viele Malerinnen, die auf Kinder verzichtet haben, dann nichts anderes als Mütter und Kinder gemalt?" fragte Erica Jong einmal provokativ.

Jede Frau setzt sich an einem bestimmten Punkt ihres Leben mit der Frage „Kinder oder nicht" auseinander, spätestens dann, wenn sie sich der biologischen Grenze ihrer Fruchtbarkeit nähert. Es führt kein Weg daran vorbei: auch eine freie und bewusste Entscheidung gegen Kinder existiert nicht im luftleeren Raum. Sie betrifft den potentiellen Vater, die Eltern wollen wissen, ob sie Enkelkinder erwarten können und wenn nein, warum nicht, die Freundinnen stellen Fragen.

Auf Kinder verzichten (müssen), kann leicht oder schwer fallen. Es ist auf jeden Fall ein Thema, das Frauen ihr Leben lang nicht unberührt lässt. Der Zusammenhang zwischen Frausein und Fruchtbarsein hört nie auf, wie eine 60-jährige Künstlerin zu erkennen gibt, wenn sie über ihr Projekt sagt: „Ich gehe jetzt schwanger mit einer Idee, das ist sowieso die einzige Form des Schwangergehens, die mir noch bleibt und die ich auch jederzeit begrüße."

Worauf wir keinesfalls verzichten müssen, ist, uns selbst mütterlich zu begegnen. Das ist vollkommen unabhängig von einem Zusammenleben mit Kindern und/oder Partner.

Morgens

Sie öffnete die Jalousien, breitete die Laken übern Sims.
Sah den Tag.
Ein Vogel blickte ihr direkt in die Augen. „Ich bin
Allein", flüsterte sie.
„Ich lebe." Sie ging zurück ins Zimmer. Auch der
Spiegel ist ein Fenster.
Wenn ich hinausspringe, falle ich in meine Arme.

Wie die Frau in diesem Gedicht von Jannis Ritsos kann ich im Geiste die Arme für mich ausbreiten. Durch das Kind-Sein habe ich erfahren, wie gut es tut, wenn jemand für mich da ist. Durch das Mutter-Sein habe ich gelernt, wie es ist, jemanden in die Arme zu nehmen, der mich zum Leben braucht.

Aufmerksamkeit

Bernhard von Clairvaux rät jenen, die noch große Schwierigkeiten haben, sich selbst etwas Gutes zu tun, zur Minimal-Lösung:

Denke also daran: Gönne dich dir selbst.
Ich sage nicht: Tu das immer.
Ich sage nicht: Tu das oft.
Aber ich sage: Tu es immer wieder einmal.
Sei wie für alle anderen auch für dich selbst da,
oder jedenfalls sei es nach allen anderen.

Es ist sehr schön, wenn man andere Menschen glücklich machen kann. Dagegen ist nicht das Geringste einzuwenden. Aber der Wunsch, selbstlos zu sein, birgt die Gefahr, sich zu verausgaben und irgendwann kein „Selbst" mehr zu haben, das Glück spenden kann.

Unser eigenes Reservoir muss immer wieder gefüllt werden. Die Dynamik muss vom Zentrum ausgehen. In der eigenen Mitte liegt die Ruhe, und die Energie, die wir nach außen richten, ist dann ausgewogen, wenn sie immer wieder zurückschwingt und uns selbst zu mehr Ausgeglichenheit verhilft.

Ich persönlich halte es darum mehr mit der Geschichte vom Meister, zu dem ein Geschäftsmann kam, der wissen wollte, was das Geheimnis eines erfolgreichen Lebens sei:

Sagte der Meister: Mach jeden Tag einen Menschen glücklich.

Und er fügte als nachträglichen Gedanken hinzu: „... selbst wenn dieser Mensch du selbst bist."

Nur wenig später sagte er: „*Vor allem,* wenn dieser Mensch du selbst bist."

Literatur/Quellenangaben

Zum Weiterlesen:

Lyn Brown/Carol Gilligan, Die verlorene Stimme, Frankfurt/Main 1994

Shelley Bovey, Und plötzlich sind sie flügge, Freiburg 2000

Clarissa Pinkola Estés, Die Wolfsfrau, München 1992

Sandra Haldemann Martz (Hg), Ich werde die Frau, die ich sein will, Bergisch-Gladbach 1998

Sheila Kitzinger, Mütter sind das Salz der Erde, ORT 1993

Elisabeth Peter, Mütter sind auch nur Menschen, Zürich 1996

Libby Purves, Die Kunst (k)eine perfekte Mutter zu sein, München 1999

Carin Rubenstein, Wenn Mütter zu sehr lieben, ORT 1999

Herrad Schenk, Wieviel Mutter braucht der Mensch?, Reinbek 1998

Gisela Steins, Mutter werden – Die Reaktionen der anderen, Weinheim 1994

Quellenangaben:

Barbara Bronnen (Hg), Mamma mia – Geschichten über Mütter", Beck'sche Reihe 379, © Verlag C. H. Beck, München 1991

Susan Eisenberg, „Stillen in der Nacht", aus: Sandra Haldemann Martz (Hg), Ich werde die Frau, die ich sein will, © Lübbe Verlag, Bergisch-Gladbach 1998

Janet Frame, „Wenn Mutter jedoch ...", aus: dies., Ein Engel an meiner Tafel, © Piper Verlag GmbH, München 1993

Gabriele Mistral, „Fellchen von meinem Fleisch", aus: E.W. Palm (Hg), Rose aus Asche, Suhrkamp Verlag Frankfurt/Main 1981, S. 83, © Hilde Domin

Thich Nhat Hanh, Mandarine schälen, aus: Rudolf Walter (Hg), Laß dir Zeit, Verlag Herder, Freiburg 1998

Schwarzer Hirsch, „Alles, was die Kraft der Welt tut", aus: Marion und Werner Küstenmacher, Mandalas, © W. Ludwig Buchverlag in der Südwest Verlag GmbH & Co. KG, München 1998, S. 156

Jannis Ritsos, „Morgens", aus: ders., Milos geschleift – Poeme und Gedichte, deutsche Nachdichtung von Thomas Nicolaou, © Recalm Verlag Leipzig 1979

Elizabeth Weber, „Nimm meinen Körper", aus: Sandra Haldemann Martz (Hg), Ich werde die Frau, die ich sein will, © Lübbe Verlag, Bergisch-Gladbach 1998

Walt Whitman, „Grashalme", Nachdichtung von Hans Reisiger, Diogenes, Zürich 1985

Die Texte von Viktoria Langelott, Sigrun Günther, Waltraud Hachmeister (S. 32–34) und Sandra Breinach wurden eigens für das „Inspirationsbuch" geschrieben.

Anmerkung des Verlages:

Wir danken den Verlagen und Rechteinhabern für die Erteilung der Abdruckgenehmigung. Trotz gründlicher Recherche war es bei einigen Texten nicht möglich, die Inhaber der Rechte ausfindig zu machen; Honoraransprüche bleiben bestehen.